国家社会科学基金项目资助

本书为国家社会科学基金重点项目"依宪治国重大理论和实践问题研究"
（项目批准号15AFX007，结项证书号20200678）的最终研究成果

# 依宪治国
# 基本原理与实践逻辑

苗连营　等著

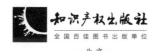

全国百佳图书出版单位

——北京——

**图书在版编目（CIP）数据**

依宪治国基本原理与实践逻辑 / 苗连营等著 . — 北京：知识产权出版社，2021.11
ISBN 978-7-5130-7731-6

Ⅰ . ①依… Ⅱ . ①苗… Ⅲ . ①宪法—研究—中国 Ⅳ . ① D921.04

中国版本图书馆 CIP 数据核字（2021）第 189275 号

**内容提要**

本书坚持以习近平法治思想为指导，立足全面依法治国时代背景，聚焦依宪治国重大理论和实践问题，着力探寻依宪治国的基本原理、价值取向、运作过程、发展规律，积极推动加快构建植根中国大地、具有中国特色的依宪治国理论体系、学术体系和话语体系，以期为依宪治国的理论创新和实践发展提供必要的法理支撑与依据，并为我国宪法学的繁荣发展作出应有的学术努力与贡献。

本书的读者对象为普通高等院校和党校（行政学院）法学专业师生，以及政法机关和科研院所相关研究人员等。

**责任编辑：**吴亚平　　　　　　　　　**责任校对：**潘凤越
**书装设计：**研美文化　　　　　　　　**责任印制：**刘译文

**依宪治国基本原理与实践逻辑**
苗连营　等著

| | |
|---|---|
| 出版发行：知识产权出版社 有限责任公司 | 网　　址：http://www.ipph.cn |
| 社　　址：北京市海淀区气象路 50 号院 | 邮　　编：100081 |
| 责编电话：010-82000860 转 8672 | 责编邮箱：yp.wu@foxmail.com |
| 发行电话：010-82000860 转 8101/8102 | 发行传真：010-82000893/82005070/82000270 |
| 印　　刷：三河市国英印务有限公司 | 经　　销：各大网上书店、新华书店及相关专业书店 |
| 开　　本：720mm×1000mm　1/16 | 印　　张：21 |
| 版　　次：2021 年 11 月第 1 版 | 印　　次：2021 年 11 月第 1 次印刷 |
| 字　　数：400 千字 | 定　　价：89.00 元 |

ISBN 978-7-5130-7731-6

党的十八大以来，党中央从全局和战略高度对全面依法治国作出了一系列重大决策部署，提出了关于全面依法治国的一系列新理念新思想新战略，推动我国社会主义法治建设发生了历史性变革、取得了历史性成就。尤其是2020年11月召开的中央全面依法治国工作会议，"正式明确提出了习近平法治思想，并将其确立为新时代全面依法治国的指导思想，这在马克思主义法治理论发展史和中国社会主义法治建设史上具有里程碑意义"。[1] 习近平法治思想从历史和现实相贯通、国际和国内相关联、理论和实际相结合上深刻回答了新时代为什么实行全面依法治国、怎样实行全面依法治国等一系列重大问题，是顺应实现中华民族伟大复兴时代要求应运而生的重大理论创新成果，是马克思主义法治理论中国化最新成果，是习近平新时代中国特色社会主义思想的重要组成部分，是全面依法治国的根本遵循和行动指南。而"坚持依宪治国、依宪执政"，则是习近平法治思想的重要内容，是全面依法治国的重大原则和首要任务。站在"两个一百年"历史交汇点上，以习近平法治思想为指引，坚持依宪治国、依宪执政，对于深入推进全面依法治国、不断开创新时代法治中国建设新局面，具有重大的现实意义和深远的历史意义。

"坚持依法治国首先要坚持依宪治国，坚持依法执政首先要坚持依宪执政"，是新时代最具影响力和标志性的重大法治命题之一，它不仅凸显了宪法在整个法治体系中的根本性地位和统领性作用，更体现了治国理政基本方式和理念的重大转变与飞跃，是中国共产党对执政规律和法治文明的经验总结与理性升华。由此，坚持依宪治国、依宪执政，已不再是学者们在象牙塔内的呼吁呐喊和青灯黄卷下的沙盘推演，更成为中华人民共和国历经七十余载的曲折坎坷和艰难探索之后在治国理政方略上所做的必然选择与重大决断；其不仅昭示着一般意义上

---

[1] 王晨："习近平法治思想是马克思主义法治理论中国化的新发展新飞跃"，载《中国法学》2021年第2期。

法治文明进步的内在逻辑和发展规律，而且蕴含着中国自身独特的历史启示和时代价值。全面贯彻实施宪法，深入推进依宪治国、依宪执政，是运用法治思维和法治手段巩固执政地位、改善执政方式、提高执政能力的内在要求，是维护人民权益、增进人民福祉、反映人民愿望，最大限度凝聚社会共识的制度保障，是筑法治之基、行法治之力、积法治之势，推动各方面制度更加成熟、更加定型的必由之路，是在法治轨道上推进国家治理现代化、把我国制度优势更好转化为国家治理效能的生动实践。

在依宪治国、依宪执政的伟大实践中，宪法作为众法之首和万法之源，无论是良法善治的实现，还是法治政府的建设、司法体制的改革，无论是人权保障的加强，还是国家治理体系和治理能力现代化的推进，都应首先从宪法理论、宪法规范中寻找支持并将之纳入依宪治国的总体思路和框架之中，任何重大的全局性变革都应当做到于宪法有据并获得宪法层面的支持、规范与保障。可以说，依宪治国涉及社会生活的各个领域和法治建设的各个方面，而且，其中任何一个研究领域都具有重大的理论意义和现实意义，都有诸多重大的研究课题需要众多学者从不同角度做长期的思考和探索，这也决定了本书研究无论如何皓首穷经、长篇大论，都不可能穷尽依宪治国的全部"重大理论和实践问题"，且不可避免地会存在诸多的空白与遗漏。为此，本书研究只能从特定的学术逻辑和文本结构出发，对依宪治国中的若干重大理论和实践问题做一粗线条的描述与分析。其基本框架和主要内容如下：

依宪治国不仅是一个重大的实践问题，也是一个重大的理论问题。学术研究的主旨在于对当代中国波澜壮阔的法治实践进行经验性观察和学理性分析，并通过理论上的归纳、提炼和建构，努力为依宪治国的全面深入推进提供坚实的理论依据和支持。因此，本书的工作首先就需要立足于当代中国的时空背景，依循立宪主义基本原理，界定"依宪治国"的基本内涵、本真意义及相关原理，探究依宪治国的法理逻辑、价值取向和功能定位，勾勒依宪治国的存在形式、运作过程和发展规律，完成依宪治国的理论自洽性和价值融贯性论证，进而为全面推进依宪治国基本方略提供成熟、系统的知识储备和学理依据。

"依宪治国"命题的正式提出与确立，经过了一个理论上的发展和观念上的演变过程，体现着我们党对治国理政规律认识的不断深化和对法治建设规律的不懈探索。为此，就必须首先明晰依宪治国这一重大命题的历史渊源与演变脉络，把握其实践逻辑和历史逻辑的时代价值与未来面向，这是新时代深入推进依宪治国、更好地发挥宪法在治国理政中重要作用的一项基础性和前提性工作，也是本书第一章"依宪治国的历史展开"的主要内容。

在依宪治国"来龙去脉"的考察完成后，本书第二章集中探讨了"依宪治国的法理基础"。作为治国理政的基本方略，依宪治国经历了一个由"学术话语"到"政治话语"的发展和演变过程，是当代中国学术研究与宪法政治相互交融、良性互动的一个典型范例。这既可以看作理论研究推动了法治实践，也可以认为是政治意志吸纳了理论建言。在依宪治国已经成为新时代治国理政的基本共识和战略定位的情况下，深入探讨依宪治国的法理基础，拓展关于依宪治国研究的深度和广度，进一步明晰其精神实质、构成要素和运作机理，无疑有助于为深入推进依宪治国提供必要的理论指引。为此，第二章依循认识论的一般规律，首先，阐明依宪治国"是什么"，从宪法概念入手，分析中国宪法的建构使命和规范功能，在整全性宪法概念的基础上，从理论上厘清依宪治国的基本内涵和逻辑构造，从而回答依宪治国"是什么"的问题；其次，从宪法的价值取向出发，分析"为什么"要依宪治国，着力探讨依宪治国这一命题的价值体系与核心关切，从而在对价值取向的深刻把握中，阐明依宪治国的核心要义，可以说讨论的是依宪治国"为什么"的问题；最后，从宪法的功能作用出发，在梳理依宪治国理论逻辑的基础上，立足于具有鲜明时代特征的改革背景和法治实践，考察依宪治国开展得"怎么样"，即治理实效，进而指出当代中国正在迈向通过宪法的国家治理，可以说探讨的是依宪治国"怎么样"的问题。从"是什么""为什么"到"怎么样"这样一条论述线索，第二章试图勾勒出依宪治国的理论逻辑与现实图景。

　　依宪治国作为新时代一个意涵丰富的法治命题和治国理政的基本方略，并不只是学术研究开展理论探索或政治决断进行制度建构的凌空高蹈，它除了具备扎实的法理基础和实践根基外，还有着明确而直接的规范依据。本书第三章讨论的正是"依宪治国的规范依据"。依宪治国首先要求所依之"宪"是一部具有"良善品质"的"良宪"，这是依宪治国的规范前提。"立善法于天下，则天下治；立善法于一国，则一国治。"实践证明，我国现行宪法是一部"好宪法"，是新中国成立以来四部宪法中最具科学性、正当性和实效性的一部宪法。同时，"法与时转，治与世宜"，在保持宪法稳定性、连续性和权威性的基础上，根据实践发展和现实需要，现行宪法历经五次修改，不断与时俱进、日臻完善，大大增强了宪法对现实的引领、规范和回应能力，从而成为新时代依宪治国的最高依据与根本遵循。因此，在讨论依宪治国的时候，就需要对作为依宪治国规范前提的"宪法"进行条分缕析，对其发展完善的显著特点、演变规律和基本趋势加以预测和评价。同时，在分析依宪治国的规范依据时，我们不能仅仅局限于"眼前"的文本与规范，还应该将观察的视野投向更远的未来，既要关注依宪治国的现实图景，也要在良宪之治的逻辑链条和价值评判体系里，正确认识和把握宪法变迁的基本路径与演变趋势，从而为依宪治国的深入持久推进奠定坚实的规范基础，做好充分的理论"预流"。

依宪治国的关键就在于纸面上的宪法在现实生活中得以真正实施，这是衡量依宪治国实现程度的判断标准。"天下之事，不难于立法，而难于法之必行"，只有切实尊重和有效实施宪法，才能将宪法的价值理念转化为推动社会秩序维新与演变的强大动因，并有效凝聚社会共识、实现社会整合；才能确保重大改革于宪法有据，并增强改革的系统性、整体性、协同性；才能实现以良法促进发展、保障善治，切实推进国家治理体系和治理能力现代化；才能保证人民当家作主、筑牢党的执政根基，并真正树立起宪法的权威与尊严。因此，在分析了依宪治国的法理基础和规范依据后，本书第四章紧紧围绕"中国共产党领导"这一中国特色社会主义最本质的特征和优势，集中探讨"依宪治国的实施方略"。加强宪法实施、推进依宪治国，必须首先坚持和依靠党的领导。中国共产党的性质、地位和作用决定了它是依宪治国的领导者、推动者与承担者，是我国宪法实施最重要的主体和最核心的力量。"党领导人民制定宪法和法律，党领导人民执行宪法和法律，党自身必须在宪法和法律范围内活动，真正做到党领导立法、保证执法、带头守法。"[1] 这是对宪法实施最坚强的政治支持和保障。而宪法实施必须同样要有利于坚持和加强党的领导，有利于巩固党的执政地位和执政根基，有利于完善党的领导制度体系和实现党的历史使命，这是依宪治国必须牢牢坚持的政治方向和根本前提。实际上宪法实施正是实现党的领导的法治化路径，尤其是2018年宪法修正案把"中国共产党领导是中国特色社会主义最本质的特征"庄严载入宪法条文第一条，这就在"历史的选择"和"人民的选择"之外，为加强党的领导注入了宪法规范的法治要素，并提供了强有力的宪法依据与保障。依宪治国的实施方略要在党的领导下推进，要在治国理政中通过宪法实施来实现党的领导、人民当家作主和依法治国的有机统一，这既是依宪治国实施方略的基本政治语境，也是依宪治国必须致力实现的目标诉求，对于迈向"中国之治"的新境界具有重要的引领性意义。与此相适应，我们还需要深刻把握作为我国国家制度显著优势之一的民主集中制及其宪法意涵，同时还要从建成中国特色社会主义法治体系的要求出发，在宪法的统领下，实现国家法律与党内法规的衔接协调、依法治国与依规治党的统筹推进等。

- - - - - - - - - - - - - - - - -

1 习近平："在首都各界纪念现行宪法公布施行三十周年大会上的讲话"，载《论坚持全面依法治国》，中央文献出版社2020版，第15页。

除在宏观层面研究依宪治国的实施方略外，"加强宪法实施和监督"无疑是推进依宪治国的关键路径，同样也是本书的重要内容。第五章"依宪治国的宪法路径"选取了三个具有充分代表性和涵盖性的宪法概念，以"宪法实施""宪法监督""合宪性审查"为主线，对依宪治国的实施路径予以聚焦性的梳理与探讨。其中，宪法实施是依宪治国的关键要务，宪法监督为依宪治国提供制度保障，合宪性审查则是依宪治国的具体制度抓手。这是因为，首先，宪法实施的丰富意涵使得这个概念本身具有极大的包容性，甚至可以说，依宪治国的所有法治路径都可以纳入其中，归根结底都要落实到宪法实施上。其次，宪法监督是保障和督促宪法实施的各种制度、行为、机制的总称，它和宪法实施相伴而生、相辅相成。在消极层面，宪法监督意味着确保宪法不被违反，运用合宪性审查等方式使一切违反宪法的行为受到纠正和追究；在积极层面，宪法监督意味着督促宪法实施，确保依据宪法治国理政、深化依宪治国实践。宪法监督既是宪法实施的重要保障机制，又是依宪治国的必要推进方式。最后，对合宪性审查进行专门论述，不仅是因为新时代对合宪性审查的空前重视，更是因为对于推进依宪治国而言，合宪性审查具有制度抓手和切入点的重要意义。推进合宪性审查工作，是党的十九大和十九届四中全会的明确要求；新时代一系列深化全面依法治国实践的重大举措，诸如设立全国人大宪法和法律委员会，加强备案审查制度和能力建设等，都是"推进合宪性审查工作"的重大举措。同时，在宪法学研究的知识脉络中，合宪性审查是监督宪法实施制度体系的关键内核，对于保障宪法实施、推进依宪治国的效用最为直接和有力。

依宪治国是一系列原则、理念、制度、实践的综合体，立足于一套复杂的政治、经济、文化和社会条件之上，其发展历程和运作现实同国家的前途、民族的命运、人民的福祉息息相关，同党领导人民经过艰苦奋斗而创造的伟大成就和积累的宝贵经验密切相连，同改革开放和社会主义现代化建设紧密结合。因此，依宪治国必须立足于新时代坚持和发展中国特色社会主义的伟大实践，紧扣社会发展和法治建设的时代脉搏，夯实依宪治国的社会基础与文化根基，积极凝聚依宪治国的内生性能量，大力弘扬宪法精神和增强宪法意识，真正在全社会汇集起推进依宪治国的磅礴之力。为此，本书第六章"依宪治国的前行动力"对依宪治国与我国转型期的各种经济社会文化因素之间的关联互动进行了探讨，以思考依宪治国的基本模式与动力源泉。

总之，历经七十余载跌宕起伏的宪法实践和坎坷曲折的试错纠错之后，植根中国社会土壤、具有鲜明时代特色和中国气派的宪法理论、宪法道路、宪法制度、宪法文化已跃然纸上，依宪治国的伟大进程已经深深镶嵌在中国社会的发展进程之中，并展现出了旺盛的生命力和强大的优越性。这不仅是一种方法性的实践活动，更是一种创造性的理论探索，从宪法思想、宪法理念的中国智慧和中国元素，到依宪治国、依宪执政的中国方案和中国经验，无不彰显着严谨的法治逻辑、深沉的问题意识、热诚的人文关怀、强烈的历史使命，从而为实现"两个一百年"的奋斗目标和中华民族的伟大复兴提供了根本的法治保障，并为世界宪法文明的发展与进步谱写着精彩的中国篇章。

每个人的认知能力和学术能力都是有限的，尤其是面对"依宪治国重大理论与实践问题研究"这一重大理论与实践课题，尽管课题组已经努力就相关问题进行了深入思考和意义挖掘，并力图按照特定的学术逻辑和知识结构将我们的思考和研究呈现出来，但我们清醒地认识到，在面对新时代依宪治国日新月异的丰富实践和精彩纷呈的理论创新时，囿于我们的学术视野和研究水平，该成果无论是研究深度还是研究广度都存在明显的局限和不足，各部分的写作思路、逻辑体例、引用文献以及体系化、严谨性等方面尚存在不衔接、不协调等诸多瑕疵与疏漏。敬请各位专家学者不吝批评和指正，以使我们在今后的学术生涯中能够不断进步和提高，并对依宪治国的重大理论和实践问题做进一步深入的探讨和研究。


本书的研究结构和写作思路由苗连营教授拟定，具体写作分工如下：

前　言：苗连营

第一章：苗连营、陈　建、杨洪斌

第二章：陈　建、杨洪斌、苗连营

第三章：苗连营、郎志恒、陈　建

第四章：苗连营、冀明武、郎志恒

第五章：苗连营、陈　建、郎志恒

第六章：苗连营、宋甲楠、吴礼宁

结　语：苗连营

本书在各位作者初稿的基础上，经由苗连营教授通篇大幅度修改完善、增删调整而最终定稿。

衷心感谢国家社会科学基金为本项目研究所提供的宝贵支持和资助，衷心感谢知识产权出版社为本书的付梓所付出的辛勤劳动，衷心感谢课题组成员及有关专家学者从不同角度对本项目及本书顺利完成所做的各项工作和贡献！

# 目 录 / CONTENTS

# 第3章

# 依宪治国的规范依据

# 第4章

# 依宪治国的实施方略

# 第 5 章

# 依宪治国的宪法路径

# 第6章

## 依宪治国的前行动力

# 第 1 章

# 依宪治国的
# 历史展开

新中国成立70多年来，尤其是改革开放以来，中国在创造了世所罕见的经济快速发展奇迹和社会长期稳定奇迹的同时，也在不断深化对国家制度和法律制度建设的实践探索与理论创新，并彰显了中国特色社会主义制度和国家治理体系的强大生命力和巨大优越性。在恢复和重建社会主义法制以保障人民民主和社会主义现代化建设的过程中，"要法治，不要人治"已经成为中国社会深入人心的观念共识，[1] 在此基础上，"依法治国"逐渐被确立为"党领导人民治理国家的基本方略"。[2] 正是在全面推进依法治国、建设社会主义法治国家的伟大历史进程中，2014年，党的十八届四中全会特别强调"坚持依法治国首先要坚持依宪治国，坚持依法执政首先要坚持依宪执政"。[3] 由此，"依宪治国"作为新时代治国理政的基本理念，被正式载入党的纲领性文件之中，从而实现了从"依法治国"到"依宪治国"的重大跨越和提升。"依宪治国"这一时代命题的提出与确立，是改革开放以来中国法治建设历程中具有里程碑意义的重大事件，标志着新时代国家治理体系和治理能力在法治层面的高度升华，凝聚并凸显着中国特色社会主义国家制度和法律制度的经验智慧与显著优势。而明晰其精神实质的历史渊源与演变脉络，把握其实践逻辑的时代价值和发展趋势，是新时代深入推进依宪治国、更好地发挥宪法在治国理政中重要作用的一项基础性工作。

--------------------

1 关于"人治"与"法治"的讨论一度是学术界的热点话题，其中，除了对"人治""法治"的概念进行了深入的法理上的辨析之外，"要……不要……"这一明显的选择性判断句式，就曾作为不少文章的题目而被直接使用。关于这方面学术线索的捕捉与提炼，可参见何华辉、马克昌、张泉林："实行法治就要摒弃人治"，载《法学研究》1980年第4期；史焕章："要法治不要人治"，载《法学》1989年第5期；邱敦红："论'要人治，还是要法治'"，载《云南社会科学》1992年第3期；李步云："要法治，不要人治"，载《探索与争鸣》2015年第1期；等等。

2 江泽民：《江泽民文选（第二卷）》，人民出版社2006年版，第29页。

3 "中共中央关于全面推进依法治国若干重大问题的决定"，载《求是》2014年第21期。

## ▶ 第一节　从依法治国到依宪治国

尽管在1982年现行宪法公布施行时，"宪法是国家的根本法，是治国安邦的总章程"，就已经成为全社会对宪法的法制地位与价值功能的认识和判断，也成为人们学习宪法知识、宣传宪法精神的基本立足点，但"依宪治国"命题的正式提出与确立，还是经过了一个理论上的发展和观念上的演变过程，体现着我们党对执政规律不断探索的经验总结与理性升华。具体来说，依宪治国理念的演变与发展，要从新中国宪法观的变迁、新时期依法治国的推进，以及新时代治国理政的法治理念和法治思维的运用三个方面来加以考察与梳理。

### 一、新中国宪法观的变迁

自清末立宪以来，宪法就承载着近代国人救亡图存、富国强兵的强烈期盼。伴随着鸦片战争的狂风骤雨和日益深重的民族危机，近代中国的知识分子将宪法视为一剂救世良方而引进古老的中华大地。国人崇尚学以致用，对于宪法更是具有强烈的"拿来为用"的急功近利心态。在这种表皮嫁接的工具主义模式里，立宪只是一种迫不得已的权宜之计，自然不可能给近代中国社会构建起新的政治法律秩序。民国以降，宪法更是沦为各方势力粉饰其政权合法性的"脸谱"，所谓"袁记约法""贿选宪法"即是此类典型代表。[1] 针对这种"宪法乱象"，中国共产党在领导中国人民进行革命建国的过程中，一直注意将宪法理论作为对反动统治进行批判斗争的重要武器而加以运用，比如，早在1917年1月，中国共产党的创始人之一李大钊先生就曾发表《孔子与宪法》一文，抨击1913年袁世凯主导制定的"天坛宪草"中关于"国民教育以孔子之道为修身大本"的规定，认为其是"束制民彝之宪法，非为解放人权之宪法"[2]。特别是在延安时期，中国共产党专门成立了宪法研究会，开始有组织地研究宪法问题，一方面通过理论研究对国民党的宪法草案和"伪宪政"进行理论批判，另一方面则为自身的政权建设和合法斗争提供必要的法理依据与支撑。

其中，毛泽东在《新民主主义的宪政》一文里提出的宪法概念，对我国的法制实践和学术研究产生了广泛而深远的影响："世界上历来的宪政，不论是英国、法国、美国，或者是苏联，都是在革命成功有了民主事实之后，颁布一

---

1　参见张晋藩：《中国宪法史（修订本）》，中国法制出版社2016年版，第四、五、六章。

2　侯且岸："李大钊民彝思想与中国近代民主政治建设"，载《北京党史研究》1994年第6期。

个根本大法，去承认它，这就是宪法。"[1] 这种认识被学者称为"事实论"的宪法观，明显受到了苏联宪法概念的影响。1954年新中国制定第一部宪法时，以毛泽东为领袖的中国共产党人在对此种"事实论"的宪法概念予以继承的基础上，进行了一定程度的反思与发展，认为宪法不仅应该反映现在，还应该描画未来。[2] 这集中体现在毛泽东关于宪法的另一个著名论断："一个团体要有一个章程，一个国家也要有一个章程，宪法就是一个总章程，是根本大法。用宪法这样一个根本大法的形式，把人民民主和社会主义原则固定下来，使全国人民有一条清楚的轨道，使全国人民感到有一条清楚的明确的和正确的道路可走，就可以提高全国人民的积极性。"[3] 在这一宪法思想指引下所制定的"五四宪法"，不仅是对革命成功后的民主事实进行确认的国家根本法，同时还规定了过渡时期的总路线和目标任务，从而成为面向未来的国家建设纲领。

毛泽东关于"宪法就是一个总章程"的论断，深深地影响了新中国法制建设中对于宪法的功能认识和实施安排。首先，宪法是过渡时期国家建设的纲领，意味着当宪法规定的国家建设任务完成、过渡时期结束的时候，宪法就将失去"反映现实，描画将来"的基本功能。对此，毛泽东就曾指出，"我们的这个宪法，是社会主义类型的宪法，但还不是完全社会主义的宪法，它是一个过渡时期的宪法"[4]，"大概可以管十五年左右"。[5] 显然，"过渡宪法"的属性定位，虽然可以大大增强宪法的针对性，却又会削弱宪法文本和宪法实施的稳定性，以及宪法效力的根本性与最高性。其次，将宪法视作一个提高全国人民投身国家建设积极性的"章程"，很大程度上是把宪法当作服务于实现过渡时期总路线的一种手段。比如，在"五四宪法"公布时，1954年9月21日《人民日报》发表的一篇社论，题目就是"中华人民共和国宪法——中国人民建设社会主义社会的有力武器"。[6] 将宪法视作"武器"，既是新中国成立初期革

--------------------

1　毛泽东："新民主主义的宪政"，载《毛泽东选集（第二卷）》，人民出版社1991年版，第735页。

2　参见翟国强："中国共产党的宪法观念史：超越事实论的变迁"，载《法学评论》2016年第1期。

3　毛泽东："关于中华人民共和国宪法草案"，载《毛泽东文集（第六卷）》，人民出版社1999年版，第328页。

4　中共中央文献研究室编：《毛泽东思想年谱：1921—1975》，中央文献出版社2011年版，第766页。

5　毛泽东："在宪法起草委员会第一次会议上的插话（节录）"，载《党的文献》1997年第1期。

6　"中华人民共和国宪法——中国人民建设社会主义社会的有力武器"，载《人民日报》1954年9月21日第1版。

命思维在国家建设和国家治理中的习惯延续，也为"五四宪法"的后续命运埋下了伏笔——既然宪法是一件"有力武器"，那么当这件"武器"不再"有力"时，弃置不用或另择它用，也就理所当然、不言而喻了。

当然，在凸显"五四宪法"作为国家总章程的工具属性的同时，毛泽东亦强调了实行这部宪法的重要性："（这个宪法草案）通过以后，全国人民每一个人都要实行，特别是国家机关工作人员要带头实行，首先在座的各位要实行。不实行就是违反宪法。"[1] 这段话中耐人寻味的是最后一句——"不实行就是违反宪法"。因为实行宪法固然是宪法实施的应有之义，也是制宪之目的，但仅仅遵守宪法是不够的，还要主动去实行宪法；不实行宪法，就构成了违反宪法的情形。这个论断的潜在逻辑，实际上是要求一种积极的宪法实施意识。不过，此处虽然使用了"违反宪法"的说法，但并非是在违宪责任承担的意义上来强调宪法实施，因此并不是一种法治化思维，而是一种政治性动员与号召。这一点，在此后中共中央发出的动员全国人民进行宪法草案宣传和讨论的指示里表达的更为明白、直接："制定《宪法》是我国一件极其重大的政治事件……使所有国家工作人员、所有公民、所有共产党员明了《宪法》，并在《宪法》公布之后，严格地遵守《宪法》，是一件很严肃很重要的政治工作。"[2] 将制定宪法视为"极其重大的政治事件"，并将明了宪法、遵守宪法作为"一件很严肃很重要的政治工作"来抓，意味着在当时的思想认识里，宪法和宪法实施都是政治工作的一部分，宪法实施之所以重要，是因为作为一种政治工作很严肃很重要。在这种观念逻辑下，宪法自身的法制地位和意义很容易受到遮蔽，甚至漠视。"五四宪法"的命运深刻地揭示出，单靠宪法本身并不能保证自己被实施，它需要坚强的政治保障和健全的制度安排作为实施的前提；仅仅将宪法视为总章程的宪法观，可以形成"以宪治国"的工具主义理念，但很难催生"依宪治国"的法治主义精神。

"五四宪法"之后的"七五宪法"，"为理解社会主义宪法提供了一个极端的个案。"[3] 在"无产阶级专政下继续革命"的思想指导下，"七五宪法"成为革命话语的规范背书，"其目的是唤起人们对某种政治实践的相互认同。它体

---

1 毛泽东："关于中华人民共和国宪法草案"，载《毛泽东文集（第六卷）》，人民出版社1999年版，第328页。

2 全国人大常委会办公厅、中共中央文献研究室编："中共中央关于在全国人民中进行宪法草案的宣传和讨论的指示"，载《人民代表大会制度重要文献选编（一）》，中国民主法制出版社、中央文献出版社2015年版，第179页。

3 翟志勇：《宪法何以中国》，香港城市大学出版社2017年版，第88页。

现了政治家的策略和谋略，是政治家推行某种政治实践必不可少的工具"[1]。因此，"文化大革命"时期，宪法的法律属性实已荡然无存，对国家政治和社会生活来说，宪法不仅不能发挥"总章程"的指导作用，相反，宪法和法律事实上已经被搁置甚至被抛弃，整个社会实际上陷入一种"无法无天"的状态。及至"文革"结束后产生的"七八宪法"，虽然对"七五宪法"的极端之处进行了适当修正，但依然带有浓厚的"左"倾印记，不足以承担改革开放时期建构国家政治和社会生活的历史使命。于是，现行的1982年宪法应时而生。

"八二宪法"是以"五四宪法"为基础而进行的全面修改，因而继承了"五四宪法"的正确原则和精神，同时，在总结"五四宪法"的实施经验和吸取"文化大革命"惨痛教训的基础上，结合新时期的实际情况和需要，"八二宪法"又有许多新的进步和发展。此时的宪法观进一步突出了宪法对于"治国安邦"的重要意义，认为"它将成为我国新的历史时期治国安邦的总章程"。并强调要通过将"作为具有最大权威性和最高法律效力的国家根本大法，付诸实施"，来满足人民对新的政治法律秩序的期待。同时，对于宪法权威也有了更为深刻的认识和更加坚决的维护："中国人民和中国共产党都已经深知，宪法的权威关系到政治的安定和国家的命运，决不容许对宪法根基的任何损害。"[2] 此时的宪法，在执政者心目中有着"根基"意义上的根本法地位和作用。为此，在如何保证宪法的实施上，制宪者进行了有力的制度安排和充分的政治支持。这不仅体现在宪法序言里的庄严宣示，而且体现在正文部分专门规定了监督宪法实施的特定主体及其职责等内容。中共中央为此还专门修改了党章，明确规定"党必须在宪法和法律的范围内活动"，并强调"特别要教育和监督广大党员带头遵守宪法和法律"。[3] 而且还特别重视人民群众对于保障宪法实施的重要作用，"十亿人民养成人人遵守宪法、维护宪法的观念和习惯，同违反和破坏宪法的行为进行斗争，这是一个伟大的力量"[4]。

由此可以看出，在新中国宪法观的变迁中，由"事实论"的宪法概念到"描画将来"的纲领式宪法观，由"宪法是一个总章程"到"宪法是治国安邦

1　王人博："被创造的公共仪式——对七五宪法的阅读与解释"，载《比较法研究》2005年第3期。

2　彭真："关于中华人民共和国宪法修改草案的报告"，载《彭真文选》，人民出版社1991年版，第462页。

3　胡耀邦：《全面开创社会主义现代化建设的新局面——在中国共产党第十二次全国代表大会上的报告》，人民出版社1982年版，第40页。

4　彭真："关于中华人民共和国宪法修改草案的报告"，载《彭真文选》，人民出版社1991年版，第463页。

的总章程"的转变，反映出主导性的宪法观念已经开始聚焦到宪法对于治国安邦的重要意义上；对于宪法权威和宪法实施的重视与强调，也开始着眼于制度建构和宪法意识的提高上。因此，作为改革和发展的产物，"八二宪法"本身不仅是新时期实施依法治国基本方略的规范依据和逐步形成的中国特色社会主义法律体系的根本遵循，而且也为提出依宪治国、依宪执政等重大法治战略目标奠定了观念基础。

## 二、新时期依法治国的推进

鉴于"文革"时期宪法在国家政治和社会生活中"缺席"的惨痛教训，在进入改革开放新时期后，党和国家恢复重建社会主义法制，首先就是要实现从"和尚打伞，无法无天"到"有法可依，有法必依，执法必严，违法必究"的转变。[1] 在1982年现行宪法的统领下，中国开始了大规模的立法工程，法治建设在承担为改革开放"保驾护航"的历史使命中，获得了长足而快速的发展。其间，1997年，党的十五大正式把"依法治国"确定为"党领导人民治理国家的基本方略"。[2] 1999年，第九届全国人大第二次会议通过的宪法修正案进一步明确规定："中华人民共和国实行依法治国，建设社会主义法治国家。"至此，"依法治国"不仅是执政党的政策宣示，也成为宪法所正式确立的治国方略和法治目标。此后，中国共产党又进一步提出了"依法执政""依法行政"等重要命题，依法治国的基本方略由此不断得以丰富充实和发展完善。

"依法治国"基本方略的提出，不仅为我国的法治建设提供了明确的奋斗目标，也迅速激发了学术界对宪法与"依法治国"关系的深入思考。最早在1996年就有学者发表了题为"依宪治国是依法治国的重要保证"的论文，[3] 从而成为"依宪治国"这一概念在学术界的首倡者。[4] 其后，在1997年年底《中国法学》杂志社和中国政法大学宪法研究中心以"十五大以后宪法学的发展"为主题召开的学术座谈会上，也有学者提出依法治国"首先在于依宪治国"。[5]

--------------------

1　参见彭真："新时期的政法工作"，载《彭真文选》，人民出版社1991年版，第425—426页。

2　江泽民：《江泽民文选（第二卷）》，人民出版社2006年版，第29页。

3　参见莫纪宏："依宪治国是依法治国的重要保证"，载于1996年4月中国社科院法学所举办的"依法治国，建设社会主义法治国家学术研讨会"论文集《依法治国建设社会主义法治国家》，中国法制出版社1996年版，第449—457页。

4　参见莫纪宏、李晶："推进合宪性审查工作与中国未来法治建设的走向——莫纪宏教授访谈"，载《上海政法学院学报》2018年第1期。

5　张吕好："'十五大以后宪法学的发展'座谈会综述"，载《中国法学》1997年第6期。

及至1998年，"依宪治国"作为一个学术概念已被学者广泛使用，认为："依法治国的根本是依宪治国，依法办事首先应当依宪办事。道理很简单，因为宪法是国家根本法，忽视宪法就无异于丢掉了立国的根本。"[1] 通过以上学术史的简单梳理可以发现，"依宪治国"在我国首先是作为一个学术概念而被提出的。随着"依法治国"基本方略的确立，学术界在一开始就高度重视"依法治国与宪法的关系"这一重大理论问题，而且在讨论之初就基本形成了一种学术共识，即宪法既然是国家的根本法、最高法，那么依法治国就必须以宪法为前提和根基，如果宪法被弃之不顾，那么依法治国就成了无源之水、无本之木。因此，依法治国必然要求依宪治国，依宪治国是依法治国的核心或者关键。

　　学术界的热烈讨论很快得到了执政党的积极而正式的回应，"依法治国首先要依宪治国"；[2] "依法治国首先要依宪治国，依法执政首先要依宪执政"[3]；"依法治国，首先是依宪治国；依法执政，关键是依宪执政"[4] 成为党和国家领导人在不同时期所共同强调且反复重申的一个重大命题，并最终被执政党作为治国理政的一个重要方略而在党的纲领性文件中得以确立。2014年，党的十八届四中全会通过的《中共中央关于全面推进依法治国若干重大问题的决定》（以下简称十八届四中全会通过的《决定》）明确指出，"坚持依法治国首先要坚持依宪治国，坚持依法执政首先要坚持依宪执政"。可以说，我们党是在改革开放新时期推进"依法治国"的过程中，逐渐形成并确立了"依宪治国"这一治国理政的基本理念和行动纲领。考察不同阶段政治话语中有关"依宪治

--------------------

1　许崇德："我国宪法与宪法的实施"，载《法学家》1998年第6期。另外，学术界较早讨论"依宪治国"主题的文献，还可参见莫纪宏："依宪治国是依法治国的核心"，载《法学杂志》1998年第3期；周叶中："宪法至上：中国法治之路的灵魂"，载《法学评论》1995年第6期；于安："依法治国的实施方略问题"，载《法学家》1999年第3期；张文显："世纪之交的修宪——兼论宪法的概念和宪法修改"，载《法制与社会发展》1999年第3期；张庆福、苗连营："树立宪法权威 实行依法治国"，载《群言》1999年第5期；汪习根："论宪法对构造法治国家的价值"，载《政治与法律》1999年第6期；晓红："中国法学会宪法学研究会1999年年会综述"（此次年会上，"依宪治国"是一个重要的讨论主题），载《中国法学》1999年第6期；汪进元："良宪治国：依法治国的核心"，载《现代法学》2000年第2期；刘霞："宪法实施与依法治国关系探析"，载《现代法学》2000年第3期；等等。

2　李鹏："全国人民代表大会常务委员会工作报告（2002年3月9日）"，载中共中央文献研究室编《十五大以来重要文献选编（下）》，人民出版社2003年版，第2304页。

3　胡锦涛：《胡锦涛文选（第二卷）》，人民出版社2016年版，第232页。

4　习近平："在首都各界纪念现行宪法公布施行三十周年大会上的讲话"，载《论坚持全面依法治国》，中共中央文献出版社2020年版，第15页。

国"的表述方式，可以发现其具有内在的关联性和高度的一致性，总结起来，常呈现为如下句式："（坚持）依法治国（，）首先是/要（坚持）依宪治国；（坚持）依法执政（，）首先/关键是/要（坚持）依宪执政。"对这个语句的结构要素进行辨析，有助于我们更好地认识由依法治国到依宪治国的演进逻辑。

第一，按照通常的理解，所谓依法治国之"法"，当然包括了"宪法"，因此"依法治国"和"依宪治国"是一种包含与被包含的关系，"依法治国包括依宪治国，但依宪治国包括不了依法治国"[1]。这样理解固然有道理，但并不精确，问题的关键在于如何理解"首先"这个连接词。何谓"首先"？一方面，可以将它理解为逻辑上的先后顺序。依法治国意味着一种"法律的统治"（the rule of law）状态，而如果要达到这种状态，在逻辑上首先就需要一切国家机关必须依据处于法律体系顶点的宪法而行使职权。在此意义上，宪法构成了一个国家法秩序的源头，依宪治国构成了依法治国的逻辑起点，而依法治国则成为依宪治国必不可少的实践基础和逻辑延伸。另一方面，"首先"也可以理解为"依宪治国"和"依法治国"的侧重点有所不同。当"依法治国"一词单独出现时，我们固然可以把其中的"法"字理解为包含了宪法。但是当"依法治国"和"依宪治国"同时出现在一个语句中时，"法律"和"宪法"就被区分开来了，形成了一种并立和对比的关系，[2] 在此情形下，依法治国中的"法"就只能采用狭义的理解，即仅限于全国人大及其常委会所制定的普通法律。而这就意味着，"依法治国"在效力来源上的终端就是作为立法机关的全国人大及其常委会，"依法治国"就是依"全国人大及其常委会制定的法律"治国。相比之下，"依宪治国"的重点则在于"宪"字，其效力终端就是作为国家最高法的宪法，而不仅仅是全国人大及其常委会的法律。"依宪治国"因此就传达出一种强烈的"宪法至上"的法治理念。[3]

第二，迄今为止，关于依法治国与依宪治国关系的表述方式主要有三

---

1　刘作翔："依法治国与依宪治国的法理意蕴"，载《法学研究》2013年第2期。

2　宪法第5条本身就足以说明这一点。第1款中提到的"依法治国"，当然可以理解为包括"依宪治国"。但在第3、4、5款中，宪法和法律则是分开的，二者构成了一种并立对比的关系。

3　实际上，无论是在宪法文本中，还是在党的纲领性文件中，"宪法至上"都有着明确的体现。现行宪法序言最后一段规定："全国各族人民、一切国家机关和武装力量、各政党和各社会团体、各企业事业组织，都必须以宪法为根本的活动准则，并且负有维护宪法尊严、保证宪法实施的职责"。而党的十九大报告、党的十九届四中全会决定更是直截了当地指出要"树立宪法法律至上"的法治理念，"坚持宪法法律至上"。由此，宪法的最高性和根本性得以彰显和强调。

种：（1）"依法治国首先要依宪治国"；（2）"依法治国，首先是依宪治国"；（3）"坚持依法治国首先要坚持依宪治国"。由此在相关语句结构中出现了"是"和"要"的区分。虽然这一区分相当细微，但并非没有意义。细察下来，"依法治国，首先是依宪治国"，这是一个事实层面的、描述（descriptive）意义上的论断，如上文指出的，它强调了"依宪治国"和"依法治国"在逻辑上的先后顺序和侧重点的不同。而"坚持依法治国首先要坚持依宪治国"则意在为下一步的国家治理设定基本的框架和方向：一方面，要继续"坚持"依法治国不动摇；另一方面，在继续坚持依法治国的同时，"要"特别注意坚持依宪治国。在这个意义上，这里的"要"字是带有规范性（normative）色彩的，也就是说，全面推进依法治国"应该"尤其注意发挥"宪法"的统领作用。因此，这些不同的表述实际上从不同角度丰富了"依宪治国"的规范要义和价值内涵。

第三，我国宪法以根本法的形式反映了党带领人民进行革命、建设、改革取得的成果，确立了在历史和人民的选择中形成的中国共产党的领导地位。坚持党的领导，是社会主义法治的根本要求，是党和国家的根本所在、命脉所在，也是宪法实施的根本所在、命脉所在。从一定意义上讲，宪法实施的程度体现着党的领导的实现程度，运用宪法治国理政也就是坚持和实现党的领导的过程。同时，实行法治要求任何组织包括执政党的行为都要符合宪法和法律，党必须在宪法和法律的范围内活动。这既是宪法的规定，也是党章作为党内最高法规的明确要求。[1] 至此，依法执政的归宿必然是依宪执政。依宪执政不仅是中国共产党执政合法性的必然逻辑、内在要求和宪法基础，而且能够通过宪法实施把党的执政目标与理念转化为全民意志和行动，使党的主张和人民意志得以高度统一与融合，使党内民主与人民民主得以相辅相成、相互促进。[2]因而，依宪治国和依宪执政共同刻画了中国语境下法治的关键内容——宪法实施。从这个意义上讲，"坚持依法治国首先要坚持依宪治国，坚持依法执政首先要坚持依宪执政"，实际上是宪法实施的顶层设计；宪法由此也将获得更为强大的生机与活力，并将成为法治建设的制度基石与保障。

---------------

1 参见黎田："依章治党与依宪治国结合的内在逻辑"，载《现代法治研究》2019年第1期。

2 参见苗连营、陈建：" '坚持依宪治国、依宪执政'的时代内涵与实践指向"，载《江海学刊》2021年第3期。

### 三、新时代依宪治国方略的确立

党的十九大明确指出："经过长期努力，中国特色社会主义进入了新时代，这是我国发展新的历史方位。"[1] 中国特色社会主义进入新时代，不仅使全面依法治国站在一个新的历史起点之上，开启了全面建设中国特色社会主义现代化强国的历史新征程，也确立了新时代依宪治国的历史方位和时代使命。

新时代不是凭空而来，而是立基于改革开放以来的伟大实践和卓越成就，尤其是党的十八大以来，党和国家事业取得了彪炳史册的历史性成就，中国社会发生了翻天覆地的历史性变革。其中，中国特色社会主义法治建设同样成就斐然、亮点纷呈，党的领导、人民当家作主、依法治国有机统一持续深入推进，法治国家、法治政府、法治社会一体建设得到全面加强，科学立法、严格执法、公正司法、全民守法迈出重大步伐，国家监察体制改革、行政体制改革、司法体制改革、权力运行制约和监督体系建设取得显著成效，中国特色社会主义法治体系日趋成熟和完善，中国特色社会主义法治建设的道路自信、理论自信、制度自信和文化自信日益增强和坚定，全社会的法律意识和法治观念显著提高并不断成熟，尤其是我们党形成了"治国理政的法治理念和法治思维"。[2] 其中，"依宪治国"的正式确立和战略定位，不仅是我们党对执政规律不断探索的经验总结与理性升华，更是新时代治国理政法治理念和法治思维的科学凝练与高度概括，是新时代中国法治进程中最具震撼力和号召力的标志性命题之一。

早在2001年，李鹏就曾经指出："依法治国，首先必须依照宪法治国，严格依照宪法规定办事。"[3] 2002年，李鹏在第九届全国人大五次会议所做的常委会工作报告中再次强调："依法治国首先要依宪治国。"[4] 2004年，胡锦涛首次从治国和执政两个方面强调了宪法的重要地位和作用："依法治国首先

1 习近平：《决胜全面建成小康社会 夺取新时代中国特色社会主义伟大胜利——在中国共产党第十九次全国代表大会上的报告》，人民出版社2017年版，第10页。

2 参见张文显："治国理政的法治理念和法治思维"，载《中国社会科学》2017年第4期。

3 中共中央文献研究室："李鹏在全国法制宣传日座谈会上的讲话（2001年12月3日）"，载《十五大以来重要文献选编（下）》，人民出版社2003年版，第2099页。

4 值得说明的是，已有的研究普遍认为李鹏在此次会议上首次提出了"依宪治国"的概念。参见彭东昱："为依宪治国立'规矩'"，载《中国人大》2018年第2期。但经笔者查阅资料，实际上李鹏关于"依宪治国"的说法还应追溯到2001年12月3日在全国法制宣传日座谈会上的讲话。

要依宪治国，依法执政首先要依宪执政。"[1] 2012年，习近平在首都各界纪念现行宪法公布施行三十周年大会上的讲话中同样强调："依法治国，首先是依宪治国；依法执政，关键是依宪执政"，并特别强调必须要"依据宪法治国理政"。2014年，在党的十八届四中全会通过的《决定》中，"坚持依法治国首先要坚持依宪治国，坚持依法执政首先要坚持依宪执政"首次被载入党的纲领性文件。此后，党的十九届二中全会公报等纲领性文件对此又再次予以重申和强调。可以说，这一重大战略决断已经成为我们党治国理政、执政兴国的观念共识和行动指南。

依宪治国必须坚持党的领导，而党的领导又要通过依据宪法治国理政来加以实现。因为，我国宪法就是党领导人民经过民主程序而形成的国家根本法，其鲜明特色就是党的主张与人民意志的高度统一。我国宪法对党的领导地位的确立，不同于西方国家的政党政治和民主制度。依据宪法，中国共产党的领导地位是由于革命成功的历史事实和建设、改革发展所取得的巨大成就而成为历史的选择、人民的选择，其执政的合法性不仅有坚实的民主基础，而且是由宪法明确予以确认和规定的。现行宪法不仅在序言部分强调了党的领导，尤其是2018年通过的宪法修正案，明确将党的领导规定在宪法总纲之中，强调中国共产党领导是中国特色社会主义最本质的特征，从而在国家根本法的层面强化了党总揽全局协调各方的领导地位。这样，坚持依宪治国，坚持依宪执政，正是通过对宪法思维和宪法方式的运用，来维护和保障党的领导地位，推进党的领导制度化和法治化。[2] 因此，依宪治国作为党领导人民治国理政的基本方略，其目的绝不是要削弱党的领导，而是要通过宪法实施来加强和改善党的领导，不断提高党依法执政的能力和水平。这是依宪治国应该首先明确和必须坚持的正确政治方向，也是依宪治国得以顺利推进的根本政治前提和保障。

需要特别注意的是，由于中国共产党是我国的执政党，中国人民在中国共产党的领导下进行国家建设和国家治理，因此，"治国"与"执政"是分不开的。而执政党对于"依法治国"和"依宪治国"的倡导，历来也都无一例外地伴随着对"依法执政"和"依宪执政"的强调。党的十八大以来，"坚持依法治国首先要坚持依宪治国，坚持依法执政关键要坚持依宪执政"，已经定型为

---

1　胡锦涛：《在首都各界纪念全国人民代表大会成立五十周年大会上的讲话》，人民出版社2004年版，第6页。

2　参见刘松山："准确把握党在宪法法律范围内活动的含义——兼论党内法规与国家法律的关系"，载《法治研究》2019年第2期。

不可分割的整体化表述，"依宪治国"与"依宪执政"自然也是有机结合、相辅相成的统一体。为此，要将全面从严治党和全面依法治国统一起来，在依据宪法治国理政的同时，切实做到依据党章从严治党。党的执政能力和领导水平的不断提高，是依宪治国、依宪执政得以实现的重要支撑和有力保障。同时，还要坚持党的领导、人民当家作主和依法治国的有机统一，坚持法治国家、法治政府、法治社会一体建设，坚持依法治国、依法执政、依法行政、依规治党共同推进，切实把宪法的精神理念和基本规定贯彻于治国理政的实践之中。

古语云："法与时转则治，治与世宜则有功。"[1] 总的来看，依宪治国在新时代的大力倡导和强调，一方面乃是改革开放四十多年来我国社会主义民主和法治建设自身逻辑演化的必然结果；另一方面则是针对新时代治国理政中的重点和难点问题，运用法治理念、法治思维和法治方式应对新形势新任务新挑战的必然要求。应当看到，虽然改革开放以来我国的法治建设取得了巨大的进步和成绩，但仍然面临众多问题和深层次的矛盾。为此，在党的十八大确立了社会主义现代化建设"五位一体"的总体布局后，我们党又提出了"四个全面"的战略布局，将"改革"提升为"全面深化改革"，将"依法治国"扩展为"全面依法治国"。而之所以着重强调"依宪治国"，正是为了发挥宪法作为国家根本法和治国安邦总章程，对于全面深化改革和全面依法治国所应有的引领、规范、推动和保障作用，这是从宪法的角度和高度入手来破解新时代治理难题和全面推进依法治国的重大法治安排。[2] 正如有学者曾指出的那样："'依宪治国'命题的提出，它背后隐含的事实判断是：当前，中国'依法治国'存在的问题（法治实践）最为根本的原因是现行宪法没有得到有效的实施；虽然现行宪法得到有效的实施，并不必然意味着'依法治国'必定实现，但是，如果现行宪法得不到有效的实施，则'依法治国'便是乌托邦的幻想。"[3]

正是由于充分意识到了宪法在治国理政中的重要价值和意义，党的十八大以来，以习近平同志为核心的党中央高度重视宪法和宪法实施，反复强调要树立宪法权威，加强宪法实施，充分发挥宪法在治国理政中的重要作用。尤其是2018年作为改革开放四十周年和全面贯彻落实十九大精神的开局之年，我们完

---

1　"韩非子·心度"，载（清）王先慎撰，钟哲点校：《韩非子集解》，中华书局1998年版，第475页。

2　参见李忠杰："'四个全面'战略布局演进脉络与重大意义"，载《人民论坛》2015年第6期。

3　沈寿文："'依宪治国'命题的逻辑"，载《环球法律评论》2013年第5期。

成了新时代里的首次修宪，对现行宪法进行了第五次重要修改，将一系列理论创新、实践创新、制度创新的重大成果以及一系列改革发展稳定的重大战略布局与举措上升为宪法中的明确规定，这不仅进一步完善和发展了现行宪法，更"开启了依宪治国的新征程"[1]。可以说，"依法治国首先要依宪治国，依法执政关键要依宪执政"，已经成为全社会的普遍共识；"把实施宪法提高到一个新水平"[2]，也已成为新时代党和国家所鼎力实现的政治诉求和法治目标。可以说，新时代是承前启后、继往开来、攻坚克难、奋力进取的时代，也是不断推进依宪治国、依宪执政，进而全面提升国家治理体系和治理能力现代化水平的时代。

通过以上对"依宪治国"历史脉络的大致梳理可以发现，新中国宪法观从"五四宪法"到"八二宪法"的演变为依宪治国奠定了观念基础；改革开放新时期依法治国的稳步推进，为依宪治国方略的形成提供了实践基础；党的十八大以来，执政党对法治理念、法治思维和法治方式的强调与运用，使依宪治国成为治国理政的观念共识和行动指南；而在党的十九大以后，推进依宪治国的一系列重大举措更是凸显了宪法的重要作用和地位。尤其是习近平总书记关于我国宪法性质特征、发展历程、重要地位和作用，以及弘扬宪法精神、维护宪法权威、加强宪法实施和监督等所做的一系列重要论述，极大丰富和发展了中国特色社会主义法治理论，是习近平法治思想的重要组成部分，引领着新时代依宪治国、依宪执政的伟大实践。

## ▶ 第二节　依宪治国的时代意义

宪法是人类法治文明不断演进并日趋成熟的结晶，亦是人类政治理性的雄心和抱负的证明，它意味着人类试图借助宪法，"通过深思熟虑和自由选择来建立一个良好的政府"，从而摆脱在"机运和强力"的控制下反复沉沦的宿命。[3] 的确，近代以来人类政治实践的艰辛探索和曲折历史已经充分证明，通过宪法的国家治理无疑是国家治理模式中的一种"最不坏的选择"。可以说，宪法是"政治制度文明的高级发展阶段的标志"，它象征着"人类在制度构建

---

1　汪铁民："开启依宪治国新征程"，载《中国人大》2018年第5期。

2　全国人民代表大会常务委员会办公厅：《中华人民共和国第十三届全国人民代表大会第一次会议文件汇编》，人民出版社2018年版，第195页。

3　参见［美］汉密尔顿等：《联邦党人文集》，程逢如等译，商务印书馆1980年版，第3页。

方面进入了一个崭新的政治文明时代"。[1] 正因如此，我国从"依法治国"向"依宪治国"的跨越，就不仅是中国共产党对一般意义上法治文明进步与发展的经验性总结和规律性认识，而且是新时代坚持全面依法治国基本方略和深化依法治国伟大实践的重要内容和必然要求，蕴含着中国政治发展自身特有的历史启示和鲜明的时代价值。

依宪治国不是在西方文明生机盎然之际开始的，而是在西方模式已显露出诸多弊端并日益受到反思与诘难之时才展开的；西方的宪法理论和宪政模式同样早已失去了昔日的神圣光环而不再是备受推崇的价值坐标和理想方案。"在社会主义学说看来，西方资本主义制度并非最优，中国应该在现代化的同时去追求一种超越西方之制度。"[2] 历经七十余载的不懈探索和追求，在一系列跌宕起伏的宪法实践和坎坷艰辛的试错纠错之后，蕴含中国特色、适合中国国情的依宪治国图景已跃然纸上，宪法的成长和发展已经深深镶嵌在了中国社会的时代变迁之中。我国现行宪法及其五次修改凝练了立足中国经验、具有中国特色的宪法原则、宪法理念和宪法制度，奠定了我国依宪治国的规范体系和制度框架。人民民主是中国特色社会主义宪法的本质与核心；依法治国是中国特色社会主义宪法的内在要求和鲜明标识；中国共产党是依宪治国的领导者、推动者与承担者；人民代表大会制度、中国共产党领导的多党合作与政治协商制度、民族区域自治制度、基层群众自治制度等，都是党领导人民经过长期探索实践而逐步形成的中国特色社会主义国家制度和法律制度。我国宪法制度的合理建构与有效运转是立基于一整套逻辑严谨、内涵丰富、体系完整的中国特色社会主义宪法理论之上的，习近平新时代中国特色社会主义思想，以人民为中心、坚持人民主体地位的发展理念，"四个全面"战略布局和"五位一体"的总体布局，党的领导、人民当家作主和依法治国的有机统一等，都蕴含着丰富而深厚的宪法哲学思想底蕴，标志着中国宪法理论的本土自觉与创新，是中国特色社会主义法治建设和依宪治国的价值指引与理论基石。这一系列的政治理念和政治制度，既体现了依宪治国的核心内容与精神实质，又是其科学有效的实现方略和推进路径；既遵循了宪法发展的普遍性规律，又以其"中国特色"回应了全球化的挑战，丰富了世界宪法文明的宝库，是人类宪法观、国家观的一次超越和升华，为全球治

---

1　陈永鸿：《论宪政与政治文明》，人民出版社2006年版，第39页。

2　金观涛、刘青峰：《开放中的变迁——再论中国社会超稳定结构》，法律出版社2011年版，第237页。

理贡献了中国的宪法经验、宪法方案和宪法智慧。

当前，中国特色社会主义进入新时代，正逢"两个一百年"历史交汇期，我们面临着新形势、新使命、新任务。同时，当今世界正面临百年未有之大变局，在国际政治、经济、文化、军事格局不断变化重组的过程中，不同发展道路、不同社会制度之间也在进行着激烈的碰撞与博弈。可以说，中国社会处在历史大变革的紧要关口，国际国内形势都异常复杂和严峻，国家治理的各个层面都迫切需要来自宪法的保障和推动。我国宪法以国家根本法的形式，确立了中国特色社会主义道路、理论、制度、文化的发展成果，反映了各族人民的共同意志和根本利益，是新时期党和国家的中心工作、基本原则、重大方针、重要政策在国家法制上的最高体现。依宪治国作为新时代治国理政的基本遵循，就是要更加注重发挥宪法在治国理政中的重要作用，为全面建设社会主义现代化国家提供根本法治保障。其重大的时代意义主要表现在以下六个方面：

第一，依宪治国是依法治国的逻辑延伸和理性升华。依法治国的基本内涵、价值意蕴、方略选择与宪法的原则精神、功能定位、制度安排有着内在的高度一致性，依法治国由此具有鲜明的宪法逻辑。首先，依法治国的"法"是以宪法为基础并受宪法规制的法律体系。众所周知，法律至上是法治区别于人治的重要标准，也是不同于静态意义上法制的实质性要件。法治将法律置于规制和裁决私人或者政府行为合法性的最重要标准与依据，而由于宪法处于法律体系的效力顶端，是一个国家的最高法、根本法，因此，法律至上原则的首要之义便是宪法至上，宪法应当是进行合法性评价的最高标准和根本准则。当然，实质性法治所推崇的是良法之治，有法律并不等于有法治，只有制定良好的法律并得到全社会的一体遵守与执行，才称得上真正意义上的法治状态。依法治国的法治内涵决定了依法治国首先应当是依"良法"治国。法学思想史上关于"良法"和"恶法"的探讨从来就没有停止过，自然法学派、分析法学派、实证主义法学派、新分析法学派、新自然法学派等法学思想流派都曾就"恶法是否为法""良法的考量标准"等问题展开过论述。暂且抛开价值考量因素不谈，在现代立宪社会，检验一部法律是否为良法的首要标准就是其是否符合宪法的规范与精神，宪法是良法与恶法的明鉴。其次，无论如何，我们都无法否认宪法的"法"属性，宪法不但是法，而且是"更高的法"，是法治之源头。这不仅是因为从形式上看，严格的制定和修改程序使宪法获得了最大的稳定性和最高的权威性，更重要的是从内容来看，宪法规定的是一国政治生活和社会生活中最根本、最重要的问题，包括政治、经济、文化、社会等方面的基本制度，公民基本权利的保障、国家权力的运行等问题；所有的立法活动都应当依据宪法并在宪法的规制下有序展开，所有的法律都应当是对宪法精神和原则的衔接与具体化。在宪法的统率下，统一、和谐、严谨的法律体系得以形成。在这个庞大的法律体系中，宪法处于最核心、最基础的地位，调节法网的松紧，调谐各位阶立法之间的关系。因此，宪法不仅是治国理政的根本依据，也是所有法律法规的最终效力来源，是奠定一国良法善治的法律体系之根本。可以说，由"依法治国"到"依宪治国"的飞跃，正是新时代治国理政遵从宪法逻辑、运用宪法思维的集中体现。

第二，依宪治国来自我们党对历史经验的深刻总结与反思。新中国成立以来的制宪历程和行宪实践充分证明：宪法的命运与党、国家和人民的前途与命运息息相关，这既是来自历史经验的启迪，也是来自历史教训的警示。现行宪法自公布施行以来，以其至上的法制地位和强大的法制力量，"有力坚持了中国共产党领导，有力保障了人民当家作主，有力促进了改革开放和社会主义现代化建设，有力推动了社会主义法治国家建设进程，有力维护了国家统一、民族团结、社会稳定"，[1] 从而为改革开放以来各方面所取得的巨大成就提供了根本法治保障、做出了历史性贡献。在新时代全面推进依法治国和全面深化改革的伟大历史进程中，更需要充分发挥宪法的引领、规范、推动和保障作用，并将之注入新时代治国理政的法治理念和法治思维中，使之成为生动而具体的法治实践和法治行动。可以说，新时代对依宪治国的重视和强调，不仅体现了执政党法治理念的重大发展和执政方式的重大转变，也体现了执政党坚持真理、修正错误，坚持从历史中总结经验的优良传统和智慧，体现了执政党对宪法在治国理政中重要地位和作用的深刻认识和真切体悟。

第三，依宪治国是基于新时代的新形势、新任务而作出的战略安排。经过四十多年改革开放的伟大实践，置身新时代，我们面临着比以往更加复杂的改革情势，因此全面深化改革不能再简单地按照过去"摸着石头过河"的思路进行，而应与"顶层设计"相结合，注重通盘考虑和整体推进，以确保改革的系统性、科学性和前瞻性。如此则不能再延续以前"先突破法治框架，再由立法进行追认"的惯性思维，而应当做到"重大改革于法有据"，充分重视和发挥法治对改革的引领和保障性作用。申言之，在"法治的轨道"内全面深化改革，是新时代主导改革进程的法治思维和法治方式。与全面深化改革的战略部署相适应，执政党作出了全面推进依法治国的战略决策，并将之视为国家治理领域一场广泛而深刻的革命，提出了涉及依法治国全过程和

--------------------

[1]《中国共产党第十九届二中全会会议公报》，人民出版社2018年版，第3页。

各领域的诸多改革措施，强调要以加强宪法实施为核心，将国家政治和社会生活的各方面事务都纳入法治的轨道。而无论是全面深化改革所要求的"顶层设计"，还是全面依法治国应该牵住的"牛鼻子"，二者其实都有一个共同的指向，那就是作为国家根本法的宪法。众所周知，我国宪法是党和人民意志的集中体现，是通过科学民主程序形成的根本法，自然也是全面深化改革和全面依法治国应该遵循的最高准则。因此，切实做到依宪治国，将宪法规定落到实处，使全面深化改革"摸着宪法过河"，[1] 使全面依法治国钩玄提要、纲举目张，便成为我们党面对新形势和新任务，立足于新时代的现实需要，而做出的治国理政的重大安排。

第四，依宪治国是新时代实现良法善治、推进国家治理现代化的制度保障。"法治是国家治理体系和治理能力的重要依托。"[2] 只有充分发挥法治固根本、稳预期、利长远的作用，才能有效保障国家治理体系的系统性、规范性、协调性，才能依法应对重大挑战、抵御重大风险、克服重大阻力、解决重大矛盾。可以说，在现代社会，推进国家治理体系和治理能力的现代化，其核心是要推进国家治理法治化。[3] 显然，作为国家治理体系的重要载体和表现形式的法律法规，其自身质量如何对于治理的实效性具有决定性的意义，而宪法在整个法律规范体系中居于统领性的地位。我国宪法是中国特色社会主义制度的集中表现形式和最高法律载体，宪法对我国经济、政治、文化、社会、生态文明等领域的根本制度、基本制度、重要制度作了全面系统的规定，具有显著优势、坚实基础、强大生命力；以宪法为核心的中国特色社会主义法律体系为我国创造出世所罕见的经济快速发展奇迹、社会长期稳定奇迹提供了坚强的法治保障。当然，也应当看到，虽然2011年中国特色社会主义法律体系已经宣告形成，但不可否认的是，尽管之前为满足改革开放和现代化建设的急迫需求而进行的快速立法扩张，在较短时间内实现了"有法可依"，但立法质量的良莠不齐使得法治实践中常常难以避开"以法治国"的工具主义魔咒，"有法必依、执法必严、违法必究"与"良法善治"的法治理念与要求存在着明显的距离，由此使得法的实效性及其与社会的亲和力大打折扣。而"依宪治国"的提

--------------------

1 参见韩大元："中国改革到了'摸着宪法过河'的阶段"，载《当代社科视野》2013年第11期。

2 习近平："以科学理论指导全面依法治国各项工作"，载《论坚持全面依法治国》，中央文献出版社2020年版，第3页。

3 参见李林："依法治国与推进国家治理现代化"，载《法学研究》2014年第5期。

出，则要求包括立法行为在内的一切公权力行为都必须受到来自宪法层面的审视和监督，一切违反宪法的规范性文件都应当受到否定和纠正，亦即，"法治之'法'必须是合宪的良法"。[1] 这是"科学立法、民主立法、依法立法"的题中应有之义，也是从宪法层面来实现国家治理体系和治理能力现代化的关键所在和优化升级，彰显着法治中国建设过程中的宪法思维和宪法高度。

第五，依宪治国是新时代满足人民美好生活需要的有效路径。党的十九大指出，随着中国特色社会主义进入新时代，我国社会主要矛盾已经由人民日益增长的"物质文化需要"同"落后的社会生产"之间的矛盾，转化为"美好生活需要"与"不平衡不充分的发展"之间的矛盾。显然，"美好生活需要"比"物质文化需要"的范围更广、层次更高、内涵更丰富，这些需求实际上就是新的日益增长的权利诉求，是对权利内容和类型的极大充实与扩展。而我国宪法作为一部真正以人民为中心的宪法，不仅确立了人民当家作主的制度体系，而且集中体现着人民对民主、法治、公平、正义、安全、环境等美好生活核心要素的期许和希冀。因此，新时代社会主要矛盾的转变，一方面对于法治建设具有"扩容"作用，[2] 丰富了法治建设的内涵和范围；另一方面对法治建设提出了更高的目标，要求更加突出和强调宪法在满足人民对美好生活需要方面的功能和作用。的确，宪法不仅通过对国家根本任务、指导思想、发展道路、发展目标的规划，为人民的美好生活绘就了蓝图和愿景；而且通过对国家制度、国家权力、国家责任、施政理念、施政方针、重大政策等问题的规定，为满足人民对美好生活的需要提供了可靠的实现路径与保障。可以说，宪法确立的各项制度、原则和规则，都是为了实现好、维护好、发展好最广大人民根本利益。尤其宪法关于"国家尊重和保障人权"的郑重承诺，以及关于公民基本权利和自由的详细列举及其保障性机制，则可以视为是用宪法语言对人民美好生活的具体表述，这也是公民能够直接感受到宪法与自身利益密切相连、进而从内心深处生发出对宪法尊崇与敬仰的关键因素。因此，通过宪法来回应人民对美好生活的向往与追求，是新时代依宪治国的重大使命。依宪治国所肩负的建构使命和规范功能，所承载的民族复兴梦想和人民对美好生活的向往，说到底都是通过对宪法的有效实施，来造福人民、保护人民，依宪治国是满足人民日益增长的美好生活需要的法治保障；而宪法实施本身是为了人民，同时也要依靠人民，人民对民族复兴和美好生活的向往，是推动依宪治国和法治发展的内

---

1　牟宪魁："依法治国与依宪治国的关系"，载《环球法律评论》2013年第5期。

2　参见童之伟："社会主要矛盾与法治中国建设的关联"，载《法学》2017年第7期。

生性力量。因此，坚持以人民为中心，坚持人民主体地位，是依宪治国的立足点和目的性价值。

第六，依宪治国是新时代我们党筑牢执政根基、永葆执政地位的必然要求。面对现代社会广泛存在的多元价值取向和利益诉求，唯有"宪法共识"才是"最根本的国家共识"，[1] 将党和人民的意志集中统一于宪法、上升为宪法规定，将宪法作为凝聚社会主流价值共识的枢纽与平台，不仅有助于通过宪法"实现社会整合"，[2] 而且有助于通过宪法加强党的领导、巩固党的执政地位。因为，宪法是党和人民根本意志的集中体现，是党领导人民通过科学民主程序形成的根本法，所以，"维护宪法权威，就是维护党和人民共同意志的权威。捍卫宪法尊严，就是捍卫党和人民共同意志的尊严。保证宪法实施，就是保证人民根本利益的实现"。[3] 尤其是2018年通过的第五次宪法修改，把党的领导与国体、国家根本制度有机地联系起来，将"中国共产党领导是中国特色社会主义最本质的特征"庄严载入宪法，这就在"历史的选择"和"人民的选择"之外，以国家根本法形式确保了党总揽全局、协调各方的领导核心地位，使党的领导成为国家制度和国家治理的根本准则，从而为新时代坚持和加强党的领导提供了强有力的宪法依据与保障。因此，依据宪法治国理政、深入推进依宪治国，实际上正是实现党的领导的宪法路径和法治方式。

依宪治国的深入推进和全面展开，要求毫不动摇地坚持党的领导，把党的领导贯彻到依宪治国的全过程和各方面，这是我国宪法的基本精神和题中应有之义；同时也要求不断改革和完善党的领导方式和执政方式，不断提高党的依法执政能力和领导水平。党领导人民制定宪法法律，党领导人民执行宪法法律并依据宪法法律治国理政，党自身也必须在宪法法律范围内活动。在我国，中国共产党无疑是宪法实施最重要的主体，也是保证和推动宪法实施最重要的力量；党的执政能力、领导水平和宪法意识，无疑对于宪法作用的发挥和宪法权威的树立具有决定性的意义。由于宪法确立了党的领导地位和执政策略，体现着人民的共同意志和最大利益，凝聚着法治的基本精神和制度安排，因此，依宪治国就成为坚持党的领导、人民当家作主和依法治国有机统一的必然要求和

---

1　秦前红："中国共产党未来长期执政之基——宪法共识下的依宪执政、依宪治国"，载《人民论坛·学术前沿》2013年第15期。

2　林来梵："依宪治国需要发挥宪法的潜能"，载《理论视野》2017年第2期。

3　习近平："在首都各界纪念现行宪法公布施行三十周年大会上的讲话"，载《论坚持全面依法治国》，中央文献出版社2020年版，第9页。

生动实践。只有在党的领导下坚持依宪治国、依宪执政，才能确保各项工作始终体现党的主张、符合宪法精神、反映人民意志，才能真正维护宪法权威、捍卫宪法尊严，充分彰显宪法在治国理政中的特殊价值和意义。

　　总的来看，在经历了四十多年改革开放和法治建设的伟大实践后，新时代无疑需要更加充分发挥宪法在治国理政中的重要作用。历经五次修改后的现行宪法，将我们党领导人民进行革命、建设、改革的历史功绩和民族共同记忆熔铸于一体，将人民对未来美好生活的追求与新时代治国理政的重大战略方针政策镌刻于庄严的宪法文本，其自身所承担的历史使命和功能定位已经发生了微妙但重要的调整——在1982年现行宪法公布施行之时，它被视为"新的历史时期治国安邦的总章程"，[1] 而在新时代，在执政党"依据党章从严治党、依据宪法治国理政"[2] 的政治理念和战略布局中，它则是国家各种制度和法律法规的总依据，是党和人民意志的集中体现，是国家布最大的公信于天下，是国家意志的最高表现形式。宪法内涵和意义的极大丰富与拓展，不仅涵摄了宪法在传统意义上所具有的"安邦"作用，还增添了宪法在新时代国家政治和社会生活中所肩负的"理政"功能；宪法已不再仅是抽象的总章程或者是国家安定的象征与保障，而开始嵌入真实生动的国家治理过程和法治实践之中，成为新时代治国理政的根本遵循与制度安排；宪法的法律属性与价值功能由此亦变得日益凸显和精微，并正在渐渐生成一种别具一格的治理体系和法治图景。这既彰显了推进依宪治国的重大历史机遇，亦浓缩着新时代依宪治国的丰富内涵与时代价值。

## ▶ 第三节　依宪治国的未来面向

　　在新时代治国理政的新理念、新思想、新战略中，依宪治国是一个具有深厚历史底蕴和丰富时代意涵的重大命题。从学理的角度而言，对依宪治国历史脉络的梳理和精神实质的探究，不能仅停留在过去和当下，还应该将关注的目光面向更远的未来。党的十九届五中全会在新的历史起点上，既紧紧把握当代中国社会发展的客观现实，又科学预判我国未来的发展趋势，对"四个全面"

<hr />

1　彭真："关于中华人民共和国宪法修改草案的报告"，载《彭真文选》，人民出版社1991年版，第462页。

2　习近平："在首都各界纪念现行宪法公布施行三十周年大会上的讲话"，载《论坚持全面依法治国》，中央文献出版社2020年版，第15页。

战略布局作出了新表述，为"中国道路"赋予了新的时代内涵，形成了完整的面向未来的政治宣示和顶层设计。立足于新时代"四个全面"战略布局和远景目标，依宪治国的未来面向可以从以下四个维度加以解读。

第一，面向全面建设社会主义现代化国家。在"全面建成小康社会"的历史任务完成之后，"四个全面"战略布局中第一个"全面"调整为"全面建设社会主义现代化国家"。确立"全面建设社会主义现代化国家"在"四个全面"战略布局中的引领地位，不仅是对"两个一百年"奋斗目标的有机衔接，也是新时代关乎全局的战略选择和目标指引，是比全面建成小康社会更进一步、更高层次的目标追求，标志着我国迈入全面建设社会主义现代化国家的新发展阶段。而我国立宪的基本价值前提就是"富强"，"由富强到自由"，正是中国宪法精神演进的基本逻辑。[1] 作为这一逻辑的自然延伸，新时代的宪法随着社会主要矛盾的转化，在其序言部分明确将"沿着中国特色社会主义道路，集中力量进行社会主义现代化建设"及"把我国建设成为富强民主文明和谐美丽的社会主义现代化强国，实现中华民族伟大复兴"，确立为国家的根本任务和奋斗目标。因此，"全面建设社会主义现代化国家"正是新时代立宪价值的生动体现，是依宪治国所鼎力追求实现的战略目标。

第二，面向全面深化改革。党的十八届三中全会所确立的全面深化改革的总目标是完善和发展中国特色社会主义制度，推进国家治理体系和治理能力现代化。党的十九届五中全会将"改革开放迈出新步伐"确定为"十四五"时期我国经济社会发展的六大主要目标之一。显然，新时代的改革着眼于克服发展过程中所面临的深层次矛盾和体制机制弊端，更侧重于制度体系的完善和治理能力的提升，这就对改革的顶层设计和改革的系统性、整体性、协同性提出了新的更高要求。"依宪治国"在以名词性质做主语时，比如"依宪治国是新时代治国理政的基本方略"，它指向的显然是制度层面的"国家治理体系"；而在其以动词性质作谓语时，比如"深入推进依宪治国"，它指向的则是行动方面的"国家治理能力"。因此，综合看来，"依宪治国"除了是从宪法的角度和高度入手，致力于实现国家治理体系和治理能力的现代化外，更为重要的是，在新时代强调"重大改革于法有据"的前提下，必须以宪法作为"在法治的轨道上推进改革"的基本框架，通过法治的路径而获得改革的"最大红利"。[2] 这就要求坚持依宪治国以拓宽全面深化改革的制度空间和赋予改革必

---

1 参见陈端洪：《制宪权与根本法》，中国法制出版社2010年版，第294—298页。

2 参见《改革是最大红利》，新华出版社2013年版。

需的宪法依据，从而既为全面深化改革提供坚实的宪法依据和充足的宪法动力，也为推进改革的持续深化提供必要的宪法规范和宪法保障。

第三，面向全面依法治国。全面依法治国是全面建设社会主义现代化国家的重要保障。党的十九大科学规划了法治中国建设的"两步走"战略，即从2020年到2035年，在基本实现社会主义现代化的同时，基本建成法治国家、法治政府、法治社会；从2035年到21世纪中叶，在把我国建成社会主义现代化强国的同时，全面建成法治中国。党的十九届五中全会重申了党的十九大设计的路线图和时间表，将基本建成法治国家、法治政府、法治社会作为2035年的远景目标进行了明确部署。如前所述，学术界曾存在一种观点认为，"依法治国"包括了"依宪治国"，因此不必单独提出"依宪治国"，觉得对"依宪治国"的高调宣传，"不如'依法治国'、甚至'依法办事'来的踏实"[1]。前已论及，与"依法治国"相比，"依宪治国"传递了强烈的宪法自觉意识，体现着宪法在整个法律体系中的特殊地位与作用。事实上，"全面依法治国"作为"国家治理领域一场广泛而深刻的革命"，是一个"系统工程"。[2] 与以往简单的"依法治国"相比，其战略重心不仅停留在布局的"全面"上，更要凸显出在"全面"基础上的焦点或中枢——集中反映全国人民共同意志和最大利益，集中体现党和国家根本任务、根本制度和大政方针的宪法，如此方能实现"整体推进"与"重点突破"相结合。因为宪法要为法律提供价值基础、道德基础和规范基础，如果宪法缺席，那么法律和法治也就无从谈起。[3] 在这个意义上，不是"依法治国"包括了"依宪治国"，而是"依宪治国"引领和推动着"全面依法治国"的前进；只有"依宪治国"真正落到了实处，"全面依法治国"才会实现预期的目标。

第四，面向全面从严治党。全面从严治党为全面建设社会主义现代化国家、全面深化改革、全面依法治国提供根本保证。办好中国的事情，关键在党。只有加强党中央集中统一领导，才能有效总揽全局、协调各方，形成推动经济社会发展的强大合力。"依法执政"是中国共产党执政的基本方式，是执政党从国家法层面倡导和践行法治精神的自觉行动，自然亦是"依宪治国"的重要内容。在一些论者看来，"实行依宪治国，关键就是要正确认识和处理好

---

1　马岭："依宪治国的涵义初探"，载《环球法律评论》2013年第5期，第10—13页。

2　参见孟东方等著：《"四个全面"战略布局理论与实践研究》，人民出版社2017年版，第75页。

3　参见韩大元："宪法与社会共识：从宪法统治到宪法治理"，载《交大法学》2012年第1期。

依宪治国与党的领导的关系"。[1] 的确,中国共产党因其领导地位和执政地位而对于法治中国建设具有无可替代的特殊重要性,执政党自身对法治理念的坚守和践行,是我国法治建设的关键所在和重要保障。但在国家法之外,执政党要更多依靠党内法规来完成自我治理,"依规治党"因此和"依法治国"一起,成为法治中国建设的"双驱结构"。[2] 对于这一点,党的十八届四中全会已经明确将"完善的党内法规体系"纳入社会主义法治体系之中。而要实现"依规治党"和"依法治国"的"双轮驱动",形成国家治理的合力,党规与国法的衔接协调就成为新时代一个十分紧迫的重大课题。[3] 实际上,这也是"依宪治国"命题的应有之义。因为一方面,"国法"以宪法为统帅,必须统一于宪法,作为宪法的具体化而加以实施;而另一方面,"党规"要与"国法"实现"衔接协调",则同样必须符合宪法的原则和精神。换言之,宪法由此构成了党规与国法共同的衡量标准和依据,依宪治国也因此而必须面向新时代全面从严治党的形势和任务,承担起实现依规治党和依法治国衔接协调、相辅相成、相互促进的法治使命。

通过以上简要分析,可以发现,"四个全面"不是并列的关系,第一个"全面"是战略目标,是居于引领地位的,其他三个"全面"是战略举措,保障目标实现。同时,"四个全面"又相辅相成、相互促进、相得益彰,是协调推进、相互支撑的辩证统一关系。而依宪治国显然与每一个"全面"都有紧密的内在联系,有着多元而丰富的时代内涵与未来面向。而要充分发挥宪法在协调推进"四个全面"战略布局中的重要作用,就必须坚持依宪治国、依宪执政,真正把宪法的精神和规定落到实处。可以说,新时代依宪治国的关键要务就在于宪法实施,而宪法实施本身也是依宪治国未来面向的重要组成部分。因为宪法实施不仅是宪法的生命所在和权威所系,也是将我们党治国理政的法治理念转化为法治实践的必由之路,是将宪法的价值理念和规范内容转化为推动社会秩序维新与演变的强大动力。可以说,判断依宪治国的关键标准就在于宪法实施,在于静态的宪法文本在现实生活中的实现程度。而宪法实施不单单是一项纯粹的法治作业,更具有丰富的政治内涵和时代意蕴。这就需要真正把宪

---

1　韩大元主编:《依宪治国》,社会科学文献出版社2016年版,第99页。

2　参见叶海波:"法治中国的历史演进——兼论依规治党的历史方位",载《法学论坛》2018年第4期。

3　参见秦前红、苏绍龙:"党内法规与国家法律衔接和协调的基准与路径",载《法律科学》2016年第5期。

法实施作为新时代国家发展战略中的一项基础性工作来加以强调和推进，具体来说，可以从以下几个方面着手。

首先，加强宪法实施、推进依宪治国，必须坚持和依靠党的领导。维护宪法权威、加强宪法实施、推进依宪治国，不仅是学术界长久以来的殷殷期盼，同样是执政党所鼎力追求的法治任务与目标。我国社会主义法治建设的一条基本经验，就是把党的领导贯彻到依法治国的全过程和各方面。坚持中国共产党的领导，是社会主义法治的内在要求和根本保证，也是依宪治国的根本要求和最大优势。在我国，作为领导党和执政党的中国共产党是依宪治国最重要的主体和最重要的力量，党领导人民制定和实施宪法法律同党自身也必须在宪法法律的范围内活动是完全统一的，中国共产党领导立法、保证执法、支持司法和带头守法本身就是对宪法实施最坚强有力的政治支持和保障。离开了党的领导，所谓依法治国、人民当家作主，根本无从谈起。正是在这个意义上，我们才可以理解，为何"党的领导"是"中国特色社会主义法治的根本保证"和"根本要求"。[1] 历史和现实都告诉我们，宪法与国家的前途、民族的命运、人民的福祉紧密相连，它不仅确认和反映着我国各方面事业所取得的伟大成就和积累的宝贵经验，而且保障和推动着中华民族的不断进步和发展；只有中国共产党才能领导中国人民真正制定出体现人民共同意志、维护人民根本利益的好宪法，并领导人民真正依宪治国、依宪执政，从而为中华民族的伟大复兴和人民的幸福自由提供坚强的宪法保障。因此，深化依宪治国实践，提高宪法实施水平，发挥宪法在治国理政中的根本法作用，必须牢牢坚持和加强中国共产党的领导，坚定不移地走中国特色社会主义宪法发展之路。这是新时代依宪治国应牢牢把握的根本方向，也是宪法实施得以顺利推进的前提和关键。

其次，加强宪法实施、推进依宪治国，必须重视和运用人民群众的伟大力量。众所周知，人民是历史的创造者，是国家的主人。坚持人民主体地位，坚持以人民为中心的发展理念，不仅是习近平新时代中国特色社会主义思想的重要内容，也是我国宪法的基本精神和逻辑起点。[2] "人民对美好生活的向往，就是我们的奋斗目标"，不仅是执政党的庄严承诺，同样是依宪治国的价值追求和目的归宿。而通过宪法的贯彻实施来回应人民对新时代美好生活的向往，正是宪法获得人民真诚拥护和信仰的根本所在；人民践行宪法理念、捍卫宪法尊严的自觉与行动，则又是推动依宪治国最重要的社会力量。人民是法治建设的

---

1　"中共中央关于全面推进依法治国若干重大问题的决定"，载《求是》2014年第21期。

2　参见李林、翟国强："弘扬宪法精神 贯彻实施宪法"，载《求是》2018年第9期。

实践主体，是依宪治国的动力源泉，同时也是依宪治国实施效果最终的评价者和检验者。最广大人民的根本利益应当是依宪治国的出发点和归宿，同样，依宪治国基本方略的实效性也应当以人民的认同度、支持度和满意度为最高衡量标准。因此，依宪治国的有效推进，不仅需要抓住领导干部这个关键少数，也要重视和仰赖广大人民的积极行动。事实上，自党的十八大以来，无论是正式设立国家宪法日、实行宪法宣誓制度，还是不断强调要加强宪法实施、推进依宪治国，实际上都不仅呈现为一种自上而下的宪法价值引领和宪法实施动员，同时也强化着来自民间社会自下而上的广泛参与和民主监督。的确，只有在党的领导下，聚合起全体人民行宪护宪的磅礴之力，依宪治国的推进才会获得源源不断的强大动力。

再次，加强宪法实施、推进依宪治国，需要坚实的观念支撑和深厚的文化根基。人类宪法政治的演变历程充分显示，"宪法实施工作成效的好坏依赖于宪法实施赖以存在的法治环境和法治文化"，[1] 一旦宪法文化土壤缺失，再美妙的制度设计也难免在实践中沦为虚置。可以说，宪法的成功之道"不仅在于设计完好的制度，而更在于支撑制度运作的文化"。[2] 的确，宪法从来就不是枯燥乏味的文字组合，而是各种利益诉求和多元观念通过文明理性的博弈与妥协而达成的基本共识，浓缩着一个民族、一个社会长久以来的政治智慧和经验，体现着人们对法治的执着与信仰、对权力的警惕与防范、对权利的尊重与珍视；社会普遍认知和坚守的宪法价值与宪法理念，是宪法实施的文化基因和社会基础。在我国，虽然社会主要矛盾已经发生了历史性变化，但不可否认的是，当前社会的阶层分化、利益分化、观念分歧等仍在不同程度上普遍存在。宪法在一定程度上可以理解为有效进行国家建设和国家治理的最基本政治共识，只有以宪法为纽带最大限度地凝聚全社会的共识和力量，才能够形成强大的动员能力和整合能力，并为实现民族复兴与国家崛起提供强有力的支撑。依宪治国基本方略同样需要建立在这种普遍的宪法共识和成熟的宪法文化之上。这就需要自觉地将依宪治国同近代以来中国社会发生的历史巨变、同党领导人民进行改革开放和社会主义现代化建设取得的辉煌成就、同新时代全面推进依法治国的伟大实践、同实现中华民族伟大复兴的中国梦等结合起来，讲好中国宪法故事，树立中国宪法自信，增强全社会的宪法意识和宪法信仰，从而为新时代推进依宪治国奠定坚实的观念基础、培植肥沃的文化土壤。

---

1　莫纪宏："坚持中国特色，抓好宪法文化建设"，载《检察日报》2016年12月5日第7版。

2　刘晗：《合众为一：美国宪法的深层结构》，中国政法大学出版社2018年版，第14页。

最后，加强宪法实施、推进依宪治国，需要以合宪性审查为抓手，充分发挥宪法监督制度的保障作用。对于任何一个成文宪法国家而言，如何把静态的文本上的宪法变成动态的行动中的宪法，都是宪法理论与实践中必须直面的重大课题。在我国，健全和完善宪法实施监督制度、坚决纠正各种违宪行为，同样是十八大以来党的一系列纲领性文献中所反复强调的重大话题。尤其是党的十九大报告超越了以往单纯政治话语层面的宏大叙事和原则性号召，关注到了具体的制度建构与方案措施，要求通过"推进合宪性审查工作"，来切实"加强宪法实施和监督"，进而达到"维护宪法权威"的目的。第五次宪法修改也将全国人大原有的"法律委员会"变更为"宪法和法律委员会"，专门负责推进合宪性审查工作，由此使得加强宪法实施和监督在组织机构和程序建设方面有了具体的可操作的制度安排和依托。这一在国家根本法层面开展的具体制度改进，强化了宪法的法律化实施，其与执政党主导下的宪法实施的政治化方略相结合，共同构成了我国宪法实施的基本格局。[1] 作为当下宪法实施中的关键"棋眼"，推进合宪性审查工作，可谓是当务之急、重中之重，其直接功能就在于通过对各种违宪行为进行制度化、规范化的否定和矫正，从而为依宪治国提供具体的具有可操作性的保障性机制。合宪性审查作为一个主流话语的正式确立，标志着中国社会对于合宪性审查的价值和意义形成了基本共识。接下来就需要对其存在形式、运作过程和发展规律等制度性要素，以及由谁审查、审查什么、怎么审查等体制性和技术性问题，进行持续而深入的研究。而对这些问题的深入思考和不断探索，不仅可以为我国宪法学的繁荣发展提供丰富的本土资源和广阔的学术空间，也将有助于建立中国特色社会主义宪法学理论体系、概念体系和话语体系。[2] 为此，就需要深刻领会十九大精神和报告原意，准确把握第五次宪法修改的目的和意义，厘清推进合宪性审查工作的功能与使命，[3] 在坚持和完善党的领导与人民代表大会制度的基础上，充分运用现有的制度资源和实践经验，积极主动地进行体制机制创新和理论探索，切实加强宪法监督的制度建设和能力建设，不断推进合宪性审查的规范性、公开性和实效性，努力形成科学有效的权力运行制约和监督体系，切实增强监督合力和实效。

------------------

1　参见翟国强："中国宪法实施的理论逻辑与实践发展"，载《法学论坛》2018年第5期。

2　参见苗连营："合宪性审查的制度雏形及其展开"，载《法学评论》2018年第6期。

3　参见祝捷："论合宪性审查的政治决断和制度推进——基于党的十九大报告的解读"，载《法学杂志》2017年第12期。

　　总之，依宪治国这一宏大的时代命题立足于我国特定的社会背景，抽离于纷繁复杂的表层社会现象，运用宪法思维、宪法理念去谋划当代中国的治国理政问题，具有鲜明的时代特征、浓郁的法治精神和深厚的价值关怀。对于依宪治国的时代价值与意义，可以进行多维度的分析与展望。而宪法是治国安邦的总章程、是治国理政的总依据——这两个经典性的概括与定位，毫无疑问应当是我们思考依宪治国的基本理路，只有将作为"总章程"和"总依据"的宪法付诸实施，才能实现宪法所承载的诸多价值与理想。这就需要认真对待依宪治国进程中的重点和难点问题，做到有的放矢、对症施策，真正使纸面上的宪法成为行动中的宪法，使宪法内涵的精神和价值成为具体而生动的法治实践，从而使人民寄托在宪法身上的美好愿望变成活生生的社会现实。

# 第 2 章

# 依宪治国的
## 法理基础

"依宪治国"作为治国理政的基本方略，经历了一个由"学术话语"到"政治话语"的发展和演变过程，是当代中国学术研究与宪法政治相互交融、良性互动的一个典型范例。这既可以看作是理论研究推动了法治实践，也可以认为是政治意志吸纳了理论建言。在依宪治国已经成为新时代治国理政的基本共识和战略定位的情况下，深入探讨依宪治国的法理基础，拓展关于依宪治国研究的深度和广度，进一步明晰其精神实质、构成要素和运作机理，无疑有助于为深入推进依宪治国提供必要的理论指引。为此，本章将依循认识论的一般规律，首先，阐明依宪治国"是什么"，从宪法概念入手，分析中国宪法的建构使命和规范功能，在整全性宪法概念的基础上，从理论上厘清依宪治国的基本内涵和逻辑构造，从而回答依宪治国"是什么"的问题；其次，从宪法的价值取向出发，分析"为什么"要依宪治国，着力探讨依宪治国这一命题的价值体系与核心关切，从而在对价值取向的把握中，阐明依宪治国的核心要义，可以说讨论的是依宪治国"为什么"的问题；最后，从宪法的功能作用出发，在梳理依宪治国理论逻辑的基础上，立足于具有鲜明时代特征的改革背景和法治实践，考察依宪治国的治理实效，进而指出当代中国正在迈向通过宪法的国家治理，可以说探讨的是依宪治国"怎么样"的问题。从"是什么""为什么"到"怎么样"这样一条论述线索，本章试图勾勒出依宪治国的理论逻辑与现实图景。

## ▶ 第一节　宪法概念：依宪治国的逻辑起点

探讨依宪治国的法理基础，首先需要界定的其实是一个前置性的概念，即究竟应该如何认识和理解"依宪治国"中所"依"之"宪"？这个问题看似不言而喻，即"宪"当然是指"宪法"。但细究起来，"宪法"却正是"依宪治国"命题得以成立的逻辑起点。正是因为对"宪"的突出与强调，才使"依宪治国"得以区别于"依法治国"，从而具有丰富多彩的时代意蕴和价值内涵。事实上，有关"宪法是什么"的概念之争，也正是长期以来宪法学界产生种种理论争鸣和学术分歧的一大根源，可谓是宪法学研究中最具本源性的问题。而对于依宪治国的法理基础而言，同样首先需要追问的是，我们究竟是立足于何种意义上的宪法概念，来构造依宪治国的理论体系，进而指导依宪治国的具体实践。从这个角度看，阐释清楚了"宪法是什么"，也就顺理成章地说明了"依宪治国是什么"。

## 一、宪法概念的理论分野：规范性与实证性[1]

自古以来，宪法的定义多种多样、不胜枚举，最常见也是最经典的一种我们可以称之为"规范性宪法概念"。这种宪法概念主张宪法不仅是一种规则，更是一种规范，即强调宪法对于现实政治的规范效力。它把宪法和立宪主义等同起来，认为宪法以自由（或者"人的尊严"）为最终目的和最高价值。为了保障公民自由，就需要对国家权力进行合理配置，亦即宪法虽然也要致力于发挥国家权力的最大效用，但居于第一位的应是国家权力之间的互相制衡，尤其是要通过对权力的规范和驯化来保障公民权利不受侵犯。

对于这样一种规范性宪法概念，著名政治思想家乔万尼·萨托利曾为之做出了最为雄辩的论证。他指出，宪法一词"或许是由博林布罗克首先使用的"，但它"只是在1776—1787年间的美国才真正获得其基础和确切含义"，而潘恩最先对宪法的现代涵义做出了明确、完整的阐述。这里，萨托利所说的"宪法的现代涵义"，显然是潘恩在《人的权利》中对宪法所作的定义："宪法是一样先于政府的东西，而政府只是宪法的产物。一国的宪法不是其政府的决议，而是建立其政府的人民的决议。"[2] 对于美国人给宪法下的这个定义，萨托利以1776年宾夕法尼亚宪法为例，进一步作出解释和说明："宪

---

1 实际上，规范性和实证性这两种定义方法，不仅在"宪法"的概念问题上有所表现，它同样适用于关于"公法"的概念界定。比如，如果从实证性的角度来进行定义的话，公法就是乌尔比安的经典定义，即"公法是关于罗马帝国的规定，私法则是关于个人利益的规定"。对此，《法学阶梯》中也同样指出："公法涉及罗马帝国的政体，私法则涉及个人利益。"而如果从规范性的角度出发的话，则会得到一种规范性的公法概念，比如"17、18世纪以来，……作为限制国家权力的现代意义的公法应运而生"，近代意义上的公法"是启蒙思想和资产阶级革命的产物，其内在含义已经超越了罗马法上的公法理论，不再是统治者任意处置的领域，而是以法律限制统治者权力与规范其行使为主旨"。相关介绍参见孙国华、杨思斌："公私法的划分与法的内在结构"，载《法制与社会发展》2004年第4期；叶秋华、洪荞："论公法与私法划分理论的历史发展"，载《辽宁大学学报（哲学社会科学版）》2008年第1期。

2 ［美］潘恩：《潘恩选集》，马清槐等译，商务印书馆1981年版，第146页。

法包含着两个基本要素：一个是'政府的规划（或框架）'，另一个是'权利法案'……两者对宪法之成其为宪法都是必要的。"但这并不意味着有了政府规划（plan）就等于有了一部宪法，只有当政府框架（frame）提供一个权利法案并确保权利法案得到遵守执行时，政府规划才能够成为名副其实的宪法。因此，在萨托利看来，美国的整个宪法传统都是把"宪法"视为是实现"有限政府"目标的一种必不可少的工具，是用来约束政府权力之运作的种种技术和制度设施，"其目的是为了制约绝对权力"。

萨托利笔下的这种美国宪法传统，深深地影响了欧洲大陆。在法国，随着大革命的爆发，法国人也从费城会议上（而不是英格兰）接受了几乎同样的宪法涵义，这具体表现在《人权与公民权利宣言》中所指出的"凡权利无保障及分权未确立的社会，即无宪法"[1]。而在萨托利看来，欧洲大陆这些宪法的精神和意涵其实都如出一辙，英国也并不例外，无论英国宣称的所谓"不成文宪法"有多么"特殊"："英国、美国以及欧洲宪法的目的从一开始就是一致的"，对于所有的西方世界来说，宪法都意味着同样的东西，即"一个基本法，或者一系列基本的原则以及一组相互之间联系紧密的制度安排"，它旨在控制权力并实现"有限政府"。[2] 因此，可以说，这种规范性宪法概念，从它在美国诞生之日起，一直到整个19世纪，都是欧美世界普遍的共识。但自20世纪以来，这种规范性的宪法概念却遭到了挑战。尤其是在经历了第二次世界大战的浩劫之后，面对宪法概念的聚讼纷纭，萨托利不断振臂高呼，要给"宪法"一词的语义正本清源，要恢复规范性宪法概念的独尊地位。[3]

那么，宪法的概念在20世纪究竟发生了什么争论，以至于让萨托利如此焦虑？这就涉及宪法概念的第二种定义方式。

和萨托利带有强烈规范性的宪法定义相比，同样是在反思第二次世界大战的背景下开展写作的凯尔森却仍然坚持拒绝赋予法律研究以强烈的价值色彩，在他看来，那不过是一种意识形态罢了。在探讨法律的科学定义时，凯尔森指

--------------------

1 对法国宪法史的变迁，可参见［德］格奥尔格·耶里内克（Jellinek, G.）：《〈人权与公民权利宣言〉：现代宪法史论》，李锦辉译，商务印书馆2013年版。

2 该部分关于萨托利观点的几处引文，分别参见［美］乔万尼·萨托利："'宪法'疏议"，载刘军宁等编：《市场逻辑与国家观念》，生活·读书·新知三联书店1995年版，第104、106、113—114页。

3 规范性的宪法概念是西方法政思想中的一条主线，有着很强大的传统，坚持这一立场的学者不胜枚举，就20世纪来说，除了萨托利之外，较重要的有伍德罗·威尔逊、麦基文、哈耶克、阿伦特，等等。

出，虽然"没有什么东西可以阻止我们在法律秩序的定义中放进某种最低限度的个人自由和私有财产的可能性"，但那对于法律科学并没有太大的意义，而只能导致这样一种结果，即凡是不符合上述意识形态的法律秩序就不再被承认为法律秩序。政治成见影响了人们对法律的定义，由此产出的乃是对法律的政治定义而不是科学定义。而如果我们试图从科学的角度来研究法律的话，首先就应当把法律看作一种不涉及道德或价值的社会技术问题。[1] 就此而言，那种认为"宪法"天然地包涵由所谓"限制权力、保障权利"为主导的体现立宪主义价值的宪法概念，就不可避免地带有主观性的偏颇。

那么如何避免这种价值预设给宪法概念带来的偏颇"前见"呢？凯尔森接下来用了一段相当拗口的表述来说明宪法概念在价值无涉的前提下所应有的包容性：虽然同样也没有什么东西能够阻止人们往"宪法"一词中注入特定的价值；虽然"拟订一个并不包括通常称为'宪法'的所有现象的较狭窄的'宪法'的概念同样也并不是不正当的"；虽然我们可以对那些想当作工具使用的术语和概念随意界定或引申，"唯一的问题是它们是否将符合我们打算达到的理论目的"。但是，既然宪法的概念在20世纪已经变得模糊，那么"在其他情况相同时"，选择"一个在范围上大体和习惯用法相符合"的宪法概念（无论它是否符合立宪主义的价值标准），同样也显然要比"一个只能适用于很狭窄现象的'宪法'概念"更好些，因为任何对一个概念下定义的企图都应当从这个词的惯常用法和一般意义出发。[2] 在这里，凯尔森尽管指出了规范性宪法概念的可取之处，但更多强调了一个在范围上更为包容、能够纳入习惯上通称为"宪法"现象的宪法概念的重要性。

颇有些吊诡的是，作为凯尔森在理论上的对手，施米特也同样对规范性的宪法概念不以为然，认为那只是资本主义意识形态的反映。在他看来，由自由至上（施米特称之为分配原则）和限权政府（施米特称之为组织原则）构成的规范主义宪法只不过是宪法的一种可能形态而已，即"国民法治国"的宪法观。[3] 如此一来，规范性宪法概念就变成了宪法概念之下的一个子概念，而它自19世纪以来随着美国宪法的诞生而具有的绝对正统、唯一正确的地位也就随

---

1　参见［奥］凯尔森：《法与国家的一般理论》，沈宗灵译，商务印书馆2013年版，第31—32页。

2　［奥］凯尔森：《法与国家的一般理论》，沈宗灵译，商务印书馆2013年版，第5、31页。

3　参见［德］卡尔·施米特：《宪法学说》，刘锋译，上海人民出版社2005年版，第137—141页。当然，在施米特的理论框架中，这些只是近代宪法的法治国要素，除此之外，近代宪法还有另一大要素，即政治要素，而后者要受到前者的节制。可参见［德］卡尔·施米特：《宪法学说》，第十六章，以及第三部分各处。

之被消解掉了。代之而起的正是一种可以被称为"实证性宪法概念"。

在对"实证性宪法概念"进行理论阐释之前，有必要对概念的"所指"和"能指"作出区分。举例来说，"封建"一词，无论中西，本来所指的都是层层分封，按照这一本来所指，中国的封建制在春秋战国时期之后就已经解体，但这并不妨碍我们在经历了近代的社会和文化革命之后把古代中国统一称为"封建社会"，只是这时的"封建"，已经不仅仅是其本来所指的层层分封的"封建"。宪法的概念同样如此，在摆脱立宪主义的价值立场对宪法概念的规定性预设之后，我们便可以从一种描述性的、实证性的角度获得一个宪法概念，即"实证性宪法概念"。

对此，戴雪曾经给出了一个经典的定义：宪法（constitutional law）这一术语"看起来包含了所有直接或间接地影响国家主权之构成和运作的规则"。[1] 戴雪的定义对后世影响深远，在其后，詹宁斯和惠尔的宪法定义中都可以看到他们和戴雪观念之间明显的承继关系。[2] 实际上，这种实证性的宪法概念在英国公法传统中有着极深的渊源和古老的传统，它呼应的是18世纪的博林布鲁克[3] 提出的宪法概念："宪法是指……由理性的某些确定原则衍生出来并指向某些确定的公共善的目标（objects of public good）的法律、制度和习惯的集合体，它构成了'一国'基本的制度，共同体同意依据这些制度而被治理。"[4] 其实，这样的宪法定义甚至还可以追溯到更早，亚里士多德亦曾谈道："政体（宪法）为城邦一切政治组织的依据。其中尤其着重于政治所由以

---

1　［英］戴雪：《英宪精义》，雷宾南译，中国法制出版社2001年版，第102页，译文有修订。许崇德教授曾引用过戴雪的另一个宪法定义："宪法是规定政府组织，以及人民与政府之间的各种权利与义务的根本规则与法律。"笔者暂未查得出处。参见许崇德主编：《中国宪法》，中国人民大学出版社1996年版，第28页。

2　詹宁斯指出，宪法是指"规定政府的主要机构的组成、权力和运作方式的规则以及政府机构与公民之间关系的一般原则的文件"。（［英］詹宁斯：《法与宪法》，龚祥瑞等译，生活·读书·新知三联书店1997年版，第24页）。惠尔的定义也几乎如出一辙："英国的宪法是治理着（govern）英国政府的法律与非法律规则的集合体。"（［英］K.C.惠尔：《现代宪法》，翟小波译，法律出版社2006年版，第1页）。另需指出的是，惠尔原文里的"British"和"Britain"，这里改译为"英国"。

3　值得一提的是，如前文所述，萨托利认为他是在现代意义上使用"宪法"概念的第一人。参见［美］乔万尼·萨托利："'宪法'疏议"，载刘军宁等编：《市场逻辑与国家观念》，生活·读书·新知三联书店1995年版，第113页。

4　［美］C.H.麦基文：《宪政古今》，翟小波译，贵州人民出版社2004年版，第2页。译文略有修订。

决定的'最高治权'组织。"[1] "宪法是国家各种机关的体制，用以决定统治团体的构成和国家的目的。"[2]

然而，这种实证性宪法概念，遭到了萨托利的激烈批评，其理由是，宪法概念里除了"英国的"和"英国"这样的限定词之外，没有任何"规定性"，"是纯粹'形式的'定义，其中可以充塞任何内容"，即便是独裁宪法也一样可以适用。在萨托利看来，这显然是不可容忍的。宪法概念在20世纪失去了立宪主义的规范性内涵，之所以如此，部分程度上是因为政治气氛的变化迫使学者们采取一种"形式的、'组织的'、中性的宪法定义"，部分则是因为欧陆的法律家们由于理性主义的训练，因此总是急于从概念的本源意义中剥离出普遍性的特征，寻找一种普遍性的定义。由此就造成了欧洲公法学一种话语上的分裂："所有国家都有一部'宪法'，但只有某些国家是真正的宪政国家"以及"作为任何'国家秩序'的宪法和作为基本权利保障之具体'内涵'的宪法"。这样的分裂意味着学者们必须对这两种定义加以平衡与调和，而这显然不是什么轻松的任务。因此，萨托利发出了他的提醒和警告，一方面，"如果外国学者不搞明白其中（英国教科书）经常是隐而不显的内涵，不说明经常是未曾说明的东西，不列颠的例子很可能被用于作伪证"。另一方面，宪法的概念也不存在什么古今之别，我们必须注意"不要把名词与概念相混淆"，宪法一词虽然来自古代，但它作为一个概念却只是近代以来的事，因此把亚里士多德所讲的politeia（或拉丁语中的constitutio）和近代以来的宪法概念对应起来乃是绝对的误会。[3]

但是，在铭记萨托利忠告的同时，我们还是不得不跟他的宪法定义告别。正如上文所说，词源上的本来所指和后来在发展演化中衍生出的能指是可以区分开来而且是可以并行不悖的，因此，这种描述性的、实证性的宪法概念是能够成立的，并且可以成为一种普遍性的定义。这种实证性的宪法概念并不涉及对宪法的评价，它只是基于一国的实在宪法进行分析，借用施米特绝对意义上的宪法概念来说，宪法乃是"一个特定国家的政治统一性和社会秩序的具体的整体状态"。[4] 这也是一个经典的宪法定义，它同样是描述性、实证性的，与戴雪、博林布鲁克等对宪法的理解有异曲同工之处。比起那个"只能适用于很

---

1　转引自许崇德主编：《宪法（第四版）》，中国人民大学出版社2009年版，第10页。

2　转引自钱福臣："中西宪法概念比较研究"，载《法学研究》1998年第3期。

3　参见［美］乔万尼·萨托利："'宪法'疏议"，载刘军宁等编：《市场逻辑与国家观念》，生活·读书·新知三联书店1995年版，第103、106—108、113—114页。

4　［德］卡尔·施米特：《宪法学说》，刘锋译，上海人民出版社2005年版，第5页。

狭窄现象"（凯尔森语）的规范性宪法概念，这样的宪法概念的好处在于，它的适用范围更广，因此具有更加普遍的解释力。或许正是因为这个原因，虽然萨托利试图为宪法概念正本清源、拨正方向，但实证性的宪法概念一直都得到了广泛的认可，至今也不例外。除了上文提到的一些定义之外，这里还可以再举几个例子。[1]

1. 18世纪中叶，瑞士法学家瓦泰尔（Emer de Vattel）在《诸国民的法或自然法的诸原则》一书中对宪法作出了如下定义："决定公权力的用法之基本法，系国家的constitution之形造者。国家作为政治主体系以何种方法行动，国民如何及应由谁统治，支配者的权利、义务为何之构造，系出现于基本法中。此之constitution，无非是国民对于作为形成政治社会的理由之诸利益意图合作，而从根柢上确立组织。"[2]

2. 英国学者韦德和菲利普斯认为："广义的宪法指'一国的整个政府制度，用以调节或控制政府的整个规则'。"[3]

3. 日本学者樋口阳一认为："若'宪法'指的是有关国家根本秩序的规律，则其乃是实质意义的宪法。若如此定义宪法，则有国家之处即必存在宪法，亦有被称为固有意义的宪法。"[4]

4. 德国学者迪特儿·格林则认为：如果采取一种实证性的概念，那么宪法所展示的乃是"在特定时间、特定地域内、哪种政治关系在事实上占统治地位"。而如果采取一种规范性的概念，那么宪法则"是指一个地域内的政治统治在法律上应当服从的那些规则"。"（规范意义上的宪法）展示了对政治统治进行法律化的一种特定形式。"[5]

---

1 除了以下所举的几个例子之外，还有《布莱克维尔政治学百科全书》《不列颠百科全书》等重要文献，都对实证性的宪法概念表示了认可。参见沈宗灵：《比较宪法——对八国宪法的比较研究》，北京大学出版社2006年重排本，第3—4页。

2 转引自［日］阿部照哉等编著：《宪法（上）》，周宗宪译，中国政法大学出版社2006年版，第5页。

3 E.C.S. Wade, G.D. Phillips, *Constitutional and Administrative Law*, Longman Group, 19, pp. 1–2.转引自沈宗灵：《比较宪法——对八国宪法的比较研究》，北京大学出版社2006年重排本，第1页。

4 转引自［日］阿部照哉等编著：《宪法（上）》，周宗宪译，中国政法大学出版社2006年版，第34页。

5 ［德］迪特儿·格林：《现代宪法的诞生、运作和前景》，刘刚译，法律出版社2010年版，第2页。

　　此处之所以强调实证性的宪法概念，除了上述原因之外，一个重要的考虑在于，鉴于近代中国独特的历史背景，实证性的宪法概念对于理解和研究我国的宪法概念具有特殊的重要性。应该看到的是，不同的宪法概念背后隐藏的是不同的宪法目的论，萨托利之所以极端强调规范性的宪法概念，其核心意图是论证规范性宪法概念背后所指向的那个相同的目的，即公民自由和有限政府。而当问题回到中国语境时，何为中国的宪法概念？首先要面对的——同时也是理解中国宪法最重要的，就是中国宪法的目的，换言之，中国"立宪"的目的何在？如果我们仅仅把宪法限定在立宪主义的狭窄定义之下的话，那么中国近代以来的宪法及其"救亡图存""富国强兵"的内在变迁逻辑就将变得不可理解。近十余年来中国宪法学研究中出现的困境已经相当清楚地说明了这一点。

　　而从更大的方面来说，一直以来，人文社科类研究的首要任务都是"理解"和"解释"。但在西学东渐，引入外来观念和文化的过程中，由于近代中国独特的历史背景而被加以改造、发生讹变的概念远不止"宪法"一词，类似的情况可谓俯拾皆是，如民权、民主、人权、天赋立宪国等，无不如此。[1] 这在一定程度上可以说是不可避免的，因为近代以来我国人文社科领域常用的绝大部分词汇、概念都是外来词，在从西语转译成汉语的过程中都要面临一个"转化性创造"的任务，都必须结合中国语境和中国文化中固有的观念而加以改造，而转译和改造本身就一定会发生变异。

　　因此，对这种实证性宪法概念的强调，并不意味着一定要排斥规范性的宪法概念，而是为了努力避免规范性宪法概念的定见，避免带着这样那样的"过滤镜"来考察和分析中国宪法。与此同时，本书也想努力避免实证性宪法概念素来携带的那种"危险"倾向——把现实中的惯例或实践中的惯常作法都不假思索地作为宪法学的研究对象，甚至以"活的宪法"或"真实宪法"的名义把现实中的惯例或实践中的惯常做法上升到"国之宪法"的地位。这样的研究立场和方法对于英国人来说或许天经地义，但中国既然已经有了成文的宪法典，那么宪法典无疑就一定要成为宪法学的根基，而绝不能让所谓的惯例或真实经验反客为主，架空或压倒宪法典本身。[2] 在这个意义上，本书尝试提出，中国

--------------------

1　王人博教授对此曾有细致的梳理和深入的分析，参见王人博等著：《中国近代宪政史上的关键词》，法律出版社2009年版。

2　对此问题的详细介绍，参见何永红："中国宪法惯例问题辨析"，载《现代法学》2013年第1期；翟志勇："英国不成文宪法的观念流变——兼论不成文宪法概念在我国的误用"，载《清华法学》2013年第3期。

语境下的宪法概念应当是一个融合了规范性和实证性的整全性概念。

## 二、中国语境下宪法概念的整全性

根据学者的考证，现代意义的"宪法"一词在中国最早出现于1882年郑观应写给盛宣怀的一封私人信件中，乃是借用了日本学者的译法。[1] 我国现行宪法于1982年12月4日公布施行，此时距郑观应首次使用"宪法"一词已经过去了整整一百年。贯穿百年间的，正是国人立宪图强的百年沧桑和风云变幻。现行宪法公布施行至今，对我国改革开放、经济发展、社会进步、人民幸福等方面的发展贡献非凡，宪法学研究在此过程中也取得了长足的进步，立足中国经验、面向中国问题、彰显中国风格的宪法学体系日渐成熟。对于中国宪法的解读与评析，以及对依宪治国相关问题的认识与思考，我国宪法学界的研究大体上是沿着两种路径而展开的。

第一种路径立足于"宪法是法"这一大前提，致力于对"宪法规范"——尤其是宪法中规范性色彩最强的公民基本权利条款——进行教义分析和规范建构。这可以说曾经是我国宪法学研究的主流路径，是一种浸润着立宪主义价值关怀的宪法学研究。秉持此种研究立场的学者认为，此前的宪法学研究主要是一种意识形态的简单解说和注释宣传，因此，可将之称为"宪法解说""宪法注解"。[2] 我国目前需要的应该是一个以"保障公民基本权利和规范政治权力"为主线的限权宪法。基于这样的视角，只有公民基本权利才应该成为宪法的终极目的和价值归宿，才能为宪法本身提供根本的正当性论证。据此，宪法实施显然也应该将重点围绕着现行宪法中的公民基本权利条款而展开，这是整个宪法和宪法学研究的核心与基石。而由于宪法权利条款一般被认为主要处理的是国家与公民之间的权界关系问题，因此探讨宪法权利也就意味着限制国家权力，于是防范现代民主机制下可能出现的"多数人暴政"，就构成了宪法的主要使命和目的。进而，既然宪法是法，那么司法性质的违宪审查制度便不可或缺，有学者甚至把司法性质的违宪审查作为宪法实施的核心来看待，并以此为重心而展开相当深入和精细化的宪法学研究。这种研究路径，可称为"宪法的司法化"。[3] 应当说，这方面的理论成果为我国宪法学研究的规范化、体系

---

1 参见周威："郑观应首次使用宪法语词考"，载《上海政法学院学报》2017年第3期。

2 参见林来梵：《从宪法规范到规范宪法——规范宪法学的一种前言》，法律出版社2001年版，第41页。

3 代表性文献可参见王磊：《宪法的司法化》，中国政法大学出版社2000年版。

化作出了积极的努力和贡献。

但是，由于我国并未建立所谓司法性质的宪法审查制度，因此，这种理论研究难以诉诸现实的政治体制，或者说难以与现实的宪法实践相对接，结果就造成一种尴尬的局面，即理论研究越深入细致，距离真实的宪法世界越发遥远。宪法学者依托宪法中的公民基本权利条款高呼"规范"和"应当"，但面对现实中诸多侵犯公民宪法权利的现象却无能为力，由此陷入一种自说自话的困境之中。而正是基于对这种研究现状的不满，自2008年以来出现了一种新的研究路径——要求关注我国宪法的"真实"，不满足于把宪法化约为一种以司法化宪法为默认前提的权利规范分析，而是宣称要恢复宪法的政治性。为此，有的学者高扬人民主权的宪法原则，把之前受到忽视的"主权""制宪权"等概念重新拉回宪法学的研究视野，甚至放在了宪法学研究的核心位置，把"制宪权"奉为宪法学的"知识界碑"；[1] 有的学者则反对把保护少数作为宪法学的根本任务，转而强调多数人的民主，倡言"人民的宪法"；[2] 还有的学者则试图揭示出中国的"不成文宪法"，试图借助这个源自英国宪法的概念来考察作为执政党的中国共产党如何改造了宪法正文中的主权或权力的逻辑结构，以及对中国的宪法实施产生的影响和意义。[3]

以上两种研究路径之间的争鸣，大体上构成了晚近十余年来中国宪法学方法论之争的基本图景。而回溯世界宪法历史，可以发现一个有趣的现象，魏玛时期德国宪法学界曾发生过类似的论争，其宪法转型问题与中国当下的学术争论呈现出高度的形式类似性。尽管中国语境下两种研究路径的视角截然不同，但都有着极强的理论建构色彩，而且大体上也都能在自己的逻辑前提下自我证立、自圆其说。结合上文的分析，可以发现，这两种不同的研究路径，基本上可以分别对应于前文所指出的规范性宪法概念和实证性宪法概念。但恰恰是这两种宪法概念各自存在自身的偏颇之处，继而使得分别立基于这两种宪法概念而展开的宪法学研究，皆不可避免地承继了概念本身先在的缺憾。

应当注意的是，"宪法"一词引入中国虽然只有一百多年时间，但其实却横跨了三个世纪。这三个世纪意味着三种不同的时代精神和三种不同的挑战，19世

---

1　参见陈端洪："宪法学的知识界碑——政治学者和宪法学者关于制宪权的对话"，载《开放时代》2010年第3期。

2　参见翟小波：《人民的宪法》，法律出版社2009年版，第28页。

3　参见强世功："中国宪法中的不成文宪法——理解中国宪法的新视角"，载《开放时代》2009年第12期。

纪之前是经典意义上的限权宪法的时代，20世纪则目睹了社会主义国家和社会福利国家的出现，20世纪末至今，全球化浪潮又对传统民族国家意义上的宪法产生了巨大冲击。所有这些，叠加缠绕在一起，加剧了对居于其中的中国宪法的认识难度，同样也赋予了中国宪法不同于其他国家宪法的独特属性和复杂使命。只有采用一种更具包容性的整全性宪法概念，才可能涵括中国宪法的多元面相。

如上文所述，19世纪之前经典意义上的宪法乃是一种规范性的宪法概念，其含义可以等同于"立宪主义"。在1908年出版的《美国宪制政府》中，伍德罗·威尔逊认为："我们所指的立宪政府，并不只是意味着政府依据一部确定的宪法来运行；因为我们思考所针对的每一个现代政府，都拥有成文或不成文的确定的宪法，而我们肯定不能把所有的现代政府都称作是'立宪的'。"[1] 我国当代不少宪法学者持有类似的看法。然而，即便我们暂时抛开近代以来中国的宪法实践，仅就西方国家的宪法史来说，如果脱离了一定的历史语境，单纯强调宪法的限权面相，显然也是非常片面的，甚至会造成重大的误解。

由于现代国家大多都是经由革命而建立的，大都表现为"革命—制宪—建国"的历史逻辑，[2] 因此19世纪之前（或者说所谓"早期现代"）的宪法所要解决的主要是"建国"和"新民"的问题，[3] 它要打造出一个新的现代意义上的民族国家形态，对人民与国家的关系进行重新建构。[4] 正是从此处着眼，宪法首先是政治法，是构建和规范国家最高权力和政治过程的法。换言之，在"革命—制宪—建国"的历史逻辑下，革命之后所制定的宪法首先要完成的任务是构建出一个权力结构，也就是说，要赋权给国家，然后才谈得上限制它对权力的滥用。在这个意义上，潘恩为现代宪法所作的经典定义中也同样传递出了这一逻辑结构——宪法首先是"人民的决议"而不是"政府的决议"，其目

---

1　[美]伍德罗·威尔逊：《美国宪制政府》，宦盛奎译，北京大学出版社2016年版，第1页。

2　参见高全喜："宪法与革命及中国宪制问题"，载《北大法律评论》2010年第2期；高全喜："战争、革命与宪法"，载《华东政法大学学报》2011年第1期；高全喜："革命、改革与宪制：'八二宪法'及其演进逻辑 一种政治宪法学的解读"，载《中外法学》2012年第5期。

3　近年来，高全喜教授把"早期现代"作为一个核心概念，进行了大量的论述。参见高全喜：《现代政制五论》，法律出版社2008年版。

4　虽然20世纪至今宪法又增添了另外两个层次和面相，对这种政治法意义上的宪法概念产生了巨大冲击，但由于民族国家仍然是现代世界的基本格局，因此这个首要的特点至今仍然是宪法最主要的内容。关于近代民族国家意义上的政治宪法概念在当前遭遇的危机，可参见余成峰："宪法运动的三次全球化及其当代危机"，载《清华法学》2016年第5期。

的正是要"建立人民的政府"。[1]

正是基于这样的考虑，本文认为不能简单采用规范性的宪法概念，因为它过于侧重宪法的限权色彩，严重遮蔽了它赋权的一面。而相比之下，实证性的宪法概念则能够凸显宪法赋权和建构（constitute）的一面。在实证性的宪法概念之下，宪法被理解为有关整体政制的结构性力量，指向了政治运作的稳定性与可预期性，是人类拒绝屈从于权宜、偶然性和强力的象征，是对人类理性崇高的赞美。因此，它首先意味着一种秩序，反对的是无政府状态。从这个角度来说，宪法意味着稳定和安全，而这也正是霍布斯——这个站在近代世界、近代国家、近代宪法的源头的伟大学者——的理论出发点。后来的宪法理论亦无不如此。正如美国建国之父麦迪逊所说："在组织一个人统治人的政府时，最大的困难在于必须首先使政府能控制被统治者，然后再迫使它控制它自身。"[2] 很明显，在麦迪逊的论述里，秩序和稳定是首位的。如果不能形成和平的秩序，不能有效地治理国家，那么，任何价值关怀、崇高理想都无从谈起。对这一点，近代法国的宪法史就是明证。众所周知，法国革命和法国制宪的困境背后埋伏着卢梭的幽灵，而卢梭主张的理论的困境恰恰在于无法建立秩序。[3] 法国在大革命后一直动荡不断，直到1958年宪法建立了法兰西第五共和国，才终于走向了稳定的宪制，此时，距大革命爆发已经过去170年了，诚可叹也。

作为当今世界上第一部成文宪法的美国宪法，同样可以说明宪法对于建立秩序的重要性。今日的宪法学者大多只是围绕美国联邦最高法院的司法审查来理解美国宪法，[4] 好像所谓宪法和宪法实施只不过就是九位半人半神的大法官手执神圣的公民权利之剑来控制民主的立法对少数人权利的侵犯而已。这一点，用后来曾先后担任联邦最高法院大法官和首席大法官的查尔斯·E.休斯（Charles Evans Hughes）的话说："我们的确生活在宪法之下，但宪法是什么？法官说它是什么，那它就是什么（the Constitution is what the judges say it is），而司法权则是我们所享有的宪法下的自由和财产的守护

--------------------

1　参见［美］潘恩：《潘恩选集》，马清槐等译，商务印书馆1981年版，第146页。

2　［美］汉密尔顿、麦迪逊、杰伊：《联邦党人文集》，程逢如等译，商务印书馆1980年版，第264页。

3　参见高全喜：《何种政治，谁之现代性？》，新星出版社2007年版。在本书第三章中，高全喜教授指出，洛克的社会契约论最终指向了政治体的成立，而卢梭的社会契约论最终却指向了政治体的解体。

4　中美宪法学界都是如此。较有代表性的著作为［美］阿奇博尔德·考克斯：《法院与宪法》，田雷译，北京大学出版社2006年版。

者。"[1] 然而，这显然是当代学者戴着有色眼镜看到的一幅失真了的画面。因为，只要稍微少一些偏见和先入之见，回到美国宪法历史的真实当中，我们就会发现一个最简单的事实，即美国宪法本来根本就没有什么《权利法案》，1787年美国人制宪的目的是构建一个强有力的中央政府，因为当时各州之间大小摩擦不断，各自为政，刚刚独立的美利坚合众国甚至面临着解体的危险。正是本着这样的"初心"，联邦宪法正文部分建构了一个完整的联邦政府系统，国会、总统以及联邦最高法院全都要服务于这一总目的。就拿联邦最高法院——现在已被捧为反多数人暴政的堡垒、公民权利的守护神——来说，在宪法生效之后的大约一百年间，它极少动用权利法案来推翻国会立法，[2] 主要的精力都被用来以联邦政府的名义解决各州之间以及各州与联邦之间的冲突，从而达到加强联邦的效果。[3] 因此，美国联邦最高法院只是随着美国历史的进展才演化成当今这种"反多数"形象的，而在美国初建之后相当长的时间里，它不仅极少"限权"，反倒是要"夺权"。正如戴雪早在一百多年前就已经指出的那样："（建国之父们）在创立联邦最高法院时，心里很有可能想的就是（殖民地时期）枢密院的职能。"[4] 枢密院是什么？它代表的是王权，管辖的

---

1 Speech before the Chamber of Commerce，Elmira，New York（3 May 1907）; published in *Addresses and Papers of Charles Evans Hughes*，*Governor of New York*，*1906-1908*（1908），p. 139. 转引自 https: //en.wikiquote.org/wiki/Charles_Evans_Hughes，最后访问日期：2019年3月19日。

2 截至1888年，除马伯里诉麦迪逊案（*Marbury v.Madison*，5 U.S.137[1803]）和斯科特诉桑福德案（*Dred Scott v. Sandford*，60 U.S.393[1857]）之外，被联邦法院推翻的国会立法仅有19项，其中7项涉及联邦法院的组织和程序，6项涉及超越宪法授权，都与宪法权利无涉。参见 Charles G. Haines，*The Conflict over Judicial Powers in the United States to 1870*，New York：Longmans，Green and Company，1909，p. 288.

3 截至1888年，共有128项州制定法被联邦法院推翻，其中有50件被判违反了宪法中的合同义务条款，另有50件被判干涉州际贸易，还有16件是干涉联邦的征税权力。合同义务、州际贸易和联邦税收权等条款，显然都涉及了联邦和各州的权力划分问题，关系到联邦的权力结构，因此当时的司法审查主要关涉联邦主义的结构和美利坚合众国的建构问题，目的是巩固脆弱的联邦。关于司法审查在19世纪所发挥的加强联邦政府的作用，可参见田雷："论美国的纵向司法审查：以宪政政制、文本与学说为中心的考察"，载《中外法学》2011 年第 5 期；杨洪斌："十九世纪美国的司法审查与宪制"，载《北航法律评论》2015年第1辑。

4 A. V. Dicey，*An Introduction to the Study of the Law of the Constitution*，Roger E. Michener ed.，Liberty Fund，1982，Reprint，Originally published: 8th ed. London: Macmillan，1915，pp. 89—92. 中译本参见［英］戴雪：《英宪精义》，雷宾南译，中国法制出版社2001年版，第209—211页。

对象是各殖民地，这是一种上下级关系，是一种纵向审查。因此，美国联邦最高法院的设定，正像枢密院那样，乃是为了在其权力范围内，维护中央政府的权威，这才是制宪时联邦最高法院被赋予的最重要的任务。[1] 诚如罗伯特·麦克洛斯基所言："最高法院本质上是一个国家主义的机构，理所当然会倒向国家主义原则。"[2] 或者用霍姆斯在1913年——当时美国联邦最高法院正遭到严厉的批评和攻击——的一次演讲中的话来说，"我并不认为如果我们没有宣布国会法案无效的权力，美国就完了。但我确实认为，如果我们不能对各州的法律作出那样的判决的话，联邦可就危险了"[3]。这其实是美国宪法的常识，只不过在很长时间里被国内学界忽视了而已。

但是，建立秩序，并不是宪法使命的终点，更重要的是如何维持秩序。古往今来，建立起秩序的政制不可胜计，与此同时，建立起秩序不久便发生溃烂并最终解体的实例也同样俯拾皆是。立宪主义之所以伟大，之所以象征着人类理性的胜利，正是因为它建立起了长久、稳定的秩序，从而避免了政治体的解体。其中的奥妙就在于，宪法既能赋予国家权力建立秩序，同时又能控制国家权力，使其"合众为一"，[4] 不至分崩离析。关于现代宪法处理这一政治难题的逻辑和方法，英国宪法的伟大解释者白哲特曾有一段至理名言，和前引麦迪逊的话语相映成趣："每一个宪制都必须达到两个伟大的目标才算成功……必须首先赢得权威，然后再利用权威；它必须首先取得人们的忠诚和信任，然后再利用这种效忠进行统治。"[5] 实践证明，英国政治曾经获得持续稳定和良好秩序的原因就在于它成功建立起了一种取得人们的忠诚和信任的所谓"权

---

1 将联邦最高法院的地位和殖民地时期英国的枢密院相类比，是当时普遍的看法。比如塞耶也曾指出，美国的司法审查是对殖民地时期经验的总结，当时，"作为殖民地居民，我们要受到来自英王的成文的政府宪章的统治"。而这些宪章的实施有许多种方式，其中就包括"司法途径，而枢密院则是（司法程序中）最终的上诉机构。"see James B. Thayer, *The Origin and Scope of the American Doctrine of Constitutional Law*, 7 *Harv. L. Rev.* 129, 130–31 (1893). 中译本参见张千帆译："美国宪法理论的渊源与范围"，载张千帆组织编译，《哈佛法律评论：宪法学精粹》，法律出版社2005年版，第6页。

2 ［美］罗伯特·麦克洛斯基著，桑福德·列文森增订：《美国最高法院（第三版）》，任东来等译，中国政法大学出版社2005年版，第47页。

3 Oliver W. Holmes, Jr., Law and the Court, in *Collected Legal Essays*, 1920, pp. 295–96.

4 新近的研究表明，用"合众为一"来指称美国宪法对于美国政治体的建构功能，可以说是十分形象和贴切的。参见刘晗：《合众为一：美国宪法的深层结构》，中国政法大学出版社2018年版。

5 ［英］沃尔特·白哲特：《英国宪制》，李国庆译，北京大学出版社2005年版，第3页。

威"；而英国在脱欧进程中的混乱与僵局也恰恰在于政治"权威"的丧失。权威不同于暴力，它意味着正当性——在近代以来人民主权的逻辑下，权威实际指向了宪法的民主根基。

尽管严格来说，麦迪逊和白哲特论断的语境和侧重点并不相同，不过，二者核心的关切事实上却是一致的，那就是如何通过宪法建立起长久、稳定的秩序。可以说，这是近代世界里两位思想家对两个典型立宪国家的宪法进行深刻思考后而得出的发人深省的结论。而当我们把他们二人的宪法关切联系起来时，一个整全性的宪法概念其实已经呈现，即宪法作为一种法律，不只具有所谓"权力制约"的规范性，而且——宪法本质上还是一种事实状态，或者说，宪法是事实与规范的同一，是政制规范运作的事实本身，是政治共同体的基本构成方式——还应具有"秩序""正当（民主）"以及"限权（控制政府）"等必要的建构性。一方面，纯粹规范性的宪法概念，往往无视或忽视宪法的生成历史和建构使命；而另一方面，单一实证性的宪法概念，常常人为拔高事实层面的政制结构的理论含量和理论地位，容易使宪法的建构使命沦为意识形态话语"存在即合理"的论证注脚，同时也不利于发挥宪法对于权力制约所应有的规范效力。[1] 而将讨论的语境切换到中国宪法时，可以发现，这种整全性的宪法概念，对于认识、理解进而分析中国宪法的历史与实践，是十分必要和具有启发性的。更重要的是，只有融合了规范性和建构性的宪法概念，才能够成为"依宪治国"的逻辑起点。

前已述及，在新中国宪法观的变迁中，宪法的建构使命始终是立宪逻辑中的一条主线。从"救亡图存"到"富国强兵"，再到"治国安邦"和"治国理政"，实际指向的都是宪法"赋权"的一面，即通过宪法组织国家权力，通过国家权力的积极运作来达到国家建设的目的，这也是现行宪法在总纲中规定了大量国家义务条款的一个重要原因。当然，建构使命并不是中国宪法的唯一关切，在主流政治话语将"宪法"视为"治国安邦的总章程"，并强调要"依据宪法治国理政"时，其所指向的正是宪法的规范效力，即发挥宪法对现实政治过程的规范功能。尤其是现行宪法在1982年诞生之时，将公民基本权利的章节置于国家机构之前，其后又通过宪法修改先后载入了"依法治国""尊重和保障人权"等明确的以规范为导向的目的性价值。由此使得汇集在我国现行

---

1　事实上，近几年在国内关于宪法概念的研究中，从宪法（Constitution）概念原意的角度出发，认为宪法首先是组织法，是政治共同体的构成方式等观点，已经具有相当的学术影响力。代表性的著作可参见章永乐：《旧邦新造：1911—1917（第二版）》，北京大学出版社2016年版；苏力：《大国宪制：历史中国的制度构成》，北京大学出版社2018年版。

宪法上的价值谱系，已经融规范性和建构性于一体，并进而决定了"依宪治国"所依据之"宪法"，"与西方宪政民主的'宪'有着本质不同"，[1]它并不是一个单一的"限权"的宪法，而是"中华人民共和国宪法"，我国宪法以及以宪法为核心的社会主义法律体系，是对以中国共产党的领导为核心的中国特色社会主义制度的法律化、法制化，[2]因此，必然具有自身独特的价值意涵和历史使命，绝非那种单一的规范性宪法概念或实证性宪法概念所能涵盖。在这个意义上，只有以整全性宪法概念作为认识前提，才能正确把握中国社会主义宪法的建构使命和规范功能，才能精当地分析依宪治国的逻辑构造和运作实践。

### 三、依宪治国的逻辑构造[3]：建构使命与规范功能

如前所述，作为"依宪治国"逻辑起点的宪法概念，应当是一个整全性的宪法概念，融"建构性"和"规范性"为一体。这就意味着，"依宪治国"所依据的"宪法"，既应承担建构使命，也应具有规范功能。那么，作为这一逻辑推演的自然结果，"依宪治国"作为新时代治国理政的基本理念，其核心与关键就是在"依据宪法治国理政"的过程中，究竟要"建构什么"和"规范什么"，以及"如何建构"和"如何规范"。前者指向"依宪治国"的本质和目的，后者则追问目的实现的基本路径与方式。

#### （一）建构什么，规范什么

一般而言，当我们谈论宪法时，居于"宪法"这个概念背后的，往往是一个不言而喻的由成文宪法支撑起来的语义体系，指向的是一个特定国家制定并

---

1　马钟成："依宪治国、依宪执政与西方宪政的本质区别"，载《光明日报》2014年11月15日01版。

2　参见汪亭友："依宪治国、依宪执政绝不是西方所谓'宪政'"，载《红旗文稿》2015年第1期。关于这一点，下一小节还将深入分析。

3　"逻辑构造"（logic construction）是来自英国哲学家罗素的用语。其意是指为了达到知识的确定性，应尽可能用已知实体的结构替换对于未知实体的推论。这就是要找出陈述中那些在逻辑上和认识论上最基本的话语"单位"。如果能够把某个包含有X这个语词的陈述改变为一个不包含有X而又不改变命题意义的陈述，那就可以说X是一个逻辑构造。例如，可以把一个包含有"桌子"这个概念的陈述，改变为一个不提及"桌子"而仅仅提及"长度""宽度""硬度""颜色"等感觉材料的陈述，从而表明"桌子"概念是一个逻辑构造。在一般场合下，任何超验的或抽象的实体都是从比较具体的、从感性经验中得知的实体中得出逻辑构造的。参见彭漪涟、马钦荣主编：《逻辑学大辞典（修订版）》，上海辞书出版社2010年版，第728页。

施行的被称为"宪法"的法律文件。宪法学者常常将这部笔墨铸就的一纸文件置于神圣无匹的地位，将之视为人民缔结的"社会契约"，或表达人民"公意"之象征。[1]当成文宪法因被注入人民意志而获得了神圣性和正当性时，保障人的权利成为宪法核心的价值预设就是理所当然的事。因而围绕在成文宪法周围，常常是神圣不可侵犯的权利叙事，以及为服务于权利保障的主旋律而须臾不可分割的权力分立的协奏曲。"凡权利无保障和分权未确立的社会就没有宪法"，1789年法国大革命中诞生的《人权与公民权利宣言》，言犹在耳，振聋发聩。然而，在突出限制国家权力以保障公民权利的理论逻辑中，却遮蔽了世界上大部分国家成文宪法诞生的历史逻辑——是国家制定了宪法，国家及国家致力于维护的秩序，是成文宪法赖以生成和有效实施的前提。国家制定宪法的目的，显然不仅仅是，或者说首先考虑的当然不会是，通过限制国家权力来保障个体权利，而是以成文宪法的形式，来凝聚和表达这个国家主流的社会共识，进而"通过对政府结构与功能的合理配置，达到凝聚整个政治共同体的目的"[2]，这才是成文宪法的原初目的。而至于成文宪法出现以前的宪法观念，追本溯源，指向的也是一种功能意义上的宪法，即只要存在一种政治秩序，那么构成这个政治共同体稳定运行的政治力量的组织方式，尤其是最高权力的配置，这就是宪法。即便它没有表现为成文的形式，也没有被赋予"宪法"这个显耀的名字。[3]

可见，成文宪法只是宪法的一种，尤其是现代宪法；围绕成文宪法而形成的宪法观念，也只是宪法观的一种，并不是宪法观的全部。在清末，以康有为、梁启超为代表的立宪派将西方的宪法及其制度设计作为"救亡图存""富国强兵"的救命稻草而奔走呼号，他们看到的正是宪法整合政治共同体、凝聚民族力量以图国家崛起的建构一面，而绝不是为了分裂政治共同体而求得所谓的"有限政府"。[4]后者不过是新中国成立后尤其是改革开放以来，随着法律移植浪潮的兴起和法律职业共同体职业意识形态的形成，而在西方宪法观念影响下生成的片面产物。它有意或无意地忽视或忽略了宪法背后的国家与民族要素，在所谓"普世价值"的理论旗帜下，致力于推广一种"没有国家的宪法

---

1　卢梭无疑是这一理论最典型、最著名的代表。参见［法］卢梭：《社会契约论》，李平沤译，商务印书馆2011年版。

2　章永乐：《旧邦新造：1911—1917（第二版）》，北京大学出版社2016年版，第18页。

3　参见陈端洪：《宪治与主权》，法律出版社2007年版，第22—23页。

4　章永乐：《旧邦新造：1911—1917（第二版）》，北京大学出版社2016年版，第17页。

观"。[1] 这种宪法观既然看不见中国宪法中的"中国",那么在西方宪法的评判标准下,中国宪法就自然是充满缺憾的,它不是立宪主义的,甚至在有的情况下它不过是当权者的障眼法,而改进的方向,莫过于应该走向西方的真正立宪主义的"限权"宪法。显然这无疑是对中国宪法的重大误解,抑或是有意曲解;倘若按此逻辑来理解"依宪治国",无疑是缘木求鱼、南辕北辙。

　　新中国的宪法逻辑,从来都不是美国人潘恩所说的宪法先于政府而存在,亦不是宪法创造了政府,[2] 恰恰相反,新中国第一部正式宪法即"五四宪法",正是"政府"[3] 组织下人民制宪的产物。现行的"八二宪法",同样是政府组织下对"五四宪法"进行全面修改的结果。显然,在中国语境里,可以说宪法是政府的造物。尤其是1949年10月1日新中国诞生时,毛泽东在天安门城楼上向全世界庄严宣告"中华人民共和国中央人民政府今天成立了!",这不仅是主权国家的独立宣言,在历史维度上,其递进意义更是旧时间的结束和新时间的开始,意味着"全人类四分之一的中国人从此站立起来了"[4]!因此,中国共产党领导下的"政府"于中国人民而言,是"人民政府",为人民服务,受人民拥护,而绝不是任何意义上"必要的恶",而是"急需的善"。显然,对"政府"性质的认识,中国和西方有着本质的不同。那种认为政府在最好的情况下,不过是一件"免不了的祸害";在最坏的情况下,是"不可容忍的祸害",充其量也只不过是美国的"常识"而已。[5] 尤其值得正视的是,那种与这一看法相背离的学说,反而恰恰是中国的"常识"。

　　既然在中国语境里,"政府"以及"政府"所代表的"国家"并不是霍布斯笔下那凶恶的"利维坦"[6],而是中国人民在中国共产党的领导下战胜许多艰难险阻而建立起来的保证人民当家作主的崭新国家,是彻底改变旧中国贫穷落后面貌而让中华民族屹立于世界东方的强大国家。因此,对于"中国"这个"世界上历史最悠久的国家之一"而言,"中华人民共和国"这个"国家"本身,既是苦难历史的见证者和终结者,又是浴血重生、新历史纪元的开启者。

------------------

1　此处"没有国家的宪法观",借鉴强世功教授对当代中国法理学"没有国家的法律观"的批判性反思。参见强世功:"迈向立法者的法理学——法律移植背景下对当代法理学的反思",载《中国社会科学》2005年第1期。

2　参见〔美〕托马斯·潘恩:《潘恩选集》,马清槐等译,商务印书馆1981年版,第146页。

3　此处所说的"政府"不是狭义的行政机关,而是中国共产党领导的国家政权组织体系。

4　胡风:"时间开始了!"(长诗节选),载《诗刊》2009年第17期。

5　参见〔美〕托马斯·潘恩:《常识》,马清槐译,商务印书馆2015年版,第1页。

6　参见〔英〕霍布斯:《利维坦》,黎思复、黎廷弼译,杨昌裕校,商务印书馆1985年版。

换言之，此时的国家，并不是人民防范和忌惮的对象，而是凝聚人民、团结人民，为新生活共同奋斗的组织者、推动者和主导者。作为掌握国家权力的国家主人，人民通过制定宪法而完成国家的建构使命、记录国家的建设成就、规定国家的奋斗目标，其实是以国家之名、用宪法之形，来实现人民自己追求的美好生活和价值理想。就此而言，新中国的宪法，首先就是一部由人民制定的，以凝聚政治共同体、发挥国家建构功能为核心的宪法。

翻开中国宪法，在序言中对新中国成立以后的历史记叙，主要就是"社会主义事业的成就"，宪法序言第六自然段中提到的"社会主义改造""增强了国防""经济建设取得了重大的成就""教育、科学、文化等事业有了很大的发展"等，都是国家建设的内容，都是新中国以前的"国家"所不能或未能实现的国家建设目标。在完成了对革命、建设历史的书写后，序言就明确定位了国家的现在——"我国将长期处于社会主义初级阶段"，同时，也在对现阶段国家的指导思想、路线方针的规定中，明确提出了面向未来的国家建设展望——"国家的根本任务"。在这段历次修宪都会涉及的内容中，现行宪法不拘烦琐，用复杂且篇幅很长的语用结构详细规定了国家的建构使命，包括根本任务、发展道路、指导思想、基本原则、总体布局等一系列内容，最终奋斗目标是"把我国建设成为富强民主文明和谐美丽的社会主义现代化强国，实现中华民族的伟大复兴"[1]。除此之外，宪法序言中规定的"完成统一祖国的大业"[2]"构建人类命运共同体""维护世界和平和促进人类进步事业"[3]等，则赋予中国宪法建构使命更为丰富和具体的时代内容，它不仅致力于一个现代民族国家的统一和富强，还包含着对世界治理的大国担当和对人类共同命运的深度关切。

尽管宪法序言是否具有效力、具有何种效力，曾一度是宪法学界的一个争论话题。但事实上，序言作为中国宪法的组成部分，当然应该具有宪法应有的效力。即便是序言的大部分内容都不具备法律条款的经典要素，如行为模式、制裁效果等，但它却是认识和理解中国宪法"精神实质的关键"，[4] 对宪法解

--------------------

1 现行宪法序言第七自然段。宪法序言这一段详细表述了中国宪法的建构使命，其文字长达近300字，限于篇幅，不再详细引用。

2 现行宪法序言第九自然段。

3 现行宪法序言第十二自然段。

4 参见张薇薇："宪法序言：政治宣示抑或宪法理想？——以我国现行宪法序言的完善为中心"，载《吉林大学社会科学学报》2014年第3期。

释具有重要的指导性意义和基础性作用。[1] 如果序言没有法律效力，国家就失去了方向。[2] 同时，如果忽视了中国宪法序言的历史叙事和目标言说，那么宪法总纲中的大部分内容，尤其是关于经济制度的规定和国家义务条款，将变得不可理解。因此，有学者指出，宪法序言构成了中国宪法的"高级法背景"，这是十分有道理的。[3] 而集中在宪法序言部分所规定的国家的领导核心、指导思想、根本制度、根本任务等一系列国家生活和社会生活中最重要的问题，则构成了中国宪法以法律形式所展开的国家建构使命及其最高规范依据，宪法因此而无可置疑地成为国家的根本法，具有最高的法制地位和法律效力。所以，在以"国家根本任务"作为宪法建构使命的主要表现形式时，宪法要"建构什么"，其实已经十分清楚地展现在了宪法文本之中。而依照宪法序言的叙事逻辑，正是因为宪法承载着国家建构的重大使命，它才具有最高的法律效力，必须被保证予以实施。由此宪法序言最后一段对宪法规范效力的明确宣示，也就顺理成章、水到渠成了。那么，接下来的问题是，中国宪法应该具有的规范功能，究竟是规范什么呢？

在通常的宪法理论叙事里，宪法是规范国家权力、保障公民权利的根本法。这里所言的"规范"，其实更多与"限制"同义，即宪法所规定的制度框架，构成了国家权力运用的依据和边界，国家权力的存续和运用不得逸出宪法的效力范围，所谓"法无授权不可为"，否则宪法的效力就形同虚设。[4] 套用时下流行的一句政法话语，"把权力关进制度的笼子"，宪法就是最大、最结实的制度笼子。但仅仅在"限制"的意义上谈论宪法的规范功能，显然具有一定的片面性，同时，将宪法规范的对象笼统地指称为"国家权力"，也是不够确切的。在中国语境里，宪法的规范功能，不仅指宪法对国家权力的限制，而且在宪法建构使命的引领下，更多指向宪法对治国理政所发挥的重要作用。在这一意义上，所谓"规范功能"，可以视为"引导、推动、规范、保障"等

---

1 参见郑贤君："试论执政党文件在宪法解释中的作用"，载《武汉科技大学学报》2019年第4期；王叔文："我国宪法实施中的几个认识问题"，载《当代中国宪法学家》，法律出版社2015年，第38页。

2 参见许崇德："现行宪法序言是旷世之作"，载《许崇德自选集》，学习出版社2007年版，第49页。

3 参见田飞龙："宪法序言：中国宪法的'高级法背景'"，载《江汉学术》2015年第4期。

4 参见童之伟："'法无授权不可为'的宪法学展开"，载《中外法学》2018年第3期。

多元一体的功能集合。[1] 例如，执政党在关于宪法作用和价值的论述里特别指出，现行宪法自公布施行以来，以其至上的法制地位和强大的法制力量，"有力坚持了中国共产党领导，有力保障了人民当家作主，有力促进了改革开放和社会主义现代化建设，有力推动了社会主义法治国家建设进程，有力维护了国家统一、民族团结、社会稳定"[2]。可见，中国宪法的规范功能，与西方国家宪法的限权功能或"有限政府"理念相比，它更强调国家权力的积极运用，以完成国家建设和国家治理的使命。由此，宪法规范国家权力的过程，既是保障公民权利不受国家权力侵犯的过程，也是依据宪法治国理政、完成国家建设任务和目标的过程。

　　中国宪法的建构使命和规范功能，构成了当代中国国家建设和国家治理的双重变奏，宪法所欲规范的国家权力行为，其实正是为完成宪法建构使命而进行的国家建构行为。换言之，宪法所欲规范的，正是其所欲建构的"建构"本身。但宪法的建构使命和规范功能二者并非等量齐观，而是有着主次之分。一方面，中国宪法的建构使命居于主导地位，规范功能是服务于建构使命的，即宪法的规范功能是为了更好地完成建构使命；另一方面，宪法规范功能的实现，本身也要以有效的国家建构为前提。试想，如果共同体无法有效凝聚，政治秩序一片混乱，宪法的规范效力又如何可能？正因如此，我们必须认识到，中国宪法主要是一个建构的宪法，它致力于实现国家富强民主文明和谐美丽，完成社会主义现代化建设，坚持和加强党的领导，实现中华民族伟大复兴，构建人类命运共同体等一系列价值和理想。只有在这个根本前提之下，谈论中国宪法应该限制权力以保障权利的规范效力才具有现实意义。当然，这并不是说，权利保障不重要，而是说，权利保障并不主要。正如"依宪治国"这个词语组合本身所显示的那样，依宪治国最重要的目的，还是在于治国，"依宪"是为"治国"服务的，是"治国"的方式和手段之一，只不过，它具有特别的重要性，与现代化的国家治理须臾不可分离。之所以如此，正是因为宪法本身的建构使命使然。当我们在"依宪治国"中抽离出"治国"作为目的价值和终极关怀时，由于我国宪法是党和人民统一意志的集中体现，是党和国家中心工作、重大方针、重要政策等在国家法制上的最高体现，是通过科学民主程序形

---

1　此处指向的"引导、推动、规范、保障"功能，是根据习近平总书记关于立法对改革作用的相关论述而做的引申与发挥："立法主动适应改革需要，积极发挥引导、推动、规范、保障改革的作用。"参见中共中央文献研究室编：《习近平关于全面依法治国论述摘编》，中央文献出版社2015年版，第52页。

2　《中国共产党第十九届二中全会会议公报》，人民出版社2018年版，第3页。

成的根本法，因此，治国理政的目的价值在很大程度上已经与宪法的建构使命相重合了。在这个意义上，"依宪"尽管只是"治国"的方式和手段之一，但却存在不容忽视的目的性价值和意义。这正是"依宪治国"命题的复杂性——集建构使命和规范功能于一身，融工具性价值和目的性价值于一体。

（二）如何建构，如何规范

如何完成宪法的建构使命，同时在建构过程中如何发挥宪法的规范功能，是依宪治国命题成立的内在要求，也是依宪治国方略得以实现的现实考量。前已述及，中国宪法的建构使命，集中体现在宪法序言中所规定的"国家的根本任务"，指向国家的奋斗目标。[1]新近有研究者从执政党提出的"中国梦"的角度出发，指出宪法序言实质上规定着中国作为历史文化共同体的"民族复兴梦"和中国作为政治法律共同体的"富强、民主、文明梦"，并在比较考察了各国宪法序言相关规定的基础上，进一步指出："现代国家的宪法文本往往凝练着制定该宪法的国家的梦想。特定国家的全体人民对于美好事物的憧憬、追求和渴望，即国家梦想，实质上是宪法文本的灵魂所在。"[2]事实上，在2018年3月我国现行宪法经过第五次修改后，将"实现中华民族伟大复兴"的愿景明确载入了宪法序言，与此有关的"富强民主文明"也扩充为"富强民主文明和谐美丽"。这意味着无论是"根本任务"还是"国家目标"，抑或是"国家梦想"，都已经成为现行宪法建构使命的有机组成部分，而且，根据宪法文本的修改历史和演进逻辑，这一部分内容还将随着国家建设实践的不断发展，而不断得到修正和充实。换言之，宪法的建构使命，并不是恒定不变，而是始终保持着与时俱进的演进态势，既有力推动着特定时期建构使命的完成，也根据建构使命的完成情况而不断地对建构使命自身进行补充发展。她就像一个看似遥不可及，却又好像触手可及的"移动灯塔"一般，照亮并指引着国家建设的跋涉之路，进而不断延伸走向更吸引人的远方。这个不甚贴切的比喻，实际已触及如何尽快完成宪法建构使命的第一个层次，即将宪法作为国家之象征，发挥其整合功能，以增进国家建设所必需之国家认同。

宪法的建构使命，赋予宪法文本超越一纸具文的丰富意义。对现代国家而言，宪法文本之所以具有如此之功效，就在于承载了建构使命的宪法文本，是

--------------------

[1] 类似观点，可参见蔡定剑：《宪法精解》，法律出版社2006年版，第126页；董和平：《宪法学》，法律出版社2007年版，第98页。

[2] 钱锦宇："宪法序言、国家梦想与政制建构——'中国梦'的宪法学阐释"，载《法学论坛》2013年第4期。

一国人民基本共识和共同愿望的法制化表达，是消弭分歧、凝聚共识、实现社会整合的最有效平台，是塑造长期稳定社会秩序的最重要法治基础，是现代民主立宪国家最权威的国家之象征。尤其在"宪法爱国主义"的理论谱系内，宪法文本中的价值与道德原则，是现代社会凝聚公民对国家政治忠诚、解决国家认同难题的有力纽带。[1] 因此，完成宪法建构使命的第一步，就在于充分发掘和提炼宪法的认同塑造功能，以现行宪法文本为基础和核心，通过对宪法文本中规定的道德原则、价值体系、国家理想等内容进行弘扬和落实，来整合现代社会的多元价值分歧，使宪法成为统合各种价值的"平衡器"。[2] "我国现行宪法是在党的领导下，在深刻总结我国社会主义革命、建设、改革实践经验基础上制定和不断完善的，实现了党的主张和人民意志的高度统一，具有强大生命力，为改革开放和社会主义现代化建设提供了根本法治保障。"[3] 同时，十八届四中全会决定设立国家宪法日、实行宪法宣誓制度，实际上就是将宪法作为国家之象征，通过对宪法权威的仪式化塑造和国家行为的直观展示，来增进以宪法认同为纽带的国家认同。在当下全球化的浪潮中，面对转型期国家认同的困境，"以宪法培育公民忠诚，将国家认同与宪法的实施结合起来，以宪法所确立的共同政治理想和公民宪法权利作为国家认同的内容，以宪法规定的民主政治制度作为培育国家认同的平台，以宪法日和宪法宣誓作为使宪法成为国家象征的契机"[4]，将体现和维护人民意志与利益的宪法作为凝聚社会共识、实现国家认同的紧固基础，显然是完成国家认同现代转型的有效举措，是推进国家治理现代化的合法性支撑，亦是凝心聚力、促进国家建设与发展的必要政治前提。

完成宪法建构使命的第二个层次，是在国家认同的基础上，进行持续不断的国家建设，通过发展国家各项事业，来实现宪法规定的目标与价值。我国宪

---

1　一般认为，宪法爱国主义作为一套解决国家认同问题的可行方案，是随着哈贝马斯的理论而传播开来的。从思想源头来说，宪法爱国主义最先由德国政治科学家多尔夫·施特恩贝格尔所阐述。1986哈贝马斯继受了这个概念，并加以充分应用。在此基础上，扬-维尔纳·米勒认为，宪法爱国主义将政治忠诚纳入自由民主的价值和程序之中，使其能作为"一种后习俗（传统）的，后传统主义的和后民族主义的归属形式而被维系"。相关介绍参见［德］扬-维尔纳·米勒：《宪法爱国主义》，邓晓菁译，商务印书馆2012年版，第27页。

2　参见林来梵："依宪治国需要发挥宪法的潜能"，载《理论视野》2017年第2期。

3　习近平："坚持依法治国首先要坚持依宪治国，坚持依法执政首先要坚持依宪执政"，载《论坚持全面依法治国》，中央文献出版社2020版，第127—128页。

4　陈明辉："转型期国家认同困境与宪法学的回应"，载《法学研究》2018年第3期。

法作为国家的根本法，不仅从宏观上、全局上设定了国家的根本发展目标、方向与任务，而且还对政治、经济、文化、社会、生态文明等各方面建设事业的大政方针和重大措施作了具体规定。因此，"没有社会主义事业全面的、充分的发展，就谈不上宪法的有效实施"[1]，宪法的建构使命自然也不可能完成。在这里，有必要对"宪法实施"和"宪法建构使命"作适当的区分。毫无疑问，宪法的建构使命体现于宪法文本的规定，完成于宪法规定的落实。而宪法实施在通常意义上，就是指"把宪法文本转变为现实制度的一套理论、观念、制度和机制"[2]，在于将纸面上的宪法文字，转化为活生生的社会现实。如此，则只要宪法获得了充分有效的实施，那么宪法的建构使命当然也就得到了实现。

在此需要指出的是，"宪法实施"是一个内涵极为丰富且极具中国本土色彩的宪法概念和宪法学范畴，围绕宪法实施而展开的学术讨论，可谓众说纷纭、莫衷一是。对于宪法实施的意义，人们强调更多的是宪法在当下现实中的实效，更多面向的是现在的宪法状态。而宪法的建构使命，却是在立足现有宪法状态的基础上，更多面向未来的发展变迁。尽管一般意义上的宪法实施的途径和方式，诸如通过立法渠道形成完善的法律法规体系而对宪法的原则性规定加以承接和细化，通过合宪性审查而将违反宪法的规范性文件加以改变和撤销等，也都具有国家建设的浓厚色彩，但毕竟不足以突出宪法建构使命面向未来、引领发展的特殊意涵。因此，本书在此处意将宪法实施作为完成宪法建构使命的必要前提或重要步骤看待。当然，这也意味着宪法实施与宪法建构使命是无法截然分开的，宪法建构使命的完成，有赖于宪法实施，甚至在宽泛意义上也等同于宪法实施，这正是宪法建构使命所具有的与时俱进的特质的复杂体现。

宪法的建构使命，主要是立足现在，面向未来，在发展国家各项事业以实现宪法规定的国家目标和民族梦想过程中，宪法的建构使命处于一个不断完成，但又不断更新的运动变化状态。而在具体的建构过程中，宪法的规范功能至关重要。虽然中国宪法主要是一部建构性宪法，但建构并不是唯一的宪法目的和排他性的宪法价值，建构也并不能排除对建构本身进行必要的规范性约束，尤其是当这种规范性约束对于实现建构目的具有非常重要意义的时候。宪法的规范性功能，因此被一些学者视为当前依宪治国需要发挥的宪法的"主要

1　引文来自全国人大常委会法工委宪法室首批工作人员黄宇菲的访谈。全文参见刘嫚、程姝雯："揭秘全国人大常委会法工委宪法室"，载《南方都市报》2019年2月18日，AA13版。

2　蔡定剑："宪法实施的概念与宪法实行之道"，载《中国法学》2004年第1期。

的潜能",也是"治国理政中所要大力发挥的宪法潜能"。[1]具体来说,中国宪法规范功能的发挥,大致可以从以下三个方面展开。

第一,宪法作为国家的根本法和最高法,是一国法律体系的拱顶石。宪法规范功能的发挥,首先在于以宪法为顶点,构建系统完备、结构严谨、层次清晰的法律体系。宪法的规范功能对于立法的重要意义,在我国集中表现为"根据宪法,制定本法"的立法过程和最终法律文本对宪法精神和原则的承接与细化。依宪立法不仅是立法者必须履行的宪法义务,更是宪法规范功能的直接体现。[2]在此,通过依宪立法而形成健全完善的法律体系,不仅为塑造国家稳定统一的法律秩序提供了必不可少的规范前提,而且为有效进行国家建设和国家治理奠定了坚实可靠的秩序根基。在秩序创立和维护的意义上,可以说,宪法的规范功能是完成宪法建构使命必不可少的法治保障。

第二,宪法规定着国家的根本制度,是设立各项制度的最高规范依据;同时,宪法又是塑造和增进国家认同的有力纽带,作为国家象征,宪法自身的权威是凝聚和推行国家意志的有力手段。作为最高法律规范,宪法可以根据国家建设和发展需要,来创立各种制度,并以国家根本法的崇高地位和至上效力,赋予制度实施以必要的权威。我国宪法作为国家根本法,是国家各种制度和法律法规的总依据。"实践证明,通过宪法法律确认和巩固国家根本制度、基本制度、重要制度,并运用国家强制力保证实施,保障了国家治理体系的系统性、规范性、协调性、稳定性。"[3]就此而言,宪法的规范功能既是国家制度建立和运行的依据与保障,也是推动改革发展不断深化,促进相关制度不断完善的法治动力。

第三,宪法作为具有最高法律效力的规范,为协调各种宪法关系、监督各种公权力行为,提供了根本的评判标准和依据;任何违反宪法的行为都将面临宪法层面的拷问与追究。"宪法是国家的根本法,是治国安邦的总章程,具有最高的法律地位、法律权威、法律效力,具有根本性、全局性、稳定性、长期性。"[4]"党领导人民制定宪法法律,领导人民实施宪法法律,党自身必须在宪

---

1 参见林来梵:"依宪治国需要发挥宪法的潜能",载《理论视野》2017年第2期。

2 参见叶海波:"'根据宪法,制定本法'的规范内涵",载《法学家》2013年第5期。

3 习近平:"推进全面依法治国,发挥法治在国家治理体系和治理能力现代化中的积极作用",载《求是》2020年第22期。

4 习近平:"在首都各界纪念现行宪法公布施行三十周年大会上的讲话",载《论坚持全面依法治国》,中央文献出版社2020年版,第10页。

法法律范围内活动。任何公民、社会组织和国家机关都必须以宪法法律为行为准则，依照宪法法律行使权利或权力，履行义务或职责，都不得有超越宪法法律的特权，一切违反宪法法律的行为都必须予以追究。"[1] 2017年10月，党的十九大专门提出要"推进合宪性审查工作"，这正是以合宪性审查为突破口来确保宪法规范功能得以充分发挥的重大政治决断，是加强党的领导、坚持依宪执政的重要制度安排。因为合宪性审查运作过程本身，正是依据宪法治国理政的生动实践，反映着我们党运用法治思维解决矛盾、应对挑战、抵御风险、深化改革、推动发展的执政能力和领导水平。同时，通过合宪性审查，有助于将宪法的原则和规定落实到具体的立法和政策形成过程之中，有助于确保各项规范性文件都体现宪法精神、反映人民意志、符合社会发展规律，从而促进社会和谐文明健康有序发展。[2]

总之，宪法规范功能指向的对象，是完成宪法建构使命的"建构"本身，意在使宪法建构使命的完成不脱离宪法既定的轨道和框架；宪法规范功能的发挥体现为建构过程中对宪法思维和宪法方式的自觉运用，以及对宪法价值、宪法精神和宪法原则的积极践行与坚定维护。如果说，建构使命侧重于国家建设的速度与效率，那么，规范功能则更加强调国家建设的有序与安全，侧重于国家治理意义上的秩序价值。二者之间的内在关联与互动关系可以形象地比喻为"带着镣铐跳舞"，宪法建构使命催生着宪法的规范功能，而宪法的规范功能则为宪法建构使命的完成"保驾护航"。

通过本节的梳理和分析，可以发现，依宪治国命题的提出，既注重宪法概念的规范性，又特别强调实证意义上宪法概念的建构性，是以一个整全性宪法概念为逻辑起点的宏大方略。中国宪法的历史和实践揭示出，在中国语境里，宪法应该兼具建构使命和规范功能。中国的现行宪法主要是一个建构性宪法，宪法的规范功能服务于以国家的根本任务为集中表现的宪法建构使命的完成。党的十八大以来，执政党做出了"依宪治国"的重大决断，强调要维护宪法权威，加强宪法实施，充分发挥宪法在治国理政中的重要作用等。这不仅仅意味着是对宪法规范功能的高度重视，同时还蕴含着对宪法建构使命的深度关切和积极倡导。只有清楚认识到这一点，全面把握中国宪法的建构使命和规范功能，才能真正理解"依宪治国"作为一个重大的理论命题和治国理政的基本方

---

1 习近平："在中央全面依法治国委员会第一次会议上的讲话"，载《论坚持全面依法治国》，中央文献出版社2020年版，第230页。

2 参见苗连营："合宪性审查的制度雏形及其展开"，载《法学评论》2018年第6期。

略所具有的深刻意义——所谓"依据宪法治国理政",不仅要发挥中国宪法的规范功能,更要完成中国宪法的建构使命。

## ▶第二节　宪法价值:依宪治国的目标定位

上一节从宪法概念入手,分析了依宪治国的逻辑构造,从中国宪法的建构使命和规范功能两个方面,说明了依宪治国所具有的深刻意涵。作为一个理论命题,依宪治国具有自身得以成立的自洽逻辑;作为一个治国理政的基本方略,则需要考虑依宪治国这一重大决断形成的缘由与关切。为什么要提出依宪治国?深入推进依宪治国对于推进国家治理现代化、实现中华民族伟大复兴的中国梦,以及全球化背景下国际竞争与博弈有何意义与影响?这就需要回到"宪法价值"这一维度,从中西比较的视野来考察依宪治国的价值取向与目标定位。

### 一、宪法价值基本概览

无论中西,归根结底宪法都是人的意志的外化表现。任何个人通常都有对于安全、秩序、自由、平等、富足等的价值追求,而作为集体的人民或者民族还有着民族独立、民族平等、民族复兴、民族富强等方面的理想追求,这些追求最终都会在民族国家的宪法上得到鲜明体现。宪法的价值无疑是多元的,作为共同体基础规范的宪法往往并非仅仅服务于某种单一的价值,而是要着力实现不同价值之间的和谐共存、协调发展。在这个意义上,任何只追求单一价值目标的宪法,都难免会顾此失彼,甚至会造成整个社会的撕裂和混乱。比如,单纯追求国家的富强,可能会导致国家主义主导一切,从而严重挤压公民个人的自由空间;而单纯追求私权神圣的宪法,则可能造成利益集团横行,民主异化,国家能力衰弱,公民的宪法权利和自由沦为无法兑现的诺言。尽管对于宪法价值的认识历来众说纷纭、见仁见智,[1] 但必须承认的是,宪法不仅反映事实关系,比如确认一个国家已经确立民主制度和民主事实,也反映价值关系,既是对国家政治生活的规范,也是对人类政治理想的指引。可以说,近代以来的任何一部宪法都体现着鲜明的价值取向,蕴含着丰富的价值体系,"甚至可以说,宪法本身就是一个充满活力的价值体系"。[2] 这些价值有时候直接显现

---

1　参见莫纪宏:"宪法价值的适用区间与宪法实施的可能性",载《广东社会科学》2013年第2期。

2　周叶中主编:《宪法(第二版)》,高等教育出版社、北京大学出版社2009年版,第156页。

在宪法文本的规定之中，有时候则需要通过实践考察和理论提炼来完成价值阐释。任何一个国家通过制定和实施宪法所欲达到的目的，莫不是追求和实现宪法所蕴含的各种价值，因此，在这个意义上，宪法价值自然就成为依宪治国的核心关切。

通常认为，宪法价值是法的价值体系的一个组成部分，在法的一般价值理论范畴里，宪法与其他普通部门法律一样，具有一定的共同价值，比如正义、自由、秩序、安全等，同时各个法律部门各自又都有一定的特性，从而使得不同的部门法律具有不同的价值侧重。[1] 对于宪法价值来说，在现代立宪社会，宪法作为国家的根本法与最高法，应该说宪法价值与一般的法的价值具有本质上的一致性，甚至宪法的价值体现与价值实现尚需要借助普通法律的制定和实施才能得以完整呈现。长期以来，对于宪法价值的认识，学界存在一定的分歧，比如曾经有一段时间，宪法价值与宪法作用、宪法功能等概念混同使用，[2] 没有注意到宪法价值的独立性所具有的理论意义和实践效用。但很快，主流的观点就开始将其作为宪法学研究的一个独立范畴加以研究，在与宪法作用相并列的意义上使用宪法价值的概念。[3] 尽管宪法价值的独立性获得了关注，但是关于宪法价值的具体含义、宪法究竟具有哪些价值，仍然歧义丛生。如有的学者从国家、社会和法律三个层次，来探讨宪法价值的具体含义，并在宪法的国家价值、社会价值、法律价值的三大类之下，又区分出若干具体价值，诸如安全、民主、人权、秩序、自由、正义等。[4] 有的学者则将宪法价值分为经济、政治和法律三个层面，不同的层面对应着公平、效益、自由、安全等不同价值。[5] 还有的学者则删繁就简，认为宪法价值的核心在于民主和人权。[6]

显然，宪法价值作为一个理论概念，其意涵是多元的而非单一的。这种多元既体现在价值类型上，也体现在不同种类的价值之间的张力上，例如秩序与自由、公平与效率等。当前，在社会主义核心价值观已经明确载入我国宪法文

---

1　参见张奎："法律价值与法律的建构性阐释"，载《求索》2017年第11期。

2　参见朱福惠："宪法价值与功能的法理学分析"，载《现代法学》2002年第3期。

3　比如周叶中主编的《宪法学》，其第八章的名称就是"宪法的价值与作用"。参见周叶中主编：《宪法（第二版）》，高等教育出版社、北京大学出版社2009年版。

4　参见李龙：《宪法基础理论》，武汉大学出版社1999年版，第212—226页。

5　参见杨海坤：《跨入新世纪的中国宪法学——中国宪法学研究现状与评价》，中国人事出版社2001年版，第79—80页。

6　参见董和平："论宪法的价值及其评价"，载《当代法学》1999年第2期。

本的情况下，对宪法价值的探讨一定程度上具有了明确可遵循的标准和依据，因为，社会主义核心价值观的内容，在一定意义上正是宪法价值的集中体现。当然，社会主义核心价值观的内容，只是我国宪法价值体系内的一部分，对社会主义核心价值观宪法意涵和规范功能的把握必须和我国宪法所蕴含的其他丰富价值因素结合起来，方能为全面依法治国和依宪治国的深入推进提供全方位的价值指引。[1]

一般来说，宪法价值这一理论范畴，至少包括两个层面的意涵。第一，本体论意义上的宪法价值，即宪法价值，是指宪法本身所包含的价值因素。如前所述，这一层面的宪法价值与现代法治社会一般法律的价值具有本质上的一致性，民主、平等、自由、法治、公平、正义等，都是现代宪法内在蕴含并鼎力追求的美好价值，正是因为宪法体现并致力于实现这些美好价值，一部宪法才可以被称为"良宪"，是"好宪法"。事实上，对于任何一个国家及其政府而言，只有充分实现了上述价值追求才能真正赢得人民的认可与同意，其政权的合法性基础才能真正得到巩固。如果人们说"这是一部有价值的宪法"，或者认为"这部宪法没有价值"，这样的评价本身就意味着宪法必须包含某些价值。这是一部宪法之所以存在的原因，也是制宪者制定和实施宪法的目的。第二，与本体论意义上的宪法价值相对，客体论意义上的宪法价值是指一部宪法在制定和实施的过程中，能够维护和促进哪些价值。在这里宪法本身就成为实现某些价值的手段或方式，制定和实施宪法正是为了追求特定价值的实现。比如通过宪法实施实现政治民主，维护社会安定，保障人民权利，促进社会发展等。本体论意义上的宪法价值和客体论意义上的宪法价值，为我们理解宪法价值的复杂面相提供了一个有益的视角，尽管事实上某些价值往往既属于宪法本身所具有的价值因素，又是宪法实施过程中所要维护和促进的目的价值，比如公平正义、人权保障、法制统一等，但本体论和客体论的区分，能够帮助我们识别不同的价值因素对于宪法而言，处于何种位置。比如人权保障，在本体论的意义上，保障人权是识别一部宪法是否是"有价值"的，是否是"好宪法"的一个重要标准；在客体论的意义上，保障人权同样是宪法制定和实施的基本目的和追求。这样，即便在面对同一项具体的宪法价值时，我们能够明白究竟是在何种意义上适用宪法价值这个概念的，从而有利于把握不同语境下宪法价值的焦点和重点所在。

同样，对于理解和分析依宪治国这个命题来说，依宪治国为什么会成为新

---

[1] 参见刘振宇："宪法视域中的社会主义核心价值观"，载《学习与探索》2017年第8期。

时代治国理政的基本方略？在新时代深入推进依宪治国有何重大意义与深远影响？对这些问题的回答，显然需要回到"宪法价值"的基本维度，探明依宪治国的价值取向和核心要义到底是什么。如前所述，依宪治国必然要求良宪之治，因此对于构成一部好宪法而言，所不可或缺的价值因素正是依宪治国基本方略的核心关切与价值追求。我国现行宪法所蕴含的坚持党的领导、以人民为中心、社会主义法治原则、民主集中制原则，以社会主义核心价值观和序言中中华民族伟大复兴的中国梦等价值内容所形成的"价值构造"[1]，足以表明我国现行宪法是当之无愧的"好宪法"，是确保良宪之治能得以实现且必须实现的规范根基。因此，在"好宪法"和"良宪之治"的前提下，依宪治国基本方略首先在本体论意义上的宪法价值层面具备了充分的正当性。当然，依宪治国所关注的不仅是宪法本身所具有的内在价值要素，还特别重视宪法在实施过程中所欲实现的价值目标。因此，相比于传统的宪法学理论，依宪治国包含着更为丰富的价值内容。何为"依宪治国"？为何要"依宪治国"？正是要将国家政治与社会生活的方方面面纳入以宪法为核心的法治范畴，围绕宪法的基本价值和核心精神来构建国家政制，进而通过实施宪法来为国家建设、国家治理提供制度化、法律化保障。深入推进依宪治国，是"法治中国崛起的必由之路"。[2]一言以蔽之，从宪法价值的维度而言，依宪治国的核心关切，不仅在于自由价值、秩序价值、民主价值、法治价值、平等价值等基本价值的实现，更在于通过依据宪法治国理政而满足人民对美好生活的向往、实现中华民族的伟大复兴。

## 二、宪法价值功能的历史演进

在纷繁复杂的多重社会关系中，权力与权利的二元对立关系，始终具有基础性和决定性的意义；其他各种社会关系在某种程度上都是该类关系的延伸和展开，或受其作用和影响。由此，宪法学往往将多种多样的宪法关系简约为"公民与国家"或"权利与权力"之间的关系，并以此为基础来把握公法学的脉络与精髓，甚至将其作为架构整个公法规范体系及公权力结构的根本要素与中心范畴。可以说，如何认识和协调二者的关系是审视各种宪法规则与宪法现象的价值原点。同样，宪法诸价值之间的关系归根结底不过是国家权力与公民权利之间关系的不同表现形态而已，这关涉政府"有限"与"有为"之间的冲

---

1　参见宁凯惠："我国宪法序言的价值构造：特质与趋向"，载《政治与法律》2019年第6期。

2　刘茂林、杨春磊："依宪治国：法治中国崛起的必由之路"，载《法学杂志》2013年第7期。

突与协调问题。

在古典自由主义时期，出于对旧时代绝对权力的恐惧和警惕，强调政府的有限性成为主导西方宪法理论与实践的核心理念之一，各项宪法制度的设计都刻意于最大限度地防止国家权力的滥用以保护个人的权利与自由免遭侵犯，公民和国家之间的关系基本是一种建立在对权力持怀疑和防范态度基础上的对立关系；国家权力被严格排除于社会成员的自治领域之外，个人幸福的实现主要取决于自己的能力和努力，人们并不期盼国家在这方面有多大作为。这种以自由竞争为基本理念的消极宪法模式，有效地防止了国家权力的滥用，但政府的积极作用却被严重忽视和抑制，放任自由的市场经济并没有实现早期宪法所许下的平等、自由、人权等美好的政治诺言，甚至带来了严重的贫富分化、尖锐的社会矛盾、频繁的经济危机。于是，传统自由主义对国家作用的消极认识受到了扬弃，人们开始正视国家权力积极的一面，"有限政府"原则不再是宪法的全部意义，消极宪法模式开始向"积极宪法"转变。[1]

在这一时代背景之下，政府开始承担大量的社会经济职能，宪法观念由此发生了重大调整：人们希望国家不再仅仅是消极地维持社会秩序，而更应该积极有效地提供各种公共产品和服务，提供充分的生存条件和福利保障；享受服务和福利不再被看作是公民从政府那里得到的施舍或恩赐，而成为公民应受保障的基本权利；人权的内涵和外延也从早期的自由权拓展至生存权、受教育权、劳动就业权、最低生活保障权等一系列社会经济方面的权利。社会权利与公民概念的融合意味着不管社会地位如何，每个公民都有资格过上一种丰富而积极的生活，有权获得合理的收入。[2]福利国家思想在20世纪六七十年代达到鼎盛，它在一定程度上改变了传统西方社会的面貌，但与此同时也带来一系列弊端，如通货膨胀、政府机构庞大、生产率低下、个人的懒惰和不思进取、国家财政不堪重负等。

20世纪70年代末，政治上有关福利国家的共识开始瓦解，福利国家思想的影响开始减弱。于是一些西方学者又提出了"国家辅助主义"理论以修正和发展福利国家论，即只有在个人无力获得幸福时，才能要求国家提供服务。[3]当然，不管是福利国家论，还是国家辅助主义，都不再把国家视为一种人们无

---

1 参见黎敏："作为限权宪法之思想基础的有限政府理论——《驯化利维坦：有限政府的一般理论》述评"，载《交大法学》2018年第1期。

2 参见[英]安东尼·吉登斯：《社会学》，赵旭东等译，北京大学出版社2003年版，第319—320页。

3 参见陈新民：《宪法基本权利之基本理论》，台湾三民书局1992年版，第145—152页。

可奈何、必须接受的"恶",而成为社会成员实现自由和幸福所必不可少的依靠,单纯的控权观念由此成为明日黄花。肇始于20世纪90年代的新宪法论以一种建设性的激情,从制度设计者的角度研究政治和经济现象,对塑造政治生活的制度权力进行了创新性探索,反对那种认为宪法的目标仅仅在于通过限制政府权力来保护个人自由的观点,认为宪法理论应当超越对专横的政治权力加以限制的古典主张,它应当并且能够通过人们的设计,实现经济效率、民主管理以及其他有益的政治目标;政府应当是既受制约的,又是能动进取的。"在最广泛的层面上,他们相信,政治理论和社会理论需要从批判的怀疑主义转向思考一个良好的社会如何得以维系,一种良好的政治体制如何通过制度设计在经济效率和公民精神两个方面加以建构。"[1]

需要注意的是,宪法观念的演变并没有放弃对权力的警惕和防范,约束国家权力仍是其必不可少的内容。因为,国家作为一种源自社会的力量,决不能成为凌驾于社会之上的存在,政治权力的强制性只有得到共同体的同意才具有合法性;当国家成为一种绝对之物时,权力便成为对人权的最大威胁。而有限政府的宪法理念正是指向一套确立与维持对政治行为和政府活动有效控制的技术,旨在保障人的权利与自由。它对于权力的失范与滥用具有根本性的抑制作用。无论是政府各部门之间的横向分权关系,还是中央与地方之间的纵向分权关系,都体现了公权力的有限性以及以权力制约权力的制度上的平衡。[2] 从这个意义讲,宪法是通过政治权力的多元分配从而控制国家的强制力量的政治制度。但是,也应当看到,如果国家衰弱不堪,不要说自由、平等、人的尊严无从谈起,甚至连最基本的安身立命都难以得到保障。纵观当今世界,阿富汗、利比亚、叙利亚等地绵延不绝的持续动荡,久拖不决并漫延到世界许多地区的难民危机,一些老牌发达国家日益加深的社会撕裂和族群对立,再次向人们展示出西方式民主宪政的虚伪与乏力,并一再昭示着国家命运同人民命运之间的紧密关联。当然,国家强盛仅仅是人民安居乐业的必要条件而非充分条件,因为,一个强大的国家未必能够时时成为公民权利的捍卫者或守护神,回溯世界历史,克伦威尔的暴政、德国纳粹的残暴以及法国大革命时的狂风暴雨等近代以来在自由民主旗帜下国家权力的极度膨胀无不证明了这一点。因此,防止和避免国家权力发生滥用或异化,进而成为侵害公民权利自由的"利维坦",

---

1 [美]斯蒂芬·L.埃尔金、卡罗尔·爱德华·索乌坦编:《新宪政论——为美好的社会设计政治制度》,周叶谦译,生活·读书·新知三联书店1997年版,第21页。

2 参见林毅夫、王子晨:"论有为政府和有限政府",载《理论建设》2016年第6期。

便成为近代宪法在诞生之时所肩负的历史使命，也成为宪法政治中延续至今的一条主线。的确，只有在人民福祉能够得到切实保障的情况下，国家富强才具有必要性和正当性；国家的崛起和强大在任何时候都不能以牺牲公民权利为代价，更不能成为限制或减损公民权利的借口，国家发展壮大的过程应当是公民自由权利得到不断扩展和实现的过程。从这个意义上说，积极宪法并非是对先前失之偏颇的控权理念的简单否定和取代，而是在继承其合理内核的基础上，对它的矫正与完善。

需要注意的是，无论是强调"有限"还是"有为"，抑或二者之间的平衡与协调，相对于人权保障而言，都是第二位的派生性价值，都是基于保障和实现人权的需要而对国家权力所进行的一种职能定位，只有人权才是人类社会生活中的核心问题和终极性目的。宪法作为迄今为止法治文明的最高发展成就，自其诞生时起便内含着一种规定性的价值取向，浸满了人类历史传统中积累起来的政治智慧和人文精神，体现着人们对一种理想的政治文明秩序的憧憬与向往，表示的是一系列捍卫个人基本权利和自由的理念、制度与规则。宪法的根本在于人权保障，人权保障是宪法的正当性源泉；没有对权利的珍视，就没有宪法。[1] 在对这一价值目标缺乏基本体认的情况下，很容易在宪法工具主义的支配下，使宪法在某种程度上只是成为一件追求时髦的舶来品，而缺失保障人权的内在品质。因此，任何对宪法问题的研究，都不可能回避对价值取向的关注，也都无法绕开宪法与人权的话题。

人权就其本源意义而言，属于应有权利、道德权利，是人按其本质和尊严并为满足其生存和发展需要而应当享有的权利。人权概念的提出及人权制度的确立体现了人的目的性价值，意味着人是一种独立的、尊严的存在，而不是神权、特权、君权的附属物。作为一项道德观念，人权的目标是形成一种政治法律制度，人的主体地位、人格尊严受到承认与尊重；人的基本权利和自由得到维护和保障。人权是一个开放的概念体系，随着社会历史条件的变化，其具体内容也在不断地充实、丰富和发展。法国学者瓦萨克提出了"三代人权学说"。根据该学说，第一代人权形成于资产阶级革命时期，其目的在于保护公民自由免遭国家专横行为之害。因为它们要求通过限制国家权力而得以实现，所以被视为消极权利。其内容主要包括人身权利、财产权利、政治权利等。第二代人权受19世纪初社会主义运动和社会主义革命的影响，并受到"福利国

---

1　参见吴园林："论现代宪法的兴起——兼论后'双元革命'时代的人权遗产"，载《江苏师范大学学报（哲学社会科学版）》2019年第4期。

家"观念的影响。其基本内容主要是经济、社会和文化方面的权利。由于这些权利需要国家积极履行才能得以实现，因而被称为积极权利。第三代人权主要是从第二次世界大战后反殖民主义的民族解放运动中产生和发展起来的，其内容包括民族自决权、发展权、和平权、自然资源永久主权等集体人权，涉及人类生存所面临的各种重大问题，如维护和平、保护环境和促进发展等，它们需要通过国际合作加以解决，因而可称为"连带关系权利"。[1] 而近年来，随着网络信息技术和人工智能技术的迅猛发展和快速融合，人类社会的历史已经从工商业时代步入了数字经济时代，智慧社会已经降临，"其影响力足以与工业革命相媲美"，而时代的跨越必然会促发人权内容的进步与拓展。有的学者据此指出，传统的"三代"人权理论格局事实上已受到严重冲击并正在被逐渐打破，"第四代人权"正在向我们走来。这包括人权形态的数字化重塑、以"数字人权"为核心，并进而通过推进数据信息自主权的制度化、探索场景化的权益平衡机制、构建"过程—结果"的规制策略、塑造尊重人权价值的"道德基础设施"等措施来实现智慧社会里的人权保障。[2] 无独有偶，还有学者认为我国的第四代人权集中体现为安全方面的人权（总体安全权）、环境方面的人权（生态环境权）、数字方面的人权，并根据十九大报告的论断认为：人民美好生活需要的基本标准是"幼有所育、学有所教、劳有所得、病有所医、老有所养、住有所居、弱有所扶"，较高标准是民主、法治、公平、正义、安全、环境以及自由、尊严、发展等。[3] 总之，时代的变迁和人民对美好生活的向往必然促进着人权理念的更新与人权诉求的扩展，进而推动着人权事业生生不息的发展与进步。

　　诚然，学术界对于代际人权理论还存在着诸多争论和质疑，但它毕竟揭示了不同类别人权的政治哲学基础以及人权的发展历程。当然，代际人权的划分并不意味着人权的重要程度有高低之分，或者在发展次序上是以新汰旧的关系，也不意味着不同代际的人权之间存在着泾渭分明的界线，或者只能出现在截然分开的阶段里。实际上，各种人权之间相互依存、相互关联，是一个不可分割的有机整体，是一个国家社会政策、经济状况、文化传统、法治精神、宪法制度等因素的综合反映，其内涵已远远超出了经济增长、物质丰富、福利保

---

1　沈宗灵：《比较宪法——对八国宪法的比较研究》，北京大学出版社2002年版，第6页。

2　参见马长山："智慧社会背景下的'第四代人权'及其保障"，载《中国法学》2019年第5期。

3　参见张文显："新时代人权法理的七大命题"，载《人权》2019年第3期。

障的范畴，需要社会各领域、各层次、各要素的多元发展、协调推进。尤其是对我们国家来说，新时代的人权理论和实践已经随着社会主要矛盾的深刻变化而日渐深化和拓展，要求着力解决好人民日益增长的人权诉求与人权发展不充分不平衡的矛盾。这就不仅需要关注一般意义上经济社会领域的发展失衡对人权的影响，还需要更多地从人民对美好生活的需要与向往的角度来正视新时代人权发展中所存在的不平衡不充分现象。毕竟，如果"脱离了人民美好生活需要，偏离了新时代人权命题的新要求和新标准，就不可能做到坚持以人民为中心的发展理念"[1]，也不可能真正解决发展不平衡不充分中的重点问题和难点问题。这就需要统筹推进政治、经济、文化、社会和生态文明等方面的建设，着力破解人权发展和保障中的不平衡不充分问题，使人民在改革发展中有更多实实在在的获得感和幸福感。

综上可见，人权的类别极其复杂，人权的内容极其广泛，呈现着不同的存在形式、价值内涵和实现机理，其实现与保障既需要排除权力对权利的武断干预、无理剥夺或非法干涉，需要国家对公民权利予以平等保护和对待；又需要国家采取积极行动为其实现而提供必需的"取用机会""取用设施"等生存照顾，为人的自由、全面的发展提供公平的竞争规则、制度设施、社会环境。因此，不同类别人权的保障与实现对应着不同的国家义务或责任，这既要求政府"有限"，以防止权力的滥用；又要求政府"有为"，以增进社会的福祉。如何协调与平衡二者之间的矛盾与张力，使之达到和谐统一，便成为宪法躯体内一个无法回避的逻辑悖论和现实矛盾。从历史上看，西方宪法的价值取向经历了从"有限"到"有为"的转变，并在力图寻求两者之间的平衡。[2]这与其社会发展脉络大体是一致的，即从个人本位到社会本位，从自由市场经济到国家干预主义。当然，其间不免反复和摇摆。但总的来看，其"有限"向"有为"的演进是以"有限"目标的充分实现为前提的，"有为"对"有限"的超越以及两者的平衡是建立在两种宪法理论及实践都已相对成熟的基础之上的。

"法治是人类文明的重要成果之一，法治的精髓和要旨对于各国国家治理和社会治理具有普遍意义，我们要学习借鉴世界上优秀的法治文明成果。但是，学习借鉴不等于是简单的拿来主义，必须坚持以我为主、为我所用，认真鉴别、合理吸收，不能搞'全盘西化'，不能搞'全面移植'，不能照搬照

---

1　张文显："新时代人权法理的七大命题"，载《人权》2019年第3期。

2　参见程汉大："寻求'有限'与'有为'的平衡"，载《河南省政法管理干部学院学报》2005年第1期。

抄。"[1]的确,宪法的价值功能是由一个国家的历史发展阶段和现实基本国情决定的。"为国也,观俗立法则治,察国事本则宜。不观时俗,不察国本,则其法立而民乱,事剧而功寡。"[2]我国的宪法实践和依宪治国是在与西方社会完全不同的历史场景中展开的,我们不能、也不可能依循西方宪法的演变轨迹与模式;宪法价值功能的定位必须从我国的国情和实际出发,同改革开放和社会主义现代化建设相适应。不管是对于人权保障来说,还是对于政府职能而言,我们既不能罔顾国情、脱离实际,也不能因循守旧、墨守成规,而是要"走出中国特色人权发展道路",[3]要走出中国特色宪法发展道路。

### 三、依宪治国的价值取向

中华人民共和国70余载宪法的发展历程和运作实践充分显示:宪法与我国社会艰难曲折、风云激荡的历史变革和演进相伴而行,与党和人民所取得的巨大成就、形成的宝贵经验、开辟的发展道路交相辉映,宪法的命运在一定程度上浓缩和折射着国家、民族和人民的命运。立基于这一历史性判断和考察,依宪治国的价值取向与目标定位,主要集中在实现中华民族伟大复兴和满足人民对美好生活的向往两条主线上,也就是既通过持续不断的国家建设来完成宪法的建构使命,实现国家崛起和民族复兴,不断为人民创造更加美好的幸福生活,又注重宪法规范功能的发挥,确保民主、法治、公平、正义、安全和环境等人民对美好生活的价值期许,得到有力的宪法保障。

历史是最好的教科书。1840年鸦片战争之后,中国开始沦为半殖民地半封建社会,人民深陷苦难,民族蒙受屈辱,国家积贫积弱。自戊戌变法和清末修律起,一些仁人志士试图效仿西方政治制度,通过变法立宪来实现国家富强、民族独立,但是,由于对宪法采取的是"拿来为用"的工具主义心态,没有顾及中国的社会现实和宪法的生存条件。在这种形似而神离的表皮嫁接模式里,宪法不仅未能改变旧中国的社会面貌和落后状况,反而沦为装潢反动统治的一件政治道具,并上演了一幕又一幕立宪骗局和闹剧。[4]直到中国共产党登上中国

---

1 习近平:"加快建设社会主义法治国家",载《论坚持全面依法治国》,中央文献出版社2020年版,第111页。

2 (战国)商鞅及其后学:《商君书·算地》,转引自人民日报评论部:《习近平用典(第二辑)》,人民日报出版社2018年版,第229—230页。

3 参见汪习根:"走出中国特色人权发展道路",载《人民日报》,2019年10月15日第9版。

4 参见张晋藩:《中国宪法史(修订本)》,中国法制出版社2016年版,第199—200页。

历史舞台后，这种局面才发生了根本改变。在中国共产党的领导下，中国人民经过艰苦卓绝的革命斗争，实现了国家独立、民族解放和人民当家作主，建立了新中国，从而为制定一部真正体现人民意志、维护人民利益的宪法提供了必备的政治前提。

国家崛起和民族复兴是中华民族百年来孜孜以求的不懈追求，毕竟，只有国家实力的不断增强、社会秩序的长期稳定、经济民生的持续发展才能为人民的幸福和自由奠定坚实的基础。在这方面，中国人民曾经有过惨痛的记忆。在2017年12月13日南京大屠杀死难者国家公祭日这一天，人们被这样一句话刷屏："那年乱世如麻，愿你们来世拥有锦绣年华。"在一个积贫积弱的国家，在一个"乱世如麻"的年代，人命如草芥，不要说对美好生活的向往遥不可及，就连公民最基本的生命权、生存权都无从谈起，又何来"锦绣年华"，何来民主自由？毫无疑问，要实现国家崛起和民族复兴，满足人民对美好生活的向往，就需要政府拥有足够强大的权力资源和组织动员能力，以便能够采取积极主动、切实有效的措施。这就要求宪法应当为国家崛起和民族复兴提供必要而充分的制度供给，通过设定国家任务和奋斗目标，为国家发展指明前进方向和发展道路；通过确立稳定的制度框架和大政方针，为国家建设提供治理体系和施政方略；通过塑造政权组织体制使国家机关积极有效地履行职责；通过法律制定、修改和解释活动，赋予现行制度不断变革、创新的能力；通过确立一系列先进的宪法理念、民主法治制度和人权保障机制，为国家建设凝聚起强大的价值认同和社会力量。

在强调宪法对国家能力的积极促进作用的同时，也应当看到，在我国，无论是传统社会还是新中国成立以后一段时期内，国家与社会呈现高度的"一体化"，个人附属于集体、社会依附于国家。改革开放以来，随着政府不断向社会放权，市场领域逐渐壮大，个体人格走向独立，高度集中和单一的社会结构被打破，在法律层面上也越来越注重对公权力的规制和对私人利益的保护。但是旧的传统观念的影响仍然根深蒂固，国家本位色彩依然浓厚，市场经济的发育尚不健全，"有限"政府的理念还远未成为一种权力自觉，权力的腐败和滥用以及政府管理的越位和弃位现象依然严峻。这就需要从宪法层面建立有效的权力运行制约和监督体系，[1]形成合理的权力配置格局及其运作机制，促进决策权、执行权、监督权之间的分工协作与相互制约，加强监督的制度化建设和

---

1　参见莫纪宏："论宪法机构的制度功能"，载《西北大学学报（哲学社会科学版）》2019年第3期。

体系化建设，确保一切国家权力必须在宪法预设的范围和轨道内运行，一切违反宪法的行为都受到应有的追究和纠正；防止政府力量对社会、市场以及私人领域的过度介入，避免公共决策中的武断、任性或者被一时的激情、偏见、短视所局限，保障人民的知情权、参与权、表达权、监督权，确保权力运行的民主性、科学性、合理性，让权力在阳光下公开化、规范化、合法化运行，真正把权力关进宪法的制度笼子里。

因此，在依宪治国的进程中，就政府职能而言，一方面，实现国家崛起、民族复兴和满足人民对美好生活的需要，对政府的治理能力、公共服务水平有着更高的期待，需要政府积极主动地发展经济，增强综合国力，增进社会福利，实现社会稳定、和谐、有序的可持续发展。另一方面，由于在我国的传统文化和政治实践中，缺少对权力的天然警惕和制度约束，如果没有"有限政府"理念的充分发展以及与之相匹配的市场经济体制的健全与完善，则又可能导致权力的扩张与滥用。因此，既要有效地规范政府权力的运行，又要充分发挥政府在提供公共服务和改善民生方面的积极作用，实现"有限"和"有为"之间的有机统一与平衡，是新时代我国依宪治国所不得不同时面对和完成的双重任务。[1]

"没有监督的权力必然导致腐败，这是一条铁律。"[2] 党的十八大以来，以习近平同志为核心的党中央，以彻底的自我革命精神，坚定不移推进全面从严治党，持之以恒正风肃纪反腐，对健全权力运行制约和监督体系作出了一系列重大部署。党的十八届四中全会第一次在党的决定中提出"公权力"概念，要求"必须以规范和约束公权力为重点，加大监督力度"。党的十九大明确要求"构建党统一指挥、全面覆盖、权威高效的监督体系，把党内监督同国家机关监督、民主监督、司法监督、群众监督、舆论监督贯通起来，增强监督合力"。党的十九届四中全会着眼重点领域和关键环节，进一步要求强化权力运行制约监督，完善权力配置和运行制约机制。同时，党的十八大以来，"权力制约"概念在政治话语中高频出现，这不仅仅是用语习惯的变化，更为重要的是给"权力监督"概念增加了新的理论内涵和时代意义。"权力制约与传统意义上的权力监督有着明显的区别，即更加强调在权力合理

---

1 参见江国华："新时代人民立宪观九论"，载《武汉大学学报（哲学社会科学版）》2018年第3期。

2 习近平："在全国组织工作会议上的讲话"，载《十八大以来重要文献选编（上）》，中央文献出版社2014年版，第342页。

划分和配置基础上的以权力制约权力。"[1] 习近平指出："要强化权力制约，合理分解权力，科学配置权力，不同性质的权力由不同部门、单位、个人行使，形成科学的权力结构和运行机制。"[2] 这体现了对权力运行规律认识的深化，是对权力制约监督的创新性探索。而要强化对权力运行的制约和监督，就必须首先通过宪法设定权力、规范权力、制约权力、监督权力，真正把权力关进宪法的制度笼子里，在宪法轨道上形成决策权、执行权、监督权既合理分工又协调制约的权力结构和运行机制，确保党和人民赋予的权力始终科学规范合法有效地运行。

当然，无论是强调权力依法有效运行，还是强调对权力的监督制约，其目的都在于使权力这把双刃剑能够造福于国家和人民，其立足点都在于把实现好、维护好最广大人民根本利益作为核心要务。检验一个政党、一个政权性质的试金石，就是为了什么人的问题。中国共产党人的初心和使命，就是为中国人民谋幸福，为中华民族谋复兴。而依宪治国说到底就是依据宪法治国理政，通过宪法的有效实施，来保障人民当家作主的政治地位，保障人民依法享有广泛而真实的权利和自由，满足人民在新时代对美好生活的向往与追求，以为了人民、依靠人民、造福人民、保护人民为目的与归宿，在更高层次上实现对人权的尊重和保障。我国宪法不仅确立了"一切权力属于人民"的根本原则，同时也为确保人民当家作主提供了充分的制度保障。而"国家尊重和保障人权"的宪法宣言则是人权思想在当代中国的升华，其所弘扬的人文主义精神，体现了对人的价值的尊重和个人发展的关怀，它要求始终尊重人民首创精神，保障人民各项权益，促进人的全面发展。因此，坚持以人民为中心，是依宪治国的核心要义与价值诉求。

"坚持以人民为中心，一切为了人民，一切依靠人民，是马克思主义唯物史观的根本出发点和落脚点，也是习近平法治思想的根本立场。"[3] 坚持以人民为中心，不仅意味着依宪治国必须为了人民，同时要依靠人民。人民是历史的创造者，是决定党和国家前途命运的根本力量，更是依宪治国的主体和力量源泉。依宪治国作为新时代治国理政的基本方略，离不开人民的广泛参与和自觉行动；只有在全社会形成尊宪用宪行宪护宪的浓郁氛围，依宪治国才能具

---

1　黄文艺："习近平法治思想中的未来法治建设"，载《东方法学》2021年第1期。

2　习近平："在十九届中央政治局第十一次集体学习时的讲话"，载《求是》2019年第5期。

3　周佑勇："习近平法治思想是全面依法治国的根本遵循和行动指南"，载《光明日报》2021年01月11日。

有源源不竭的强大动力。在我国的法治实践中，一贯倡导重视和运用人民的力量，人民群众对法治建设的广泛参与和创造性实践，是中国特色社会主义法治发展的源头活水。依宪治国同样必须始终把人民的主体性贯穿和体现在宪法创制、宪法实施、宪法监督、宪法保障的全过程。在一定意义上，正是人民群众的参与程度和主体性实现程度，决定着依宪治国的广度、深度与发展进程；正是人民对民族复兴的追求和对美好生活的向往，决定着依宪治国的历史走向和价值归宿，并为依宪治国注入着强大的终极性力量。

通过以上分析可以看到，我国宪法的价值功能并不局限于传统的"有限"与"有为"之间的平衡与协调问题，而是有着更加丰富的价值内涵和功能使命。而当规范权力、保障权利等诉求，同民族复兴、国家富强等理想交织在一起时，如何让这些价值目标和谐共生、相得益彰，如何做到整体推进而不顾此失彼，这是依宪治国所面临的一个时代课题。例如，我们既要促进社会公平正义，又要最大限度地激发整个社会的创造活力。这就需要宪法在制度供给方面处理好效率和公平的关系。在过去一段时间里，我国社会的发展思路是"效率优先，兼顾公平"。这对促进经济发展、打破平均主义起到了立竿见影的作用。然而实践中，强调效率优先往往形成政策决策对经济增长的过分偏重，由此导致了一系列社会问题。为此，政府的政策导向开始转变，把维护社会公平正义放到了更加突出的位置，强调全面深化改革"必须以促进社会公平正义、增进人民福祉为出发点和落脚点"，"让发展成果更多更公平惠及全体人民"。[1] 要建立公平开放透明的市场规则，形成合理有序的收入分配格局，建立更加公平可持续的社会保障制度，推进城乡要素平等交换和公共资源均衡配置；要把公正、公平、公开原则贯穿立法全过程，加快完善体现权利公平、机会公平、规则公平的法律制度，坚持严格规范文明公正执法和公正司法，努力让人民群众在每一项法律制度、每一个执法决定、每一宗司法案件中都感受到公平正义，用法治保障人民安居乐业。尤其是十九大报告把"公平、正义"作为新时代人民日益增长的美好生活需要的重要内容加以强调，由此更加突出了公平正义在国家建设和社会发展中的重要价值。[2] 的确，只有符合公正原则的宪法制度和宪法实践，才能实现对社会资源的配置更加公平、更有效率，才能保障人民的获得感、安全感、幸福感更为真实、更加持续，才能有效整合各种社会力量，使各项改革措施获得广泛

---

1　"中共中央关于全面深化改革若干重大问题的决定"，载《求是》2013年第22期。

2　参见张文显："新时代人权法理的七大命题"，载《人权》2019年第3期。

的社会支持和认同，才能形成良好的社会秩序和社会治理，促进全社会的团结合作与进步，满足人民日益增长的美好生活需要，实现全体人民的共同富裕。可以说，公平正义是人民的殷切期盼，也是依宪治国所鼎力实现的一个崇高价值目标。

同时，随着我国的快速崛起，传统的世界格局正在发生重大调整，可以说我国正面临着国际国内秩序和发展环境的深刻变化，迎接着来自各方面前所未有的挑战。因此，当前我国的国家建设和国家治理面临着实现民族复兴、人权保障、民主法治、公平正义、安全稳定、生态环境等多种目标的历史性任务。而只有将这些诸多价值与使命纳入依宪治国的总体框架和统筹考量之中，并通过依宪治国的深入推进和宪法实施的有效展开，才能使宪法所承载的上述价值与使命，在法治轨道内得以有效实现并获得源源不断的法治动力和稳固坚强的法治保障。可以说，宪法既是公民权利的保障，也是国家崛起的支撑。显然这不只是一个经济发展或社会政策问题，更涉及依宪治国进程中执政党的执政理念、执政能力、执政水平，国家的宪法责任和职能定位以及治理体系和治理能力的现代化，人权的保障与实现以及制度安排和政策选择中的公平正义等一系列社会发展中的重大问题。而依宪治国实际上正是通过有机统合宪法的经济发展、社会进步、人权保障、法治国家等价值目标，来完成中国宪法的建构使命，并发挥中国宪法的规范功能，从而实现民族复兴和人民福祉之间的并行发展与相互促进。

总之，依宪治国的价值体系不仅是一个蕴含各种美好价值要素的抽象集合体，更在于力求通过宪法实施和宪法作用的发挥，来实现中华民族的伟大复兴、满足人民对美好生活的向往，这是依宪治国的核心关切与价值目标，也是我们正确认识和把握依宪治国价值取向与目标定位的逻辑前提。因此，宪法显然不能以被动的中性规则自居，而应当在保障权利、规制权力、形塑社会、构建制度、促进发展等方面发挥更加积极主动的作用，努力寻求秩序与自由、发展与稳定、改革与法治、权利与权力之间的平衡与有效支点，以应对宪法所面临的时代挑战和完成治国理政的时代使命。

## ▸ 第三节　宪法作用：依宪治国的改革逻辑

上文分析了依宪治国的价值取向与核心关切，讨论的是"为什么要依宪治国"的问题。前已述及，依宪治国既是当代中国宪法学的一个重大理论命题，也是党领导人民治国理政的一项基本方略，实则兼具理论和实践的双重属性。

自党的十八大以来，我们党不断强调要"更加注重发挥宪法重要作用"，[1] 显然，宪法的作用是把依宪治国作为治国理政基本方略的重要理论依据和实践基础，质言之，依宪治国正是为了发挥宪法在治国理政中的重要作用；而宪法作用发挥得如何，则直接反映着依宪治国的实现程度和治国理政的法治化水平。对于宪法的作用固然可以从多维度进行综合性分析，而作为最鲜明的时代特征，全面深化改革与全面依法治国如车之两轮、鸟之双翼，携手共进、一体前行，从而为认识和考察宪法与改革的关系，进而为认识和强调宪法的作用，提供了一个经典的视角。

回顾改革开放以来社会主义现代化建设历程，可以发现，我国的改革进程和行宪实践，就是在宪法与改革始终存在内在张力的情况下而砥砺前行的，二者相辅相成、交相辉映，共同致力于国家建设和民族复兴的历史使命。尤其在改革进入深水区和攻坚期之际，我们既要有"逢山开路，遇水架桥，将改革进行到底"[2] 的毅力和决心，还要提高改革决策的科学性和前瞻性，加强顶层设计和摸着石头过河相结合，更好发挥宪法的引领和规范作用。这就需要对宪法与改革的关系于历史和现实的实践与经验中，进行学理上的深入辨析与反思，以广泛凝聚共识，形成改革合力，使二者相互促进、良性互动。这既关系到改革的全面深化以及改革的系统性、整体性、协同性；也关系到宪法权威的真正树立以及依宪治国基本方略的深入推进。为此，本节将围绕当代中国宪法与改革关系的实践经验和学理论辩，来梳理改革开放以来宪法在国家建设和国家治理中所发挥的作用，进而勾勒宪法与改革关系的中国逻辑和依宪治国的基本图景。

## 一、宪法与改革关系的事实之维

现行宪法自公布施行以来，因其自身蕴含浓郁的改革特质和服务改革的行宪实践，而获得了"改革宪法"[3] 的标签。改革谋求的是变革与发展，宪法追逐的是安定与秩序，"宪法"与"改革"，这两个看似价值对立的词语，组合在一起却成为对中国现行宪法的经典描述。在这一观察视角下，中国的改革实践在"摸着石头过河"的日渐深化中，虽多以"违宪"开始，却最终总能通过修宪而获得宪法支持。这种明显挑战传统法理观念的改革进程，给中国宪法学

---

1　习近平："更加注重发挥宪法重要作用 把实施宪法提高到新的水平"，载《人民日报》2018年2月26日第1版。

2　"国家主席习近平发表二〇一八年新年贺词"，载《人民日报》2018年1月1日第1版。

3　夏勇："中国宪法改革的几个基本理论问题"，载《中国社会科学》2003年第2期。

带来了理论上的巨大困惑。于是，"良性违宪"[1]成为中国改革特色的无奈注解："良性"和"违宪"，这两个分别从现实和规范出发，得出的看似无法圆融的矛盾判断，却同时成为描述中国改革的关键词。[2]可见，无论是中国的改革，还是中国的宪法，由于改革史与行宪史的高度重合并相互印证，使得他们彼此成为描述和理解对方必不可少的关键范畴。

改革在当代中国的"政治正确"毋庸讳言，它是决定当代中国命运的关键抉择，是实现中国梦的必由之路。[3]"改革开放创造了发展奇迹，今后还要以更大气魄深化改革、扩大开放，续写更多'春天的故事'。"[4]这就激励我们高举新时代改革开放旗帜，持续把改革开放不断推向深入。而宪法与改革之间的内在张力与相互调谐又始终存在于我国的改革历程和行宪实践之中，由此，宪法与改革成为理解中国宪制与中国发展的关键词；如何认识和处理宪法与改革之间的关系，也成为协调推进"四个全面"战略布局中的一个重大时代课题。

但长期以来，如同"良性违宪"这一用语所直观表露的那样，在宪法与改革关系的问题上，宪法学界存在一种认为改革缺失合法性尤其是合宪性的惯性认知，[5]在此立场上，有学者主张"违宪改革"不应被肯定、理应被杜绝。[6]

---

1　郝铁川："论良性违宪"，载《法学研究》1996年第4期。

2　有学者指出："'良性违宪'是一个综合社会实证主义与法律实证主义方法论所证立的命题。它既立足现实看文本，又以宪法文本评价现实；它既承认现实的合理性，也注意到现实与规范的不一致。确认现实的'良性'，是说现实具有合理性，承认现实中蕴涵着'规范'的成分，'违宪'即是承认规范本身的价值。"参见郑贤君："如何对待宪法文本——法律实证主义与社会实证主义宪法学之争"，载《浙江学刊》2006年第3期。

3　参见中共中央文献研究室编：《习近平关于全面深化改革论述摘编》，中央文献出版社2014年版。

4　"国家主席习近平发表二〇二一年新年贺词"，载《人民日报》2021年1月1日第1版。

5　除了"良性违宪"概念首倡者的郝铁川教授，张千帆教授也认为："当代经济改革的'合宪性'从一开始就是有疑问的"。参见张千帆："宪法变通与地方实验"，载《法学研究》2007年第1期。而林来梵教授在阐释中国违宪审查制度面临的现实困境时，曾引用一种观点作为论证其主张的理由："在许多人看来，30年来的改革开放及市场经济建设，在一定程度上均是在'违宪'状态下进行的，一旦确立动真格的'违宪审查'制度，则反而会'捆绑了改革的手脚'。"参见林来梵："中国的'违宪审查'：特色及生成实态——从三个有关用语的变化策略来看"，载《浙江社会科学》2010年第5期。

6　典型如最初对"良性违宪"持否定态度的童之伟教授，其一以贯之的立场可参见童之伟："'良性违宪'不宜肯定——对郝铁川同志有关主张的不同看法"，载《法学研究》1996年第6期；"宪法实施灵活性的底线——再与郝铁川先生商榷"，载《法学》1997年第5期；"重提'违宪改革合理说'宜审慎"，载《法学家》2007年第4期。

特别是党的十八大以来，随着执政党对改革"法治思维"和"法治方式"的倡导，以及对"确保重大改革于法有据"的强调，似乎为学界认为之前的改革进程缺失某种合法性提供了政治上的相关论据。改革天然具有变法的特质，它与宪法之间确实在价值立场和方法论上存在着一定程度的对立，但是，作为目前研究二者关系"知识背景"的论断，甚至是前提——"改革缺失合宪性"，究竟能否成立，却并没有获得有力反思和有效解决，反而日渐成为众多学者认识中国改革的一种"无意识框架"[1]，对"违宪改革"的批驳似乎成为一种不言自明的"学术正确"，否则就违背了"宪法学研究的常识和规范"。[2] 因此，很有必要认真检讨"改革缺失合宪性"的主张赖以成立的实证基础，它究竟是一种"法律事实"还是"真实事实"（veridical fact），又究竟是一种"法律理性的话语"，还是"事实真理（factual truth）的话语"。因为一旦将"违宪改革"作为一种法律事实，那么，就算这种法律事实与真实事实有所出入，建立在这种法律事实上的法律理性话语，依然会十分"正当地"将改革的合宪性从真理话语中剥离出去，从而愈发令后来者丧失对此问题的反思能力。[3]

1978年党的十一届三中全会拉开了中国改革的大幕，拨乱反正，以恢复和重建法制来保障人民民主，促进现代化建设成为时代的紧迫课题。1982年宪法正是在此背景下，"在改革声中诞生的"。[4] 改革在前，行宪在后，这意味着现行宪法作为改革的产物，既有对1978年以来三年初步改革成果的总结，也有对未来一定时期改革形势的估计和相应安排。这主要包括政治体制改革和经济体制改革两个方面。

正如有学者指出的："当代中国的改革发轫于政治体制改革，而中国的立法也首先是从推动政治体制改革入手的。"[5] 事实上，当我们说现行宪法是改

--------------------

1　"无意识框架"的说法，来自侯旭东教授对在历史研究中出现的，将"专制"视为描述自秦至清帝制时代的中国政体的传统论断的批评。参见侯旭东："中国古代专制主义说的知识考古"，载《近代史研究》2008年第4期。

2　参见童之伟："宪法学研究须重温的常识和规范——从监察体制改革中的一种提法说起"，载《法学评论》2018年第2期。

3　对"法律事实"和"真实事实"以及"法律理性的话语"和"事实真理的话语"的区分与混淆所带来的影响，参见［美］络德睦（Teemu Ruskola）著：《法律东方主义》，魏磊杰译，中国政法大学出版社2016年版，第2—16页，特别是第10页。

4　周方："论我国现行宪法的稳定性及其对改革的指导"，载中国法学会宪法学研究会、西南政法学院教材审会编：《宪法与改革》，群众出版社1986年版，第60页。

5　刘松山："当代中国立法与政治体制改革关系的演变"，载《学习与探索》2012年第7期。

革的产物时，更多是从政治体制改革的角度考虑的。如果没有"文革"后的痛定思痛、系统总结和反省新中国成立后的历史经验教训，并试图通过加强国家制度建设、健全社会主义民主法制来进行政治体制改革的决心和行动，就不会有现行宪法的诞生。而现行宪法在1982年修改通过时，亦主要是对政治体制改革的主要内容进行了充分回应。比如，确立"四项基本原则"作为国家的指导思想，指明国家的根本任务是集中力量进行社会主义现代化建设；加强人民代表大会制度建设，明确国家机构实行民主集中制的原则；规定公民享有广泛的基本权利与自由；完善国家机构的组织体系及相互关系；等等。

将1982年通过的宪法[1]关于政治制度的这些规定与当时主导政治体制改革的若干重要历史文献，如1980年《党和国家领导制度的改革》[2]、1981年《关于建国以来党的若干历史问题的决议》[3]（以下简称《若干决议》）相比对，可以发现二者之间的高度契合。[4]这很自然也很正常，因为，这两个文件正是起草1982年宪法时的重要指南和主要依据。其中，《党和国家领导制度改革》"为修改宪法改革国家制度打下了理论基础"；而《若干决议》则"为修宪解除了历史包袱"，"这些都成为1982年修宪的重要理论指导和现实制度"。[5]

--------------------

1 "1982年通过的宪法"意在区别与作为现行宪法统称的"1982年宪法"或"八二宪法"，特指不包括后续宪法修正案的、在1982年当时通过的宪法。在此提请读者注意，下文中出现的"1982年的宪法"亦是此意。

2 参见《邓小平文选（一九七五——九八二年）》，人民出版社1983年版，第280—302页。

3 参见中共中央文献研究室：《关于建国以来党的若干历史问题的决议（注释本）》，人民出版社1983年版。

4 早在1980年酝酿修改宪法时，邓小平同志就在讲话中指出："中央将向五届人大三次会议提出修改宪法的建议。要使我们的宪法更加完备、周密、准确，能够切实保证人民真正享有管理国家各级组织和各项企业事业的权力，享有充分的公民权利，要使各民族真正实行民族区域自治，要改善各级人民代表大会制度，等等。关于不允许权力过分集中的原则，也将在宪法上表现出来。"（《邓小平文选（一九七五——九八二年）》，人民出版社1983年版，第299页）其后，1981年6月27日通过的《关于建国以来党的若干历史问题的决议》亦明确指出："逐步建设高度民主的社会主义政治制度，是社会主义革命的根本任务之一……必须根据民主集中制的原则加强各级国家机关的建设，使各级人民代表大会及其常设机构成为有权威的人民权力机关，在基层政权和基层社会生活中逐步实现人民的直接民主，特别要着重努力发展各城乡企业中劳动群众对于企业事务的民主管理。"除了政治体制改革方面的内容外，1982年通过的宪法关于国防、文教等其他领域的规定基本上也体现了《关于建国以来党的若干历史问题的决议》的精神和原则，只不过将其转化为规范性的宪法语言而置于宪法文本之中。

5 蔡定剑：《宪法精解》，法律出版社2006年版，第73—74页。

换言之，对于1982年通过的宪法而言，政治体制改革的内容和目标实际上成了宪法本身。这是值得我们注意的地方。没有1978年开始的政治体制改革，就没有1982年的宪法；而1982年的宪法正是对1978年开始的政治体制改革的内容和目标进行根本法意义上的确认。基于这一历史事实可以说，改革就是为了行宪，行宪亦是为了改革；深化改革是为了落实宪法的规定，而实施宪法也正是为了推进改革的进程。由此可以认为，不存在所谓的改革违反宪法的问题，这个逻辑同样适用于经济体制改革。

1982年的宪法用不小的篇幅规定了我国的经济制度，比如，明确了社会主义公有制的构成和按劳分配的原则，承认了城乡劳动者个体经济的合法地位；认可了市场调节的辅助作用，通过与国家经济计划的综合平衡来保证国民经济按比例的发展；完善经济管理体制和企业经营管理制度，以不断提高劳动生产率和经济效益；允许外国的企业和其他经济组织或者个人依法在中国投资并进行各种形式的经济合作；等等。这些显然都属于对以往单一计划经济体制的改革内容或改革目标，并且也都与中共中央关于经济体制改革的相关决定高度一致。[1] 因此，可以认为，1982年通过的宪法"总结了经济体制改革的经验和成果，确定了经济体制改革的原则，表现了我国社会主义经济制度的特色"[2]，"是经济体制改革的法律依据和保障"[3]。这样，经济体制改革同样也不存在违宪的问题，而正是对宪法自身的改革精神和规定的贯彻落实。

因此，当我们在认识宪法与改革关系的时候，必须给予"改革在前而行宪在后"这个基本的事实逻辑以足够的注意。这决定了现行宪法作为改革的产物，既有对1978年以来三年初步改革成果的总结和改革目标的确认，也有对

---------------------

1　比如1982年党的十二大报告中指出，在全部经济工作中要特别注意解决几个重要原则问题：关于集中资金进行重点建设和继续改善人民生活的问题，关于坚持国营经济的主导地位和发展多种经济形式的问题，关于正确贯彻计划经济为主、市场调节为辅原则的问题，关于坚持自力更生和扩大对外经济技术交流的问题。这些都是经济体制改革的重点问题，而解决这些问题的方针政策，事实上构成了1982年宪法关于经济制度规定的主要内容。（参见胡耀邦：《全面开创社会主义现代化建设的新局面——在中国共产党第十二次全国代表大会上的报告》，人民出版社1982年版）

2　肖蔚云："宪法与经济体制改革"，载中国法学会宪法学研究会、西南政法学院教材编审会编：《宪法与改革》，群众出版社1986年版，第13页。

3　徐秀义、孙谦、胡永革："论我国现行宪法与经济体制改革"，载中国法学会宪法学研究会、西南政法学院教材编审会编：《宪法与改革》，群众出版社1986年版，第33页。

未来一定时期改革形势的估计和相应安排，并且有不少的规定都相当超前[1]和宽泛[2]。这固然是宪法语言自身特点的要求使然，但更重要的是为改革留下必要的空间。正如有的学者曾洞见的那样，宪法"在起草的时候是看到了改革的形势，估计到了改革的前途的。所以现行宪法在内容方面早已为改革规定了必须遵循的原则，能够对改革起指导作用"。"这正是一九八二年宪法的优越性"，"我们正是要宣传现行宪法的这种优越性，指明它是改革的产物，是具有预见性的。"[3]而正是这种"预见性"，确保了在改革与宪法并行的初期，宪法与改革在价值追求和具体内容上具有高度的一致性，从而推动着刚刚起步的改革不断走向深化，并且在不断改革中促进着宪法的发展与实施。

　　然而，宪法毕竟是一个静态的文本，而改革却是一个动态的进程。即便宪法在起草时可以容纳对未来一定时期的预测和设计，但在日新月异、风云激荡改革大潮面前，宪法的预见性不可避免地会转化为无可奈何的滞后性。只不过滞后性显露的过程，会受到宪法自身预见能力的约束，一旦预见性被用尽，就意味着静态的文本到了修改的时候。

　　1988年，现行宪法迎来了第一次修改，将改革过程中"现实已经突破法律而必须修改的部分"[4]载入了宪法：一是土地的使用权可以依照法律的规定转让；二是明确了私营经济的合法地位。从1982年到1988年，是改革由起步到逐渐深入的过程，"1984年，经济体制改革由农村转入城市，1986年经济和政治改革进入高潮。1987年中国共产党的十三大召开，经济体制改革有些实质性的突破"。[5]可以说，这六年的改革实践，使得在改革进程中的一些重点措施及某些已经取得成效的改革实践，事实上已经超出了1982年的宪法预设，成为宪法还没规定或与已有规定不一致的内容。为了确保宪法规定与改革形势相一致，以维护宪法权威，推进改革进程，必须适时修改宪法——增加相应规定或修改相关内容。由于改革总是具有先行先试的特征，而宪法修改历来在后，所以宪法对改革呈现为一种"事后追认"的态势。这种现象描述符合自1988年

---

1　最为典型的是第31条关于特别行政区的宪法规定。

2　比如，1982年宪法第14条第1款："国家通过提高劳动者的积极性和技术水平，推广先进的科学技术，完善经济管理体制和企业经营管理制度，实行各种形式的社会主义责任制，改进劳动组织，以不断提高劳动生产率和经济效益，发展社会生产力。"

3　周方："论我国现行宪法的稳定性及其对改革的指导"，载中国法学会宪法学研究会、西南政法学院教材编审会编：《宪法与改革》，群众出版社1986年版，第59—68页。

4　蔡定剑：《宪法精解》，法律出版社2006年版，第105页。

5　蔡定剑：《宪法精解》，法律出版社2006年版，第102页。

开始到2004年为止四次宪法修改的基本情况。

不过，值得深入分析的是，在前四次修改内容中，无论是修改时间先后顺序，还是修改数量分布，经济领域的改革内容都是一马当先且条款最多的。这显然与这一时期改革推进的侧重点有关，也与我们对政治改革更加审慎稳健有关。尤其在1992年邓小平南方谈话后，经济改革愈加蓬勃，日结硕果。所以，从1988年开始的历次修宪，有关经济的内容自然占据了主要位置。然而，这只是从改革动力的角度出发而得出的常规认识，若从改革内容和宪法规定的关联出发，我们可以发现更多有关经济的内容。

上文已经述及，1982年现行宪法通过时，对改革的内容和目标进行了确认，并对改革形势具有一定的"预见性"。而这种"预见性"无疑同样包括政治改革和经济改革两个方面，所不同的是，由于政治改革和经济改革的属性差异，使得这两个方面的"预见性"亦存在相当的差别。众所周知，十一届三中全会以后，对民主法制的追求，成为中国政治制度改革的目标，相应的制度建设如人民代表大会制度等也被载入了宪法；而对经济体制改革目标的定位，却是经过了一个不断探索、深入认识的过程，比如从有计划的商品经济到社会主义市场经济、从市场在资源配置中起基础性作用到起决定性作用的发展和转变等。因此，政治和经济这两个方面的改革在1982年通过的宪法中的表现也是不一样的：对政治改革而言，1982年通过的宪法对改革目标的确认，可以说是"一步到位"，深化改革不过是落实宪法上的规定罢了；而对经济改革而言，1982年通过的宪法仅仅确认的是1982年当时的改革形势和已有的认识，可以说是"走一步看一步"，"摸着石头过河"。这就决定了，1982年的宪法对政治改革的预见性要远大于对经济改革的预见性。换言之，宪法中关于政治制度的规定比经济制度的规定，具有更强的稳定性和适应性，而宪法中关于经济制度的规定，则应随着经济改革进程中的成功实践和观念更新而不断修改完善。因此，当我们在说"改革先行先试""宪法且行且改"，宪法对改革进行追认时，我们应该意识到，这种说法成立的一个基本前提主要是在经济改革领域。

此外，即便在宪法通过修改而对改革进行追认时，有一个事实仍值得我们深入分析。回顾历次修宪前的征集建议可以发现一个明显的特征：修宪建议提的多，而纳入修宪实践的少。这本属正常，因为我国修宪历来奉行"可改可不改的不改"的修改原则，而且，广泛地征集修宪建议，然后集中讨论进行审慎选择，也注定了建议多而采纳少的局面。不过，令人深思的是，那些没有在当次被采纳的修改建议，并不是自此搁置、不再提起，而是"随着经济体制改革的进一步深化，大多成为以后几次修改宪法的内容"。[1] 比如1988年修宪时，即提出了在宪法序言中增加"我国处于社会主义初级阶段"和"坚持改革开放"的建议，但未被采纳，直到1993年修宪时才被载入宪法；1999年修宪时，即提出了增加尊重和保护人权、保护公民私有财产的规定，但未被采纳，直到2004年修宪时才被纳入。[2] 这种现象的存在足以说明，在我国修宪实践中，对于修改建议"预见性"的筛选十分审慎，甚至往往让修宪建议领先于修宪实践，直到改革进程证明[3] 或补强了修宪建议的"预见性"后，才予以采纳。1982年通过的宪法具有一定的预见性，但在其预见性被现实不断突破，进而不得不作出修改予以回应时，经修改而获得的预见性已经远不如前——因追认具体的改革措施而修改的宪法规范，事实上已不能再被称为"预见"，而只是一种对现实的"呈现"或"追认"。既如此，随着改革的不断深入，预见性日渐弱化的宪法随之而不断被修改，无疑是必然且合理的。作为改革产物的宪法，既在促进着改革，其自身也要随着改革的推进而不断与时俱进、发展完善，改革与宪法的关系由此呈现为一幅如影随形、派生共进的现实图景。

　　因此，在对宪法与改革关系的事实之维进行梳理分析后，我们可以认识到，那种认为"30年来的改革开放及市场经济建设，在一定程度上均是在'违宪'状态下进行的，一旦确立动真格的'违宪审查'制度，则反而会'捆绑了改革的手脚'"[4] 的观点，显然是一种脱离基本事实的想当然说法。它忽视了改革与宪法的派生、共进关系，忽视了宪法对改革具有的一定程度的预见性，以及这种预见性随着改革深入和宪法修改而不可避免的逐渐弱化的过程。宪法是改革的产物，改革并不总是以违反宪法开始，相反，改革是为了落实宪法的规定。而当改革带来了宪法修改时，应该引起我们反思的，也许不是改革"违

----

1　蔡定剑：《宪法精解》，法律出版社2006年版，第105页。

2　对前四次修宪情况的一个较为集中的记叙和说明，参见刘政："我国现行宪法修改的原则、方式和程序——1988年、1993年和1999年三次修宪回顾"，载《中国人大》2002年第21期；许崇德：《中华人民共和国宪法史》，福建人民出版社2003年版，第844—860页；蔡定剑：《宪法精解》，法律出版社2006年版，第102—120页。

3　时任全国人民代表大会常务委员会副委员长的王兆国，在2004年3月8日的第十届全国人民代表大会第二次会议上，所作的《关于〈中华人民共和国宪法修正案（草案）〉的说明》中，对宪法修改的基本原则，进行了较为凝练和具体的阐述："对实践证明是成熟的、需要用宪法规范的、非改不可的进行修改，可改可不改的、可以通过宪法解释予以明确的不改。"参见《人民日报》2004年3月9日。

4　林来梵："中国的'违宪审查'：特色及生成实态——从三个有关用语的变化策略来看"，载《浙江社会科学》2010年第5期。

宪"了，而是宪法跟不上时代变化了。尤其在经济改革领域，"计划赶不上变化"，已被多年来市场经济建设的实践所反复验证。

只不过，在宪法修改自身对改革成果进行追认前的这一段改革状态，由于具体的改革举措时常缺乏宪法文本的依据支持，从而饱受合宪性的追问与质疑。当然，出于对宪法权威性的尊崇和对宪法规范力的期待，谁都不愿看到作为国家根本法的宪法被改革实践轻而易举地频繁突破，可事与愿违，宪法却历来随着改革的持续深入而不断进行追认式或回应式地修改。这种现象除了令宪法学界深感不安和困惑外，也赋予了中国宪法学将之予以理论化恰当阐释的智识任务。这就产生了围绕宪法与改革关系的理论之辩。

## 二、宪法与改革关系的理论辨析

"一个民族的生活创造它的法制，而法学家创造的仅仅是关于法制的理论。"[1] 中国宪法与改革关系的理论之辩，集中在改革实践带来宪法修改的制度变迁上。

在多数学者的眼光里，宪法本质上是法律，具有法律的一般特征，它虽然产生于政治需求，调整政治现实，但一旦成为宪法规范后，便具有控制和制约政治权力运行的功能，体现制约公权力的精神。[2] 因此，如果因改革而修改宪法，并让宪法为改革进行背书，是宪法丧失规范性的表现，是背离了规范立场和学术自主而服膺于现实政治意志的工具性表现。于是乎，对这种所谓的"政策性修宪模式"[3] 不吝批评，进而产生了频繁修改的宪法该"如何面对未来"的诸多忧虑。[4] 显然，在这种批评声音里，宪法修改本应具有的正当性和必然性被有意无意地忽略或淡化，宪法的稳定性与权威性的关联则被过度放大和强调，似乎宪法一旦颁布实施，就应当尽量保持高度的稳定而不应被反复地修改。这种宪法条文拜物教的心态几乎一直贯穿在历次对我国宪法修改的反思

---

1 苏力：《法治及其本土资源（修订版）》，中国政法大学出版社2004年版，第304页。

2 韩大元："中国宪法学研究三十年（1985—2015）"，载《法制与社会发展》2016年第1期。

3 殷啸虎、房保国："论我国现行'政策性修宪模式'的局限性"，载《法学》1999年第12期。

4 参见王磊："宪法如何面对未来？——修宪与宪法的稳定性和连续性"，载《中外法学》2005年第1期。

上，伴随而来的是对宪法解释的呼吁和执着，以及对宪法修改的警惕与克制。[1] 事实上，根据社会情势的变迁，对宪法中一些不合时宜的条款适时进行修改完善，是再正常不过的宪法现象，即使是成文宪法本身也规定了对自身进行修改的程序或条件，所以，宪法生长和适用环境发生了明显变化，依照法定的程序和机制对宪法予以修改，是实现宪法与时俱进、保证宪法的权威性和生命力的必要之举。[2]

事实上，只要承认了宪法修改的正当性，就应该承认因改革而带来的宪法修改的正当性，尤其是在中国语境中，因改革而进行的宪法修改更具有毋庸置疑的合理性。因为自20世纪70年代末以来，改革始终是中国国家建设和现实变迁的核心动力，是中国发生历史性变革、取得历史性成就的关键因素。如果一味拒斥修宪，可能导致拒斥改革的局面，可能会为改革设置法制上难以逾越的障碍和羁绊。难道仅仅因为改革是现实政治意志的鲜明表达和主流话语，就认为改革不能成为宪法修改的原因？这显然是有失偏颇的。当然，我们有理由相信，过往学界对宪法修改的批评和疑虑，只是一种策略性关怀的转移：在主导性的政治意志高扬改革旗帜并积极主动地予以推进时，因改革而带来的宪法修改，令宪法学人对宪法稳定性与变动性之间的内在张力深感困惑；与其说学者们对"政策性修宪"给宪法稳定和权威带来的冲击充满忧虑，毋宁说他们是担心历来主导国家建设的改革话语成为政治意志可以轻松突破宪法的借口。比之于关心宪法规范的体面，人们应该更加关心的是改革如何得以规范。因为如果

--------------------

1　比如韩大元教授多年前即提出："过去20年，我们对于宪法解释权的功能关注不够，过分强调了宪法修改权的功能，这种偏向应注意纠正。"韩大元："'十六大'后须强化宪法解释制度的功能"，载《法学》2003年第1期。

2　对于修宪权的边界或宪法修改的限制，历来有不同的看法。比如我国台湾地区吴庚大法官从宪法基本原则的功能角度指出宪法中应有一个宪法核心领域，"不得以通常修宪程序更改"（参见吴庚：《宪法的解释与适用》，三民书局2004年版，第25页）；而林纪东则认为法律为社会生活之规则，随社会生活之变迁而变迁，如果认为宪法修改有限制，则与宪法作为社会生活规范、富有适应性的本质不符。而且对于宪法而言，修宪时的政治背景应与制宪时的政治背景具有同等的地位和效力，不能为制宪时之决定，以永远限制而后之国民意（参见林纪东：《比较宪法》，台北五南图书出版公司1980年版，第122页）。本文在此意在指出宪法修改对于实现宪法与时俱进的正当作用，反对的是封闭保守的"宪法条文拜物教"心态，而非主张或赞同一种毫无节制的宪法修改。

连国家的根本法都不能束缚改革的话，又有什么机制能够对其加以约束呢？[1] 这也说明了执政党特别强调"重大改革于法有据"有着重大的理论意义和现实意义。

学者们立基于规范立场而进行学术探讨或批评，当然有助于从不同的角度深化对宪法与改革关系的认识，并有助于对宪法修改采取更加审慎、理性、科学的立场，但也有可能使中国语境下宪法修改的正当功能和积极意义在学术的层面上被遮蔽或削弱。事实上，执政党对宪法的重要价值有着非常深刻和清醒的认识："宪法的权威关系到政治的安定和国家的命运，决不容许对宪法根基的任何损害"，[2] "宪法的稳定是国家稳定的基础"，[3] "我们党高度重视发挥宪法在治国理政中的重要作用，坚定维护宪法尊严和权威，推动宪法完善和发展，这是我国宪法保持生机活力的根本原因所在"[4]。因此，在历次修宪时，我们党对宪法修改一直是慎之又慎，[5] 而且过往所进行的追认式修改常常还以宪法自身预见性的不断弱化为代价。如果说改革是"非改不可"的，那么宪法无疑也是"非改不可"的，既然不可避免，我们就应该正视、理解因改革而带来的宪法修改，同时也要正视因宪法修改对改革进行的适时、审慎的追认而具有的重要意义和正当功能——通过宪法修改，将改革共识向宪法共识转化，并通过宪法判断的正当化功能，[6] 来肯定和推动改革，进而在改革中进一步实施宪法。

中国的宪法修改，从来都不单单只是为了完善宪法，往往还蕴含着深远的改革考量，这由改革和宪法的派生、共进关系所决定，也由"改革"在中国政

---

1 对此，林来梵教授曾敏锐地指出，在学者们担忧"实在的宪法规范如此无足轻重地沉浮于变动不居的时流"时，"人们似乎又遭遇到了另外一个悖论，即坚持改革开放和维护宪法秩序之间的悖论"。参见林来梵：《从宪法规范到规范宪法：规范宪法学的一种前言》，法律出版社2001年版，第260页。

2 彭真："关于中华人民共和国宪法修改草案的报告"，载《人民日报》1982年12月6日。

3 吴邦国："关于修改宪法问题"，载《吴邦国论人大工作（上）》，人民出版社2017年版，第129页。亦可参见江金权主编：《伟大工程谱新编——胡锦涛总书记抓党建重要活动纪略》，人民出版社2007年版，第85页。

4 习近平："关于我国宪法和推进全面依法治国"，载《论坚持全面依法治国》，中央文献出版社2020年版，第213页。

5 对这种适时、审慎修宪策略的详细分析，可参见苗连营、陈建："社会变革与宪法发展——兼论我国宪法的修改方略"，载《法治社会》2018年第1期。

6 "对国家行为的正当化也是宪法判断所能实现的一个重要功能。"参见翟国强："宪法判断的正当化功能"，载《法学研究》2012年第1期。对宪法判断的效力类型的集中介绍，亦可参见陈云生：《宪法判断的效力》，法律出版社2010年版，第18—27页。

法情境中的特殊地位所决定。作为"中国宪法修改的核心精神"[1]，"改革"实际上构成了中国宪法在修改历程中不得违背而只能去调整、适应和实现的目的。宪法修改一旦突破了这种限制，则可能会带来"宪法的崩溃"，[2] 抑或"宪法的破坏"。[3] 因此，只要我们的宪法还是一部成文宪法，只要我们的社会发展还高扬改革意志，只要改革还是我们这个时代的主流叙事和国家建设的主旋律，即只要我们的宪法还是一部"改革宪法"，[4] 那么宪法因改革而修改自身、推动改革就是不可避免的。既然如此，我们不禁要问："良性违宪"还是一个问题吗？如果一个"问题"总是与一件事物相伴随，且无法避免或切割，那么该"问题"应不成为问题，而是其特征。

　　"良性违宪"概念的提出，试图解释中国改革与宪法之间的张力。但正如有学者所指出的："'良性违宪'似乎只是对于'违宪'现象的某种分类，而不是某种解释。相反，它本身倒需要得到解释。"[5] 其实，"良性违宪"这一概念的吊诡之处，倒不在判断违宪"良性"与否的操作标准上，而首先是"违宪"能否成立的问题。在宪法通过修改而对改革进行追认前的这一段实践状态，因为宪法依据的缺失，能否被视为"违宪"？曾有学者将之称为"改革超

--------------------

1　张庆福、莫纪宏："改革开放：中国宪法修改的核心精神"，载《中国法律》1999年第2期。

2　See Charles A. Kelbley, Are There Limits to Constitutional Change?  Rawls on Comprehensive Doctrines, Unconstitutional Amendments, and the Basis of Equality, *Fordham Law Review*, 2004, (3).

3　参见清宫四郎：《宪法的法的特质（憲法の法的特質）》，载《日本国宪法体系》第1卷，1961年，第47页。转引自［日］芦部信喜：《制宪权》，王贵松译，中国政法大学出版社2012年版，第105页。

4　值得一提的是，肖金明教授曾经撰文指出，基于新中国宪法发展史的阶段性角度，将新中国宪法分为"建国（建政）宪法""改革宪法"和"复兴宪法"，并认为"新时代宪法将是一部充分体现中国特色、中国风格和中国优势的复兴宪法"。（参见肖金明："新中国宪法政治发展回顾与展望"，载《法学论坛》2018年第3期）。笔者以为，"复兴宪法"的提法，在"实现中华民族伟大复兴"载入宪法序言后，作为一种目标导向的宪法话语，固然有意义。但需注意的是，在第五次宪法修改中，亦明确载入了"中国革命、建设、改革的成就"，这里宪法序言将"改革"与"革命""建设"共同列举，除了时间线条上的先后顺序外，并不意味着"改革"已成为过去，而只是一种对"社会主义事业成就"的阶段划分，以及对"改革"历史成就及重要性的再次宪法肯认（1993年修时首次将"坚持改革开放"载入宪法）。当前执政党关于改革只有进行时没有完成时的政治判断以及笔者下文的分析也将指出，"改革"仍在并将继续进行，"改革宪法"亦远未到"告别"的时候。

5　周林刚："党的领导与人民主权的结构"，载《环球法律评论》2013年第5期。

出了宪法的范围"，[1] 而不是违宪；也有学者认为这是一种改革由地方试验而生的必要但需克制的"宪法变通"，不是通常意义上的"违宪"；[2] 还有学者指出这是宪法为回应试错性社会变革的压力而以"事后确认"为基本手段以不断调试自身的过程，实质是合宪的。[3] 在此，本书试图围绕"被修改的宪法条文是如何获得实施的"来回答这一问题。因为"被修改的宪法条文"本身，既是改革的见证，也是改革的结果，追问其获得实施的方式和原因，有利于进一步廓清我们对宪法与改革关系的认识。

前已述及，改革在前，而立宪在后，改革并不以违反宪法开始。当宪法具备对改革的预见性时，改革就是在实施宪法，改革与行宪是并行不悖、相互促进的；当宪法失去了对改革的预见性时，因改革而带来的宪法修改，不止是为了认可和推动改革，也是为了完善和发展宪法，以确保宪法在新的社会条件下继续保持生机和活力。"修改宪法是为了更好地实施宪法，让文本上的宪法'活起来''落下去'，充分发挥国家根本法的作用。"[4] 那么，此时的改革在何种意义上实施了宪法而又不违反宪法呢？答案就在被修改的宪法条文本身。

众所周知，宪法一经修改，修改后的内容就成为宪法的一部分，具有国家根本法的效力。但在修改完成前，被修改的条文处于何种地位？或者说，从启动改革到修改完成前，应该如何看待这一阶段相关宪法条文的效力状态呢？诚然，在新条文公布生效前，原条文还是有效的，但事实上已经启动了对它的废止工作。这是因为，在宪法修改前，被修改的宪法条文往往已经暴露出了与现实发展不相适应的情况，换言之，正是由于改革的持续推进，才使得被修改宪法条文的不周延性和修改宪法的必要性得以暴露和显现。而修宪的过程，正是改革缺乏宪法依据的时期，此时的改革事实上因被修改宪法条文的局限与疏漏而获得了正当性。在"实践是检验真理的唯一标准"的思想指导下，尽管此时的改革处于宪法条文的对立面，但改革经受了实践的检验，具有事实上的正当性。反而是作为改革产物的宪法，因其具体条文失去了对相关改革的预见，因而在实践中日益暴露出不足，使其合宪性与正当性之间出现了本不应有的偏离，这正是"违宪"的改革会被认为是"良性"的原因所在。然而，若长期对此听之任之，必然会损伤宪法的

---

1 陆德山："论宪法与政治体制改革的关系"，载《吉林大学社会科学学报》1988年第5期。

2 参见张千帆："宪法变通与地方试验"，载《法学研究》2007年第1期。

3 参见江国华："实质合宪论：中国宪法三十年演化路径的检视"，载《中国法学》2013年第4期。

4 栗战书："在深入学习宣传和贯彻实施宪法座谈会上的讲话"，载《北京人大》2018年第4期。

尊严，也不利于改革的有序推进。因此，只有通过修改宪法，使宪法再次确认并预见改革，才能确保在深化改革中继续实施宪法，并切实维护宪法的稳定性和权威性。在这个意义上，改革与宪法的"派生、共进"关系，亦决定了深化改革与宪法修改之间始终处于此消彼长的动态调谐过程之中。

这进一步说明，至少在作出改革决策的时候，改革所关涉的宪法条文往往亦是将要被修改的条文，因现实的发展变化已不适宜再作为宪法的内容而存在，或者说其作为宪法条文的历史使命已经完成，需要被事实上存在，或实践中运行，甚至理性预判中的"宪法条文"所取代。在被修改前，该宪法条文一般是符合现实需要的，而到决定改革时，正是由于其已经不适应现实和发展的要求。而其由适应到不适应这一转变的发生，在很大程度上是改革不断推进的结果。正是改革带来的新情况、新变化，使该条文对未来的预见变成了现实，进而无法容纳不断发展着的现实。换言之，被修改宪法条文之所以得到了实施，恰恰是因为改革，正是在持续不断的改革进程中，该宪法条文的历史使命最终得以完成，并需要被新的条文所取代。因此，当我们在说某项具体的改革"违反"了特定的宪法条文的时候，其实是改革"实施"[1]了被修改的宪法条文。而修改后的宪法条文，依然有待于通过改革去继续实施。[2]

改革与宪法是一种派生和共进的关系，这一基本事实是一切理论阐释必须

---

1 对于何为"宪法实施"，历来有不同看法。比如苗连营教授即认为："宪法实施实际上就是适用宪法规范处理宪法争议，矫正违宪行为的活动，其关键在于通过对公权行为的合宪性进行审查与监督以保护公民权利"，其进而指出，"对宪法实施作宽泛理解，可能会淹没宪法实施的真义与精髓并隔膜人们对宪法的认知与敬仰"。（参见苗连营："宪法实施的观念共识与行动逻辑"，载《法学》2013年第11期）该种观点无疑十分值得重视，但恰在宽泛意义上来说，"宪法实施是相对于宪法制定而言的，是指宪法文本如何转变为现实的一套理论、观念、制度和机制"。（参见蔡定剑："宪法实施的概念与宪法的施行之道"，载《中国法学》2004年第1期）翟国强在此宽泛概念的基础上指出："在中国宪法史上，宪法制定与宪法实施实际上都体现了一种'变法思维'，即通过制定宪法、实施宪法来改变制度运行现状，形成新的宪法秩序。"（参见翟国强："中国宪法实施的双轨制"，载《法学研究》2014年第3期）本文亦是在宪法实施概念的宽泛意义和"变法思维"的基础上来理解"宪法实施"的。

2 值得提及的是，时任全国人大常委会委员长的张德江同志曾指出："改革开放30多年来我国取得的巨大成就，都离不开宪法的保证和推动，在一定意义上说，都可以看作是宪法实施的结果。何谓宪法的实施？那就是我们在党的领导下，按照宪法的规定做了宪法所要求做的事情，正确地做事和做正确的事，并且取得了巨大成功。这是改革开放的成就，也是宪法实施的成就，应当把这个情况讲清楚。"（张德江："深入开展宪法宣传教育 牢固树立宪法法律权威"，载《求是》2014年第24期）"这是改革开放的成就，也是宪法实施的成就"，正是本文所分析的，作为国家建设主旋律的改革所带来的宪法实施。

正视和回应的逻辑前提。宪法修改因此具有完善和发展宪法，认可和推动改革的双重意义。在当代中国的改革历程中，借由宪法修改，改革与宪法实现了"携手并进"。[1]尽管改革是一个动态的过程，而宪法是一个静态的文本，但宪法并不是一成不变的，而是通过适时审慎的修改，使自身能够"紧跟时代前进步伐，不断与时俱进"。[2]这是我们处理改革与宪法关系的宝贵经验，也是我国宪法与改革关系的真实写照。它揭示了改革在先、修宪在后的制度变迁事实，也阐明了改革接受实践检验、由宪法审慎予以追认的制度变迁路径。所以，在对改革与宪法关系的认识上，二者绝不是非此即彼的排斥关系，既不能片面以宪法规范来检视改革实践，同样也不能单纯以改革实践来简单地否定宪法效力。否则，又何必通过修改宪法来追认改革呢？在改革与宪法的动态平衡中，我们看到的是一个渐进的改革和阶段性局部修改的宪法，改革为动、为破，宪法为静、为立，动静结合，相得益彰。改革是在行宪，行宪亦是为了改革；改革在行宪实践中不断深化，而宪法也在改革进程中日益走向完善。

当然，这一机制也并非不存在问题，比如前述追认式修宪不仅对宪法形式的稳定性和权威性产生了直接的冲击，而且，反复的局部修宪也造成了宪法文本与生态的零散化；改革初期"摸着石头过河"式的改革思路在"不争论"的实用主义指导下，不仅带来了单向度、碎片化改革的局限，也始终难以避免"脱法治"的诟病，并在实践中容易异化成片面强调改革而轻视法治的不良倾向，等等。[3]在改革进入"深水区"和"攻坚期"后，改革面临的阻力、难度和风险都空前加大，也无形中都加大了改革与宪法之间的张力。这就要求不仅要对改革的思路进行针对性的调整，也要更加强调宪法在治国理政中的重要地位和作用，认真反思并不断优化在全面深化改革和全面依法治国新时代里改革与宪法关系的处置机制。尤其是党的十八大以来，一系列重大改革和依法治国举措陆续推进，党的十九大宣布中国特色社会主义进入新时代。面对我们国家发展新的历史方位，以及新时代的新形势、新任务和新要求，第五次宪法修改也已经圆满完成。而正确认识和全面把握第五次宪法修改的背景、意义与功

---

1　梁国栋："宪法修改与改革携手并进"，载《中国人大》2014年第23期。

2　习近平："在首都各界纪念现行宪法公布施行三十周年大会上的讲话"，载《论坚持全面依法治国》，中央文献出版社2020年版，第8页。

3　对局部修宪带来的问题，更进一步的分析，可参见苗连营、陈建："宪法变迁的路径选择——以我国现行宪法文本为分析主线"，载《河南社会科学》2017年第7期。

能，将是"更加注重发挥宪法重要作用，把实施宪法提高到新的水平"，[1] 确保全面深化改革和全面依法治国协调推进的一个关键点和着力点。

### 三、新时代全面深化改革的宪法之维

自20世纪70年代末以来，我国四十多年的改革史和三十余年的行宪史，是改革与宪法"且行且改"的共进史。《论语》有言，"三十而立，四十而不惑"；[2]《史记》中亦感叹："夫天运，三十岁一小变，百年中变，五百载大变。"[3] 无论是对于个人成长还是对于国家发展而言，"三十年"和"四十年"都是一个关键的时间段。

经过多年的改革实践，在积累了丰厚的改革成就和改革经验的同时，我国的改革也 "由浅入深"，逐渐步入了"深水区"，面临着诸多难啃的"硬骨头"。与改革初期相比，现阶段的改革面临着更为复杂的情势和更为艰巨的任务：第一，在改革的心态上，改革初期，面临的是"要不要改革，改革能否使坏局面变好，或是否能使坏局面变得更坏"的疑惧，而全面深化时期的改革，面临的则是"要不要继续改革，改革能否会使好局面变坏，或能否使好局面变得更好"的忧虑。[4] 此时如果过于守成的话，将缺乏继续改革的动力；第二，在改革的任务上，全面深化改革意味着，不仅要对以前从未改革过的进行改革，使改革继续深入，还要对已经改革过的进行再改革，因为过去的改革成果可能成为现在的改革壁垒并使得改革成本大大增加。这就要求对改革不断进行回望检视，而之前"摸着石头过河"的单向度、碎片化改革思路显然已经难以为继；第三，在改革的风险上，全面深化改革意味着改革的深度和广度都大为拓展，倘若"一着不慎"，不仅损失巨大，而且累及改革声誉，打击改革信心，加大继续改革的难度。因此，这一时期的改革，需要更加周密详细的部

---

1　习近平："更加注重发挥宪法重要作用 把实施宪法提高到新的水平"，载《人民日报》2018年2月26日第1版。

2　《论语·为政》："吾十有五，而志于学。三十而立，四十而不惑，五十而知天命，六十而耳顺，七十而从心所欲，不逾矩。"杨伯峻译注：《论语译注》，中华书局1980年版，第12页。

3　（汉）司马迁：《史记（上）》，黑龙江人民出版社2004年版，第122页。

4　对于政治行动目标设置所带来的不同心态，施特劳斯曾深刻地指出："当渴望保守时，我们希望不要变得更糟；当渴望变革时，我们希望能带来更好的东西。"［美］施特劳斯：《什么是政治哲学》，李世祥等译，华夏出版社2014年版，第1页。

署，需要更加审慎科学的决策，已非单纯"摸石头"所能应对。[1]

　　改革情势的日趋复杂，带来改革思路的重要调整。党的十八大以来执政党强调全面深化改革要将"顶层设计"和"摸着石头过河"结合起来，更加注重改革的系统性、整体性和协同性，要坚持立法先行，发挥立法对改革的引领和推动作用，确保重大改革于法有据。[2] 因此，与以前相比，全面深化改革需要更加注重事前的顶层设计、事中的全面统筹和依法推进。其中，"依法推进"意味着改革发展对立法的要求已不仅仅停留于总结实践经验、巩固改革成果、推进改革深入的初期阶段，而是转变为需要通过立法做好顶层设计、引领改革进程、推动科学发展。这可谓是对我国原来立法追认改革模式的重大调整和转换。而之所以强调改革的法治思维和法治方式，不仅是全面深化时期改革情势复杂化的必然要求，也是来自中国历史传统和实践经验的重要启示。首先，中国"历次社会转型及社会危机中的改革，基本上均体现为通过法制方式对社会利益结构的调整以及对社会生产力与生产关系的改善"，改革与法制，在"变"与"不变"的观念较量和历史实践中，始终紧密交织在一起；[3] 其次，在追认式立法的推进中，改革进程大致呈现了蓬勃发展中和谐稳定的良好局面，改革与法治，"两手都要抓"，早已成为推进现代化国家建设的基本共识；[4] 最后，强调"立法先行"和"重大改革于法有据"，这一新时代的改革思路实际上是预防和化解改革风险的重要设置，意味着"通过整个立法程序使改革决策更加完善、更加科学"。[5] 以前，立法总结改革经验，现在，立法论证改革决策，从而在立法与改革之间，出现了一个位序上的前后调换：立法由对改革的事后确认转换为事前引领。而"在法律体系已经形成的背景下，改革应该是修法"。[6] 亦即在新立法之外，考虑到中国特色社会主义法律体系已经

---

1　参见"厉以宁接受南方日报专访称改革不能再'摸石头过河'"，载《南方日报》2012年3月12日第3版。

2　"中共中央关于全面深化改革若干重大问题的决定"，载《求是》2013年第22期。

3　参见胡仁智："改革与法制：中国传统'变法'观念与实践的历史考量"，载《法制与社会发展》2017年第3期。

4　"搞四个现代化一定要有两手，只有一手是不行的。所谓两手，即一手抓建设，一手抓法制。"1986年1月17日邓小平在中央政治局常委会上的讲话，载《邓小平文选（第三卷）》，人民出版社1993年版，第154页。

5　乔晓阳："发挥立法对改革的引领和推动作用"，载《求是》2016年第16期。

6　陈金钊："在深化改革中拓展法治——统合意义上的'法治改革'论"，载《法律科学》2017年第5期。

形成的制度现状，对已有立法的废止、修改和解释，应是确保改革实现"于法有据"的重点关注。

对宪法来说，作为国家的最高法律规范，宪法是其他一切法律的制定根据和最终效力来源。要求重大改革于法有据，必然要求重大改革首先应当于宪法有据。这意味着全面深化改革时期的改革与宪法关系，随着改革思维和立法方略的变化，也要进行相应的调整：以前是宪法追认改革，而现在是宪法要引领和规范改革。宪法的角色随着改革的全面深化而呈现更多元的意涵：不仅要认可和推动改革深入，还承担着化解改革风险、确保改革在法治的轨道上推进的历史使命。

这种转变不只建立在新时代对改革复杂情势的深刻认识上，更建立在对以前改革进程中依据宪法治国理政重要作用的深切体悟中。一方面，作为规定国家根本制度和根本任务的根本法，宪法其实一直是改革所指向的对象——"深水区""攻坚期"里许多重大复杂的改革难题、制度阻力等，可能就来自既有的宪制框架。因此，通过主动修改宪法来拓宽改革的发展空间，消除改革的深层阻力，将是实现全面深化改革的关键环节，也是做到"重大改革于法有据"的应有之义。另一方面，宪法作为国家的根本法和治国理政的总依据，是"党和国家的中心工作、基本原则、重大方针、重要政策在国家法制上的最高体现"，[1] 无疑也是全面深化改革最具权威性的"顶层设计"。的确，对于重大改革只有形成宪法共识、获得宪法依据，才能以强大的宪法权威和观念共识，去冲破改革阻力、形成改革合力。而在改革与宪法携手并进的历史进程中，之前四次适时审慎的宪法修改已使宪法凝聚了相当的改革共识和能量，并就如何使改革共识转化为宪法共识积累了相当的经验。可以说，步入"而立之年"的宪法，已经具备了主动引领和规范改革的资质与自信，由此中国改革也到了"摸着宪法过河"[2] 的阶段。

这实际上意味着，历经四次局部修改而对改革的"预见性"已不断弱化的现行宪法，要再次具备对全面深化时期的改革更为超前和科学的"预见"，否则，失却了对改革的预见，何来对改革的引领和规范？而由于十八大以来一些重要的改革战略、改革举措，以及一些重要的科学论断、理论观点的形成等，都是对既有体制的重大改变和既有认识的重大发展，实非2004年第四次修改后

---

[1] 习近平："在首都各界纪念现行宪法公布施行三十周年大会上的讲话"，载《论坚持全面依法治国》，中央文献出版社2020年版，第8—9页。

[2] 韩大元："中国改革到了'摸着宪法过河'的阶段"，载《党政视野》2013年第11期。

的现行宪法所能"预见"。例如，国家监察委员会的设置，作为"事关全局的重大政治体制改革"，[1] 早已超出了现行宪法在1982年通过时对我国政治体制改革内容和目标的确认范围。要想实现宪法对这些重大改革的引领和规范，对现行宪法进行第五次修改实已不可避免。[2]

因此，在上述背景下，考察现行宪法的第五次修改，可以看到，在修宪时机、修宪内容和修宪功能上，与以往四次有着较大的不同：在修宪时机的选择上，除了继续"由宪法及时确认党和人民创造的伟大成就和宝贵经验"外，更是让宪法修改走在了许多重大改革措施出台之前。例如，围绕国家监察委员会的设置所通过的一系列宪法修正案条文，正是回应了设立国家监察委员会是一项"事关全局的重大政治体制改革"的改革方案，确保了这一重大改革具有充分的宪法依据和支持。而且，本次修改所通过的二十二条修正案，绝大多数都是政治体制改革方面的内容，与以往四次修改集中于经济领域表现出明显不同的侧重，从而彰显了宪法对政治体制改革的规范、引领、推动、保障作用。这一修宪与改革时序的变化无疑有利于将宪法共识向改革共识转化，或者说是有利于通过宪法共识来凝聚改革共识。因为，无论是通过对宪法进行解释以明确改革的依据，还是适时修改宪法以拓宽改革的发展空间并赋予改革以合宪性，其实都内含一个对宪法修改进行讨论、审议进而达成共识的过程。[3] 而正是这个过程，事实上论证了改革决策的必要性、科学性和前瞻性，实现了对改革的风险规避和前景预见。可以说，主动进行的宪法修改，将对是否需要改革、如何进行改革的讨论"提前"了。与以往通过修宪将改革共识凝聚为宪法共识不同，新时代的修宪过程实际上同时也是在将宪法共识转化为改革共识，修宪的功能不仅是在继续"认可和推动改革"，也在深化改革中继续推进宪法实施。

无论是宪法追认改革，将改革共识转化为宪法共识；还是宪法引领改革，将宪法共识转化为改革共识，之所以宪法修改能够以形成宪法共识的方式推动深化改革，就在于我国宪法是党和人民统一意志和共同愿望的集中体现，是通过科学民主程序而形成的国家最高法律规范，是对我国在改革发展伟大实践中所取得的历史性成就、积累的弥足珍贵经验、形成的具有显著优势的发展模式

---

1　参见"全国人民代表大会常务委员会关于在北京市、山西省、浙江省开展国家监察体制改革试点工作的决定"，载《人民日报》2016年12月26日。

2　参见童之伟："国家监察立法预案仍须着力完善"，载《政治与法律》2017年第10期。

3　关于第五次宪法修正案的形成过程，可参见王晨向十三届全国人大一次会议所作的修宪说明，载《人民日报》2018年3月7日。

和制度体系在国家根本法上的高度凝练与表达。十八大以来，党中央将"全面深化改革"和"全面依法治国"并举，作为"四个全面"战略布局的组成部分协同推进，可谓是抓住了改革与宪法关系的精髓。也正是在这个意义上，我们才能理解，为何要树立和维护宪法权威，监督和保障宪法实施，因为这不仅是实施依宪治国、推进全面依法治国的应有之义和必然要求，更是全面深化改革、推进国家建设的法治动力和制度保障。

### 四、迈向通过宪法的国家治理

我国的改革历来都是由执政党所主导并推进的，从文本的角度看，改革与宪法的关系，背后折射的实际上是党的决定[1]与宪法典的关系。在我国，执政党的决定，因其制定主体不是代议机关或国家机关，因而不是形式意义上的国家法律，不具有法律效力（validity）；但也正是因为其制定主体作为执政党的特殊地位，而使其决定事实上又具备着无可取代和无可置疑的治理实效（effective），远非一般的国家法律所能比拟。[2] "对于宪法，就像对于整个法律秩序一样，效力以实效为前提"，"宪法如无实效，也就没有效力"。[3]

--------------------

1 王伟国教授曾撰文对党内法规研究中的基础概念进行辨析，认为"党的主张"是一个由来已久的总领性概念，并举例："党的主张"在习近平总书记的系列重要讲话中多次出现，比如，"善于使党的主张通过法定程序成为国家意志""改革开放是人民的要求和党的主张的统一""确保党的主张贯彻到依法治国全过程和各方面""法是党的主张和人民意愿的统一体现"等。（参见王伟国："国家治理体系视角下党内法规研究的基础概念辨析"，载《中国法学》2018年第2期）显然，王伟国教授的理论辨析具有重要的学术价值和现实意义。但本书选择使用"党的决定"来作为"党的主张""党的政策""党的文件"等常见说法的统领性概念，将"政策""主张"等视为"决定"的内容或表现形式。这主要是因为：（1）作为党的政策、主张主要载体的文件，常常是以"决定"的形式来命名的，比如，《中共中央关于全面深化改革若干重大问题的决定》等；（2）在汉语中，"决定"，除了作名词时指"决定的事项"外，作为动词使用时还有"对如何行动作出主张""某事物成为另一事物的先决条件；起主导作用"等意思；（3）"决定"的英文"decision"，还有"决断"之意；（4）在中国共产党的入党誓词中，使用的是"执行党的决定"的表述。因此，综合考虑，在中国语境里，笔者认为更适合用"决定"一词来展开讨论。对于"决定"的释义，参见中国社会科学院语言研究所词典编辑室编：《现代汉语词典（第6版）》，商务印书馆2012年，第708页。

2 关于效力与实效的区分，参见［奥］凯尔森：《法与国家的一般理论》，沈宗灵译，中国大百科全书出版社1996年版，第31—32页。

3 陈端洪："宪法的法律性阐释及证立"，载《清华法学》2016年第3期。陈端洪教授的观点显然深受凯尔森的影响，在凯尔森看来，虽然一个法规范有效力的理由，并不在于它的实效，而在于一个预定的有效力的规范之中。但对于宪法的效力而言，却也要依靠它的实效。参见［奥］凯尔森：《纯粹法理论》，张书友译，中国法制出版社2008年版，第85—87页。

而对于党的决定来说，却是有实效而无效力。如果"实效"和"效力"必须统一于同一物而非两个形式上判然有别的实体，那么在中国语境下，就必须实现党的决定的治理实效向人民的宪法的规范效力的嵌入与转化。

历史地看，现行宪法本身作为改革的产物，其实亦是主导改革的中国共产党的决定的产物，如前所述，《若干决议》以及党的领导人关于改革的重要讲话和精神，构成了1982年制宪的根据。而现行宪法的五次修改，也都由执政党提出修宪建议而正式开启，这已经成为中国宪法实践中一个重要的宪法惯例。[1] 更为重要的是，长期以来，通过法定程序使党的主张转化为国家意志，使党的政策上升为国家法律，从而以法为载体实现党的主张与人民意志的高度统一，是实现党的领导的基本方式，也是党依法执政的重要表现。一方面，党的核心主张和重大决策，只有上升到宪法的高度，通过宪法实施来加以贯彻落实，才能获得最大的权威性与正当性；另一方面，宪法作为国家根本法所具有的最高法律效力，显然有利于在国家生活和社会生活的各个方面加强党的领导、实现党的主张。由此，我国宪法成为"党和国家的中心工作、基本原则、重大方针、重要政策在国家法制上的最高体现"，[2] 依据宪法治国理政便成为实现党的主张与人民意志高度统一的生动实践。当执政党决定通过改革进行国家建设时，在改革进程中党的相关决定不断向国家宪法和法律进行转化，这不仅是执政党通过宪法推进国家治理现代化的必由之路，也是执政党在深化改革中不断推进宪法实施的实际行动。因此，宪法学在给予宪法与改革关系的持续关注外，还应该积极去研究执政党通过相关决定所开展的生动而又丰富的治理实践。而且，中国共产党是中国宪法最重要的实施主体，也是推动中国宪法实施最重要的力量。虽然根据我国宪法序言的明确规定，全体公民、所有国家机关、各个政党和社会团体、一切企事业单位和组织，都"负有维护宪法尊严、保证宪法实施的职责"。因此，人人都有行宪的资格，都是行宪的主体，[3] 但在中国的语境下，执政党带头尊奉宪法、实施宪法、守护宪法，尤其是通过主导改革、深化改革来推动实施宪法显然具有特别重要的意义。

回顾来路，自党的十一届三中全会作出改革开放的伟大决策开始，"改

---

1 参见夏勇："中国宪法改革的几个基本理论问题"，载《中国社会科学》2003年第2期。

2 习近平："在首都各界纪念现行宪法公布施行三十周年大会上的讲话"，载《论坚持全面依法治国》，中央文献出版社2020年版，第8—9页。

3 参见张千帆："宪法实施靠谁？——论公民行宪的主体地位"，载《比较法研究》2014年第4期。

革"一直是中国国家建设的主旋律，正是在坚定不移的改革进程中，中国的社会主义现代化建设不断阔步向前；也正是在坚定不移的改革进程中，中国开始恢复和重建社会主义法制，健全和保障社会主义民主，并逐渐形成了以宪法为核心的中国特色社会主义法律体系。改革与宪法虽然存在着不可避免的内在张力，但经由适时、审慎地宪法修改，二者之间始终保持着动态的平衡和良性的互动，"如车之双轮，鸟之两翼"，[1] 共同致力于国家建设和民族复兴。在理解和调整二者的关系时，必须对派生、共进这一历史事实和演变趋势作深入的分析，必须对宪法修改的时机、侧重点和功能定位予以恰当认识和把握。对宪法与改革关系协调与处理，实际上构成了中国国家建设和国家治理的一种以现代化为导向的处置机制：国家建设通过改革进行，常态化的国家治理通过宪法实现，二者之间的深沉张力通过宪法修改来加以调适。改革初期，通过宪法修改，将改革共识凝聚为宪法共识，将改革实践取得的成果用宪法的形式固定下来，并转化为常态化的国家治理；而在全面深化改革和全面依法治国的新时代，则通过宪法修改和宪法实施，将宪法共识转化为改革共识，将依宪治国、依宪执政作为治国理政的基本方略，从而推动改革向纵深发展，并用法治的方式来助力国家建设。

全面依法治国是国家治理领域一场广泛而深刻的革命，涉及改革发展稳定、治党治国治军、内政外交国防等各个领域，无论是统筹推进"五位一体"总体布局，还是协调推进"四个全面"战略布局，还是深化经济、政治、文化、社会和生态等各个治理领域的改革，都必须充分发挥法治的引领、规范和保障作用。"国际国内环境越是复杂，改革开放和社会主义现代化建设任务越是繁重，越要运用法治思维和法治手段巩固执政地位、改善执政方式、提高执政能力，保证党和国家长治久安。""只有全面依法治国才能有效保障国家治理体系的系统性、规范性、协调性，才能最大限度凝聚社会共识。"[2] 从全面依法治国的工作布局和重点任务看，宪法为在法治轨道上推进国家治理体系和治理能力现代化提供重要的制度依托和根基。

其一，宪法与坚持法治国家、法治政府、法治社会一体建设。

依宪治国是全面推进依法治国的必然要求和逻辑延伸，是国家治理方式和理念的深刻变革与升华，统摄着法治国家、法治政府和法治社会的丰富内涵，

---

1 习近平："在庆祝中国共产党成立95周年大会上的讲话"，载《党的文献》2016年第4期。

2 习近平："坚定不移走中国特色社会主义法治道路，为全面建设社会主义现代化国家提供有力法治保障"，载《求是》2021年第5期。

必须立足全局、着眼长远进行统筹谋划、整体推进。"全面推进依法治国是一项庞大的系统工程，必须统筹兼顾、把握重点、整体谋划，在共同推进上着力，在一体建设上用劲。"[1] 2012年12月4日，习近平总书记在"首都各界纪念现行宪法公布施行三十周年大会上的讲话"中，首次明确强调"坚持依法治国、依法执政、依法行政共同推进，坚持法治国家、法治政府、法治社会一体建设"。这是一种整体意义上法治思维，是将法治理念和法治方式运用到国家治理、政府治理和社会治理中的新思想、新方略、新布局。之后，"法治国家、法治政府、法治社会一体建设"作为依法治国的重要途径，分别在《中共中央关于全面深化改革若干重大问题的决定》《中共中央关于全面推进依法治国若干重大问题的决定》《决胜全面建成小康社会夺取新时代中国特色社会主义伟大胜利》《中共中央关于深化党和国家机构改革的决定》《中共中央关于坚持和完善中国特色社会主义制度、推进国家治理体系和治理能力现代化若干重大问题的决定》等一系列纲领性文献中得到反复重申和强调。

法治国家、法治政府、法治社会这三个当代中国法治建设的基本范畴虽然有着共同的理论基础、价值取向和实践形态，但这三者之间又"各有侧重、相辅相成，法治国家是法治建设的目标，法治政府是建设法治国家的主体，法治社会是构筑法治国家的基础"[2]。在这三个概念之中，法治国家的提出相对较早，早在1997年，党的十五大即确立了依法治国，建设社会主义法治国家的目标。2014年，党的十八届四中全会作出的《中共中央关于全面推进依法治国若干重大问题的决定》，进一步将建设中国特色社会主义法治体系，建设社会主义法治国家确立为全面依法治国的总目标。2015年12月，中共中央、国务院印发《法治政府建设实施纲要（2015—2020年）》，提出了法治政府建设的指导思想、总体目标、基本原则、衡量标准、主要任务和具体举措，对法治政府建设这一全面依法治国的主体工程和重点任务作出了明确部署。2020年12月，中共中央印发了《法治社会建设实施纲要（2020—2025年）》，强调要建设信仰法治、公平正义、保障权利、守法诚信、充满活力、和谐有序的社会主义法治社会。2021年1月，中共中央又印发了《法治中国建设规划（2020—2025年）》，这是新中国成立以来第一个关于法治中国建设的专门规划，是新时代

---

1　习近平："加快建设社会主义法治国家"，载《论坚持全面依法治国》，中央文献出版社2020年版，第113页。

2　习近平："在中央全面依法治国委员会第一次会议上的讲话"，载《论坚持全面依法治国》，中央文献出版社2020年版，第229—230页。

全面推进依法治国的纲领性文件。这两个纲要和一个规划可以说是法治中国、法治政府和法治社会建设的总蓝图、路线图、施工图，对于更好发挥法治固根本、稳预期、利长远的重要作用，推进国家治理体系和治理能力现代化，满足人民群众在民主、法治、公平、正义、安全、环境等方面的新要求、新期待，确保到2035年基本建成法治国家、法治政府、法治社会的奋斗目标具有重大意义。

"法治国家、法治政府、法治社会一体建设"是紧扣我国法治建设的时代主题，是对全面依法治国所做的立体多维全景式描绘与概括，也是推进依宪治国的基本支点和重要路径。[1] 然而，这三个概念在过去常常是独立存在和被分别单独使用，并各有自身特定的论域与意旨。有学者认为这三个概念之间的相互关系是：建设法治国家是建设法治政府的前提，建设法治政府是建设法治国家的关键；建设法治国家是建设法治社会的基础，建设法治社会是建设法治国家的条件；建设法治政府是建设法治社会的保障，建设法治社会是建设法治政府的目标。[2] 虽然在一般意义上可以认为法治国家、法治政府、法治社会有着共同的价值基础，但它们的侧重点有所不同。法治国家、法治政府与法治社会要解决的实际上是不同领域的法治治理问题，这就涉及国家公权力、政府公权力和社会公权力的运行与规制，涉及公民基本权利和自由的法治保障。法治国家首先强调的是国家权力的运行状态，涵盖了行使立法权、执法权和司法权等公权力的所有国家机关。法治政府则主要是基于行政权的公共性、主动性以及扩张性、侵益性等特征而提出的法治建设目标；法治社会强调的则是各政党、社会团体、社会组织、企事业单位以及全体公民尊法学法信法守法用法的治理状态。然而，在当代中国法治建设的实践中，则必须统筹协调社会主义法治建设的各个领域、各个环节、各个层面，把社会主义法治视为一个整体，以一体建设的思维，全面推进社会主义法治。[3] 而如何使得法治国家、法治政府、法治社会能够真正实现"一体建设"，就需要从宪法层面加以考量。法治国家、法治政府、法治社会三者并非是简单地在国家、政府和社会前面加上法治这一修饰性定语所构成的概念范畴，而是共同蕴含着自由、平等、公平、正义、民主、法治、人权等宪法价值。这就需要真正把宪法的精神与理念融入和深化到依法治国的伟大实践之中，使国家治理、政府治理、社会治理凸显出鲜明的宪

---

1　参见陈柏峰："中国法治社会的结构及其运行机制"，载《中国社会科学》2019年第1期。

2　姜明安："论法治国家、法治政府、法治社会建设的相互关系"，载《法学杂志》2013年第6期。

3　参见喻中："论社会主义法治一体建设"，载《北京行政学院学报》2015年第11期。

法精神和时代意义。

坚持法治国家、法治政府、法治社会一体建设，与"坚持依法治国、依法执政、依法行政共同推进"有着密切的联系，是一个不可分割的有机整体，体现了习近平法治思想的系统思维和辩证思维。这几个方面相互结合、相互促进，"既是全面依法治国的工作布局，也是法治中国建设的核心要义"[1]。依法治国是党领导人民治理国家的基本方略，依法执政是党治国理政的基本方式，依法行政是法治政府建设的关键。法治国家建设要求不断提高党依法治国、依法执政的能力，把依法治国、依法执政、依法行政统一起来，"正确处理政治和法治、改革和法治、依法治国和以德治国、依法治国和依规治党的关系"，[2] 构建起完备的法律规范体系、高效的法治实施体系、严密的法治监督体系、有力的法治保障体系、完善的党内法规体系，加快形成科学立法、严格执法、公正司法、全民守法的法治格局。法治政府建设强调行政机关依法行政，创新行政管理和服务方式，提高政府执行力、公信力和行政效能，优化行政决策、行政执行、行政监督体制，完善政府的职责体系、组织结构和职能设置，科学定位政府与市场、政府与社会的关系，"建设职能科学、权责法定、执法严明、公开公正、廉洁高效、守法诚信"的服务型政府和法治型政府；[3] 法治社会建设要求大力弘扬社会主义法治精神和理念，增强全社会的法律意识和法律文化素养，在全社会形成尊法、学法、守法、用法的浓郁氛围，形成人民群众广泛参与的共建、共治、共享社会治理格局和体系，紧紧围绕公平正义这一法治的精髓与价值追求，"努力让人民群众在每一项法律制度、每一个执法决定、每一宗司法案件中都感受到公平正义"[4]。

其二，宪法与坚持全面推进科学立法、严格执法、公正司法、全民守法。

依宪治国是一项复杂系统的法治工程，涉及立法、执法、司法、守法等各个环节和领域，其中，既需要科学立法来巩固法治根基、保证良法善治，也需要严格执法来维护宪法法律权威、建设法治政府；既需要通过公正司法来实现公平正义，也需要通过深度普法、全民守法来弘扬宪法精神，增进法治文明。

---

1 张文显："习近平法治思想的基本精神和核心要义"，载《东方法学》2021年第1期。

2 习近平："在中央全面依法治国委员会第一次会议上的讲话"，载《论坚持全面依法治国》，中央文献出版社2020年版，第230—231页。

3 "中共中央关于全面深化改革若干重大问题的决定"，载《求是》2013年第22期。

4 习近平："在中央全面依法治国委员会第一次会议上的讲话"，载《论坚持全面依法治国》，中央文献出版社2020年版，第229页。

为此，党的十八大报告确立了新时代法治建设的十六字方针，即"科学立法、严格执法、公正司法、全民守法"。这几个方面相辅相成、相互促进，共同构成了当代中国社会主义法治建设的基本谱系，同时也都是依宪治国的重要内容和必不可少的基础性工作。要坚持依宪治国、依宪执政，就必须继续推进法治领域改革，解决好立法、执法、司法、守法等领域的突出矛盾和问题，坚持全面推进科学立法、严格执法、公正司法、全民守法，真正形成党领导立法与立法机关科学立法、党保证执法与行政机关严格执法、党支持司法与司法机关公正司法、党带头守法与全民守法有机统一、相互促进、相得益彰的法治格局。

"立善法于天下，则天下治；立善法于一国，则一国治。"在当代中国法治进程中，"法律是治国之重器、良法是善治之前提"，"以良法促进发展、保障善治"，不仅成为全社会的基本共识和法治实践，更成为我们党的执政理念和战略布局。为此，"完善以宪法为核心的中国特色社会主义法律体系"，自然就成为新时代全面依法治国基本方略的重要内容和任务。的确，只有深入贯彻社会主义核心价值观和推进科学立法、民主立法、依法立法，不断提高立法质量和完善立法体制机制，切实增强立法的时代性、适应性、系统性、规范性、实效性，真正恪守以民为本、立法为民和公正、公平、公开的立法原则与理念，确保每一项立法都符合宪法的精神和理念、体现人民的意志和利益、得到人民的拥护和支持，才能为改革开放和推进国家治理体系与治理能力现代化提供坚强的法治根基，才能为依宪治国和建设社会主义法治国家提供坚实的制度支撑。

在全面依法治国战略布局中，"法治政府建设是重点任务和主体工程，要率先突破，用法治给行政权力定规矩、划界限，规范行政决策程序，加快转变政府职能"[1]。同时，法律的生命在于实施，法律的权威也在于实施。法治政府建设必然要求严格规范公正文明执法，加强对法律实施的监督，这不仅是依法行政的必然要求，也是依宪治国的题中应有之义，这就要求坚持有法必依、执法必严、违法必究，创新执法体制，健全执法程序，严格执法责任，规范执法自由裁量权的行使，实现机构、职能、权限、程序、责任的法定化，坚持法定职责必须为、法无授权不可为，建立权责统一、权威高效的执法体制，形成科学有效、职责明确、依法行政的政府治理体系。[2]

---------------------

1　习近平："坚定不移走中国特色社会主义法治道路，为全面建设社会主义现代化国家提供有力法治保障"，载《求是》2021年第5期。

2　"中共中央关于全面推进依法治国若干重大问题的决定"，载《求是》2014年第21期。

公平正义是宪法的基本价值追求，而司法则是守护公平正义的重要制度屏障。公平正义是司法的灵魂和生命。司法公正对社会公正具有重要的保障作用和示范性意义，司法不公则对公平正义的实现和人们对公平正义的感受具有颠覆性的冲击和影响。为此，就必须深化司法责任制综合配套改革，加强司法制约监督，提高司法公信力，完善司法制度和司法权力运行机制，全面落实司法责任制，确保司法权依法独立公正高效权威行使，确保司法案件的办理符合实体公正、程序公正以及公开透明便民的时代要求，践行罪刑法定、疑罪从无、非法证据排除等法治原则，健全社会公平正义法治保障制度，努力让人民群众在每一个司法案件中感受到公平正义。这就要求司法活动不仅要实现"定纷止争"的传统功能，还必须实现向人权保障维度的转变与提升，强化对人权的司法尊重和保障。这不仅是公正司法的内在要求，也是对"国家尊重和保障人权"宪法条款的贯彻落实。

宪法的权威源自人民内心的真诚拥护和信仰，只有当全社会形成宪法至上、守法光荣的法治氛围时，依宪治国才能获得坚实的社会基础和动力源泉。这就需要扎实有效、深入持久地推进法治宣传教育，大力弘扬社会主义法治理念，培育和建设社会主义法治文化，增强全社会学习宪法、遵守宪法、维护宪法、运用宪法的积极性、主动性和自觉性，从而为依宪治国奠定坚实的社会基础和思想。尤其要完善国家工作人员学法用法制度，坚持把领导干部带头学法、模范守法、信仰宪法、尊崇宪法、维护宪法、运用宪法，作为推动全社会树立法治意识、增强宪法观念的关键和重点。增强领导干部的宪法意识、宪法观念，牢固树立"宪法法律至上、法律面前人人平等、权由法定、权依法使"的法治观念，强化所有公职人员对宪法的忠诚和对法治理念的认同，使领导干部遇事找宪法，决策或履行职责都要问"是否符合宪法"，切实提高领导干部的宪法意识和弘扬宪法精神的自觉性和责任感。从而让宪法精神真正入脑入心，把宪法理念真正融入国家权力运行的全过程，进而使尊法学法守法用法成为全体人民的共同追求和自觉行动。[1]

总之，在全面深化改革的时代背景之下，"我们要更加重视法治、厉行法治，更好发挥法治固根本、稳预期、利长远的重要作用，坚持依法应对重大挑战、抵御重大风险、克服重大阻力、解决重大矛盾"[2]。在改革与宪法之间，通

---

1 参见韩大元："认真对待我国宪法文本"，载《清华法学》2012年第6期。

2 习近平："以科学理论指导全面依法治国各项工作"，载《论坚持全面依法治国》，中央文献出版社2020年版，第3—4页。

过改革的国家建设和通过宪法的国家治理，只有先后之分，绝无轻重之别。如果说从十一届三中全会开始，通过改革的国家建设一直占据着主导地位的话，那么自党的十八大以来，全面深化改革和全面依法治国并举，执政党明确指出："全面深化改革只有进行时，没有完成时"，"将改革进行到底"；"全面依法治国是国家治理领域一场广泛而深刻的革命"，"依法治国首先是依宪治国，依法执政关键是依宪执政"——可谓正日益迈向通过宪法的国家治理。通过改革的国家建设从未停止，通过宪法的国家治理正日益走向斑斓瑰丽。

# 第 3 章

# 依宪治国的
## 规范依据

依宪治国作为新时代一个意涵丰富的法治命题和治国理政的基本方略，并不只是学术研究开展理论探索或政治决断进行制度建构的凌空高蹈，它除了具备扎实的法理基础和实践根基外，还有着明确而直接的规范依据。现行宪法自1982年公布施行以来，根据现实的发展和需要，曾分别于1988年、1993年、1999年、2004年、2018年进行了五次局部修改，从而实现了不断与时俱进、日臻完善，有力回应了时代的变革和发展的需要。尤其是2018年3月完成的第五次修改，"把党的十九大确定的重大理论观点和重大方针政策特别是习近平新时代中国特色社会主义思想载入国家根本法"[1]，把新时代党和国家事业的新成就新经验以及新战略新部署以宪法的形式确认下来，实现了我国宪法发展史上的又一次历史性跨越，开启了中国特色社会主义法治建设的新征程，必将为新时代坚持和发展中国特色社会主义提供有力的宪法保障。

当然，"理论的价值在于预见新的事实"，[2] 理论的生命也在于预见新的事实。只有在具有足够预见性和前瞻性的前提下，理论才能更好地发挥对实践的引领和指导作用。同样，在分析依宪治国的规范依据时，我们也不能仅仅局限于"眼前"的文本与规范，还应该将观察的视野投向更远的未来，既要关注依宪治国的现实图景，也要在良宪之治的逻辑链条和价值评判体系里，正确认识和把握宪法变迁的基本路径与演变趋势，从而为依宪治国的深入持久推进奠定坚实的规范基础，做好充分的理论"预流"。[3]

- - - - - - - - - - - - - - - - - - -

1 "中共十九届二中全会在京举行"，载《人民日报》2018年1月20日第1版。

2 引文来自19世纪法国著名有机化学和微生物学奠基人巴斯德的观点，参见魏屹东："巴斯德的科学哲学思想"，载《大自然探索》1998年第4期。

3 "预流"一词出自陈寅恪之说："一时代之学术，必有其新材料与新问题。取用此材料，以研求问题，则为此时代学术之新潮流。治学之士，得预此潮流者，谓之预流。其未得预者，谓之未入流。此古今学术之通义。非彼闭门造车之徒，所能同喻者也。敦煌学者，今日世界学术之新潮流也。"陈寅恪："陈垣敦煌劫余录序"，载《金明馆丛稿二编（第3版）》，生活·读书·新知三联书店2015年版，第266页。

## ▶第一节　依宪治国与良宪之治

宪法是近代法治文明发展程度的最高标志，其在国家政治和社会生活中的重要地位与作用，既表征着宪法自身的独特价值和魅力，也反映着一个国家和社会对宪法的信奉与尊崇。而宪法获得如此殊荣的前提则首先仰赖于宪法自身具有内在的正当性。正如亚里士多德关于法治的经典型定义所指出的那样，法治应当包括两个方面的意义："已成立的法律获得普遍的服从。而大家所服从的法律又应该本身是制定得良好的法律。"[1] 党的十八届四中全会更是强调，"法律是治国之重器，良法是善治之前提"。[2] 同样，"依宪治国"命题展开的逻辑前提和内在要求之一，首先是要求宪法自身具有为人们所敬仰的"良善品质"。[3] 当然，锻造出一部完美无瑕的宪法典永远只能是一种理想状态，而正是出于对一部"良宪"的永恒追求，根据实践的发展和现实的需要，对宪法进行适时的修改完善，便成为正常的也是不可避免的宪法现象；而通过宪法修改，实现宪法文本的与时俱进，不断为宪法注入"良宪"的必备要素，使之更好地发挥促进发展、维护稳定、保障人权的重要作用，就成为宪法变迁和行宪实践中的永恒话题。

### 一、良宪之治：依宪治国的实质要件

自亚里士多德提出人们所服从的法律应当是"制定得良好的法律"这一法治的实质要件以来，"法治就是良法之治"已经成为有关法治讨论的基本前提。尽管极端的法律实证主义者可能依然主张"恶法亦法"，但自第二次世界大战以来，伴随着人类对战争苦难的反省和自然法学派的复兴，强调法律的道德价值及良善品质，已经被注入现代法治过程的各个环节，并成为法治社会的核心关切。"良法善治"同样也成为法治中国建设中国家治理的目标追求。[4]

以对"良法之治"的关注和研讨为起点，学术界对"良宪之治"很早就有较为深入的讨论与思考，并充分认识到宪法对构造法治国家的价值，强调"良宪"的存在及其理性运作是依法治国的基础和关键，"依法治国不仅是依宪治

---

1　[古希腊]亚里士多德：《政治学》，吴寿彭译，商务印书馆1965年版，第199页。

2　"中共中央关于全面推进依法治国若干重大问题的决定"，载《求是》2014年第21期。

3　参见沈寿文："'依宪治国'命题的逻辑"，载《环球法律评论》2013年第5期，第6—9页。

4　参见江必新："法治中国，通往良法善治之路"，载《楚天主人》2013年第10期。

国,更在于依良宪治国"[1]。有学者进一步指出:"良宪之治是历史发展的规律"[2];法治与公法密不可分,公法之治是法治建设的重点,而公法之治的关键又在于宪法之治,不过,并非有公法就有法治,也并不是任何宪法之治都可产生法治,只有"宪法之治成为良宪之治,法治才能实现"。[3] 还有学者对良性宪法的文化型构、价值基础、权利保障、权力构造、程序控制、结构功能等进行了系统论述,除了在一般法治原理层面对良宪之治予以揭示外,还从历史与现实的发展演变对中国宪法进行了具体分析。[4] 可以说,"良宪之治"的精神实质及其对于法治的重要价值已经获得了较为深入的研究与广泛的共识,并已经积累了较为丰富的研究成果。

通过简单梳理这一段学术脉络,结合前文对依宪治国历史演进的分析,可以发现,由依法治国到依宪治国,由"良法之治"到"良宪之治",构成了当代中国法学研究和法治实践发展与演进的一条主线,对法治的宽泛论述被逐渐聚焦到以宪法为核心的理论升华与制度构建。虽然提出和讨论"良宪之治"的大多是公法学者,尤其是宪法学者,但不可否认的是,"良宪之治"正是随着我国"依宪治国"这一治国理政基本方略的确立与发展,而日益上升和拓展成为当代中国法治建设的主流认知。那么,为什么依宪治国必然会要求良宪之治?依宪治国视域下的"良宪之治"与已有的"良法之治"相比,有何特殊的理论意义与现实意义?对这些问题的回答,恐怕已不能再继续从过往法治建设的宽泛视角进行学术话语的简单重复,而应从依宪治国的治理价值与时代背景出发,来探讨良宪之治的理论意义和现实意义。

在有关"良法之治"和"良宪之治"的讨论刚刚兴起的时候,学术研究的重点往往在于如何从理论上识别和在实践中制定良法和良宪,即良法和良宪的判断标准或构成要件是什么,此类讨论常常纠结于良与恶之区分,并对此大加着墨。其实在人类治理实践和政治经验中,良法与恶法的争论由来已久。从基本常识出发,没有人会愿意选择恶法之治,恶法之治实际上只是极端的法律实证主义者在"恶法亦法"的坚定信念下而坚守的一种学术立场。尽管在人类历史上的确不乏"恶法之治"的实例,但这也并不涉及价值判断问题,正如

1　汪习根:"论宪法对构造法治国家的价值",载《政治与法律》1999年第6期。

2　郑贤君:"良宪之治是历史发展的规律",载《宪政与行政法治探索》,中国人民大学出版社2005年版。

3　上官丕亮:"法治重在公法之治",载《学术研究》2005年第4期。

4　参见汪进元:《良宪论》,山东人民出版社2005年版。

其名所显示的，"恶法之治"本来就是"恶"的，在"恶法之治"中，"法"之"恶"所带来的后果并不在决策者治理行为的关注范围之内，"恶法"之下的治理，只关心外在的、徒有其表的治理秩序，却不问在这种形式秩序之下，诸如公平、正义、自由、民主等实质价值如何获得实现，或实现得如何。在摒弃了这种极端的法律实证主义观点的偏颇后，在现代法政理论的研究脉络中，"恶法之治"实际上已经失去了理论探讨的关注热度和作为一种理论主张在实践中所存在的适用价值。人们在"恶法之治"和"良法之治"之间，已经不存在选择上的困难或犹豫，讨论的重点日益被集中在如何增加一部法律或宪法的"良性"的成分和概率上。换言之，作为一个国家治理体系中规范依据的宪法和法律，是"良法"而不是"恶法"，已经成为不言自明的前提。

我国现行宪法自诞生之日起实施至今，都是一部当之无愧的"好宪法"，被公认为新中国成立以来"最好的一部宪法"，[1] 这已经成为各方面的基本共识。的确，我国现行宪法是新中国成立以来四部宪法中最好的一部宪法，是最具科学性、稳定性和实效性的一部宪法，是最能体现人民意志、反映人民愿望、维护人民利益的一部宪法，是最符合国情党情、实际需要和长远发展的一部宪法，具有显著的制度优势和治理优势、坚实的法理基础和实践基础、强大的适应性和生命力。"我国宪法是符合国情、符合实际、符合时代发展要求的好宪法，是我们国家和人民经受住各种困难和风险考验、始终沿着中国特色社会主义道路前进的根本法制保证。"[2] 在现行宪法公布施行后，根据改革开放和社会主义现代化建设的发展与需要，对其个别条款和部分内容先后做了五次修改，共计通过了52条宪法修正案。这些修改使现行宪法紧扣时代发展旋律，不断发展更新和完善，具有了更大的优越性和科学的前瞻性，也使得新时代实现"良宪之治""中国之治"有了更为坚实的规范前提和制度保障。

那么，在已经拥有一部良宪的基础上，无疑要实现良宪之治。而良宪之治

---

1　相关表述可分别参见彭真："关于中华人民共和国宪法修改草案的报告"，载《宪法学资料选编》，中央广播电视大学出版社1985年版，第172页；王汉斌："邓小平同志亲自指导起草一九八二年宪法"，载《法制日报》2010年03月15日；王晨："关于《中华人民共和国宪法修正案（草案）》的说明"，载《中华人民共和国全国人民代表大会常务委员会公报2018》，（S1）；周叶中主编：《宪法》，高等教育出版社、北京大学出版社2000年版，第79页；董和平、韩大元、李树忠：《宪法学》，法律出版社2000年版，第80页；莫纪宏主编：《宪法学》，社会科学文献出版社2004年版，第81页，等等。

2　习近平："坚持依法治国首先要坚持依宪治国，坚持依法执政首先要坚持依宪执政"，载《论坚持全面依法治国》，中央文献出版社2020年版，第126页。

首先要求作为整个国家治理体系规则基础的整个法律制度具备良性的实质性要件。如前所述，依宪治国是执政党总结长期以来治国理政的历史经验和教训，在依法治国的基础上所提出的一项新时代法治建设战略举措，因此，在传统的认识里，依法治国是先于依宪治国而确立的一项基本方略，在法治中国建设进程中具有开拓性的意义。这的确符合当代中国法治史的演进脉络，但如果回到改革开放、恢复和重建社会主义法制的开端，就可以发现，正是1982年现行宪法的公布施行，才真正拉开了社会主义法制建设的大幕。也正是在作为国家根本法和最高法的宪法的统领下，中国特色社会主义法律体系才得以逐步形成。可以说，如果没有1982年现行宪法的公布施行，依法治国基本方略的提出和推进就失去了最基本的制度基础和规范依据，由"依法治国"向"依宪治国"的重大提升也是不可想象的。但是，由于早期法制建设的主要关注点放在普遍意义的"法"上，填补立法空白、解决无法可依的局面是当时的当务之急，这样，"有法可依、有法必依、执法必严、违法必究"，成为社会主义法制初建时期的十六字方针，这有其历史的必然性与合理性。然而，快速的立法扩张虽然很快使"依法治国"具备了"有法可依"的基本前提，但却日渐稀释了宪法为日常立法工作提供"法律基础"[1]及发挥规制作用的意义。

随着立法速度和立法规模的日益扩张，很多立法问题逐渐暴露出来，比如立法质量参差不齐、立法内容相互冲突、立法主体杂乱无序、立法目的错位扭曲等。对于这些问题如果不加以克服和矫正，势必会造成法律体系和法律秩序内在的张力，甚至危机，尤其在中国特色社会主义法律体系形成以后，这些问题的存在与延续势必会严重影响以良法促善治、保发展这一法治目标的实现，势必会影响人们对法治的信心与信仰。正因如此，新时代法治建设特别重视提高立法质量的问题，提出了 "科学立法、严格执法、公正司法、全民守法"新十六字方针，强调立法工作要由数量扩张转向质量提升，"推进科学立法、民主立法、依法立法"，"使每一项立法都符合宪法精神、反映人民意志、得到人民拥护"。由此更加凸显了宪法对于维护法制统一、塑造法律秩序的重要意义，彰显了宪法精神和宪法权威对于普通立法的统帅与引领作用，这也使得从"依法治国"发展到"依宪治国"成为一种历史的必然和"良法之治"的内在要求。

---

1 斯大林曾经指出："宪法并不是法律汇编。宪法是根本法，而且仅仅是根本法。宪法并不排除将来立法机关的日常立法工作，而要求有这种工作。宪法给这种机关将来的立法工作以法律基础。"《斯大林文选》，人民出版社1962年版，第101页。

正如"依法治国"的关注点在"法"上一样，"依宪治国"的聚焦点自然首先集中在"宪法"上。对普通立法的质量要求，并不仅仅是由宪法出发对普通法的单向塑造，而往往使宪法本身也面临着来自普通立法的追问与反思。由于普通立法的制定必须以宪法为依据，并作为宪法的具体化而促进着宪法的实施，[1] 这样，作为日常立法工作"法律基础"的宪法，首先必须具有足够的良善品质以为普通立法的质量提供根本性的评价标准和价值源泉。在这个意义上，正如"良法之治"是依法治国的内在要求一样，"良宪之治"也必然是依宪治国的实质要件。因此，宪法文本的不断修改、不断完善，就成为深入推进依宪治国、实现良宪之治必不可少的基础性工作。2018年现行宪法的第五次修改，正是为了在新时代更好地发挥宪法在治国理政中的重要作用。这种重要作用，并未停留在以一部"好宪法"引领中国特色社会主义法治体系的发展和完善，还在为新时代实现中华民族伟大复兴的百年梦想、回应人民群众对美好生活的殷切向往，筑牢坚实的宪法根基。这是新时代依宪治国基本方略的"时代意蕴"，[2] 也是良宪之治的目标诉求。

## 二、新时代现行宪法的新发展

"宪法只有不断适应新形势、吸纳新经验、确认新成果，才能具有持久生命力。"[3] 实践充分证明，1982年公布施行的现行宪法是一部符合我国国情、符合中国实际、符合现实需要和时代精神的国家根本法，为党和国家各项事业的发展提供了根本制度支撑和法治保障。但这部宪法毕竟是在改革开放初期制定的，由于制宪背景、实践经验、思想认识等方面的局限，它不可能对未来社会的一切发展作出精准无遗的预见和判断，尤其我国正处于社会大变革时代，社会关系变动不居，利益诉求复杂多元，思想观念日趋活跃，由此使得静态的宪法文本面临着急速多变的社会现实的巨大挑战与压力，甚至面临着诸多良宪之治的质疑与追问。这就需要通过对现行宪法的文本检视和适时修改，以为其不断注入良性的价值元素和规范内容，从而为推进国家治理现代化提供良好的顶层设计和法治安排。

--------------------

1　参见李祥举、韩大元："论宪法之下国家立法具体化功能的实现"，载《厦门大学学报（哲学社会科学版）》2013年第3期。

2　苗连营、陈建："依宪治国的时代意蕴与实施方略"，载《郑州大学学报（哲学社会科学版）》2018年第6期。

3　习近平："在首都各界纪念现行宪法公布施行三十周年大会上的讲话"，载《论坚持全面依法治国》，中央文献出版社2020年版，第8页。

　　根据现实生活的发展变化，现行宪法曾分别于1988年、1993年、1999年、2004年、2018年进行了五次修改，从而使其能够根据社会情势的变迁而不断回应时代的发展。可以说，"我国宪法必须随着党领导人民建设中国特色社会主义实践的发展而不断完善发展。这是我国宪法发展的一个显著特点，也是一条基本规律"[1]。尤其是为了更好地发挥宪法在新时代坚持和发展中国特色社会主义及推进国家治理现代化中的重大作用，因应"法与时转，治与世宜"[2]的制度变迁功能，在保持宪法稳定性、连续性和权威性的基础上，2018年十三届全国人大一次会议对现行宪法作了第五次修改，通过了21条新的宪法修正案，从而进一步丰富和充实了现行宪法的内容，提升了现行宪法的"良宪"品质，增强了宪法的科学性、适应性和前瞻性以及对现实的引领、规范和回应能力，为新时代依宪治国和"良宪之治"提供了必不可少的规范性前提和最高法律依据。具体来说，新时代现行宪法的新发展，主要集中在以下几个方面。

　　第一，及时确认了党和人民在实践中取得的重大理论创新、伟大历史成就、宝贵发展经验和重要方针政策。本次宪法修改将"习近平新时代中国特色社会主义思想"纳入宪法序言之中，确立了其作为国家指导思想的重要地位，凝聚了全社会的高度共识和共同意愿，明确了实现中华民族伟大复兴的思想基础和行动指引，具有重大而深远的政治意义、理论意义、现实意义和历史意义。同时，这次修改根据中国特色社会主义建设事业的总体布局和第二个百年奋斗目标的基本内容，对宪法序言所规定的国家的根本任务和奋斗目标作了相应的调整充实与丰富完善；根据新时代治国理政的新理念新思想新战略，完善了关于我国革命、建设和改革发展历程的相关表述，补充了爱国统一战线和民族关系的相关内容，载入了"贯彻新发展理念""人类命运共同体"等中国方案和中国智慧，从而把党和人民团结奋斗的不平凡历程以及经济政策、民族政策、外交政策等方面的大政方针表述得更加完整、系统、全面，为新时代各项事业的发展提供了宪法上的最高依据和保障。

　　第二，强化党的领导地位的宪法权威，为新时代坚持和巩固党的领导提供坚强的宪法保障。中国共产党是我国的执政党，是国家的最高政治领导力量。"中国特色社会主义最本质的特征是中国共产党的领导，中国特色社会主义制

---

1　"中共十九届二中全会在京举行"，载《人民日报》2018年1月20日第1版。

2　出自《韩非子·心度》："法与时转则治，治与世宜则有功。"（清）王先慎撰，钟哲点校：《韩非子集解》，中华书局1998年版，第475页。

度的最大优势是中国共产党的领导。"[1] 本次宪法修改，将"中国共产党领导是中国特色社会主义最本质的特征"明确载入具有统领性意义的宪法条文第一条，这既是对十九大精神的贯彻落实，也反映出我们党在新时代对执政规律和社会主义建设规律认识的深化，体现了党的领导的根本性、全面性和时代性。[2] 而更为重要的是，这是在以往由宪法序言规定党的领导地位的基础上，在宪法条文第一条中把党的领导与作为国家根本制度的社会主义制度的本质属性有机统一起来，从而"使宪法中关于'禁止任何组织或者个人破坏社会主义制度'的规定，内在地包含'禁止破坏党的领导'的内涵"[3]，由此为在全体人民中强化党的领导意识，增强拥护和维护党的领导的自觉性，提供了强大的宪法动力和明确的宪法依据。这次修改在宪法总纲部分还增加规定："国家倡导社会主义核心价值观"。社会主义核心价值观是当代中国全体人民共同的理想信念和道德追求，是中华民族时代精神和价值取向的高度凝练与结晶。宪法作出这样的修改，有利于从宪法的层面推动全社会弘扬和践行社会主义核心价值观，筑牢全社会和衷共济、团结奋斗的共同文化基础和观念根基。

第三，健全党和国家领导体制，更好地维护党中央权威和集中统一领导。2018年宪法修改将宪法第79条第3款：国家主席、副主席"每届任期同全国人民代表大会每届任期相同，连续任职不得超过两届"，修改为：国家主席、副

---

1 《中国共产党第十九次全国代表大会文件汇编》，人民出版社2017年版，第16页。

2 2018年3月11日，十三届全国人大一次会议秘书处法案组组长、全国人大常委会法工委主任沈春耀在就"宪法修正案"相关问题回答中外记者提问时，曾有记者问道："现行宪法只是在序言部分有中国共产党和中国共产党领导的表述，请问这次为什么要在正文中增加相关的规定呢？"沈春耀指出做这样的修改体现了党的领导根本性、全面性和时代性。此外，值得注意的是，沈春耀在回答该提问的最后还着重指出："你刚才提问中用了一个词，我想澄清一下，就是党的领导第一次写到宪法的正文中。在我的概念里，宪法的序言也是正文，宪法的条文当然是正文，所以我们法制工作使用'宪法的序言和宪法的条文'的用语。"本书在此同样将宪法序言视作宪法正文，并将宪法条文与宪法序言相对，因此与学界传统的主流表述有所不同。沈春耀主任对这一表述的严格区分绝不是一个简单的学术界定，而应该是深思熟虑地传递了主导性的政治观念和宪法认知。为此，本书没有使用"将党的领导载入宪法正文第一条"这一惯性的学术表达方式，而是使用"载入宪法条文第一条"的表述。相关内容参见"沈春耀回应'党的领导首次从宪法序言写进正文'：序言也是正文"，http://news.haiwainet.cn/n/2018/0311/c3543388-31275967.html，最后访问日期：2021年6月23日。"全国人大相关负责人就'宪法修正案'答问（文字实录）"，http://so.12371.cn/dangjian.htm?Q，最后访问日期：2021年6月23日。

3 钟岩："把'中国共产党领导是中国特色社会主义最本质的特征'载入宪法的理论、实践、制度依据"，载《人民日报》2018年2月28日第1版。

主席"每届任期同全国人民代表大会每届任期相同"。删去了"连续任职不得超过两届"的限制。这是党中央从新时代坚持和发展中国特色社会主义的战略高度出发，深刻总结党和国家长期以来的历史经验和有益做法，顺应党心、军心、民心，在宪法上所作出的健全党和国家领导体制的重大制度安排。党的总书记、国家主席和中央军委主席"三位一体"的领导体制，是中国共产党领导中国人民在长期执政实践中探索出的治国理政的成功经验，是中国特色社会主义的政治优势和制度优势在领导体制上的集中体现。《中国共产党章程》对党的总书记、党的中央军委主席，我国宪法对国家的中央军委主席，都没有作出连续任职方面的限制性规定。按照上述成例对宪法上国家主席的任期作相应的修改，将历史和实践中长期存在和有效运行的"三位一体"领导体制在宪法上加以贯彻和体现，从而完成了治国、治党、治军集中统一领导体制的宪法安排，"有利于维护以习近平同志为核心的党中央权威和集中统一领导，有利于加强和完善国家领导体制"[1]，也有利于更好地应对新时代国内和国际等各方面存在的风险挑战，有利于保障党和国家的长治久安。

第四，对国家机构职权配置进行重大调整和完善，为建立集中统一、权威高效的国家监察体制进行顶层设计。在本次通过的21条宪法修正案中，其中共计有11个条款涉及监察委员会的相关内容。尤其是在国家机构一章专门增加设置了"监察委员会"一节，对监察委员会的产生、组成、性质、地位、领导体制、工作机制，以及与其他国家机关的关系等，都作出了明确规定，从而为监察委员会的设立和依法履职提供了宪法依据。设立监察委员会，是新时代推动全面从严治党和反腐败斗争向纵深发展的重大制度设计，是创制中国特色社会主义监察体系的应时之举和重大法治举措，"是确保党和国家长治久安的又一重大制度创新"[2]；赋予监察委员会以明确的宪法地位，本身即是新时代重大改革于法有据的典范，体现了执政党自觉践行依宪治国的庄严承诺，彰显了党的十九大关于健全党和国家监督体系的战略部署，标志着党的十八大以来推进国家监察体制改革取得了重大成效，有利于实现党内监督和国家监察有机统一，有利于实现全面从严治党和健全中国特色社会主义监察体系。

第五，完善全面依法治国和加强宪法实施的相关规定，增加设区的市制定

---

1　"土晨向十三届全国人大一次会议作关于《中华人民共和国宪法修正案（草案）》的说明（摘要）"，载《人民日报》2018年3月7日。

2　马一德："开创依宪治国新境界"，载《红旗文稿》2018年第6期。

地方性法规的内容。宪法修正案将宪法序言中的"健全社会主义法制"修改为"健全社会主义法治"，虽然这只有一字之差，却深刻体现了我们党法治理念的重大飞跃和升华，有利于加快建设中国特色社会主义法治体系和实现国家治理现代化，有利于为党和国家事业发展提供坚实的法治保障。同时，增加规定："国家工作人员就职时应当依照法律规定公开进行宪法宣誓。"这有利于激励和督促国家工作人员增强宪法意识、恪守宪法原则、弘扬宪法精神、捍卫宪法尊严、履行宪法使命，进而有助于在全社会形成浓郁的忠于宪法、学习宪法、遵守宪法、维护宪法、运用宪法的法治信仰和氛围，从而为树立宪法权威、加强宪法实施、推进依宪治国奠定雄厚的社会根基和观念基础。把宪法第70条的"法律委员会"改为"宪法和法律委员会"，则是推进合宪性审查工作的重要机构设置，必将对推动宪法实施和宪法监督进入新阶段产生深远的影响。[1] 此外，根据党的十八届四中全会的精神，2015年十二届全国人大三次会议对《立法法》进行了相应修改，赋予设区的市以地方立法权。但由于宪法没有对此进行明确规定，致使地方立法权的扩张伴随着相应的合宪性争议，引起了不少讨论。[2] 在本次宪法修改中，设区的市的地方立法权在宪法中得到了确认，这就排除了对有关立法体制改革合宪性的质疑，进一步完善了我国的立法体制，有利于设区的市在宪法和法律的范围内，因地制宜，制定符合本地实际的地方性法规，以法治方式优化社会治理、促进经济发展，充分发挥地方在全面深化改革和全面依法治国中的积极性和创造性，也有利于促进设区的市制定地方性法规的活动规范有序进行。

总的来看，这次宪法修改为现行宪法注入了新时代新形势下的新任务新使命新规范，将我们党领导人民治国理政的新理念新思想新战略上升为国家根本法和最高法，反映了我们党对社会主义建设规律认识的深化，体现了党的主张和人民意志的高度统一，是新时代全党全国各族人民为实现中华民族伟大复兴而共同奋斗的宪法基础。这不仅在实质上为"良宪之治"增添了许多新的核心价值要素和规范内容，确立了依宪治国的最高依据、根本遵循和目标定位；而且修宪过程本身也完全符合形式法治的基本要求，从党中央动议修宪开始，整个修宪工作都是在党的领导下严格依宪依法进行的，从而"很好地体现了执政

---

1　参见范进学："全国人大宪法和法律委员会的功能与使命"，载《华东政法大学学报》2018年第4期。

2　参见李少文："地方立法权扩张的合宪性与宪法发展"，载《华东政法大学学报》2016年第2期。

党依宪治国、依宪执政的执政主张"，[1] 彰显了新时代我们党的执政自信以及厉行法治的坚定决心和实际行动。经过修改后的宪法，将执政党的政治决断和人民对未来美好生活的向往有机熔铸于一体，确认了新时代治国理政的重大战略，构筑了新时代坚持和发展中国特色社会主义的"宪法根基"。当然，"修改宪法是为了更好地实施宪法，使文本上的宪法'活起来'、'落下去'，充分发挥根本法的作用"[2]。因此，接下来所应该努力做的，就是应当以这次宪法修改为契机，真正把宪法的价值理念和文本规定落到实处，努力把宪法实施提高到一个新的水平，从而使依宪治国成为鲜活生动的法治实践。

## ▶ 第二节　依宪治国与宪法发展

宪法自其在近代诞生以来，就承载着人类诸多美好的政治理想和价值期盼，让静态的宪法典不断更新、发展和完善，是任何一个国家宪法诞生和成长过程中的不懈追求。制宪者们焚膏继晷、殚精竭虑，无不想制定一部垂范万世从而万世不移的宪法。但受制于人类认知能力的局限性以及客观事物及其本质的暴露程度，任何时代的任何人都不可能达致绝对真理，对真理的认识和发现永远是一个过程。前已述及，我国现行宪法在经过五次局部修改之后，已日臻完善并更具科学性、实效性和权威性，但这并不妨碍我们在"坚持依法治国首先要坚持依宪治国"以及"把全面贯彻实施宪法提高到一个新水平"的法治信念下，对宪法文本的演变机理和发展空间作进一步的理性审视和探讨，以使其更为充分地展现时代魅力，发挥价值功能。

### 一、宪法文本的稳定性与变动性

宪法文本作为特定时期的制宪者对特定对象的认识产物，只能反映特定时期及特定国家的社会结构、文化传统、政治环境以及制度需求，虽然也能够容纳对未来一定时期的规划和预见，但随着时间的推移和实践的发展，宪法文本与社会现实之间的背离将无可避免地呈现出来。静态的宪法文本和动态的社会现实之间，存在着近乎永恒的张力与矛盾。可以说，当修宪主体通过法定的程

---

1　莫纪宏："以宪法修改为契机全面推进依宪治国"，载《西北大学学报（哲学社会科学版）》2018年第4期。

2　栗战书："使全体人民成为宪法的忠实崇尚者自觉遵守者坚定捍卫者——在深入学习宣传和贯彻实施宪法座谈会上的讲话"，载《中国人大》2018年第7期。

序步骤完成了修宪工作之后，仅仅意味着某次具体修宪过程的暂告结束。但是从动态上看，宪法的"完整性只是永久不断地对完整性的接近而已"[1]。因为，"社会的需求和社会的意见常常是或多或少地走在法律的前面，我们可能非常接近地达到它们之间缺口的接合处，但永远存在的趋向是要把这种缺口重新打开来，因为法律是稳定的，而我们谈到的社会是前进的"[2]。这样，继续对已经修改过的宪法适时进行修改完善，不断地为之注入新的生命和活力，以缩小乃至填补其与社会现实之间的缝隙与缺口，便成为任何一部成文宪法无法回避的宿命；而只有通过宪法变革尽力保持文本与现实的合拍或弥合两者之间的距离，才能够真正维护宪法的稳定性和权威性，并有效实现宪法所承载的建构使命和规范功能。因此，宪法修改既是宪法理想、宪法诉求现实化的过程，又是人们不断追求现实的宪法文本更加理想和完善的过程，这个过程永无止境而且始终存续于宪法实践之中。

宪法的稳定性和变动性紧密相连、辩证统一，如果一个宪法文本可以被现实任意突破的话，那就无所谓宪法实施和宪法权威了；人们也不会对一部变来变去、朝令夕改的宪法产生信心并把自己的安全和未来寄托在宪法身上。但宪法在保持必要的稳定性的同时，也必须具备适度的灵活性和适应性，能够对变化的现实作出积极的回应；一部僵化保守、故步自封的过时文本，同样不会赢得人们的尊重和信奉，并迟早会被日新月异的社会现实所抛弃。因此，从长远来看，宪法修改虽然在形式上可能会对宪法的稳定性带来一定的影响和冲击，但根据变化了的现实境况和社会需求，适时审慎地修改宪法，在某种程度上有利于保持宪法在更长远时期内的生命力和对现实的适应性与规范力，因而是对宪法稳定性的实质性补强。

既然宪法的变动性不可避免，一味地拒绝或排斥对宪法的修改就是不可取的，机械地强调宪法的稳定性，甚至把宪法看作是不可更改的永恒规则，更是一种"宪法条文拜物教"的盲目心态。"现代法的特点是可变的、甚至是求变的。"[3] 现代宪法的特点同样是可变的、求变的。恰如宪法学家王世杰和钱端升所言："宪法无论在形式上，或在实际上，都不含有不可变性。"[4] 为此，当今世界上几乎所有的成文宪法都明确规定了自身的修改问题，设置了宪法修

---

1　［德］黑格尔：《法哲学原理》，范扬、张企泰译，商务印书馆1982年重印本，第225页。

2　［英］亨利·梅因：《古代法》，沈景一译，商务印书馆1959年版，第15页。

3　季卫东："程序比较论"，载《比较法研究》1993年第1期。

4　王世杰、钱端升：《比较宪法》，中国政法大学出版社1997年版，第329页。

改的基本程序和方式。只不过，宪法作为一国的根本法和最高法，承载着崇高的价值理想和特殊的历史使命，与普通法律相比，对其进行修改要更加认真和谨慎，修改程序也更为严格和复杂，对符合民意的要求程度也更高。由此，宪法便获得了一种区别于普通法律的形式特征，即修改宪法的速度与效率并非人们的关注重点，其保护作用与民主程度才是更为重要的考虑因素。的确，只有在宪法具有最大稳定性的情况下，宪法的至上尊严与权威才能得到充分的体现，人民的安全和利益才能得到可靠的保障。同时，宪法修改的过程实际上也是人民参与讨论和审议的过程，是宪法意识和宪法文化形成与培育的过程，对宪法修改民主程度的更高要求，显然有利于在更大范围内和更高程度上凝聚社会共识、增进国家认同、弘扬宪法精神。

在学术界，对我国的宪法修改实践存在着一种较具代表性的观点，认为这种修宪模式属于典型的"政策性修宪"，[1] 就是以政治实力和政策引领来决定宪法使命和文本命运，体现出一种宪法工具主义色彩，过于强调宪法的灵活性与适应性，而影响了宪法自身的规范性和权威性。事实上，宪法的稳定性和灵活性，以及宪法的适应性和规范性，都是宪法权威性的一体之两面，对任何一面的过分强调都可能会失之绝对，从而走向实质虚无。现行宪法在经历了几次局部修改之后，获得了一个较为稳定的实施期，但这并不意味着其在变迁的社会情势面前，就具备了足以长期稳定的正当性和充分性。恰恰相反，我国正处于社会大变革时期，宪法适度稳定的表象只能是其由"量变"走向"质变"前的必要积累，这段时间同样也是社会发展进入新阶段前的必然过渡。在积累和过渡完成之后，无论是社会的转型进步，还是宪法的发展更新，都是不可避免的，也是无法回避的。身处改革的时代，宪法不能拒绝或滞延社会的变革，风云激荡的社会大变革必然会强烈地呼唤宪法的吐故纳新。我国的行宪实践已经充分证明：宪法真正的权威不在于一成不变，而在于与时俱进、不断发展；而每一次宪法修改又会在一个新的起点上凝聚社会共识、推进国家建设。

宪法的稳定性固然与宪法权威紧密相连，但宪法的变动性对于宪法权威的维系而言同样至关重要。在这组近乎永恒的矛盾之间，正确的处置之道绝不是固守宪法文本的不可变动，也不是动辄轻言进行宪法修改，而是应当结合实践的发展需求和宪法的发展规律，在有效调谐二者关系的基础上，选择适当的宪

---

1 较为集中的相关研究可参见殷啸虎："论'政策性修宪'及其完善"，载《法商研究》2000年第1期；殷啸虎、房保国："论我国现行'政策性修宪'模式的局限性"，载《法学》1999年第12期；殷啸虎、房保国："论'政策性修宪'与'制度性修宪'"，载《法学论坛》2000年第2期。

法变迁路径与时机。至于对所谓政策性修宪的质疑或微词，不仅在一定程度上未能对中国宪法历史和宪法现实作出全面客观的理解与观察，也未能对中国宪法在发展过程中所进行的规范努力和取得的实际效果进行积极的认识和评价。批评者往往一边义正词严地指责那些从现实出发的学术努力是"不正当地从事实推出了规范"，一边却又躺在事实产出的规范温床上抱残守缺地否定修法的正当性，并耽于用来自异域的并不完全真实和合适的想象来衡量中国的现实。实际上，从世界各国的宪法历史和现实出发，我们都不应拒绝——事实上也无法拒绝或回避政治对宪法的影响，当然也不能忽视宪法对政治的规范和约束。正是基于对二者之间相互关系的深刻认识与理性反思，当代中国才义无反顾地踏上了荆棘坎坷却又雄浑豪迈的宪法之旅，才有了维护宪法权威、实施依宪治国的庄严承诺与坚定行动。

## 二、现行宪法的历史类型

我国现行宪法诞生于改革开放初期的1982年，是"根据党的十一届三中全会确立的路线方针政策，总结我国社会主义建设正反两方面经验，深刻吸取十年'文化大革命'的沉痛教训，借鉴世界社会主义成败得失，适应我国改革开放和社会主义现代化建设、加强社会主义民主法制建设的新要求"[1]而制定的。因此，现行宪法是拨乱反正、改革开放的产物，其本身是改革的成果，同时作为国家的根本大法，也肩负着确认改革成果、推进改革不断深入的使命。这种宪法根植于改革却又独立于改革的特殊关系，构成了中国改革与宪制的独特图景，这既为中国宪法学的成长与发展铺就了肥沃的本土资源，也给中国宪法学带来了智识上的难题与挑战。改革在前、行宪在后，行宪史与改革史高度重合并相互印证，宪法伴随着改革进程呈现出鲜明的"且行且改"演进轨迹，"它为认可和推动改革而制定，又因改革而屡屡修改"，可谓是对改革开放以来我国宪法演变历程的精确描述。可以说，现行宪法是一部典型的"改革宪法"[2]，或曰"转型期宪法"[3]，尚不是论者所言说的那种理想的"规范宪法"。[4] 这在某种程度上也意味着现行宪法与作为其制定基础的"五四宪法"

---

1　习近平："在首都各界纪念现行宪法公布施行三十周年大会上的讲话"，载《论坚持全面依法治国》，中央文献出版社2020年版，第8页。

2　夏勇："中国宪法改革的几个基本理论问题"，载《中国社会科学》2003年第2期。

3　林来梵："转型期宪法的实施形态"，载《比较法研究》2014年第4期。

4　林来梵："中国宪法学的现状与展望"，载《法学研究》2011年第6期。

一样，在历史类型上仍然属于一部过渡性质的宪法，[1] 其历史使命将随着过渡期的结束而完成。这也决定了在社会发展进入新的历史阶段之后，现行宪法必将会随之加以修改以适应新时期的新变化。

说现行宪法是"过渡宪法"，意指其属于由改革初期向全面深化改革时期的过渡，属于由恢复和重建法制向全面依法治国的过渡。回顾现行宪法的发展历程可以发现，已经进行过的五次局部修改都是对改革成果的确认和对社会主义发展规律认识深化的宪法表达。应当说，这种修改的频率与幅度都是比较大的，有学者担心这不利于宪法的稳定和权威，并认为现行宪法规定本身偏重于政策性和经济性内容，可能是招致宪法频繁调整的一个重要原因。其实，现行宪法的过渡属性是评价现行宪法及其演变历程的必要前提。如前所述，我国的改革史在一定意义上亦是行宪史，在"摸着石头过河"的改革初期，试验性、试错式的改革探索，必然会因为改革的"变法"特质而带来对既有宪法秩序的冲击，而作为"改革宪法"的现行宪法亦为改革留下了一定的模糊和空白空间，以免改革裹足不前。[2] 这样，面对不断推进的改革开放和现代化建设所带来的中国社会的剧烈变迁，静态的宪法文本必须跟随动态的改革步伐而不断改革自身。否则，一部僵化保守、故步自封的宪法文本，势必会频频被成功的改革实践所突破，这样一来，宪法自身的权威性又何从谈起！事实上，宪法权威性赖以存在的前提，不是形式上的稳定性，而是实质上的与时俱进、不断更新。甚至可以认为，在我国宪法解释机制长期虚置的情况下，修改宪法恰恰是"改革宪法"的实施方式之一。适时的宪法修改是由改革本身固有的变动性和探索性所决定的。

现行宪法具有过渡性，在全面深化改革的时代背景下，现行宪法的过渡属性更是暴露无遗，但过渡性只应是其在过渡期内的外在特征，而不应成为束缚其良性发展和理性演变的局限与包袱。在改革进入深水区和攻坚期之后，改革的阻力和风险大幅度增加，面临着诸多难啃的"硬骨头"，既要对从未改革过的领域进行改革，还要对改革过的进行再改革，因为昨日的改革成就可能会成为今日的改革对象或壁垒。一边要继续前行，一边还要回望检视，这样，"摸着石头过河"的传统改革思路显然已无力应对[3]。所以党的十八大以来中央特

---

1　毛泽东在谈到"五四宪法"性质时说："我们的这个宪法，是社会主义类型的宪法，但还不是完全社会主义的宪法，它是一个过渡时期的宪法"。《毛泽东选集（第五卷）》，人民出版社1977年版，第131页。

2　参见夏勇："宪法应为改革留出空间"，载《北京日报》2003年6月16日。

3　参见常安："'摸着石头过河'与'可改可不改的不改'——改革背景下的当代中国宪法变迁"，载《法律科学》2010年第2期。

别强调改革的顶层设计，注重改革的系统性、整体性和协同性，强调要在"法治的轨道上推进改革"，做到"重大改革于法有据"。而"重大改革于法有据"首先就要"重大改革于宪法有据"；在"法治的轨道上推进改革"首先就要求在"宪法的轨道上推进改革"。由此，宪法的时代使命已悄然发生了重大转换：由过往对改革的追认，转换为对改革的引领、规范和保障。这对诞生于改革开放和恢复重建法制初期的现行宪法而言无疑是一个巨大的挑战，"改革宪法"的改革思路和改革方案面临着更多的困扰和掣肘，并且因其过渡特质无法恰当调适与新时期的新情况新问题新任务之间的张力，而使其历史局限性更为凸显并面临着需要作出全局性变动的局面。因此，审时度势、积极主动地对其加以修改完善，是深入推进依宪治国、为重大改革提供宪法依据和保障的时代要求。

　　总的来看，现行宪法自1982年公布施行以来，始终处于不断发展完善的过程之中，富强、民主、法治、人权、公平正义等价值要素被不断注入或强化。"无论是公民权利保障还是以人大为中心的国家权力安排，都完全符合世界各国依宪治国的规律。"[1]但如前所述，宪法的发展永无止境，而通过宪法修改或宪法解释等方式来实现宪法的良性发展与变迁，是更好地发挥宪法在治国理政中重要作用的必要前提，也是依宪治国的题中应有之义。基于新中国宪法发展史的阶段性角度，有学者将新中国宪法分为"建国（建政）宪法""改革宪法"和"复兴宪法"，认为"新时代宪法将是一部充分体现中国特色、中国风格和中国优势的复兴宪法"。为此，需要以现行宪法的第五次修改为起点和契机，面向中国宪法政治、宪法理论、宪法制度和宪法实践的未来发展，"在中国共产党建党100周年之际，也许正是党领导人民制定和修改宪法的最佳时机，通过类同于 1982 年修改宪法的方式……修改和完善现行宪法"[2]。因此，正确认识现行宪法的历史类型和演进逻辑，分析宪法变迁的路径选择及发展趋势，仍然是当下宪法学研究的一项重大课题。

### 三、现行宪法的演进策略

　　现行宪法之所以被认为是一部好宪法，从相关表述来看，积极评价的立足点都在于现行宪法体现了拨乱反正、改革开放、法治国家、人权保障、现代化建设等先进的宪法理念和价值；但是，现行宪法毕竟诞生于改革开放和恢复重

---

1　张千帆："论宪法的选择适用"，载《中外法学》2012年第5期。

2　肖金明："新中国宪法政治发展的回顾与展望"，载《法学论坛》2018年第3期。

建社会主义法制的初期，是根据我国的历史经验为适应当时的时代需要而制定的，在指导思想、价值理念、制度安排以及立宪技术、文本逻辑、内容结构等方面，不可避免地带有鲜明的时代烙印和一定的历史局限。这就需要与时俱进地推动宪法的完善与发展，不断为其注入新理念新规范新内容，使其能够适应新形势、承担新使命。只有从时代发展要求出发，同改革进程不断深化相适应，围绕我国法治建设中的重大理论和实践问题，与时俱进、审时度势地对现行宪法进行修改完善，使其更加符合时代发展要求、社会发展规律、人民意志和利益，才能进一步推动国家的发展、增进人民的福祉、实现民族的复兴，才能有效成为依宪治国的规范依据以及全面贯彻实施宪法的文本基础，进而才能进一步完善以宪法为核心的国家治理体系和有效推进以宪治[1]为核心的国家治理能力现代化。

　　我国宪法所提供的宪法演进变迁方式主要有两种：宪法解释和宪法修改。然而，宪法解释在我国的宪法实践中几乎一直处于休眠状态，而反复地局部修宪则在宪法进化历程中始终居于垄断性或排他性地位。现行宪法作为对"五四宪法"全面修改的产物，自1982年公布施行至今，已经进行了多次局部修改，对于修改的过程以及结果，学界基本上都报以积极的评价；[2]但对于过于频繁地采取宪法修改这种宪法变革方式，却担忧会损害宪法权威、影响宪法稳定。[3]然而，现行宪法诞生在改革开放初期，波澜壮阔、风起云涌的改革征程使我国经历着持续而又剧烈的现代化转型，无论是政治、经济还是社会、文化等领域，都发生了广泛而又深刻的变革，从而必然推动宪法层面的积极回应。经过五次局部修改，现行宪法已经先后融入了一系列先进的宪法原则和政治理念，有力地保障了我国各项事业的健康发展。但与日新月异的社会变迁情势相比，我国的宪法修改却始终奉行着慎之又慎的修宪策略，在重视宪法作为根本法承担推动改革深入和社会转型的历史使命的同时，对宪法稳定性和权威性的重视与维护，也丝毫未曾放松，进而构成了我国宪法演变逻辑的一条主线。

-------------------

1　对"宪治"的语义及意义阐释，参见蒋清华："宪治：法治中国的话语更新"，载《北航法学（2016年第1卷）》，中国政法大学出版社2016年版，第131—157页。

2　对于前四次宪法修改的相关学术评价，可参见许崇德主编：《宪法（第四版）》，中国人民大学出版社2009年版，第91—98页；胡锦光、韩大元：《中国宪法（第二版）》，法律出版社2007年版，第56—59页；张千帆主编、肖泽晟副主编：《宪法学》，法律出版社2004年版，第73—74页。

3　参见王磊："宪法如何面对未来？——修宪与宪法的稳定性和连续性"，载《中外法学》2005年第1期。

根据现行宪法第64条的规定，修改宪法需要由全国人大常委会或者五分之一以上的全国人大代表提议，并由全国人民代表大会以全体代表的三分之二以上的多数通过。因此，根据宪法本身规定的修改程序，要想对宪法进行修改似乎并不难，"在中国立法政治的动力机制内，无论是提案阶段的全国人大常委会或1/5的代表，还是通过阶段的2/3的多数代表，都是一个可以轻易跨越的门槛"。[1] 然而，如果对我国政治过程和宪法实践进行深入观察和真实了解就可以清楚地发现：宪法修改实际上远非如此简单和轻松，这在目前已有的五次修宪实践中有充分的证明。

在1987年对现行宪法进行第一次修改之际，提出了两条修改原则："一是改革要遵守法律，法律为改革服务。二是这次修改宪法，只限于修改必须修改的条款，对于不改就会妨碍改革的，就应该修改。"[2] 这两条修宪原则实际就宪法与改革的关系作了两点说明：第一，法律虽然要为改革服务，但改革遵守法律始终是第一位的，即对宪法权威的考量要大于对宪法服务改革的考量；第二，对宪法的修改范围进行了明确限定，"只限于必须修改的条款"，以最大程度保持宪法的稳定性。对"必须修改"的判断标准是"不修改就会妨碍改革"。这是在最大限度保持宪法稳定性的前提下，为通过修宪促进改革而赋予宪法有限的且必要的灵活性，而其中对宪法稳定性和权威性的考量则始终是首要的。正如彭真同志在1988年2月27日全国人大常委会委员长会议上讨论修宪时所指出的那样："应当保持宪法的稳定，这是国家稳定的基础。今年宪法的修改，只对必须修改的条文作修正，可改可不改的不改，能用宪法解释的就作宪法解释，整个宪法不作修改，这样有利于宪法稳定，有利于国家稳定。"[3]

事实上，这种"宪法稳定是国家稳定的基础，出于维护国家稳定的考虑，必须对修宪深思熟虑"的指导思想，其后一直贯穿在现行宪法的历次修改过程之中，并不断得到重申和细化。1990年，中共全国人大常委会党组在报送中共中央的《关于修改地方组织法和选举法涉及修改宪法的几个问题的报告》中写道："修改宪法是国家政治生活中的一件大事，需要非常慎重。世界上许多国家对修改宪法都规定了严格的程序，不能轻易修改。其原因主要是维护国家的

---

1　田雷："超越文本：'八二宪法'框架内的宪法变革——从'八二宪法'有过多少次'修改'谈起"，载《哈尔滨工业大学学报（社会科学版）》2012年第5期。

2　杨景宇："宪法的稳定和与时俱进"，载《人民日报》2003年12月17日。

3　对这次修宪历史的记叙，参见刘政："我国现行宪法修改的原则、方式和程序——1988年、1993年和1999年三次修宪回顾"，载《中国人大》2002年第21期。

稳定和国家的根本制度。我们国家当前最大的利益是稳定，宪法的稳定是国家稳定的基础。……如果属于非改不可的重大原则问题，应当经过充分的讨论和调查研究，看准了再修改；如果属于可改可不改的，以不改为好。"[1] 中共中央同意了这个报告并决定在七届全国人大的任期内不再考虑对宪法进行修改的问题。此时，宪法修改的原则除了重申"可改可不改的不改"外，还对"非改不可的"判断提出了具体细化的程序性要求，即"应当经过充分的讨论和调查研究，看准了再修改"。

在1993年修改宪法时，中共中央在《关于修改宪法部分内容的建议的说明》中再次重申："这次宪法修改，以党的十四大精神为指导，对涉及国家经济、政治、社会生活的重大问题的有关规定，必须进行修改的加以修改。……这次修改宪法不是作全面修改，可改可不改的不改，有些问题今后可以采取宪法解释的方式予以解决。"[2] 1999年修改宪法时所秉持的原则仍然是："只对需要修改的并已成熟的问题作出修改，可改可不改的问题不作修改。"[3] 这里针对需要修改宪法的问题，又提出了一个具体的要满足"已成熟"的程度性要求。在2004年修改宪法时，对修宪原则作了较为集中和凝练的概括："对实践证明是成熟的、需要用宪法规范的、非改不可的进行修改，可改可不改的、可以通过宪法解释予以明确的不改。"[4]

对于2018年的第五次宪法修改，修宪说明中对这次修宪的基本思路和所遵循的原则作了精准而深刻的阐释："宪法修改，是党和国家政治生活中的一件大事。"对宪法进行适当修改的决定，党中央"是经过反复考虑、综合方方面面情况作出的"。这次宪法修改所遵循的原则是：坚持党的领导，严格依法按程序推进，充分发扬民主、广泛凝聚共识，坚持作部分修改、不作大改；并强调："对各方面普遍要求修改、实践证明成熟、具有广泛共识、需要在宪法上予以体现和规范、非改不可的，进行必要的、适当的修改；对不成熟、有争议、有待进一步研究的，不作修改；对可改可不改、可以通过有关法律或者

---

1　刘政、程湘清：《人民代表大会制度的理论和实践》，中国民主法制出版社2003年，第275页。

2　王培英：《中国宪法文献通编》，中国民主法制出版社2004年，第104页。

3　田纪云在九届全国人大二次会议上所做的"关于《中华人民共和国宪法修正案（草案）》的说明"，载王培英编：《中国宪法文献通编》，中国民主法制出版社2004年，第119页。

4　王兆国："关于《中华人民共和国宪法修正案（草案）》的说明"，载全国人大常委会办公厅、中共中央文献研究室编：《人民代表大会制度重要文献选编（四）》，中国民主法制出版社、中共中央文献研究室2015年版，第1232页。

宪法解释予以明确的，原则上不作修改，保持宪法的连续性、稳定性、权威性。"[1] 这就在"已成熟"的基础上，又提出了"各方面普遍要求修改、具有广泛共识"的修宪基本要件和标准，并对"不作修改"的情形作了明确列举和排除。

总的来看，我国对于宪法修改一直采取慎之又慎的基本态度和立场。从修改的重要性来说，要满足"实践证明是成熟的""具有广泛共识的""需要用宪法予以体现和规范的""非改不可的"四个条件；从修改的必要性来说，还要排除不予修改的两种情形："可改可不改的"和"可以通过有关法律或者宪法解释予以明确的"。这样一来，宪法的修改就必须满足这些非常严谨的条件要求。如果再考虑到在修宪实践中还要经过执政党提出修宪建议这样一道前置程序的话，事实上，宪法修改的启动和完成有着非常谨慎和严格的程序限制，远不是现行宪法第64条所规定的程序那样简便。

在长期以来的修宪实践中，我国已经形成了符合宪法精神和原则、符合宪法发展规律且稳定有效规范的修宪机制与惯例，即先由中共中央提出《关于修改宪法部分内容的建议（草案）》，再依法形成《宪法修正案（草案）》和相关议案，最后由全国人大常委会提请全国人大审议和正式表决通过。首先由中共中央提出修宪建议并启动修宪程序，已经成为我国行之有效并为人们高度信赖的宪法惯例，这种修宪步骤与现行宪法第64条规定的法定环节相比，事实上多了一个由中共中央先提出修宪建议的前置程序。虽然仅从该条规定本身来看，该前置程序并非是启动宪法修改的必经程序，但坚持中国共产党的领导是我国宪法的明确规定和基本精神。由中共中央就国家重大问题向最高国家权力机关提出建议，通过法定程序使党的主张上升为国家意志，使党的政策转化为国家法律，则正是实现党的领导的主要途径，也是党依法执政的具体表现。党的核心主张和重大决定，只有上升到宪法的高度，并通过宪法实施来加以贯彻落实，才能获得充分的合法性与正当性；而宪法作为国家根本法所具有的最高权威性和规范性也必将有利于贯彻党的主张、实现党的领导。因此，由中共中央提起修宪建议，完全符合宪法的基本精神和本质属性，同时，只有把坚持党中央的集中统一领导自始至终贯穿于修宪的整个过程，才能为宪法修改提供正确的政治引领，才能更好地把中国特色社会主义制度的优势充分地转化为推进

------------------

1 王晨："关于《中华人民共和国宪法修正案（草案）》的说明"，载全国人民代表大会常务委员会办公厅编：《中华人民共和国第十三届全国人民代表大会第一次会议文件汇编》，人民出版社2018年版，第128页。

国家治理体系和治理能力现代化的强大动力，才能为宪法的最高权威性和最大稳定性提供根本的政治保障，并使之成为全社会共同遵循的根本行为准则。

宪法修改影响广泛、意义深远，无疑是事关全局的重大政治活动和重大立法活动，需要从政治上、大局上、战略上统筹考量，必须在党中央的集中统一领导下进行；同时，宪法修改又是一项专业性、规则性非常强的法治活动，必须坚持科学立法、民主立法、依法立法的原则，遵循宪法修改自身的内在要求和客观规律，这就要求严格按照法定的修宪程序和机制进行宪法修改。宪法是可变的，宪法修改方案也是可选择的，但这种选择又不能是任意的、漫无边际的。规范化的修宪程序可以提供一种充分发扬民主、广泛凝聚共识的机制，使各种观点和方案在自由讨论、理性交流的基础上得以充分展示和权衡，由此可以大大提高宪法修改的科学性、民主性，实现优化选择，找出能为各方接受并最具合理性和可行性的方案。而且，程序安排的合理性和结果形成过程的正当性更容易使人们从内心深处形成对宪法的信仰和尊重；一个为公众信赖的修宪程序有利于使社会成员对宪法秩序形成共识，从而增强整个社会的凝聚力。可以说，科学、民主、理性的修宪程序，历经时间和实践的涤荡，积淀于宪法制度之中，凝练成系统而稳定的体制机制，成为保障宪法修改质量、进而维护宪法秩序的重要前提。正是由于我国在宪法修改工作中，既注重充分发扬民主、广泛征求意见，又注重遵循宪法发展的客观规律和内在逻辑，从而确保了宪法修改的科学性、民主性和规范性，并使得宪法修改充分体现了党的主张与人民意志的有机统一，体现了坚持党的领导、人民当家作主和依法治国的有机统一。[1] 正因如此，"维护宪法权威，就是维护党和人民共同意志的权威。捍卫宪法尊严，就是捍卫党和人民共同意志的尊严。保证宪法实施，就是保证人民根本利益的实现。"[2]

当然，静态的宪法文本毕竟只能是一种"凝固的智慧"，而时代发展的潮流则浩浩荡荡、永不停歇；宪法只有根据形势的变化、实践的需要，顺势而变、应时而动，及时把新的经验和成果体现出来，才能保持高度的适应性和长久的生命力。实际上，从每一次修宪前后及修改过程中所提出的众多修改建议来看，除了实质内容方面的改进建议外，还包括形式方面的诸多技术性细节，

---

1 参见王晨："关于《中华人民共和国宪法修正案（草案）》的说明"，载全国人民代表大会常务委员会办公厅编：《中华人民共和国第十三届全国人民代表大会第一次会议文件汇编》，人民出版社2018年版，第128页。

2 习近平："在首都各界纪念现行宪法公布施行三十周年大会上的讲话"，载《论坚持全面依法治国》，中央文献出版社2020年版，第9页。

可谓涉及了现行宪法的方方面面。[1] 但这些建议有的需要实践的进一步检验，有的有赖于改革步骤的统筹推进，有的可以通过其他途径加以回应，再加上部分修宪的容量有限，因此，不少修宪建议未必能够被吸收和采纳。而未被采纳的修宪建议所涉及的问题可能依然存在，尤其是学者们所提出的建议往往是立足于宪法文本且观照于行宪实践并经过严谨的学术思考而提出的，在其未被采纳之前可以说仍然是宪法实践中所不可忽视的理论问题。这就意味着现行宪法虽历经多次修改而日趋完备，但仍然需要紧跟时代步伐，不断修改完善。而且，经过修改的内容毕竟在整部宪法中处于少数，这不仅无力改变宪法文本整体的形象与气质，反而可能会因"新旧"对比强烈而使得过时的部分更加凸显，使新旧条款之间所存在的规范性张力与价值抵牾，以及由此导致的宪法自身结构内的自我矛盾与冲突愈发紧张。比如关于《物权法（草案）》的合宪性争论，在很大程度上就是由于宪法条款之间的抵牾造成的。[2] 事实上，面对现行宪法的文本疏漏与历史局限，在加强宪法实施的学术思考中，除了积极进行制度构建的努力和反思之外，已经有学者开始从宪法文本自身找寻原因，试图在对宪法文本的各个章节条款进行分类定性的基础上，主张对现行宪法条文进行"选择适用"，其理由就是认为有些适合适用，有些不适合适用，有些适合直接适用，有些适合间接适用。[3] 或者把现行宪法区分为"已经获得良好实施的条款""有待得到有效实施的宪法条款"，并认为我国的宪法实施呈现出"倾斜性的实施形态"。[4] 无疑，这些立足于宪法文本的规范分析，对于全面认识我国现行宪法中不同条款的不同属性及其实施方式和实施状态具有一定的学术价值，但这些分析除了能够描述现状或者满足学术研究的需要外，对于改进宪法实施状况其实并无关键性的推进作用，因为作为宪法实施对象的宪法文

---

1 例如，在2004年修宪前，学界就发表了大量对宪法修改的建议类文章，可参见秦前红："对现行宪法进行修改的建议"，载《红旗文稿》2003年第15期；胡锦光等："关于现行宪法第四次修正的建议"，载《法学家》2003年第5期；童之伟："修改宪法总纲中经济条款的设想"，载《政治与法律》2003年第3期；马岭："对宪法'序言'和'总纲'的修改建议"，载《法律科学》2003年第4期；马岭："对宪法《公民的基本权利和义务》一章的修改建议"，载《国家行政学院学报》2003年第5期；马怀德、邓毅："司法独立与宪法修改"，载《法学》2003年第12期；姜廷惠："宪法语言修改之管见"，载《法制日报》2003年06月26日等。

2 参见张翔："宪法文本下的价值冲突与技术调和"，载《读书》2012年第12期。

3 参见张千帆："论宪法的选择适用"，载《中外法学》2012年第5期。

4 参见林来梵："转型期宪法的实施形态"，载《比较法研究》2014年第4期。

本本身并没有发生任何变化。因此，只有在对现行宪法文本进行全面客观的审视与评价，并切实提升宪法自身的科学性、正当性的基础上，才能为宪法的有效实施提供必不可少的规范前提，这就决定了通过宪法修改的宪法演进与变迁将是我国宪法实践中的一种常态，也是一种正常的和必然的宪法现象。

## ▶ 第三节　宪法变迁的路径选择与未来展望

"宪法变迁"是一个意涵十分丰富的学术概念，对其的理论研讨构成了宪法学尤其是比较宪法学的重要知识点。[1] 但本书仅在一般语义上使用这个概念，即指一国宪法的产生、发展和演变历程，并将宪法变迁视为宪法修改、宪法解释等宪法演进路径的上位概念。如前所述，现行宪法具有"改革宪法"的鲜明特质，由于在改革时代存在着社会现实与宪法条文之间"变"与"不变"的巨大张力和内在矛盾，既然"改革开放永无止境"，那么宪法变迁也随之同样"没有完成时"。宪法不能拒绝变革和更新，只要静态的宪法本文在动态的社会现实面前暴露出局限与不足，就必然会出现对宪法变革的呼唤。问题的关键在于如何审时度势地选择宪法变迁的路径与方略，这就需要首先梳理和探究我国现行宪法的演变逻辑和基本模式，以为宪法变迁的路径选择提供必要的理论思路。

### 一、宪法解释与宪法修改

在成文宪法国家，宪法变迁的方式主要有宪法解释和宪法修改两种路径。与宪法修改相比，宪法解释是在形式上不变动宪法文本的情况下，通过对宪法条款进行语义上的扩展或限缩，以调和静态条款与动态现实之间的背离与冲突。这种静悄悄的宪法变迁方式显然"有助于宪法能够不断地适应新的形势的发展要求，同时又可以保持宪法的稳定性，避免过于频繁地修宪"。[2] 因此，

--------------------

1　相关探讨可参见：秦前红："论宪法变迁"，载《中国法学》2001年第2期；王锴："宪法变迁：一个事实与规范之间的概念"，载《北京航空航天大学学报（社会科学版）》2011年第3期；韩大元："宪法变迁理论评析"，载《法学评论》1997年第4期；王锴："德国宪法变迁理论的演进"，载《环球法律评论》2015年第3期，等等。

2　许崇德："我国宪法与宪法的实施——全国人大法制讲座第一讲讲稿"，载《人大工作通讯》1998年第16期。

有学者推崇"应对宪法变迁问题，最重要的莫过于宪法解释"。[1] 还有学者极力推崇宪法解释应当成为宪法生长的首选方式。[2]

宪法解释的显著优势除了被学术界所极力倡导外，亦在修宪实践中被反复强调。在我国历次修宪所采取的审慎策略中，对于"可以通过宪法解释予以明确的"，一般均不列入修改的范围之内。不过，与反复地局部修宪作为我国宪法变迁的主导形态相比，迄今为止，"无论是在法制建设薄弱的年代还是在大力加强法制建设的今天，负有解释宪法和法律职责的国家权力机关却从未有过解释宪法和法律这回事，从未对宪法的哪一条作过任何一次正式解释"。[3]

宪法解释制度的长期休眠，不仅刺激着学者们为推动宪法解释的实践落地而奔走呼号，而且引发了人们对我国宪法修改的不当批评，其理由之一就是宪法解释同属我国宪法规定的变革方式，"但在具体的宪法运行过程中我们没有对宪法解释权在社会变革中的功能给予必要的关注，而是不适当地强调了宪法修改的功能"。[4] 尤其是在面对宪法修改长期以来一直是我国宪法变革的唯一方式的情况下，经常有学者为启动宪法解释而不断进行呼吁，比如指出宪法实施是解释的事业，宪法解释是监督宪法实施的钥匙；[5] 甚至围绕《宪法解释程序法》的起草与论证已经做了大量建设性的工作。[6] 这些努力无疑是丰富中国宪法学研究、推动中国宪法发展必不可少的理论作业。但对于宪法解释的"中国图景"，[7] 以及在显而易见的"优势"背后可能隐藏的那些不易被发现或有意被弱化的局限，却并没有得到应有的正视。

---

1　李忠夏："作为社会整合的宪法解释——以宪法变迁为切入点"，载《法制与社会发展》2013年第2期。

2　参见徐秀义、韩大元：《现代宪法学基本原理》，中国人民公安大学出版社2001年，第278页。

3　袁吉亮："论立法解释制度之非"，载《中国法学》1994年第4期。应该注意的是，截至目前，全国人大常委会已经对《香港特别行政区基本法》《澳门特别行政区基本法》《刑法》和《国籍法》等作出了法律解释，不过对于宪法仍然是"一次正式解释"也没有。

4　韩大元："'十六大'后须强化宪法解释制度的功能"，载《法学》2003年第1期。

5　参见郑贤君："宪法实施：解释的事业——政治理论的宪法解释图式"，载《法学杂志》2013年第12期；郑贤君"宪法解释：监督宪法实施之匙"，载《人民法治》2015年2–3月号。

6　参见韩大元："《宪法解释程序法》的意义、思路与框架"，载《浙江社会科学》2009年第9期；秦前红："《宪法解释程序法》的制定思路和若干问题探究"，载《中国高等社会科学》2015年第3期，等等。

7　参见苗连营："宪法解释的功能、原则及其中国图景"，载《法律科学》2004年第6期。

首先，与一般的法律解释相比，宪法解释关注的并非只是具体条文的制定意图或原初含义，而是更注重宪法条文所蕴含的崇高目的，更强调在社会情势的历史变迁中，将宪法所内涵的那些具有恒久性的价值理念揭示出来并予以制度化地实现。这就要求宪法自身必须具有足够的包容性和超凡的预见力，能够在相当长的时期内应对社会生活的巨大变化；同时，在立宪技术上要有足够的概括性和模糊性，以为不同情境下的灵活性解释留出广阔的空间。而在我国，中国特色社会主义已经进入新时代，持续纵深发展的社会大变革推动了经济关系和社会结构的转型更新，形成了治国理政的一系列新思想新理念新战略，而且在未来数年之内还要迎来国家发展的一系列重要关键节点，比如全面建成小康社会，基本实现社会主义现代化，全面建成社会主义现代化强国，等等。这些与1982年现行宪法制定时的立宪理念、社会基础、历史背景相比，可谓发生了全方位的深刻变化。在这种情况下，试图通过解释手段来突破现行宪法固有的历史局限，实现宪法基本精神和价值取向上的重大更新，显然已经超出了宪法解释的能力和容量，是其无法承受之重。而且，现行宪法中有些词语并非法律术语，其规范含义很难确定；有些条款之间存在前后不一致或冲突之处，而非仅仅是表意含混、过于原则的问题；有些规定非常具体细致以至于无法进行变通性的解释；有的情况属于需要增加补充新的规定，而难以从既有文本中去挖掘出新的含义。显然，在这些情况下，宪法解释所能起的作用是非常有限的。

其次，宪法解释不仅需要解释者具备深厚的宪法素养，足以在变动不居的社会现实面前灵活运用解释技术满足现实对宪法的合理需求；同时还需要宪法解释的受众能够理解、认同并尊重解释者的解释，能够通过解释领会宪法所蕴含的意义进而增加对宪法的敬仰。宪法解释具有很强的专业性、技术性，是法律职业共同体从专业角度对宪法展开的解读，普通民众能否理解那些支撑和论证宪法解释合法性和合理性的一大堆"行话"（professional narrative），[1]是对宪法解释的一大挑战，尤其是宪法没有进入诉讼程序的情况下，普通民众对于宪法的认识、对于宪法的存在和意义，首先是通过一般性的普法教育和法制宣传来获得的，这样一来，宪法解释的命运就更不容乐观。在他们的朴素感受里，宪法首先应该表达的就是常人皆可理解的字面含义；他们距离"行话"越远，越会令他们容易对宪法产生隔膜甚至冷淡，越会不愿甚至不

--------------------

1 See Ackerman, Bruce, "Higher Lawmaking", ed.by Sanford Levinson, *Responding to Imperfection: the Theory and Practice of Constitutional Amendment*, Princeton University Press, 1995, pp.66-68.

属于去参加"行话"的理解和建构，宪法的权威自然也就愈会失去坚实的民众基础。制宪者曾富有远见地指出"搞宪法就是搞科学"，[1] 而搞宪法显然并不是搞老百姓看不懂的科学，相反，科学的魅力之处恰恰在于其可以被任何人轻松地接近并理解。因此，与其花大量功夫为宪法解释进行翔实地论证和深刻地说服，倒不如直接推动修改宪法，让宪法条文清楚无误地表示其应有的意涵。如果认为宪法存在一些"只可意会不可言传"的精神与理念以至于无法通过修改形成具体条文来呈现共识的话，那么，凭什么认为通过费尽周折的宪法解释就可以做到呢？对宪法解释的过分推崇，有可能拉开宪法与普罗大众的距离，甚至可能会异化为另一种知识上的专制。而且，也许精英们会认为具备解释宪法的能力和理解宪法解释的条件，但有时恐怕在同为精英们的彼此之间也难以相互说服并进而达成宪法解释所必需的共识。因此，即使宪法解释以后进入我国的宪法实践之中，其仍然面临诸多不确定性，甚至还需要进一步为解释而解释。

最后，宪法解释真正发挥作用的场域在宪法适用过程之中，只有当宪法被适用的时候，尤其是当适用宪法去解决争议和纠纷的时候，才有具体明晰宪法条款含义的必要和可能。因为，宪法解释并不是一项可以独立存在的抽象性权力，而是依附于宪法适用的实践性技术；在不存在适用宪法定分止争的情况下，宪法解释自然就没有赖以依附的本体和存在的价值。可以说，宪法解释与宪法适用如影随形、相伴相生。当然，这首先就要求作为解释对象之宪法文本必须具备基本的法律属性和规范要素，具有解决宪法争议的制度性功能。我国宪法迄今尚未出现过因实际适用而引发意义上的模糊、歧义和争执，也就是说，宪法解释的动力和契机并不存在。同时，相比于宪法修改这种已经较为成熟的运作机制，我国的宪法解释目前尚无任何实践上的先例，解释程序、方式和原则等更无明确可遵循的基本指引。在既无法律明确规定，又缺乏实践经验支撑的情况下，如何防止宪法解释中可能发生的偏颇，避免其背离宪法本身所应有的崇高价值；如何确保通过宪法解释凝聚社会共识，而非加重观念分歧乃至利益对立，等等，同样是宪法解释可能面临的难题。

当然，有人会说，进行宪法解释并加以论证说服，本就是宪法学者的分内之事，尤其在中国特色社会主义法律体系形成之后，这更加体现了宪法学的专业性和科学性。问题是宪法自身的文本局限和宪法变革的时代呼唤能否通

---

1　毛泽东："关于中华人民共和国宪法草案"，载《毛泽东文集（第六卷）》，人民出版社1999年版，第330页。

过宪法解释加以实质性地消解，并彻底打破宪法解释的实践困境，是一个具体而又至关重要的前提性问题，也是中国的宪法解释陷入困境的深层原因。在宪法解释无力满足当下宪法变革的迫切需求的情况下，或许只能走向宪法修改的必然。因此，我们应该警惕对宪法解释的过分推崇和对宪法修改的不当批评，宪法本质上是一种法律，和普通立法一样，根据情势的变迁进行相应的解释或修改，是再正常不过的事情。那种坚持认为"技近乎道"[1]的极端解释主张，与封闭保守的"宪法条文拜物教"心态并没有本质上的区别。也许技可以近乎道，但技并不是道。而且即便是在制宪者眼中，宪法也并不是无缝的天衣："宪法，以及别的法律，都是会有缺点的。什么时候发现，都可以提出修改，反正全国人民代表大会会议一年一次，随时可以修改。"[2] 在需要修改宪法的时候，将宪法人为地置于不可变动的高高神坛，并不利于宪法自身的生长。尤其在宪法实施状况尚不能尽如人意，成文法传统又根深蒂固的情况下，直截了当地推动宪法文本的完善或许更为迫切和必要。通过修改宪法来破除现行宪法的文本局限，使宪法紧跟时代前进步伐，不断"适应新形势、吸纳新经验、确认新成果"，[3] 是实现改革发展和促进社会进步的必由之路，是推动宪法与时俱进、日臻完善的必要选择。

不过，值得注意的是，近年来有学者通过对我国宪法发展程序间制度竞争的历史梳理与学理分析，指出我国实际上主要是通过立法发展了宪法，使现行宪法的价值和理念得到了落实，拓展了宪法制度的外延。在本书看来，这种分析和结论，虽有一定道理，但实际上已背离了对作为宪法形式载体的宪法文本的关注，而通过立法发展后的宪法，在实践中所实施的还是"宪法实施"意义上的那个宪法吗？事实上该学者同样意识到了这个问题，并指出："何为宪法是值得学界进一步加以更为周延回应的课题。"[4] 所以，现行宪法存在的文本局限，终究还是需要通过宪法修改来加以改变。

---------------------

1　参见张翔："宪法文本下的价值冲突与技术调和"，载《读书》2012年第12期。

2　毛泽东："关于宪法草案的修改问题（1954年9月14日）"，载逄先知、金冲及主编：《毛泽东传（1949—1976）（上）》，中央文献出版社2003年版，第346页。

3　习近平："在首都各界纪念现行宪法公布施行三十周年大会上的讲话"，载《论坚持全面依法治国》，中央文献出版社2020年版，第8页。

4　林彦："通过立法发展宪法——兼论宪法发展程序间的制度竞争"，载《清华法学》2013年第2期。

## 二、局部修改与全面修改

我国宪法修改的方式主要有部分修改和全面修改两种。出于对宪法稳定是国家稳定的基础的认识，现行宪法有过的五次修改都是局部修改，只涉及宪法的个别条款和部分内容，严格奉行"可改可不改的不改"这一审慎的修改思路。[1] 尽管这些修改在一定程度上弥补了宪法规范与社会现实之间的缝隙，也容纳了对未来一定时期的预见和安排，增强了宪法的适应性和权威性。但不可否认的是，局部修改的方式存在着难以克服的局限，有必要在修宪实践中予以认真审视和思考。

第一，宪法作为"党和国家的中心工作、基本原则、重大方针、重要政策在国家法制上的最高体现"，[2] 是中国特色社会主义道路、理论、制度和文化在法律文本上的结晶，是党和人民在实践中取得的重大理论创新、实践创新、制度创新成果在国家根本法上的浓缩，理应对具有中国特色的宪制模式进行科学的顶层设计和高度的凝练概括，以充分发挥宪法在治国理政中的引领和保障作用。而新时代我国改革发展和国家建设所取得的巨大成就以及国家生活和社会生活各方面所发生的剧烈变动，将会远远超出现行宪法文本的容量。当这些深层次的结构性调整和理念更新基本成熟和定型时，可以说，任何形式的局部修改都会显得捉襟见肘、难以为继。

第二，在"可改可不改的不改"这一修宪思路之下，局部修宪只能是选择性地对个别条文进行修正，以求得宪法文本最小幅度的变动和形式上的稳定。这种修改方式虽然具有极强的针对性和可操作性，但这种零散的个别化修改，显然难以进行全局性地考虑和统筹性地安排。因此，在"摸着石头过河"的改革初期，局部修宪尚能满足碎片化改革的制度调整需求，但在全面深化改革的时代背景下，这种零打碎敲式的修修补补，显然难以做到通盘考量，实现"重点突破"与"整体推进"相协调。尤其在面对一些关涉全局的重大改革举措时，局部修改的局限就更加明显；倘若只进行局部性的调整与修改，不仅会加剧宪法文本在内容上的不协调程度，而且也难以达到预期的改革效果。

第三，局部修改只能在现行宪法既有的框架内进行，当面对众多需要增删调整的内容时，局部修改势必会加大新旧条文之间衔接协调的难度，难以形

---

1　常安："'摸着石头过河'与'可改可不改的不改'——改革背景下的当代中国宪法变迁"，载《法律科学》2010年第2期。

2　习近平："在首都各界纪念现行宪法公布施行三十周年大会上的讲话"，载《论坚持全面依法治国》，中央文献出版社2020年版，第8—9页。

成一个层次清晰、结构严谨、系统完备的规范体系。这不仅会造成宪法文本的瞻前顾后、顾此失彼，而且往往不能带来宪法的真正稳定，反而又成为下一次修改的前奏；而频繁的局部修宪又会损伤宪法应有的稳定性和权威性。同时，新旧条款杂陈相处不仅影响着宪法文本整体上逻辑结构以及语用风格的协调统一，甚至会造成规范之间的内在张力与价值冲突。比如，前四次修改中都涉及了宪法总纲中的经济制度条款，有的同一个条款还被多次修改，这不仅使得这一部分内容成为变动频率最高、修改幅度最大的章节，而且使得这些条款在逻辑结构上显得散乱零碎，缺乏统一的体系化安排。更重要的是，不同时期的条款体现着不同的价值取向和发展理念，这使得条款之间的冲突和抵牾在所难免，由此给宪法的理解与适用带来无谓的歧义与纷争。例如，围绕《物权法（草案）》的合宪性争论，不同的甚至对立的观点之所以都能在宪法文本上找到有利于自己的依据和支持，正是因为宪法自身存在内在矛盾。此外，有些表述，比如"私营经济"等还带有明显的属于改革初期的时代烙印，有些甚至还带有计划经济的痕迹，以今日的眼光来看，已经显得不合时宜。为此，在将来的修改中，就必须围绕坚持和完善基本经济制度、使市场在资源配置中起决定性作用这一改革目标，对宪法上关于经济制度的条款规定进行重新设计与布局，以形成一个科学合理、结构严谨、逻辑自洽的规则体系。

第四，局部修改难以对修正案与宪法原文的组合方式进行妥当的处置，而修正案与宪法原文之间的模糊关系，使得宪法文本的正当性和适用性面临诸多混乱。在局部修改不断增加修正案数量的情况下，如果宪法文本缺乏定式，其负面影响不可小视。[1] 比如，究竟是宪法原文及修正案，还是宪法修正文本才是我国的正式宪法文本，仍然悬而未决。[2] 实际上，在我国的修宪实践中曾有过不同的修宪方式。1979年和1980年修改宪法采用的方式是：关于修正（改）宪法某些规定的决议。1988年修宪则开始采用宪法修正案的方式，此后一直沿用的是这种方式，这也是多数国家普遍采用的修宪方式。按照我国惯常的做法，在全国人大审议通过宪法修正案后，一般是由大会秘书处根据宪法修正案对宪法文本中的相关规定进行相应的变动，并将1982年的宪法文本、历次宪法修正案文本以及根据新宪法修正案修改后的文本一并予以公布。然而，如果采用修正案的方式，是否有必要"按修正案把原文改过来"是值得推敲

---

1　参见童之伟："我国宪法原文与修正案的组合问题"，载《中国法学》2003年第3期。

2　参见邹奕："徘徊于我国宪法的两个文本之间——对宪法文本正当性和实用性的检视"，载《四川大学学报（哲学社会科学版）》2014年第3期。

的。因为，修正案一经通过就应当成为原法的有机组成部分，并始终依附于宪法原文而存在，与宪法原文有机结合为一个不可分割的统一整体，而不需要重新公布宪法修正文本；如果还要按修正案把原文重新修正并加以公布的话，那么修正案就没有继续存在的必要。这也正是宪法修正案与之前修正（改）宪法的决议的重要区别。而且，如果按修正案把原文进行了修正，那就等于又有了一个新的宪法文本，此时就涉及由谁来重新公布的问题，而宪法的公布显然是一个非常严肃和重要的修宪环节，是维护宪法权威和尊严、保证宪法文本统一的重大制度安排，只有极具国家象征性或权威性的法定主体才有资格公布宪法文本。在对上述问题缺乏明确规定的情况下，尤其在修正的内容和篇幅日趋庞大、修正案的数量不断累积与增加的情况下，经常性的局部修宪方式无疑会给人们认识、理解和适用宪法文本带来诸多技术上的障碍和法理上的困惑。

事实上，在"摸着石头过河"和"法制建设为改革开放保驾护航"的时期，局部修宪有其合理性和必然性，与"改革先行而法治附随"[1]的整个法治进程一样，宪法修改也只能是对经过实践检验已经成熟的做法加以确认，并随着实践的发展而不断更新，从而呈现出鲜明的实用主义治理样态。这种先由改革实践突破宪法规范、接着再由宪法规范随后适应改革实践的状态，曾被一些学者以"良性违宪"[2]的标签加以无奈注解。不过，局部修宪毕竟属于零打碎敲式的修修补补，无法对整部宪法进行体系化的统筹考量，难以满足将来宪法全局性变动的时代需求，难以完成宪法精神和理念的重大调整与更新。而且，这不仅容易给人以"头疼医头、脚疼医脚"的感觉，而且并不能带来宪法的长久稳定，反而为进一步修改埋下了伏笔，频繁地修宪成了宪法实践中的常态。这样，宪法"为认可和推动改革而制定，又因改革而屡屡修改"，[3]这或许是局部修宪无法逃脱的宿命。

如果说先突破宪法随后再修改宪法，是试验性、试错式的渐进改革所不可避免但又行之有效的宪法演进路径的话，那么，发展到今天，无论是改革发展所处的历史阶段，还是全面依法治国的深度推进；无论是宪法理论的重大

---

1　陈金钊："'法治改革观'及其意义——十八大以来法治思维的重大变化"，载《法学评论》2014年第6期。

2　相关文献参见郝铁川："论良性违宪"，载《法学研究》1996年第4期、"社会变革与成文法的局限性——再谈良性违宪兼答童之伟同志"，载《法学研究》1996年第5期；韩大元："社会变革与宪法的社会适应性——评郝、童两先生关于'良性违宪'的争论"，载《法学》1997年第5期；张千帆："宪法变通与地方实验"，载《法学研究》2007年第1期，等等。

3　夏勇："中国宪法改革的几个基本理论问题"，载《中国社会科学》2003年第2期。

发展，还是宪法所承担的历史使命，都无法再简单沿用"摸着石头过河"的思维，而是应当强调改革的系统性、整体性和协同性，加强顶层设计和摸着石头过河相结合，充分发挥宪法对重大改革的引领、规范、推动和保障作用。同时，新时代所形成的一整套治国理政的新思想新理念新战略，涉及政治、经济、文化、社会、生态文明建设各个领域，关乎国家发展战略、发展目标、指导思想、基本原则、治理体制、重大举措各个方面，涵盖着民族复兴、国家富强、人民幸福，以及民主、法治、人权、公平正义等一系列宪法的核心要素。而作为国家根本法的宪法，无疑应当对如此广泛而深刻的社会变革积极作出回应，适时在根本法层面予以规范确认和制度建构，以适应这种广泛而深刻的结构性调整和整体性变革的时代需求。在这一历史背景下，全面修改作为一种成文宪法变迁的基本方式，或许是一个不可回避的重大法治理论和实践课题。其实，这些年宪法学关于宪法修改的研究一直不乏全面修改现行宪法的呼声，比如，在2013年就有学者撰文指出："随着国家改革由'摸着石头过河'向'顶层设计'转变，'熔补式'的回应型宪法变迁恐难因应创新改革之需要，对82宪法作出全面修改或势在必行。"[1] 在第五次宪法修改完成后，也有学者预测：在建党一百周年之际，"也许正是党领导人民制定和修改宪法的最佳时机"[2] 。那么，全面修宪究竟是否可能，又是否可行呢？在此，有必要对全面修宪详加分析和探讨。

从法理层面看，全面修改宪法并不存在任何难以逾越的障碍。因为如果剔除西方古典自由主义制宪权理论的超验主义色彩，从人类具体的宪法实践出发可以发现，制宪权的运行总是以国家政权的存在为前提。从本质上讲，制宪权不过是一种由主权者所驾驭的，用来实现自己最根本意志的一种具体化的国家权力，甚至可以认为制宪权就是立法权中的特殊部分，其特殊性仅仅在于它所创制的法律规范不同。[3] 因此，正如立法权可以反复行使一样，制宪权的反复行使，同样不是什么不可思议、匪夷所思的事情。宪法在本质上仍然是一种法律，和普通立法一样，根据社会现实的变化而进行相应的变化，是情理之中、自然而然的事情。当宪法文本大面积无法适应现实的合理需求和发展趋势的时候，主权者运用制宪权全面修宪甚至重新制宪，实属一种正常的宪法现象而完

--------------------

1 江国华："实质合宪论：中国宪法三十年演化路径的检视"，载《中国法学》2013年第4期。

2 肖金明："新中国宪法政治发展的回顾与展望"，载《法学论坛》2018年第3期。

3 更为细致充分的论证，参见苗连营："关于制宪权的形而下思考"，载《上海交通大学学报（哲学社会科学版）》2003年第2期。

全不必纠结于一些抽象理论的困扰。

从我国宪法文本的规定来看，其之所以成为"国家的根本法，具有最高的法律效力"，是因为其规定了其他法律无法涵盖的内容，"以法律的形式确认了中国各族人民奋斗的成果，规定了国家的根本制度和根本任务"。[1] 那么，随着人民奋斗成果的积累与充实，随着国家制度的发展与完善，随着国家根本任务的内涵丰富与目标深化，作为形式载体的宪法文本随之进行相应修改甚至全面重塑，乃是保持宪法生命力和规范力的必要之举。"我国宪法是治国理政的总章程，必须体现党和人民事业的历史进步，必须随着党领导人民建设中国特色社会主义实践的发展而不断完善发展。"[2] 实践证明，宪法只有紧跟时代步伐、不断与时俱进，才能保持生机与活力，才能更好发挥国家根本法的作用。

回溯历史可以发现，对宪法进行全面修改，在我国宪法实践中不乏先例。"七五宪法""七八宪法"和现行的"八二宪法"，都是全面修改的产物，可谓具有进行全面修宪的丰富经验。尤其在通过现行宪法时，面对结束"文革"、拨乱反正，走向改革开放和现代化建设的历史需求，邓小平同志和党中央都认为局部修宪不能从根本上解决问题，有必要全面修改宪法，并明确指示："新宪法要给人面貌一新的感觉。"[3] 那么，怎样才能"从根本上解决问题"？何为"面貌一新"？正是在对"五四宪法"进行全面修改的基础上，现行宪法承担起了告别"文革"旧时代、开启改革新航程的伟大历史使命，并在"人心思法"的新时期，"正式开启了改革时代法制建设的大幕"，[4] 从而为中国改革开放和法治建设营造了宝贵的法治环境，也为全面修改宪法提供了宝贵的历史经验与启示。

随着中国特色社会主义进入新时代，"新"已经成为描述当前我国所处历史方位和展望未来发展的高频关键词。"从形成更加成熟更加定型的制度看，我国社会主义实践的前半程已经走过了……后半程，我们的主要历史任务是……提供一整套更完备、更稳定、更管用的制度体系。这项工程极为宏大，

---

1 《中华人民共和国宪法》序言最后一个自然段。

2 习近平："关于我国宪法和推进全面依法治国"，载《论坚持全面依法治国》，中央文献出版社2020年版，第213页。

3 相关史料详见：王汉斌："邓小平同志亲自指导起草一九八二年宪法"，载《法制日报》2010年3月15日；《彭真传》编写组："彭真主持起草1982年宪法"，载《党的文献》2013年第1期；杨景宇："回顾彭真与1982年宪法的诞生"，载《党的文献》2015年第5期。

4 王汉斌："改革开放新时期'人心思法'"，载《人民日报》2014年9月3日第17版。

零敲碎打调整不行，碎片化修补也不行，必须是全面的系统的改革和改进，是各领域改革和改进的联动和集成，在国家治理体系和治理能力现代化上形成总体效应、取得总体效果。"[1] 这里"前半程"和"后半程"的阶段划分，正意味着过渡期的结束和新时代的开始。而通过"全面的系统的改革和改进"，致力于形成"一整套更完备、更稳定、更管用的制度体系"，率先需要改革和改进的就是宪法，关键核心也是宪法。要"形成总体效应、取得总体效果"，就必须对现行宪法进行全面修改，以一部新宪法来实现与时俱进、继往开来。总之，局部修改只能带来"量变"的积累，无法实现"质变"的突破。现行宪法的过渡属性，决定了其在新时代还将随着历史使命的更新而面临被再次修改的命运。而随着历史使命的完成和时代使命的新生，通过对现行宪法进行全面修改而终结其过渡属性，以一部新宪法迈入新时代、适应新形势、承担新使命、开启新局面，为实现中华民族伟大复兴提供根本的顶层设计和价值引领，是历史的必然和宪法发展规律的内在要求。这就不仅需要自上而下的理性建构和临门一脚的政治决断与智慧，需要强有力的宪法价值引领和宪法实施动员，而且需要自下而上的广泛的公民参与和实际行动，需要社会内生性力量的不断聚集和积极回应。而上下两种力量在全面修宪过程中的深度交融与互动，不仅是凝聚宪法共识、催生宪法文化的绝佳契机，也在为树立宪法权威、推进依宪治国培育着深厚的社会土壤。

### 三、宪法变迁的趋势与展望

自党的十九大提出要推进合宪性审查工作以来，合宪性审查对于宪法实施的重要意义已为人们所充分认识，可谓是"中国法治步入合宪性审查时代"[2]。由此再次激发起学界对于宪法解释的热情和关注，通过健全完善宪法解释的程序和机制来推进合宪性审查，进而实现宪法在新时代的变迁与发展，又成为宪法学理论上的一个研究热点。对此，本书充分认可宪法解释对于宪法发展的重要价值，同样也赞同合宪性审查需要以启动宪法解释为前提和基础。但是如前所述，宪法解释本身面临着一些不容忽视的局限，其成为宪法变迁的路径是不容乐观的；而局部修宪尽管在一定程度上实现了现行宪法的良性发展，增强了宪法的适应性和权威性，但由于并未触及现行宪法整体所体现出的社会发展模

---

1　习近平："在省部级主要领导干部学习贯彻十八届三中全会精神全面深化改革专题研讨班上的讲话"，载《习近平关于全面深化改革论述摘编》，中央文献出版社2014年版，第27页。

2　朱宁宁："中国法治步入合宪性审查时代"，载《法制日报》2019年2月26日。

式、基本内容与精神理念，其能在多大程度上满足新时代宪法发展的全局性要求，也是值得认真思考的。

新时代我们党所形成的一系列治国理政的新理念新思想新战略，所确立的全面建设社会主义现代化强国的奋斗目标，"不仅鼓舞着全体中国人民的信心，也激荡着整个世界"[1]。而根据新时代的指导思想、宏伟目标、发展蓝图、战略部署、行动纲领，可以预见的是，全面修宪的历史课题将不可回避地再一次摆在人们面前。可以说，历史又走到了一个重要关口，"从十九大到二十大，是'两个一百年'奋斗目标的历史交汇期"。适时全面修改现行宪法，可谓已经具备了基本条件和时机。同时，新中国的行宪实践、修宪经验和社会发展，也为现行宪法的全面修改，提供了必要的理论依据和本土资源。具体来说，这主要表现在：

首先，全面修宪的历史时机和社会条件将会日益成熟。更加清晰、成熟和自信的中国特色社会主义理论、道路、制度和文化，为全面修宪提供了基本的指导思想和现实依据；建设中国特色社会主义法治体系和法治国家，促进国家治理体系和治理能力现代化，为全面修宪确立了明确的发展方向和目标定位；建设现代市场体系，使市场在资源配置中起决定性作用，更好发挥政府作用，正确处理政府和市场、政府和社会关系，为全面修宪奠定了坚实的经济基础和社会结构；弘扬社会主义法治理念和核心价值观，彰显宪法在治国理政中的重要定位和作用，强调坚持依法治国首先要坚持依宪治国、坚持依法执政首先要坚持依宪执政，为全面修宪凝聚了广泛的思想共识和深厚的文化支撑。

其次，全面修宪的基本框架和规范结构已经基本成型。中国特色社会主义法律体系已经形成，立法体制不断完善，科学立法、民主立法深入推进；依法行政工作取得显著成效，职能科学、权责法定、执法严明、公开公正、廉洁高效、守法诚信的法治政府正在加快建设；司法体制改革不断深入，司法管理体制、司法权力运行机制不断完善，司法公信力和公正性不断提高；党内监督、人大监督、民主监督、社会监督等制度建设得到加强，科学有效的权力运行制约和监督体系初步形成，监督的合力和实效明显增强；公民的宪法权利体系和保障机制日渐丰富和完善，全社会尊重和保障人权意识不断强化。这些都为全面修宪提供了基本的制度架构和实践基础。

----------------

1　新华社："为人类作出新的更大的贡献——十九大的世界意义"（2017年10月23日），载中央人民政府网站：http://www.gov.cn/xinwen/2017-10/24/content_5233951.htm，最后访问日期：2021年6月22日。

　　最后，立足中国经验、具有中国特色的宪法模式已经形成。坚持党的领导、人民当家作主、依法治国有机统一，坚持依法治国、依法执政、依法行政共同推进，坚持法治国家、法治政府、法治社会一体建设；坚持人民主体地位，坚持法律面前人人平等，坚持依法治国和以德治国相结合，坚决维护宪法法律权威，依法维护人民权益、维护社会公平正义、维护国家安全稳定；把依法治国基本方略同依法执政基本方式统一起来，把党总揽全局、协调各方同各国家机关依法行使职权统一起来，把党领导人民制定和实施宪法法律同党坚持在宪法法律范围内活动统一起来。[1] 这些不仅为全面修宪描绘了清晰的中国图景，也为世界宪法文明贡献了中国经验和智慧。

　　通过以上分析可以发现，虽然我国宪法文本历经多次局部修改而日臻完善，但"可改可不改的不改"的修宪思路，决定了每一次修改之后都仍存在一些值得进一步斟酌和完善之处。比如，虽然2018年所进行的第五次宪法修改内容丰富、涉及面广、覆盖率高，且形成了高度的社会共识，但这次修改依然属于局部性修改，修宪思路依然是"作部分修改、不作大改，非改不可的进行必要的、适当的修改"。实际上，在这次宪法修改过程中，除了被正式纳入宪法修正案的修改建议之外，社会各界还"提出了很多很好的修改意见和建议"，但其中有些意见和建议"需要对深化相关领域改革作出决策部署、经过实践检验后再考虑完善宪法有关规定"[2]。这就意味着现行宪法文本在未来仍然存在着继续修改完善的必要和空间。鉴于局部修改的固有局限，面对全面深化改革、全面依法治国的时代需求，我们应当克服视全面修宪为畏途的心态，正视宪法全面修改的积极意义，通过全面修宪的方式，把党和人民创造的伟大成就和宝贵经验、科学认识与奋斗目标铭刻于庄严的宪法文本，把先进的政治理念和执政方略、行之有效的国家治理体制和运行机制凝练为科学严谨的宪法规范，以充分发挥宪法作为治国安邦总章程和治国理政总依据的重大作用。囿于能力和水平所限，本书在此无法提供一个完整详细的全面修改宪法的建议案，现仅就若干章节提出一些初步的修改建议和设想。

　　（一）序言

　　序言，是我国整个宪法文本中最具特色的部分，也是政治性、政策性、纲

---

1　相关内容可参见十八届四中全会审议通过的《中共中央关于全面推进依法治国若干重大问题的决定》及党的一系列纲领性文件。

2　王晨："关于《中华人民共和国宪法修正案（草案）》的说明"，载全国人民代表大会常务委员会办公厅编：《中华人民共和国第十三届全国人民代表大会第一次会议文件汇编》，人民出版社2018年版，第128页。

领性最强的部分，其主要内容是"叙述革命和建设的历史和现实的情况，指出今后的方向和遵循的基本原则，规定了国家的根本制度，提出了国家的任务和方针政策"。[1] 据此，政治宪法学者在其中提炼出了中国宪法的五大"根本法"，[2] 并进而认为其充当着中国宪法的"高级法背景"，发挥着对体制合法性进行论证的功能。[3] 而传统的规范宪法学则一直未将其纳入自己的研究领域，至多对其是否具有法律效力产生过一些争论。[4] 不过，近年来在与政治宪法学的论辩当中，宪法序言已经成为规范宪法学无法抽离的"战场"之一，认为宪法序言"后面7个自然段则多属于规范性命题构成的，具有一定的规范性"；[5] 或者认为序言"一般规定了宪法的性质和重要原则，因而可以在适用过程中指导特定条款的解释"。[6]

搁置方法论的差异和功能效力的争辩，从语义角度对现行宪法序言进行观察可以发现，现行宪法序言中关于辉煌历史的叙述、伟大成就的记载、政策主张的宣示、奋斗目标的确立等内容，毫无疑问具有重要的政治意义和效力价值，是对我国历史和现实的规范性描述以及对未来的引领性展望。历史无法改变，必须如实记叙；而目标属于未来，还在奋斗路上；唯有"当下"是在不断变化发展着的，所以宪法序言中关于"当下"的表述，在1988年之后的历次修宪中，都是修改的重点。因为只有让宪法序言跟上现实的发展变化，序言本身乃至整个宪法文本的规定才具有充分的科学性和正当性，才能为宪法的权威性和规范性奠定更为坚实的基础和前提。

现行宪法序言关于"当下"的规定主要集中在第七自然段，最近的几次修改都与此有关，它们分别对我国所处的历史阶段、指导思想、发展道路和奋斗目标等进行了适时更新。比如在2018年3月进行第五次宪法修改时，全面深化改革和全面建成小康社会已经进入攻坚和关键阶段，中国特色社会主义理论、道路和制度愈加成熟、清晰和自信，对中国特色社会主义思想的认识更加全面和深入，确立了"五位一体"的总体布局和"四个全面"的战略布局，提出了

---

1　张友渔："进一步研究新宪法，实施新宪法"，载《中国法学》1984年第1期。

2　陈端洪："论宪法作为国家的根本法与高级法"，载《中外法学》2008年第4期。

3　参见田飞龙："宪法序言：中国宪法的'高级法背景'"，载《江汉学术》2015年第4期。

4　参见浦增元："宪草序言的基本特点"，载《政治与法律丛刊》1982年第1期；董璠舆："关于宪法序言及其法律效力"，载《政法论坛》1987年第1期；张千帆："宪法序言及其效力争议"，载《炎黄春秋》2013年第6期。

5　林来梵："转型期宪法的实施形态"，载《比较法研究》2014年第4期。

6　张千帆："论宪法的选择适用"，载《中外法学》2012年第5期。

"两个一百年"的奋斗目标和实现中华民族伟大复兴的"中国梦",形成了习近平新时代中国特色社会主义思想,等等。所有这些党和国家根据新时代的发展变化而作出的科学判断、战略部署,确立的重大方针、重大政策,形成的先进思想、先进理念,都需要在现行宪法序言中得到充分体现。而依照我国宪法序言的本质属性和功能定位,这些本来就应当是它的必备内容,据此而作出相应修改必将使现行宪法具有更大的稳定性和指导性。

而宪法对于"当下"的规定必然要建立在雄辩的历史事实基础之上,正是中国新民主主义革命的伟大胜利和社会主义事业的辉煌成就,坚定了我们的道路自信、理论自信、制度自信、文化自信。然而,现行宪法序言第六自然段关于"社会主义事业成就"的历史叙述显得有些单薄。迄今为止,这一自然段的内容还从未被修改过,其对社会主义事业所取得的成就的描述基本上仍停留在1982年制宪之前的事实状态和历史阶段。基于当时的历史背景,这本属正常和自然的现象。但问题是从20世纪80年代至今,我国社会生活各方面均已经发生了天翻地覆的变化,尤其是党的十八大以来,党和国家事业取得了历史性成就,发生了历史性变革。这些成就和变革早已不是如下这些在今日看来明显过于"谦虚"之辞所能概括的。"独立的、比较完整的社会主义工业体系已经基本形成,农业生产显著提高。教育、科学、文化等事业有了很大的发展,社会主义思想教育取得了明显的成效。广大人民的生活有了较大的改善",显然,宪法上的这些叙述已经远远无法发挥对已经取得的巨大成就进行客观反映和法律评价的功能,从而也会弱化对下文其他规范内容的历史论证和支持力度。因此,可以考虑在未来的宪法修改中,对该部分内容进行与时俱进的更新与编排,以全面总结与凝练社会主义事业已经取得的成就,特别是中国特色社会主义进入新时代以后所取得的历史性成就,从而充分证明中国特色社会主义宪法理论、宪法道路、宪法制度、宪法文化的历史必然性和正当性。

（二）总纲

宪法总纲部分规定了国家的基本政治、经济和文化制度,为宪法各章节的内容设置提供了基本指引和原则指导。然而,反观总纲部分的内容,可以发现条文之间并没有形成一个条理清晰、逻辑严密的规范体系,比如,总纲第2条规定了人民主权原则,第3条规定了民主集中制原则,第27条规定了国家机关的精简原则及对国家机关和国家工作人员践行群众路线的要求。这三条规定其实都是关于权力的来源及其运行的基本原则,理论上应该前后承接、系统完整地规定在一起,以形成逻辑严密的一体关系,但目前的规定却是分散在不同的位置。现行宪法关于国家机构的组织原则——民主集中制的规定,位于总纲第

3条，而关于国家机关和国家工作人员履职的要求则位于第27条。根据权力运行的逻辑，这两条其实具有密切的制度实施关联。因此，建议将第27条前移，放在第3条的后面，与第2条的人民主权原则、人民代表大会制度、国家机构的产生和组织原则、权力运行的监督与制约等构成一个结构完整、逻辑严密的规范体系。同时，总纲部分关于群众路线的宪法表述方式也显得不够严谨规范，第27条第2款规定："一切国家机关和国家工作人员必须依靠人民的支持，经常保持同人民的密切联系，倾听人民的意见和建议，接受人民的监督，努力为人民服务。"该款被视为党的群众路线在宪法上的体现，但行文逻辑和意思表达并不清晰、简洁。为此，建议借鉴党章中关于群众路线的表述，将该款修改为："一切国家机关和国家工作人员必须坚持一切为了人民，一切依靠人民，为人民服务，受人民监督。"

类似的情况还出现在总纲关于基本经济制度的安排上。宪法对经济制度的规定集中在第8条到第18条，对社会主义经济成分、分配原则、经济体制等都有所规定，但这些规定给人的感觉却是"拼盘式"地聚合在一起，没有体现出基本制度建构应有的科学性和统领性。例如，第15条关于国家实行社会主义市场经济的规定，本应该置于靠前位置，以此统领经济制度的各项具体安排；尤其在十八届三中全会将市场在资源配置中的功能定位由"基础性"转变为"决定性"后，尽管2018年的宪法修改尚未对此条款进行修正，但从长远来看，随着社会主义市场经济的日趋成熟，这一点反映在宪法上也势必要求作相应的变动。"经济体制改革是全面深化改革的重点，核心问题是处理好政府和市场的关系，使市场在资源配置中起决定性作用和更好发挥政府作用。"[1] 这一重大论断不仅强调了全面深化改革的重点和关键，而且对市场的地位和作用以及市场与政府关系进行了重新定位，是关于市场规律和政府职能在理论认识上的重大转变与突破。因此，建议在第15条第2款中，增加关于市场作用的新论断，将本款修改为："国家加强经济立法，完善宏观调控，发挥市场在资源配置中的决定性作用。"并将该条规定在总纲中的位置前移，依此统筹经济制度的其他规定。

过往学界对于宪法中规定经济制度多有质疑，认为正是宪法规定了不应该

----

[1] 党的十八届三中全会审议通过的"中共中央关于全面深化改革若干重大问题的决定"指出："政府的职责和作用主要是保持宏观经济稳定，加强和优化公共服务，保障公平竞争，加强市场监管，维护市场秩序，推动可持续发展，促进共同富裕，弥补市场失灵。"

规定的内容才招致了频繁修改。[1] 而新近的研究从比较、历史和语义分析的多重维度指出，"我国宪法的此类规定，或是在比较法意义上远非特例，或是体现着社会主义性质，或是具有重要的历史性贡献，其内部并非充斥政策性条款，过往也不能笼统地说变动过于频繁"。[2] 这里姑且不论宪法是否应该规定这些内容，仅仅立足文本就可以轻易发现的问题是：既然宪法已经规定了这一部分内容，那就应当尽量做到条理清晰、逻辑严密、体系完整。当然，这也是局部修改分别仅对个别条款进行增删调整所必然导致却又无力解决的全局性问题。

此外，有些对推进国家治理体系和治理能力现代化具有重大意义的宪法原则在总纲部分没有得到应有的体现。例如，本应属于总纲性质的内容——"国家尊重和保障人权"，因无法恰当安放而置于公民基本权利和义务章节之中，这实则降低了作为宪法价值核心的人权保障的宪法地位。而强化权力运行制约和监督的宪法理念在总纲部分则几乎没有体现。众所周知，权力的监督与制约不仅是宪法的一项重要原则，也是政治体制改革的一项重要任务和全面依法治国的一项重要内容。十八大以来，党中央坚持推进全面依法治国和全面从严治党，以零容忍的态度严厉惩治腐败，营造了风清气正的政治生态和政治环境。在习近平总书记的系列重要讲话中，不断强调要健全权力的制约与监督体系，将"权力关进制度的笼子"。十八届三中全会专门指出要"强化权力运行制约和监督体系"，强调"坚持用制度管权管事管人，让人民监督权力，让权力在阳光下运行，是把权力关进制度笼子的根本之策"[3]。十八届四中全会进一步强调："努力形成科学有效的权力运行制约和监督体系，增强监督合力和实效。"[4] 党的十九大报告再次强调："要加强对权力运行的制约和监督，让人民监督权力，让权力在阳光下运行，把权力关进制度的笼子。"而从法治的角度看，关权力的最重要、最可靠、最结实的制度笼子首先就是宪法；宪法在这方面应当担负起义不容辞的重任和使命。因此，建议在宪法总纲中增加规定："一切权力的运行，必须受到制约与监督。"

另外，从立宪技术看，总纲的有些条款要么过于抽象模糊、概括笼统，要么过于无微不至、面面俱到，例如，调整央地关系的第3条第4款显得过于抽

---

1　参见张千帆："宪法不应该规定什么"，载《华东政法学院学报》2005年第3期。

2　李响："我国宪法经济制度规定的重新审视"，载《法学家》2016年第2期。

3　"中共中央关于全面深化改革若干重大问题的决定"，载《求是》2013年第22期。

4　"中共中央关于全面推进依法治国若干重大问题的决定"，载《求是》2014年第21期。

象和笼统，且又缺乏相应的具体规定加以承接，以致在实践中很难具有可操作性，这也是导致我国央地关系长期以来陷入"'统死放乱'怪圈和周期性震荡"[1]的一个重要原因。而第8条中关于"经营自留地、自留山、家庭副业和饲养自留畜"的规定；第19条中关于"国家发展各种教育设施，扫除文盲，对工人、农民、国家工作人员和其他劳动者进行政治、文化、科学、技术、业务的教育，鼓励自学成才"等诸如此类的规定，则又显得冗长琐碎，很难说具有总纲性的意义。"粗""细"杂处不仅显得不那么严谨科学，导致布局上和层次上的紊乱，而且还在一定程度上损伤了总纲应有的高度和权威。因而，对宪法总纲的内容结构进行周密凝练和设计，力求形成一个层次清晰、结构严谨、科学合理的规范体系，就显得尤为重要。

（三）公民的基本权利和义务

宪法第二章"公民的基本权利和义务"对于现行宪法具有重要意义，无论是其具体内容还是在文本结构中所处的位置，都被视为拨乱反正、反思"文革"教训、积极保障人权的重要体现。因此，对这一章节特别是公民基本权利部分的直接批评并不多，往往只是理性地指出其在条文设计上过于宏观，不利于司法适用和具体救济，等等。对这一章的期待主要集中在对公民基本权利体系的补充和对公民基本义务设置的反思上。

对于公民的基本权利来说，一方面，随着公民权利意识高涨和社会生活的发展，现行宪法所规定的基本权利类型在实践中日益暴露出不足，而基本权利类型的缺失显然不利于人权保障由宪法宣示走向宪法事实。比如，作为公民最重要、最基本权利的生存权、生命权，现行宪法的规定尚付之阙如；伴随我国新型城镇化进程的快速推进，农民市民化、城乡一体化使公民的迁徙自由不可或缺；随着生态环境形势的严峻与公民环保意识的增强，公民对环境的权利主张日益增多，虽然个别条款强调了环境保护的国家职责，但现行宪法中并没有直接规定公民的环境权；信息时代的蓬勃发展和公众民主参与热情的高涨，使得宪法对公民隐私权、知情权的保护迫在眉睫，等等。

对于公民的基本义务而言，主要是现行宪法的一些规定显得过于宽泛，存在逻辑缺陷或者过度的道德依赖，很难具有法律层面的可操作性。比如保守国家秘密，并不是一般的公民个体皆能成为该义务履行之主体，而是特别指向某些掌握国家秘密的人员；有些是对总纲中原则性规定的重复，比如夫妻双方有

---

1　封丽霞："国家治理转型的纵向维度——基于央地关系改革的法治化视角"，载《东方法学》2020年第2期。

实行计划生育的义务；有些可以在婚姻法等部门法里进行具体规定即可，[1] 等等。其实，宪法层面上真正不可或缺的义务，主要有公民守法、纳税和服兵役这三项。从世界范围看，这三项也是多数国家成文宪法的共同设置。[2] 公民守法是社会基本秩序得以生成的必要前提；依法纳税是公民支持国家财政收入、保障国家机器正常运转的物质基础；服兵役则是公民捍卫国家主权和领土完整、维护国家利益的实际行动。

因此，对于"公民的基本权利和义务"这一章需要根据尊重和保障人权的基本原则进行体系化的再造，不仅要注重对基本权利类型的补充和完善，满足公民日益高涨的权利意识和对幸福生活的向往，同时还要对公民的基本权利提供充分周全的制度保障，并逐步实现宪法上的基本权利类型与我国已加入的国际条约规定相吻合。为此，可以考虑增加公民的生存权、生命权、迁徙自由权、环境权，以及司法救济权、罪刑法定等方面的宪法规定。而对于公民的基本义务，现行宪法的一些规定并不适合作为必须遵守的基本义务出现在宪法文本中，需要进行大幅度的调整。

### （四）国家机构

国家机构的设置及其职权划分，是任何一个国家存续并有序运转的组织保障，也是任何一部宪法都必然规定的重要内容。我国现行宪法关于国家机构的规定既有在实践运行中暴露出的问题，也面临着自十八大以来政治体制改革的新举措对既有国家权力结构的重大影响和改变。比如，监察委员会的设置对既有国家机构体系所带来的影响在广度和深度上都是空前的，甚至是全局性的，必将对我国的政治法律制度和国家权力配置格局带来深刻的改变。[3] 为此，2018年3月完成的第五次宪法修改在宪法"国家机构"一章中专门增加 "监察委员会"一节，就国家监察委员会和地方各级监察委员会的性质、地位、名

------------------

1　比如，关于父母有抚养教育未成年子女的义务，成年子女有赡养扶助父母的义务；禁止破坏婚姻自由，禁止虐待老人、妇女和儿童等方面的规定。

2　参见马岭："对宪法《公民的基本权利和义务》一章的修改建议"，载《国家行政学院学报》2003年第5期。

3　在2018年现行宪法进行第五次修改前，学术界就对监察委员会设置的宪制影响及相关考量有过较多讨论。参见童之伟："将监察体制改革全程纳入法治轨道之方略"，载《法学》2016年第12期、"对监察委员会自身的监督制约何以强化"，载《法学评论》2017年第1期；秦前红："我国监察体系的宪制思考——从'三驾马车'到国家监察"，载《中国法律评论》2017年第1期；韩大元："论国家监察体制改革中的若干宪法问题"，载《法学评论》2017年第3期，等等。

称、人员组成、任期任届、领导体制、工作机制等作出了全面规定。与此相适应，还对相应的其他十多条宪法条文进行了相应修正。由此为监察委员会的设立提供了明确的宪法依据，确认了党的十八大以来深化国家监察体制改革的成果，体现了深化国家监察体制改革的精神和部署，彰显了对权力腐败零容忍和权力运行全监督的决心与行动，反映了健全党和国家监督体系以及国家机关结构体系、职权配置与运行机制的新变化新要求新格局。

围绕国家机构展开的教义学研究，已经成为当前宪法学研究的关注重点。[1]从长远来看，这一章仍然需要围绕政治体制深入改革的已有举措和努力方向进行系统性的建构与调整，既要为重大的改革方案提供宪法依据和制度保障，也要将行之有效的宪法惯例及时纳入宪制结构之中；既要弥补宪法条款在实践中显现的不足，也要及时总结国家机构改革的成功经验，有效协调改革创新举措与已有规定间的关系。尤其需要注意的是，党的十九届三中全会对深化党和国家机构改革作出了全面系统的战略性部署，第十三届全国人大第一次会议通过了关于国务院机构改革方案的决定，这是推进国家治理体系和治理能力现代化的一场深刻变革，是对党和国家机构职能体系的系统性、整体性重构，涉及机构设置、职能配置、履职能力以及权力和利益格局的深刻调整，"解决的是加强党的全面领导的体制机制问题、完善国家治理体系和提高国家治理能力问题、推动中国特色社会主义制度更加成熟更加定型的问题。"[2] 显然，这一复杂系统的重大改革工程，不仅应当成为宪法学研究的重点领域，同时，也应当在宪法修改时予以重点关注和积极回应。

另外，随着全面改革的深化和社会建设的发展，一些原本不太为宪法学所关注的问题也将会上升到宪法层面，需要从宪法的高度予以关注和进行制度性安排。例如，2015年修改通过的《立法法》在我国正式确立了税收法定原则，这是一个巨大的进步。但税收问题首先是一个宪法问题，本质上体现了纳税人与国家之间的宪法关系，是许多国家宪法的重要内容。因此，只有在宪法层面对税收关系进行理性定位和制度安排，才能真正落实宪法价值，使税收法定获得宪法上的最高依据和权威支持。[3] 这就涉及修改宪法国家机构一章中关于全国人大职权的相关规定。对此，可以考虑作如下修改：其一，在现行宪法第58条全国人大和全国人大常委会"行使国家立法权"后增加一款"税种的

---

1　参见张翔："中国国家机构教义学的展开"，载《中国法律评论》2018年第1期。

2　李章泽："加强党对深化党和国家机构改革的领导"，载《求是》2018年第10期。

3　参见苗连营："纳税人和国家关系的宪法建构"，载《法学》2015年第10期。

设立、税率的确定和税收征收管理等税收基本制度，只能由全国人民代表大会及其常务委员会制定法律"；其二，在现行宪法第62条全国人民代表大会的职权第3项中增加"财政税收"的规定，修改为"制定和修改刑事、民事、国家机构、财政税收和其他的基本法律"。对"财政税收"进行专门列举，有利于突出财政是国家治理的基础这一重要定位；其三，在现行宪法第56条"中华人民共和国公民有依照法律纳税的义务"后，增加一款"国家保护纳税人的合法权益"。由此可以将税定于法上升至税定于宪，从而在宪法中确立税收法定原则的重要地位。

（五）国旗、国歌、国徽、首都

宪法第四章被公认为实施得最好的一章。不过也有学者着眼于文本修改的未来可能，指出这一章的列举性名称所存在的问题，除了与前三章的概括性标题名称不一致以外，还可能会导致以后标题跟着内容修改而不断变动：如果以后在宪法中还要增加关于国花、国训、国庆日等规定，那第四章的标题是否就要相应地把这些内容都逐一在标题中列举出来？显然这不仅会使标题变得冗长不堪，而且也不符合法律术语的表述规范。而如果"用一个概括性的词汇作为标题，就能够解决上述问题。国旗、国歌、国徽等都属于国家标志，在保留第四章的前提下，如考虑完善第四章标题，可选择'国家标志'"[1]，这一修宪思路在立宪技术上的确具有合理性与可行性。

通过对现行宪法文本的全面检视，可以发现其仍然存在诸多值得进一步修改完善之处，甚至可能需要做大幅度的修改和变动。以上建议虽然非常零碎也很不成熟，但已经涉及现行宪法的各个章节和诸多内容，对此显然难以通过部分修改的方式加以解决，需要通盘考虑对宪法作出大面积的调整。当然，全面修宪既涉及宏观的顶层设计和重要的价值理念，也涉及微观的制度建构和复杂的利益衡量；既涉及国家权力的合理配置与有效运行，也涉及公民权利的充实完善和切实保障；既要关注具体制度的建构和一般原则的陈述，又要关注具体条文的斟酌并使其具有充分规范性和可操作性；既要注重宪法的政治性，用科学、准确的宪法语言来凝练党领导人民治国理政的新理念新思想新战略，又要注重宪法的法律性，用规范严谨的概念表达来概括中国特色社会主义法治体系的根本精神与基本原则，努力使宪法在政治性与法律性之间保持恰当的平衡；既要对既有的发展经验和成就进行宪法确认，又要立足当下、面向未来，使宪法具备足够的灵活性和前瞻性。正因如此，全面修改宪法必须慎之又慎、精益

---

[1] 邓联繁："我国现行宪法章节名称之由来及评析"，载《政法论丛》2011年第2期。

求精、周密规划。

同时，需要强调的是，我国现行宪法在新中国成立以来的四部宪法中最具科学性、实效性、优越性，"是符合国情、符合实际、符合时代发展要求的好宪法，是充分体现人民共同意志、充分保障人民民主权利、充分维护人民根本利益的好宪法，是推动国家发展进步、保证人民创造幸福生活、保障中华民族实现伟大复兴的好宪法，是我们国家和人民经受住各种困难和风险考验、始终沿着中国特色社会主义道路前进的根本法治保障"[1]。因此，全面修宪决不意味着另起炉灶、重新制定，而是在"坚持宪法确定的中国共产党领导地位不动摇，坚持宪法确定的人民民主专政的国体和人民代表大会制度的政体不动摇"[2]的前提下，在坚持现行宪法所确立的指导思想、基本原则和根本制度、基本制度、重要制度的基础上，根据对现实情势的深刻把握和未来趋势的科学预测，对宪法文本进行技术性、体系化地调整、发展，使其结构和内容更加缜密严谨和健全完善，从而更好地体现人民意志，更好地适应提高我们党长期执政能力和推进国家治理现代化的需求，更好地体现我国的制度优势并把制度优势转化为国家治理效能，更好地发挥宪法在维护最广大人民根本利益和确保国家长治久安方面的重要作用。

--------------------

1　"中国共产党第十九届中央委员会第二次全体会议公报"，载《中国人大》2018年第2期。

2　习近平："以科学理论指导全面依法治国各项工作"，载《论坚持全面依法治国》，中央文献出版社2020年版，第3页。

第 **4** 章

依宪治国的
**实施方略**

"宪法的生命在于实施，宪法的权威也在于实施"[1]；要把我国宪法所确立的制度优势转化为国家治理效能，就必须进一步健全保证宪法全面实施的体制机制，真正把宪法的精神和规定落到实处。这就要求从我国党情国情的客观实际出发，以坚持和完善中国特色社会主义制度、推进国家治理体系和治理能力现代化为目标指引，将依宪治国的战略部署分解为切实可行的实施方案和具体路径，坚持总结历史和面向未来、保持定力和改革创新、价值判断与科学设计相统一，准确把握依宪治国的发展方向和演进规律，推动依宪治国的各项制度更加成熟、更加定型、更加有效。

## ▶ 第一节　坚持党的领导、人民当家作主、依法治国有机统一

党的十九大报告在系统总结中国社会主义民主政治建设经验的基础上明确指出："坚持党的领导、人民当家作主、依法治国有机统一是社会主义政治发展的必然要求。"其中，"党的领导是人民当家作主和依法治国的根本保证，人民当家作主是社会主义民主政治的本质特征，依法治国是党领导人民治理国家的基本方式，三者统一于我国社会主义民主政治伟大实践"[2]。这一重要论断全面准确地概括了中国特色社会主义民主政治的三大核心要素，对于迈向"中国之治"的新境界具有重要的引领性意义。而依宪治国作为我国社会主义民主政治的重要实践形态，其有效实施和顺利推进当然也应该围绕这三大要素而展开，实现三者的"有机统一"理应成为依宪治国的内在逻辑与基本方略。

------------------

1　习近平："在首都各界纪念现行宪法公布施行三十周年大会上的讲话"，载《论坚持全面依法治国》，中央文献出版社2020年版，第11页。

2　习近平：《决胜全面建成小康社会 夺取新时代中国特色社会主义伟大胜利——在中国共产党第十九次全国代表大会上的报告》，人民出版社2017年版，第36页。

## 一、党的领导是依宪治国的根本保证

"党的领导是社会主义法治最根本的保证，是中国特色社会主义法治之魂，是我国社会主义法治同西方资本主义国家法治最大的区别。"[1] 依宪治国是全面依法治国的核心与关键，当然要在坚持党的领导这一中国特色社会主义"法治之魂"引领下有序推进。依宪治国必须坚持党的领导，这一根本原则有着明确的宪法依据、深厚的历史经验和充分的现实基础。

（一）党的领导之正当性论证

什么是正当性？这是一个在法学、政治学和社会学研究领域中都具有原点性而又充满纷争的问题。在法学论域中，正当性也经常被称为合法性。合法性有形式和实质之分，形式上的合法性，也称合法律性，即符合实在法的规定，通常针对机关、组织、公民等的行为而言；实质上的合法性，又称正当性，是针对某种制度、公共权力或政治秩序而言的，这里的"法"不仅仅指实在法，还包括事物的法则或原理。[2] 马克思·韦伯认为："没有任何一种统治自愿地满足于仅仅以物质的动机或者仅仅以情绪的动机，或者仅仅以价值合乎理性的动机，作为其继续存在的机会。毋宁说，任何统治都企图唤起并维持对它的'合法性'的信仰。"[3] 哈贝马斯认为："合法性是一种有争议的公认的要求，统治制度的稳定性，甚至取决于对这种要求（起码的）事实上的承认。"[4] 尽管两人在论述正当性时因视角不同而得出了不同的解释，但从他们所使用的"信仰""服从""承认"等词语中可以清晰地发现，正当性依赖于统治者和被统治者对一种制度的认同与肯定，是对制度含有"正确性"价值的判断与评价。

人类社会的政治经验表明，一个强有力的政党能够创造和维系现代化转型所必需的安定政治体制与社会环境，从而有力保障后发现代化国家的成功转型与稳定发展。正如美国学者亨廷顿所言："一个现代化政治体系的安定，取决于其政党的力量。一个强大的政党能够使群众的支持制度化。政党的力量反映了大众支持的范围和制度化的水平。凡达到目前和预料的高水平政治安定的发

---

1　习近平："加强党对全面依法治国的领导"，载《求是》2019年第4期。

2　参见严存生："法的合法性问题研究"，载《法律科学》2002年第3期。

3　［德］马克思·韦伯：《经济与社会》，林荣会远译，商务印书馆1998年版，第238—239页。

4　［德］尤尔根·哈贝马斯：《重建历史唯物主义》，郭官义译，社会科学文献出版社2000年版，第262页。

展中国家，莫不至少拥有一个强有力的政党。"[1] 对于有着悠久历史传统的中国社会而言，其深刻而复杂的现代化转型尤其需要一个强有力的政治权威来承担起艰巨的社会整合与改造任务，而正是由于中国共产党具备了中国社会现代化转型所必备的政治权威和执政能力，才历史性地领导着中国人民成功改造传统社会并不断走向现代化和中华民族的伟大复兴。[2] 中国共产党领导的正当性也在其领导中国人民进行革命、建设和改革的历史进程和伟大实践中得以不断强化和证明。

在近代中国风云激荡的社会大变革中，在中国人民谋求民族独立、国家富强和人民解放的伟大斗争中，中国共产党登上了历史舞台。中国共产党自成立以来，始终把实现共产主义作为最高的理想和目标，始终把为中国人民谋幸福、为中华民族谋复兴作为坚定的初心和使命，团结带领中国人民经过艰苦卓绝的长期奋斗，取得了新民主主义革命胜利，成立了中华人民共和国，完成了社会主义革命，推进了社会主义建设，谱写了改革开放的壮丽史诗，开辟了中国特色社会主义道路，建立了符合我国实际的先进国家制度和政治法律制度，奠定了当代中国一切发展进步的根本政治前提和制度基础，实现了中华民族有史以来最为广泛而深刻的社会变革和历史性飞跃，创造了人类社会发展史上彪炳史册的发展奇迹和辉煌成就，使中华民族、中华文明和科学社会主义在新时代焕发出新的强大生机与活力。因此，党的领导地位不是自封的，而是历史的选择、人民的选择。

伟大的事业必须有坚强的政党来领导。依宪治国是国家治理领域的一场广泛而深刻的革命，涵盖法治国家、法治政府、法治社会建设各领域，贯穿立法、执法、司法、守法各环节，同样必须在党的统一领导下进行，必须有一个强有力的领导核心与指挥中枢。实践证明，只有中国共产党才能担负起领导人民依宪治国的历史使命和时代重任。今天，中国社会比历史上任何时期都更接近实现中华民族伟大复兴的目标，更接近实现国家治理体系和治理能力现代化

---

1　[美]亨廷顿：《变化社会中的政治秩序》，王冠华等译，上海人民出版社2008年版，第341页。

2　有学者从制度分析的视角出发指出，中国共产党把几千年来游离于政治之外的广大农民有效地整合到政治体系之中，并使之成为社会革命和建设的雄厚基础，并通过民主党派把民族资产阶级和小资产阶级紧密团结起来，全面扩展了中国现代化的民众群体；通过彻底消灭军阀割据势力，实现对各种军事力量与暴力手段的集中性控制完成大陆的统一；通过政治组织网络确保其影响有效深入到社会基层，甚至是偏远的农村；通过建立一套统一的公共符号系统与思想体系维持了深入而持久的社会动员力。参见熊必军：《制度分析视域下的中国特色政党制度研究》，中央编译出版社2013年版，第93—94页。

的目标。在新时代依宪治国的伟大实践中，只要我们始终坚持党总揽全局、协调各方的领导核心作用，坚持党领导立法、保证执法、支持司法、带头守法，健全完善党领导全面依法治国的制度和工作机制，推进党的领导制度化、法治化，就一定能够确保法治中国建设的正确方向，凝聚起依宪治国的磅礴力量，引领承载着中国人民伟大梦想的航船破浪前进并胜利驶向光辉的彼岸。

（二）党的领导之合宪性依据

既然中国共产党的领导是历史的选择、人民的选择，那么，体现我国各族人民共同意志和根本利益的宪法自然会对党的领导加以确认和保障。新中国成立前夕，起临时宪法作用的《中国人民政治协商会议共同纲领》（以下简称《共同纲领》）就已体现了中国共产党的领导执政地位。[1] 1954年宪法在继承《共同纲领》的基础上，通过对党领导人民取得新民主主义革命胜利和建立人民当家作主国家政权这一历史性巨变的确认与记载，体现了党的领导的历史必然性与合宪性，并强调了以执政党为基础结成的人民民主统一战线的作用和地位，[2] 从而对于党的领导地位作出了更加完整和明确的表述。

1982年宪法继承和恢复了1954年宪法关于执政党与国家、国家机构以及宪法之间关系的规定，并将坚持中国共产党领导明确纳入四项基本原则之中，从而在宪法上直接体现了党的领导地位和执政地位。2018年通过的宪法修正案进一步在宪法总纲部分增加规定——"中国共产党领导是中国特色社会主义最本质的特征"，从而使宪法关于"禁止任何组织或者个人破坏社会主义制度"的规定内在地包含了"禁止破坏党的领导"的要求。[3] 从社会主义制度本质属

---

1 《共同纲领》规定："人民民主专政是中国工人阶级、农民阶级、小资产阶级、民族资产阶级及其他爱国民主分子的人民民主统一战线的政权，而以工农联盟为基础，以工人阶级为领导。由中国共产党、各民主党派、各人民团体、各地区、人民解放军、各少数民族、国外华侨及其他爱国民主分子的代表们所组成的中国人民政治协商会议，就是人民民主统一战线的组织形式。"

2 1954年宪法序言第一自然段指出，中国人民经过一百多年的英勇奋斗，终于在中国共产党领导下，在1949年取得了反对帝国主义、封建主义和官僚资本主义的人民革命的伟大胜利，因而结束了长时期被压迫、被奴役的历史，成立了人民民主专政的中华人民共和国。序言第四自然段指出，我国人民在成立中华人民共和国的伟大斗争中已经结成以中国共产党为领导的各民主阶级、各民主党派、各人民团体的广泛的人民民主统一战线。今后在动员和团结全国人民完成国家过渡时期总任务和反对内外敌人的斗争中，我国的人民民主统一战线将继续发挥它的作用。

3 参见刘志刚："2018年我国宪法修改的政治逻辑与法理基础"，载《学习与探索》2019年第1期。

性角度对坚持和加强党的领导进行明确的宪法性宣示，使得坚持党的领导在宪法中变得更加旗帜鲜明和坚定清晰，从而有利于进一步加强和发挥党在国家生活各方面的领导作用。除了对党的领导作出明示性规定之外，宪法所规定的国家的根本任务、指导思想、发展道路、奋斗目标，所确立的人民民主专政的国体、人民代表大会制度的政体，共产党领导的多党合作和政治协商制度、民族区域自治制度、基层群众自治制度等一系列根本制度、基本制度和重要制度，以及社会主义法治原则、民主集中制原则、尊重和保障人权原则等一系列基本原则，同样体现着党的领导和执政理念，是党和人民意志的集中体现，是党和国家的大政方针政策在国家根本法上的规范化凝练与表达。因此，"维护宪法权威，就是维护党和人民共同意志的权威。捍卫宪法尊严，就是捍卫党和人民共同意志的尊严。保证宪法实施，就是保证人民根本利益的实现。"[1]制度建设是国家治理体系和治理能力的根本与关键，是实现国家长治久安、社会和谐稳定必须解决的一个首要问题，而"领导制度、组织制度问题更带有根本性、全局性、稳定性和长期性"[2]。宪法在这方面的相关规定，为确立党的领导制度在整个国家制度体系和治理体系中的统领性地位提供了最具权威性的法律依据；坚持依宪治国，首先就需要把党的领导制度体系建设得更加成熟、更加定型、更加完善、更加巩固。

党的十九届四中全会全面系统地描绘了中国特色社会主义制度的基本框架，其中，党的领导制度是国家的根本领导制度，它统领和贯穿于其他各个方面的制度。要坚持和加强党的领导、更好发挥党的领导这一最大优势，就必须进一步健全党总揽全局、协调各方的领导制度体系，建立不忘初心、牢记使命制度，完善坚定维护党中央权威和集中统一领导制度，健全党的全面领导制度，健全为人民执政、靠人民执政制度，健全提高党的执政能力和领导水平制度，完善全面从严治党制度。这六个方面的制度以坚持和完善党的领导为根本，从前提条件、核心要求、领导范围、领导基础、领导本领、自身形象等方面涵盖了党的领导制度体系的基本要素，形成了严密的逻辑体系和结构体系，具有科学的理论依据、充分的实践依据和权威的规范依据。[3]而这六个方面制

------------------

1　习近平："在首都各界纪念现行宪法公布施行三十周年大会上的讲话"，载《论坚持全面依法治国》，中央文献出版社2020年版，第9页。

2　邓小平："党和国家领导制度的改革"，载《邓小平文选（第二卷）》，人民出版社1994年版，第333页。

3　参见江金权："发挥党的领导制度体系在国家制度和国家治理中的统领性作用"，载《中国纪检监察报》2019年11月28日05版。

度的建立健全和完善就需要从宪法层面出发，科学设计、精心谋划、统筹推进，从而为新时代坚持和加强党的领导，提高党科学执政、民主执政、依法执政的能力与水平，提供强有力的宪法依据和保障。

新中国成立以来特别是改革开放40多年来，我国宪法与时俱进，不断发展和完善，展现出了强大的生命力和优越性，对于保障人民当家作主地位和激发全社会创造活力，维护国家统一、民族团结、经济发展、社会稳定，保证国家机关协调高效运转和依法履行职责，提升国家治理体系和治理能力现代化的水平，发挥了极为重要的引领与保障作用。而宪法之所以能够发挥如此重要的功效和作用，最根本的原因是党的领导为依宪治国提供着正确的政治方向和根本的政治保证。我国目前正处于实现中华民族伟大复兴的关键时期，当今世界也正经历着百年未有之大变局。要实现坚持和完善中国特色社会主义制度、推进国家治理体系和治理能力现代化这一重大战略任务，就更需要在党的领导下，深入推进依宪治国、依宪执政，把宪法的规定和精神贯穿落实到国家治理的各领域、各方面、各环节。

（三）党的领导与宪法的创制和发展

宪法是国家的根本法，是治国安邦的总章程，是治国理政的总依据。党的领导是依宪治国的根本保证，这不仅体现在宪法实体内容的形成方面，也体现在宪法的创制与发展过程之中。

从宪法演进的历史脉络看，1982年由五届全国人大五次会议通过并由全国人民代表大会公布施行的现行宪法，是对1949年具有临时宪法作用的《共同纲领》和1954年宪法的继承和发展。《共同纲领》和1954年宪法确认了新民主主义革命胜利和人民当家作主、掌握国家政权的历史性变革。1954年宪法是我国第一部社会主义类型的宪法，它将中国共产党带领中国人民探索和创建的社会主义基本制度在宪法层面做了明确规定，并以国家根本法的形式确认了中国人民革命的胜利成果、新中国成立五年来取得的新成就以及党在过渡时期的路线方针政策，是一部代表广大人民利益、体现民主原则和社会主义原则的宪法。

根据党的十一届三中全会所确立的路线方针而制定的1982年现行宪法，适应新时期我国改革开放和社会主义现代化建设的时代要求，以国家根本法的形式确认了我国革命、建设和改革的伟大斗争、取得的巨大成就以及国家的根本任务、领导核心、指导思想、发展道路、奋斗目标和一系列治国理政的重大制度、重要原则、重要政策。同时，随着党领导人民建设中国特色社会主义实践的发展，现行宪法在保持稳定性、连续性和权威性的基础上，适应新形势、吸纳新经验、确认新成果，紧跟时代前进步伐、不断与时俱进和发展完善，分别于1988年、1993年、1999年、2004年、2018年先后做了五次部分修改，把一系列重大的理论创新、实践创新、制度创新成果及时在宪法中确认了下来，从而为国家生活和社会生活提供了新时代的共同遵循和根本准则。

由此可以发现：我国宪法同党和人民进行的伟大斗争、取得的辉煌成就和积累的宝贵经验紧密相连，同党和人民开辟的前进道路、追求的伟大梦想、推进的伟大工程和伟大事业紧密相连；宪法确立的一系列制度、原则、规则和重要内容，实际上就是党的执政理念、执政主张、执政方略在国家根本法上的集中体现。这既是我国宪法本质属性的鲜明反映，也是党领导依宪治国的直接体现。如果从文义角度解释的话，可以将"依宪治国"简单地理解为依据宪法治理国家，因此，将党的主张和意志贯穿于宪法文本之中，这本身就反映了党对依宪治国的领导，同时也是党领导依宪治国的规范前提与宪法依据。

党的领导是依宪治国的根本保证，不仅体现在宪法的文本规定和实体内容上，同样体现在宪法的制定与修改过程之中。的确，制宪和修宪都是事关根本和全局的重大政治活动和立法活动，只有在党中央的集中统一领导下有序推进，才能确保党的意志和人民意志得以正确反映，才能确保宪法内容的科学性和民主性。因此，坚持党的领导，是我国宪法形成和发展过程中所始终遵循的原则。如上一章所述，在多次的修宪实践中，我国已经形成了既坚持党对宪法修改的领导，又符合宪法规定和精神的修宪程序与宪法惯例。[1] 这样一套行之有效的修宪机制，既把党中央集中统一领导贯穿于宪法修改全过程，从而可以很好地遵循和贯彻党中央对宪法修改所确定的总体要求和原则，又遵循宪法发展的客观规律与内在要求，严格按照宪法所规定的法定程序和步骤而进行，从而有助于维护宪法的权威与尊严。同时，党中央的修宪决定是从政治上、大局

---

1 关于现行宪法第五次修改的详细程序，可参见王晨："关于《中华人民共和国宪法修正案（草案）》说明"，载《中华人民共和国第十三届全国人民代表大会第一次会议文件汇编》，人民出版社2018年版。需要说明的是，全面修宪与部分修宪的程序存在一些区别。在全面修宪的情况下，首先是中共中央领导成立宪法修改委员会，委员会人选都由中共中央提出，并通常经过与民主党派政治协商、讨论推荐，最后由全国人大按法律程序通过。委员会主任都由德高望重的中国共产党中央委员会领导人担任。修改过程中，中共中央都召开专门会议或专门列入议程进行讨论，确保党的意志充分反映到宪法之中。例如，1982年宪法草案就经过中共中央政治局和书记处作过专门讨论，政治局与书记处成员也大都是宪法修改委员会的委员，确保中共中央的意见贯彻到宪法草案中。参见彭真："关于中华人民共和国宪法修改草案的报告"，载《中华人民共和国法律汇编（1979—1984年）》，人民出版社1985年版，第636页。在中国共产党领导下，全国人大分别于1975年、1978年、1982年对宪法进行过三次全面修改。

上、战略上，经过反复考虑、综合各方面因素和情况而审慎作出的，而严格按照法定程序进行宪法修改，则又可以充分发扬民主、广泛凝聚共识，使宪法更好地体现人民的意志和利益，更好地体现依宪治国的历史经验、发展方向和演进规律。

总之，依宪治国实施方略的科学性和先进性取决于对党的领导地位的始终坚持，依宪治国行动方案的有效性和可行性取决于对党的领导功能的充分发挥。办好中国的事情，关键在党；中国特色社会主义制度的强大生命力和巨大优越性，最集中的体现就是中国共产党的领导。坚持依宪治国的关键，同样在于对党"总揽全局、协调各方"领导核心地位的全面加强，在于围绕党的领导这一政治主线而展开。只有加强党对依宪治国的集中统一领导，健全党领导依宪治国的各项制度和机制，切实把党的领导贯穿到依宪治国的全过程和各方面，才能增强依宪治国工程的系统性、整体性、协同性，才能有效地解决依宪治国过程中的重大事项、重大问题，才能为依宪治国方略的实施提供坚强的政治保障。

## 二、人民当家作主是依宪治国的价值原点

人民当家作主是我国社会主义民主政治的本质特征与核心要义，发展社会主义民主政治的关键在于保障人民权益、反映人民意志、激发人民创造活力，通过健全而完善的制度体系保证人民在国家政治生活和社会生活中真正实现当家作主。依宪治国的价值起点同样在于人民是国家的主人、是国家权力的本源，一切国家权力存在和运行的根本目的都在于人民的利益和幸福。可以说，"以人民为中心是中国特色社会主义法治的本质要求"[1]。民之所欲，法之所系。显然，宪法在实现人民当家作主方面发挥着极为重要的作用，因为，在法治文明的语境中，宪法之所以被人们奉为根本法，首先就是因为宪法是保证人民当家作主的制度安排，这既表现为宪法对公民基本权利的明确规定和保障，也表现为宪法所确立的一系列保障公民基本权利和自由的基本制度。依宪治国的实施必须以维护人民当家作主为基本归宿，以实现好、维护好、发展好最广大人民根本利益为最高标准，以最大限度地保障人民的宪法权利、满足人民日益增长的美好生活需要为最终目标。

---

1　郭声琨："深入学习宣传贯彻习近平法治思想 奋力开创全面依法治国新局面"，载《人民日报》2020年12月21日06版。

**（一）坚持和完善保障人民当家作主的宪法制度**

1.坚持和完善人民代表大会制度

人民当家作主是社会主义民主政治的本质和核心，而人民代表大会制度则是深深植根于中国社会土壤之中，符合我国国家性质和实际需要，能够保障人民当家作主和实现中华民族伟大复兴的根本政治制度。实践充分证明，人民代表大会制度是中国社会在经历百年风云激荡之后，中国人民在政治制度上所做的必然选择和伟大创造，具有鲜明的中国特色和经验、巨大的制度优势和自信、内在的自我发展和完善能力。

新中国成立之初，人民代表大会制度就被确立为保证人民当家作主的国家根本政治制度和宪法制度。1954年9月，第一届全国人民代表大会第一次会议的召开，标志着人民代表大会制度在全国范围内的正式建立。1978年12月，党的十一届三中全会开启了我国改革开放和社会主义现代化建设历史新时期，人民代表大会制度焕发了新的生机与活力。尤其自党的十八大以来，在依宪治国的新时代，人民代表大会制度被不断赋予新的理论内涵和实践特色，通过一系列新思路和新举措而得到不断巩固和完善，进入蓬勃发展的新阶段。例如，全面推进依法治国基本方略，深入推进科学立法、严格执法、公正司法、全民守法进程；加快建设法治政府，深化司法体制改革，全面落实司法责任制；加强宪法实施和监督，推进合宪性审查工作，树立宪法法律至上法治理念，维护宪法尊严和权威；充分发挥人大及其常委会在立法工作中的主导作用，健全立法过程中的起草、论证、协调、审议机制，完善以宪法为核心的中国特色社会主义法律体系，确保国家发展和重大改革于法有据；坚持科学立法、民主立法、依法立法，不断提高立法质量，防止地方保护和部门利益法制化；加强和改善党对人大工作的领导，支持和保证人大及其常委会依法行使职权、开展工作；健全人大组织制度、工作制度和工作机制，支持和保证各级人大及其常委会全面履行宪法、法律赋予的各项职责，完善"一府一委两院"由人大产生、对人大负责、受人大监督的制度；优化人大的机构设置和人员结构，加强人大代表的广泛性、代表性和先进性，等等。

人民民主是社会主义的生命，人民代表大会制度是保障我国人民行使国家权力的最高实现形式，是坚持党的领导、人民当家作主、依法治国有机统一的根本政治制度安排，是实现国家治理体系和治理能力现代化的根本制度依托，是中国特色社会主义制度的重要组成部分。要真正用制度体系来保证党和国家各项事业的发展，就必须坚定不移地走中国特色社会主义政治发展道路，毫不动摇地坚持和完善人民代表大会制度，积极推进人民代表大会制度的理论创新和实践探索，继续加强社会主义政治文明和制度文明建设，保证把人民当家作主落实到国家政治生活和社会生活的各个领域和各个方面，使人民代表大会制度展现出更加旺盛的生命力和更加显著的优越性。

在中国特色社会主义新时代，必须继续充分发挥人民代表大会制度的巨大优势，毫不动摇地坚持人民代表大会制度，同时也要与时俱进不断发展和完善人民代表大会制度，使其具有持久而旺盛的生机与活力。为此，党的十九届四中全会明确回答了人民代表大会制度在新的历史条件下，"坚持和巩固什么""完善和发展什么"等一系列事关全局和长远的重大问题，对当前和今后坚持和完善人民代表大会制度的重点方向、主要任务、工作要求和重要举措等，作出了战略性部署和安排。这对于切实保证人民当家作主，深入推进依宪治国和依宪执政，充分发挥中国特色社会主义制度和国家治理体系的巨大优势，具有重要而深远的历史意义与现实意义。

2.健全民主制度，丰富民主形式，拓宽民主渠道

在我国，保证人民当家作主、坚持人民主体地位，就必须积极稳妥、持之以恒地推进政治体制改革，加强社会主义民主政治的制度化、规范化、法治化、程序化建设，实现中国特色社会主义民主政治发展中历史和现实、理论和实践、形式和内容的有机统一。这就需要除了切实发挥人民代表大会制度这一根本政治制度的优势和作用外，还必须坚持和完善其他方面的基本政治制度、重要政治制度，发展社会主义协商民主，健全民主制度，丰富民主形式，拓宽民主渠道，不断扩展公民的参与途径、参与方式、参与范围，更好地发挥中国特色社会主义政治制度的优越性。

中国共产党领导的多党合作和政治协商制度是根植于中国大地、具有中国特色的基本政治制度和新型政党制度，是人类政治制度发展史上的一项成功实践和伟大创造，是我国治理体系的重要组成部分。协商民主是中国特色社会主义民主政治的重要内容和特有形式，是实现中国共产党领导的重要途径和方式，是党的群众路线在政治生活中的重要实践和体现，具有独特的制度优势和政治优势。我国已经形成内容广泛、议题多样、形式灵活的制度化、常态化、多元化协商民主体系。在党的领导下，深入开展立法协商、行政协商、民主协商、参政协商、社会协商，对经济社会发展和涉及群众切身利益的重大问题进行广泛协商，坚持协商于决策之前和决策实施之中，不仅有利于建立健全决策咨询制度，提高决策的质量和科学性，而且体现着人民民主的真谛，有利于形成有事好商量、众人的事情由众人商量的社会共识凝聚机制和公共决策形成机制。

为了充分发挥这些民主制度和民主形式的重要作用，必须加强中国特色社

会主义政党制度建设，认真贯彻长期共存、互相监督、肝胆相照、荣辱与共的方针，健全相互监督特别是中国共产党自觉接受监督的体制机制；发挥人民政协作为政治组织和民主形式的效能，紧紧围绕党和国家中心工作，加强和推进政治协商、民主监督、参政议政制度化、规范化、程序化建设，规范协商程序，丰富协商形式，健全协商规则，增加协商密度，提高协商成效，完善制度体系，更好凝聚各方面的共识；充分发挥统一战线在协商民主中的重要作用和效能，认真听取各民主党派和无党派人士意见，不断拓展和丰富国家机关、政协组织、党派团体、基层单位以及社会组织的协商途径和渠道；坚持和完善民族区域自治制度，巩固和发展平等、团结、互助、和谐的社会主义民族关系；健全基层群众自治制度和企事业单位民主管理制度，发展充满活力、形式多样的基层民主和社会组织民主，保障人民享有和行使知情权、参与权、表达权、监督权，保障人民群众在基层社会治理和社会公共事务中依法实现自我管理、自我服务、自我教育、自我监督，从而在生动活泼的日常生活中参与民主实践、经受民主锻炼。

显然，这样一套具有鲜明中国特色的制度安排及其运作实践，既反映了我国政治制度发展的历史传承和现实要求，也体现了我国在保证人民当家作主方面所积累的政治经验和所形成的政治原则、政治理念，能够有效坚持发挥党总揽全局、协调各方的领导核心作用，保证党领导人民广泛参加国家治理和社会治理；能够有效坚持国家一切权力属于人民的宪法原则，保证人民依法行使民主选举、民主决策、民主管理、民主监督的政治权利；能够巩固和发展生动活泼、安定团结的政治局面，平等团结、互助和谐的民族关系，有力维护国家主权、安全、发展利益和中华民族的福祉；能够有效整合各种社会资源和社会力量，形成有效促进国家治理体系和治理能力现代化的强大合力，实现经济的快速发展、社会的和谐稳定、国家的长治久安。

### （二）加强对公民基本权利的宪法保障

对于现代宪制国家而言，宪法最重要的功能之一就是宣示人民主权和保障公民权利。列宁曾指出："宪法是什么？宪法就是一张写着人民权利的纸。"[1]质言之，作为人民权利的保障书，宪法通过对公民基本权利的明示列举或间接默认，并通过一系列制度建构及其有效运作而使公民权利获得了最全面的确认和最坚强的保障。

我国宪法不仅强调对公民政治权利的保障，同时也强调对公民社会经济文

---

1　列宁：《列宁全集（第12卷）》，人民出版社1987年版，第50页。

化权利的保障，其所规定的公民基本权利类型涵盖了政治权利、人身人格权与宗教信仰自由权利、社会经济文化权利及特定人群权利等各个方面。可以说，我国宪法是一部充分体现人民意志、充分保障人民权利、充分维护人民利益的好宪法。同时，我国宪法不仅对公民基本权利类型做了具体的列举性规定，还对人权保障做了原则性的概括式强调。随着依法治国实践的深入推进，人权由一个曾经引发过重大争议的敏感性词汇，逐渐被明确吸收转化为党的政策话语，并最终成为一个规范性的宪法概念。党的十五大报告首次明确写入"人权"概念，党的十六大报告再次将"尊重和保障人权"确立为新世纪党和国家的重要发展目标。2003年，中共中央政治局常委会会议启动宪法修改工作后，"人权入宪"建议获得从中央到地方的普遍认同。2004年第十届全国人大第二次会议通过的宪法修正案，正式将"国家尊重和保障人权"上升为宪法的基本范畴，这标志着我国人权理论和人权事业的重大进步与发展。

毫无疑问，"人权入宪"对于我国依宪治国而言，无论是从价值层面还是从制度层面都具有十分重大的意义。关于人权保障在依宪治国中的价值性意义，前文已多有论及，此处不再重复。从制度角度看，其中尤为重要的是，"人权入宪"为我国人权保障制度体系的健全与完善奠定了基础，指引了方向。人民主权、人民当家作主是我国宪法制度的核心所在，是宪法上公民基本权利的源头与起点，是宪法文本正当性的前提和基础，也是依宪治国的目的性价值。在人权入宪之前，我国宪法第二条对人民主权原则做了明确的宣示，而公民基本权利条款则是人民主权原则的延伸和具体化。显然，这一制度模式从正面构建起了内容丰富、实施有力的人权保障体系，但也具有一定的封闭性和静态性，在回应时代发展要求上存在着制度弹性不足的局限，加之我国宪法修改的严格程序约束，使得人权内容难以与时俱进、及时完善发展。而"国家尊重和保障人权"这一概括性条款的正式入宪，为我国人权内容的发展和保障制度的创新提供了直接的规范依据和广阔的宪法空间。同时，"国家尊重和保障人权"这一宪法规定意味着：尊重和保障人权、实现和维护宪法规定的公民各项基本权利和自由，是国家的宪法责任，是所有国家机关和国家机关工作人员必须履行的宪法义务。这就为立法、司法、行政执法等一切国家行为的合宪性设定了最高的宪法评价标准。

随着中国特色社会主义进入新时代，我国的人权理论和实践又有了新的重大发展。解决好人民日益增长的美好生活需要和不平衡、不充分发展之间的矛盾，更好地推动人的全面发展和社会的全面进步，是新时代中国特色社会主义人权事业发展的根本问题导向。人民对幸福生活的向往是人权的核心价值，是人权价值的集中表达；实现共同富裕、最终实现人的全面发展是新时代人权事业的最高价值追求。[1] 为此，党和国家始终坚持人民立场、坚持人民主体地位，始终以实现好、维护好、发展好最广大人民根本利益为最高标准，着力解决好人民最关心、最直接、最现实的利益问题，聚焦人民日益增长的对美好生活的多元化和多层次的需求，切实保障人民的各项权利和自由并为行使各项权利提供充分保障条件，努力促进经济社会文化权利和公民权利政治权利的均衡发展，不断加强民主、法治、公平、正义、安全、环境等方面的权益保障，坚持和完善统筹城乡的民生保障制度，注重加强普惠性、基础性、兜底性民生建设，不断完善国家基本公共服务制度体系、全民终身学习教育体系、覆盖全社会的社会保障体系，建立高质量的就业促进机制、打赢脱贫攻坚战长效机制，积极实施健康中国战略、乡村振兴战略等，努力让改革发展成果更多更公平地惠及全体人民，使人民的获得感、幸福感、安全感更加充实、更有保障、更可持续，坚定地朝着实现全体人民共同富裕的目标不断迈进。

总之，人民是依法治国的主体和力量源泉，人民当家作主是社会主义民主政治的本质和核心。可以说，"以人民为中心，是当代中国社会主义的核心价值，是统领社会主义价值体系的首要价值，是中国特色社会主义法治的价值基石"[2]。"是否以人民为主体，是中国特色社会主义法治与历史上'以法治民'的封建法治及形式上民主的资本主义法治最根本的区别。"[3] 我国宪法对"国家的一切权力属于人民"及"国家尊重和保障人权"等原则的确认，对一系列民主制度的规定和对公民基本权利的保障，体现了其鲜明的人民立场和以保障人民权益为根本追求的目的性价值。依宪治国的本质属性就在于以人民为中心、坚持人民主体地位、依法保障人民权益，把维护人民利益、反映人民意愿、增进人民福祉作为其出发点和落脚点，从而使依宪治国真正为了人民、依靠人民、造福人民、保护人民，使人民真正成为宪法的坚定捍卫者、忠实崇尚者、自觉遵守者、积极践行者。

### 三、依法治国是依宪治国的实践基础

坚持全面依法治国，是我国国家制度和国家治理体系的一个显著优势，在

---

1　参见何志鹏："以人民为中心的中国人权事业"，载《人民日报》2019年10月31日第11版。

2　张文显："在新的历史起点上推进中国特色法学体系构建"，载《中国社会科学》2019年第10期。

3　徐显明："新中国70年法治建设的十条经验"，载《学习时报》2019年11月13日。

"四个全面"中具有基础性、保障性作用。"在统筹推进伟大斗争、伟大工程、伟大事业、伟大梦想，全面建设社会主义现代化国家的新征程上，我们要更好发挥法治固根本、稳预期、利长远的保障作用。"[1] 而作为国家的根本法，宪法浓缩着法治文明的根本精神与价值理念，支撑着法治实践的基本框架和制度安排，是一个国家法治大厦的基石和标志。在一定意义上，"宪法和依宪治国解决的是治国理政宏观上的宪制和法治设计问题，法律和依法治国解决的是治国理政具体实施层面的宪制和法治的运作问题"[2]。宪法不仅为依法治国提供着最高规范依据，同时也统摄着依法治国的价值取向、基本原则、功能定位、方略选择，是依法治国的最高遵循和根本准则；全面推进依法治国、建设中国特色社会主义法治体系，就必须更加注重发挥宪法在国家治理体系和治理能力中的重要作用，充分彰显依宪治国对依法治国的引领性意义。但同时也应当看到，依宪治国并非独立于依法治国之外，而是与依法治国融为一体、密不可分的，依法治国的全面推进正是依宪治国的生动实践；抽离了依法治国的具体内容，依宪治国便会失去现实依托和实践基础，便会成为缺少法治根基的空洞说辞。因此，任何对依宪治国的分析，都不能孤立地进行而必须与依法治国结合起来予以综合考察。

对于依宪治国与依法治国之间的关系，除了前文从坚持党的领导和坚持以人民为中心等方面所作的分析之外，还可以从全面依法治国的道路方向、总抓手、基本经验等方面进行深入理解与把握。

（一）坚持中国特色社会主义法治道路

中国特色社会主义法治道路本质上是中国特色社会主义道路在法治领域的具体体现。坚持党的领导，坚持中国特色社会主义制度，贯彻中国特色社会主义法治理论，"这三个方面实质上是中国特色社会主义法治道路的核心要义，规定和确保了中国特色社会主义法治体系的制度属性和前进方向"[3]。"中国特色社会主义法治道路是一个管总的东西。具体讲我国法治建设的成就，大大小小可以列举出十几条、几十条，但归结来就是开辟了中国特色社会主义法治

---

1　习近平："在中央全面依法治国委员会第一次会议上的讲话"，载《论坚持全面依法治国》，中央文献出版社2020年版，第227页。

2　姜明安："论依宪治国与依法治国的关系"，载《法学杂志》2019年第3期。

3　习近平："关于《中共中央关于全面推进依法治国若干重大问题的决定》的说明"，载《求是》2014年第21期。

道路这一条。"[1] 历史和现实都已充分证明，中国特色社会主义法治道路是建设社会主义法治国家的唯一正确道路。

坚持中国特色社会主义法治道路，最根本的是坚持中国共产党的领导。党的领导是中国特色社会主义最本质的特征，是社会主义法治最根本的保证；把党的领导贯彻到依法治国全过程和各方面，是我国社会主义法治建设的根本经验和必然要求，是全面依法治国的首位原则和内在逻辑。而坚持党的领导，正是我国宪法的基本精神和明确规定；只有在党的领导下依法治国、厉行法治，依法治国的战略目标才能得以实现，依宪治国的宏伟蓝图才能成为生动鲜活的法治实践。

中国特色社会主义法治体系本质上是中国特色社会主义制度的法律表现形式；中国特色社会主义制度是中国特色社会主义法治体系的根本制度基础，是全面推进依法治国的根本制度保障。中国特色社会主义法治理论本质上是中国特色社会主义理论体系在法治问题上的理论成果，是中国特色社会主义法治体系的理论指导和学理支撑，是全面推进依法治国的行动指南。我国现行宪法是在深刻总结我国社会主义革命、建设、改革的成功经验基础上制定和不断完善的，集中体现了中国特色社会主义道路、理论、制度、文化的发展成果，是我们党领导人民长期奋斗历史逻辑、理论逻辑、实践逻辑的必然结果。因此，依宪治国正是坚持中国特色社会主义法治道路，建设社会主义法治国家的生动实践，是推进法治理论创新、实践创新、制度创新的中国经验和方案。

选择什么样的法治道路，是由一个国家的基本国情决定的；每一条法治道路底下都有一种政治立场、政治理论和政治逻辑。"全面推进依法治国，必须走对路。如果路走错了，南辕北辙了，那再提什么要求和举措也都没有意义了。"[2] "要从中国国情和实际出发，走适合自己的法治道路，决不能照搬别国模式和做法，决不能走西方'宪政'、'三权鼎立'、'司法独立'的路子。"[3] 因此，我们必须从我国革命、建设、改革的实践中探索适合自己的法治道路。中国特色社会主义法治道路是我国社会主义法治建设成就和经验的集中体现，是基于我国历史文化传统和经济社会发展水平而长期渐进发展、不断

---

1　习近平："加快建设社会主义法治国家"，载《论坚持全面依法治国》，中央文献出版社2020年版，第105页。

2　习近平："加快建设社会主义法治国家"，载《论坚持全面依法治国》，中央文献出版社2020年版，第105页。

3　习近平："在中央全面依法治国委员会第一次会议上的讲话"，载《论坚持全面依法治国》，中央文献出版社2020年版，第229页。

与时俱进的成果，是符合我国国情和实际、符合法治发展规律、具有显著优越性的法治道路。在全面建设社会主义现代化国家的新征程上，必须坚定不移走中国特色社会主义法治道路，坚定宪法自信、增强宪法自觉，坚持宪法确认的中国特色社会主义发展道路和制度体系，为续写"两大奇迹"新篇章提供坚强的法治保障。

### （二）坚持建设中国特色社会主义法治体系

"全面推进依法治国涉及很多方面，在实际工作中必须有一个总揽全局、牵引各方的总抓手，这个总抓手就是建设中国特色社会主义法治体系。"[1] 中国特色社会主义法治体系，是新时代全面依法治国新理念新思想新战略中一个具有原创性、时代性的法治概念和理论，"也是进一步创新发展中国特色法学理论、构建中国特色法学体系的一把金钥匙"[2]。这一概念和理论浓缩了全面依法治国的基本方略与重要路径，体现了新时代法治实践发展与法学理论创新的高度统一，为"加快形成完备的法律规范体系、高效的法治实施体系、严密的法治监督体系、有力的法治保障体系，加快形成完善的党内法规体系"提供了根本指引和行动指南。因此，建设中国特色社会主义法治体系，既明确了全面依法治国的目标和方向，又突出了全面依法治国的总体布局和重点任务，对全面依法治国具有纲举目张的重要意义。

法治是国家治理体系和治理能力的重要依托，法治体系是国家治理体系的骨干工程。坚持和完善中国特色社会主义制度、推进国家治理体系和治理能力现代化，必须坚持和完善中国特色社会主义法治体系，"建设中国特色社会主义法治体系、建设社会主义法治国家是坚持和发展中国特色社会主义的内在要求"[3]。在统筹推进伟大斗争、伟大工程、伟大事业、伟大梦想的实践中，只有充分发挥法治固根本、稳预期、利长远的重要作用，才能依法应对重大挑战、抵御重大风险、克服重大阻力、解决重大矛盾，才能维护国家统一、促进经济发展、保证政治清明、实现社会公正，才能有效保障国家治理体系的系统性、规范性、协调性，才能推动中国特色社会主义制度优势更好地转化为国家治理效能。

---

1 习近平："关于《中共中央关于全面推进依法治国若干重大问题的决定》的说明"，载《求是》2014年第21期。

2 张文显："在新的历史起点上推进中国特色法学体系构建"，载《中国社会科学》2019年第10期。

3 《中共中央关于坚持和完善中国特色社会主义制度 推进国家治理体系和治理能力现代化若干重大问题的决定》，人民出版社2019年版，第13页。

"中国特色社会主义法治体系贯通法治国家、法治政府、法治社会建设各个领域，涵盖立法、执法、司法、守法各个环节，涉及法律规范、法治实施、法治监督、法治保障各个方面，对推进全面依法治国具有纲举目张的重要意义。"[1]宪法作为国家的根本法，是国家整个法治体系金字塔的顶点和最终效力来源，是整个法治体系形成、发展和完善的制度基础和规范依据；无论是法律法规体系、法治实施体系，还是法治监督体系、法治保障体系，都必须符合宪法的原则和精神，都应当以宪法为依据和起点。因此，建设中国特色社会主义法治体系，首先必须全面贯彻实施宪法，健全保证宪法全面实施的体制机制，充分发挥宪法在建设中国特色社会主义法治体系中的引领、规范、推动和保障作用。可以说，依宪治国对于建设中国特色社会主义法治体系具有基础性和统领性意义，而建设中国特色社会主义法治体系则彰显着依宪治国的法治内涵和时代价值。

制度优势是一个国家的最大优势，制度竞争是国家间最根本的竞争。中国特色社会主义法治体系是中国特色社会主义制度的法律表现形式，而我国宪法则是中国特色社会主义制度的最高法律表现形式。经过长期的探索和努力，以宪法为核心的中国特色社会主义法律体系已经形成，从而为我国各项事业的发展提供了基本依据和遵循，具有显著优势、坚实基础、强大生命力。随着实践发展和现实需要，还需要进一步提高立法的科学化、民主化水平，坚持科学立法、民主立法、依法立法，更好协调立法过程中的利益关系，加强国家安全、科技创新、公共卫生、生物安全、生态文明、防范风险、涉外法治等重要领域立法，满足人民日益增长的美好生活需要必备的法律制度，推动国家制度和治理体系更加成熟、更加定型，确保国家治理、重大改革于法有据，把发展改革决策同立法决策更好结合起来，以良法善治保障新业态、新模式健康发展。同时，现代化的国家治理体系和治理能力，离不开高效且有权威的领导制度，但也需要对权力进行有效的监督和制约，这是确保党和人民赋予的权力始终用来为人民谋幸福的必然要求，"是党在长期执政条件下实现自我净化、自我完善、自我革新、自我提高的重要制度保障"[2]。而宪法的一个重要功能就在于

---

1 周佑勇："习近平法治思想是全面依法治国的根本遵循和行动指南"，载《光明日报》2021年1月11日。

2 监督体系不仅是确保权力规范化运行的制度安排，也是国家治理体系的重要组成部分。在十九届四中全会通过的《中共中央关于坚持和完善中国特色社会主义制度 推进国家治理体制和治理能力现代化若干重大问题的决定》中，"监督"一词高频出现52次之多。该决定从健全党和国家监督制度，完善权力配置和运行制约机制，构建一体推进不敢腐、不能腐、不想腐体制机制等方面，进一步扎紧了公权力运行的"制度之笼"。

确定公权力的范围边界及合理配置并为其设定一套理性的运行规则与机制，从而形成统一领导、权威高效、覆盖全面、配置合理的权力运行制约和监督体系，确保一切公权力都必须在宪法预设的范围和轨道内运行，并能够积极有效地作出科学决策、提供公共服务、增进社会福祉、增强综合国力。

　　建设中国特色社会主义法治体系必须坚持依法治国和以德治国相结合。法律是规范化的道德，道德是人们内心尊奉的法律。国家和社会治理既需要重视法律的规范作用，也需要重视道德的教化作用，只有法律和道德相辅相成，以法律体现道德观念、强化法治建设对道德建设的促进和保障作用，以道德滋养法治意识、强化道德观念对法治建设的推动和支撑作用，才能使法治和德治相得益彰。宪法关于"国家倡导社会主义核心价值观"的规定，正是当代中国道德境界和价值追求的集中体现与凝练。因此，依宪治国的过程正是把社会主义核心价值观践行于立法、执法、司法和守法的过程，是以社会主义核心价值观引领法治发展、培育法治信仰、弘扬中华传统美德的过程，是促进德法共治、德法融合，进而实现"法安天下、德润人心"的过程。

　　（三）坚持党的领导、人民当家作主、依法治国有机统一

　　党的领导、人民当家作主、依法治国三者之间是紧密相连、内在统一、不可分割的有机整体。"把坚持党的领导、人民当家作主、依法治国有机统一起来是我国社会主义法治建设的一条基本经验。"[1] 坚持三者有机统一，是坚定不移走中国特色社会主义法治道路的内在要求，是在全面依法治国战略布局中不断发展社会主义民主政治的关键。要准确领会这一重要时代命题的核心内涵与精神，就应当从"三者"和"有机统一"这两个基本点出发进行全面理解。

　　三大要素的性质与作用不同，决定了它们之间存在着客观的差异性。其中，"党的领导是人民当家作主和依法治国的根本保证，人民当家作主是社会主义民主政治的本质特征，依法治国是党领导人民治理国家的基本方式"[2]。要使三大要素各自的优势充分发挥出来，就不能仅仅是将三者的功能进行简单的相加，更重要的是三者之间相互结合、高度统一、相辅相成，在理论上、制度上、实践中形成一个有机整体，并最终统一于依宪治国和社会主义民主政治建设的整个过程和全部领域，从而形成制度的整体优势与合力，共同构成坚持和完善中国特色社会主义制度、推进国家治理体系和治理能力现代化的有力保

---

1　习近平："关于《中共中央关于全面推进依法治国若干重大问题的决定》的说明"，载《求是》2014年第21期。

2　《中国共产党第十九次全国代表大会文件汇编》，人民出版社2017年版，第29页。

障和支撑。

任何政治制度都是特定社会政治经济条件和历史文化传统的产物，世界上不存在完全相同的制度模式，也不存在定于一尊的评判标准。中国特色社会主义法治发展道路根源于近代以来中国社会发展演变的历史逻辑、理论逻辑、实践逻辑，而坚持党的领导、人民当家作主、依法治国有机统一则是实施依宪治国方略和推进国家治理现代化的内在要求与根本法则。[1] 依宪治国是一项复杂系统的法治工程，要保障依宪治国方略的科学性和实效性、确保依宪治国事业的整体顺利推进，党的领导、人民当家作主、依法治国这三大核心要素缺一不可。其中，加强党的全面领导是实施依宪治国的根本保证，坚持人民当家作主是实施依宪治国的出发点和目的性归宿，坚持依法治国是实施依宪治国的必然要求和基本路径。

党的领导是人民当家作主和依法治国的根本要求与保证，同样也是依宪治国的题中应有之义和必然要求；只有在党的领导下依法治国、依宪治国，才能真正保证人民当家作主和实现国家与社会生活的法治化。而党的领导同样也必须依靠社会主义法治，依法治国、人民当家作主是提高党的执政能力和执政水平、巩固党的执政基础和执政地位的重要途径和保障。"人民是我们党执政的最大底气，是我们共和国的坚实根基，是我们强党兴国的根本所在。"[2] 人民当家作主是坚持党的本质属性、践行党的根本宗旨的必然要求。只有把依宪治国与依宪执政、依法治国同依法执政统一起来，"把党领导人民制定和实施宪法法律同党坚持在宪法法律范围内活动统一起来"[3]，人民当家作主才能得到充分保障，国家治理的现代化和法治化才能有序推进，党的领导才能贯彻到依宪治国的全过程和各方面。

改革开放以来，我国在物质文明、政治文明、精神文明、社会文明和生态文明建设等领域均取得了为世人注目的巨大成就，国家的综合实力得到空前提

---

1 有学者将"坚持党的领导、人民当家作主与依法治国有机统一"视为新时代国家治理现代化的黄金法则。因为：其一，它是最高法则，在诸多法则中，它的地位最高；其二，它是最优法则，相较于其他法则，遵循黄金法则就能够取得最佳效果；其三，它是积极法则，黄金法则强调审时度势，揆情度理。参见虞崇胜："坚持'三者有机统一'：新时代国家治理现代化的黄金法则"，载《当代世界与社会主义》2018年第4期。

2 习近平："在'不忘初心、牢记使命'主题教育工作会议上的讲话"，载《求是》2019年第13期。

3 习近平："更加注重发挥宪法重要作用 把宪法实施提高到新的水平"，载《人民日报》2018年2月26日第1版。

升。面对中国的发展，中外学界都在思考一个问题——中国取得如此辉煌成就的原因有哪些。如果从政治发展的角度进行考察分析的话，毫无疑问，中国特色社会主义制度是当代中国发展进步的根本保障。历史和现实都充分表明，以马克思主义为指导、植根中华文明和中国大地的中国特色社会主义制度和国家治理体系，是党和人民在长期实践中探索而形成的一整套科学治国理政体系，具有强大的生命力和显著的优越性，而这样一套制度体系和治理体系最重要、最集中的法制化载体就是宪法。我国宪法以国家根本法的形式确认了中国特色社会主义制度的根本制度、基本制度、重要制度，构建起了系统完备、科学规范、运行有效的制度体系，确立了中国共产党的领导地位和党的重大路线方针政策，反映了全国各族人民的共同意志和根本利益，凝聚了中国特色社会主义法治道路、法治理论和法治实践的发展成果，形成了立足中国经验、符合中国实际、具有中国特色的宪法理念、宪法制度和宪法规范。这些理念、制度和规范是党和人民经过长期实践探索而形成的治国理政经验在最高法制层面的科学化、规范化凝练与表达。尤其是宪法所确立的人民代表大会制度"是坚持党的领导、人民当家作主、依法治国有机统一的根本制度安排"。[1] 因此，依宪治国的过程，实际上正是实现党的领导、人民当家作主、依法治国有机统一的过程；而坚持党的领导、人民当家作主、依法治国有机统一，也正是实施依宪治国的内在逻辑和必然要求，并通过依宪治国获得了完整的制度表达和实践推进。

　　总之，坚持依法治国首先要坚持依宪治国，这一科学论断不仅凸显了依宪治国在全面推进依法治国中的重要地位，同时也表明了依法治国与依宪治国之间的密切关联。可以说，依宪治国是依法治国的核心与关键，而依法治国则是依宪治国的必然要求和基本内容。如果将全面依法治国看作是一个圆的话，宪法就是其中的圆心，党对依法治国的领导就表现为以宪法圆心为聚焦点，进而形成对整个国家事务和社会事务的法治化、现代化治理，依法治国的基本方略应当围绕宪法这一中心点而展开。这就要求在中国共产党领导下，坚定不移走中国特色社会主义法治道路，贯彻中国特色社会主义法治理论，坚持党的领导、人民当家作主和依法治国的有机统一。

------------------

1 习近平："在庆祝全国人民代表大会成立60周年大会上的讲话"，载《人民日报》2014年9月6日第2版。

## ▶ 第二节　国家治理体系中党规国法的衔接与协调

国家治理体系的完善程度及国家治理能力的强弱，是衡量现代国家综合国力和竞争力的一项重要指标。在传统的研究范式中，国家治理体系更多地被视为是一个政治学概念，因而长期以来主要是在政治学界受到了广泛关注和研究。实际上，国家治理体系和治理能力现代化的重要评判标准之一是国家治理的法治化程度，国家治理能力与法治能力、国家治理体系与法治体系在相当程度上是重叠的。换言之，国家治理体系与法治体系在相当程度上具有一体两面的关系。[1] 的确，现代化的国家治理应当在宪法框架内展开并在法治轨道上进行；要有效地统筹社会力量、平衡社会利益、调节社会关系、规范社会行为，就必须充分地发挥宪法的引领、规范、推动和保障作用。

### 一、国家治理体系中的党规国法

#### （一）宪法与国家治理体系

在我国，所谓国家治理体系是指"在党领导下管理国家的制度体系，包括经济、政治、文化、社会、生态文明和党的建设等各领域体制机制、法律法规安排，也就是一整套紧密相连、相互协调的国家制度"[2]。因此，我国的国家治理体系是中国特色社会主义制度的集中体现。这样一套制度是党和人民在长期实践探索中形成的科学制度体系，具有鲜明本质特征和巨大的制度优势，是坚定道路自信、理论自信、制度自信、文化自信的基本依据。而宪法作为国家的根本法，则浓缩着国家治理现代化的核心理念，集中规定着我国的根本制度、基本制度、重要制度，是国家治理体系的重要载体和根本安排。

党的十八大基于对国家治理体系重要性的高度重视，明确提出全面建成小康社会，必须构建"系统完备、科学规范、运行有效的制度体系"。党的十八届三中全会进一步首次提出了"推进国家治理体系和治理能力现代化"这一重大命题，并将其与"完善和发展中国特色社会主义制度"一并确立为全面深化改革的总目标。党的十九大作出了到21世纪中叶把我国建成富强、民主、文明、和谐、美丽的社会主义现代化强国的战略安排，其中制度建设和治理能力建设的目标和时间节点是：到2035年，"各方面制度更加完善，国家治理体系和治理能力现代化基本实现"；到21世纪中叶，"实现国家治理体系和治理能

---

1　参见喻中："作为国家治理体系的法治体系"，载《法学论坛》2014年第2期。

2　习近平："切实把思想统一到党的十八届三中全会精神上来"，载《求是》2014年第1期。

力现代化"。[1] 因此，社会主义现代化强国一个重要标志就是国家治理体系和治理能力的现代化。党的十九届三中全会再次强调："必须加快推进国家治理体系和治理能力现代化，努力形成更加成熟、更加定型的中国特色社会主义制度。"[2] 这是摆在我们党面前的一项重大历史性任务，也是新时代把改革开放推向前进的根本要求。

在新中国成立70周年之际，党的十九届四中全会专门研究国家制度和国家治理问题，并作出了《关于坚持和完善中国特色社会主义制度　推进国家治理体系和治理能力现代化若干重大问题的决定》，[3] 深刻回答了坚持和发展什么样的中国特色社会主义、怎样坚持和发展中国特色社会主义的重大时代课题，科学阐述了坚持和完善中国特色社会主义制度、推进国家治理体系和治理能力现代化的重大意义和总体要求，系统全面总结了我国国家制度和国家治理体系的显著优势，并从坚持和完善党的领导制度体系、坚持和完善人民当家作主制度体系等方面，对坚持和完善中国特色社会主义科学制度体系和国家治理体系作出了许多新的制度安排和重要部署。这是一份极具历史意义和现实指导意义的纲领性文献，表明了中国共产党对执政规律、社会主义建设和发展规律的认识与把握上升到了一个全新的理论和实践高度，也为新时代全面推进依法治国、依宪治国提供了科学的价值引领与行动指南。

宪法在国家治理体系和治理能力现代化方面，发挥着无可替代的重要作用。正是由于宪法的至上权威性，把国家根本的治理规则凝练为宪法规则，把国家重要的治理制度上升为宪法制度，才能赋予国家治理体系以极大的权威，才能使国家治理体系获得根本的法治保障。新中国成立以来，我国取得了举世瞩目的伟大成就，从一穷二白到世界第二大经济体，从"东亚病夫"到空前的国际影响力和引领世界潮流，从积贫积弱到创造经济快速发展和社会长期稳定两大奇迹，中华民族实现了从站起来、富起来到强起来的历史性飞跃。而之所以发生如此巨大的历史性变革、取得如此辉煌的历史性成就，一个重要原因就是中国共产党创造性地运用马克思主义国家学说，结合中国的具体实际，经过不懈的艰苦努力和长期的实践探索，在古老的东方大地建立起保证亿万人民当家作主的新型国家制度。我国宪法确认了中国特色社会主义发展道路的领导核

--------------------

1 《中国共产党第十九次全国代表大会文件汇编》，人民出版社2019年版，第23页。

2 《中共中央关于深化党和国家机构改革的决定》，人民出版社2018年版，第2页。

3 习近平："关于《中共中央关于坚持和完善中国特色社会主义制度 推进国家治理体系和治理能力现代化若干重大问题的决定》的说明"，载《人民日报》2019年11月6日第4版。

心、指导思想、基本原则和主要内容，确立了国体、政体以及经济、政治、文化、社会、法治、生态文明、军事、外交等一系列根本制度、基本制度和重要制度，从而为各方面发展提供了根本的制度性保障，并彰显了我国国家制度和治理体系的强大生命力和优越性，也为人类社会探索建立更加美好的制度模式贡献了中国智慧和中国方案。

　　然而，制度的生命力在于执行，要真正把宪法确立的制度优势转化为治理效能，就必须全面贯彻实施宪法，充分发挥宪法在国家治理中的重要作用，使宪法的精神和内容成为鲜活生动的国家治理实践。正所谓"宪法的生命在于实施，宪法的权威也在于实施"。而通过普通法律法规来承接和细化宪法的价值理念与制度安排，不仅是实施宪法的重要渠道与机制，也是完善国家治理体系的必要举措和途径。中国政治发展的历史逻辑、理论逻辑和实践逻辑表明，我国同时存在两套并行的规范体系，即党内法规体系和国家法律体系，二者共同构成中国特色社会主义法治体系的规范内涵，进而成为依法治国和依法执政的规范依据。党内法规与国家法律都是国家治理体系的重要组成部分，二者之间具有高度的一致性，但又存在着明显的差异。如何实现党规国法体系之间的有机衔接协调、确保国家法律体系和党内法规体系统筹推进、一体建设，由此成为推进依宪治国和国家治理体系现代化进程中一个具有重大理论意义和现实意义的法治命题。

　　（二）完备的国家法律体系

　　建构一套结构完备、逻辑严谨、和谐统一的国家法律体系，是任何一个成文法国家都鼎力追求的法治目标，也是国家治理体系现代化的重要内容。在法治状态下，宪法通常居于一个国家法律体系"金字塔"的"塔顶"，被称为"高级法"或"根本法"。例如在德国，有"宪法乃诸形式的形式"（forma for-marum）或"宪法＝诸规范的规范"（Norm der Normen）之说法。[1]在我国，宪法不仅在日常生活中常常被人们习惯性地称为"母法"，而且宪法序言也明确规定，"本宪法以法律的形式确认了中国各族人民奋斗的成果，规定了国家的根本制度和根本任务，是国家的根本法，具有最高的法律效力。"

　　宪法的"根本法"地位不仅意味着普通法律法规不得与宪法相抵触，而且还要求立法机关应当通过日常的立法工作来积极地实施宪法，或者说，宪法规范在很大程度上需要依赖或借助于下位法来加以具体化。因为宪法作为"根本

---

1　参见［德］卡尔·施米特：《宪法学说》，刘锋译，世纪出版集团、上海人民出版社2005年版，第6、9页。

法"，往往只能是抽象的、概括性的规定，只能提供基本的、原则性的价值理念和制度框架，而不可能包罗万象、细致入微。"一部宪法治天下"是根本不可能的，宪法只是也只能是根本法，而不是也不可能是法律规范的全部。因此，通过立法而对宪法的原则性、概括性规定进行具体化和明晰化，就成为任何一个社会必不可少的法治作业。

1997年，党的十五大在确立"依法治国，建设中国特色社会主义法治国家"的战略目标时，就同时宣布要"加强立法工作，提高立法质量，到2010年形成有中国特色的社会主义法律体系"。九届全国人大常委会于2003年3月在其任期届满时宣布："构成中国特色社会主义法律体系的各个法律部门已经齐全，每个法律部门中主要的法律已经基本制定出来，加上国务院制定的行政法规和地方人大制定的地方性法规，以宪法为核心的中国特色社会主义法律体系已经初步形成。"[1] 十届全国人大常委会在任期伊始就提出，要以基本形成中国特色社会主义法律体系为目标、以提高立法质量为重点。到2008年十届全国人大任期届满时，"以宪法为核心，以法律为主干，包括行政法规、地方性法规等规范性文件在内的，由七个法律部门、三个层次法律规范构成的中国特色社会主义法律体系已经基本形成"[2]。十一届全国人大常委会在履职之初，则提出了形成并不断完善中国特色社会主义法律体系的立法目标。2011年3月10日，时任全国人大常委会委员长吴邦国在工作报告中正式宣布：以宪法为统帅，以宪法相关法、民法商法等多个法律部门的法律为主干，由法律、行政法规、地方性法规与自治条例、单行条例等多个层次的法律规范构成的中国特色社会主义法律体系已经形成。[3] 这也标志着我国已在根本上实现了从无法可依到有法可依的历史性转变。

党的十八大以来，立法在国家治理和法治建设中的重要地位和作用得到进一步彰显与强调。法律是治国之重器、良法是善治之前提，以良法促进发展、保障善治，不仅成为全社会的基本共识和法治实践，更成为我们党的执政理念和战略部署。完善以宪法为核心的中国特色社会主义法律体系，是新时代全面实施依法治国基本方略的重要内容。的确，只有深入贯彻社会主义核心价值

---

1 李鹏："中国特色社会主义法律体系初步形成"，http://news.sina.com.cn/c/2003-03-10/105668357s.shtml。最后访问日期：2021年3月28日。

2 吴邦国："全国人大常委会工作报告——2008年3月8日在十一届全国人大一次会议上"，载《中国人大》2008年第6期。

3 参见"吴邦国在十一届全国人大四次会议上作的常委会工作报告（摘登）"，载《人民日报》2011年03月11日第2版。

观，积极推进科学立法、民主立法、依法立法，不断提高立法质量和完善立法体制机制，切实增强立法的时代性、适应性、系统性、规范性、实效性，真正恪守以民为本、立法为民和公正、公平、公开的立法原则与理念，才能确保每一项立法都符合宪法的精神和原则、体现人民的意志和利益、得到人民的拥护和支持，才能为改革开放和推进国家治理体系与治理能力现代化提供雄厚的法治根基，才能为依宪治国和建设社会主义法治国家提供坚实的制度保障。

### （三）完善的党内法规体系

在一般意义上，党内法规是特定政党为实现一定的政治目标和历史使命而制定的并在本党内部施行的，涉及党的性质、任务、组织、活动等方面内容，具有一定强制性约束力的行为准则和制度规范。在我国，根据《中国共产党党内法规制定条例》第3条的规定："党内法规是党的中央组织，中央纪律检查委员会以及党中央工作机关和省、自治区、直辖市党委制定的体现党的统一意志、规范党的领导和党的建设活动、依靠党的纪律保证实施的专门规章制度。"

我们党历来都十分重视党内法规制度建设，自党内法规这一概念产生以来便作为专门术语在党的政治生活和政治文件中得到广泛认可和运用。最早使用"党规"概念的是毛泽东，1938年他在中共六届六中（扩大）全会上所作的报告中指出："从中央以至地方的领导机关，应当制定一种党规，把它作为党的法纪之一部分。一经制定之后，就应不折不扣地实行起来，以统一各级领导机关的行动，并使之成为全党的模范。"[1] 此次会议的目的主要是规范党内关系，严防任何分裂和破坏党的团结与统一的活动。新中国成立后，毛泽东在其亲自主持编辑出版《毛泽东选集》第一版时，将"党规"的概念正式改称为"党内法规"这一表述："为使党内关系走上正轨，……还须制定一种较详细的党内法规，以统一各级领导机关的行动。"[2] 经历了"文革"的浩劫，邓小平同志特别重视制度的重要性，并提出了加强党的制度建设的重要意义。1978年12月，邓小平在中央工作会议上指出："国要有国法，党要有党规党法。党章是最根

---

1　毛泽东："论新阶段"，载《解放》1938年第57期。转引自沈玮玮、龙舒婷："中国共产党党内法规制度体系生成史"，载《人民法院报》2019年6月28日第5版。

2　毛泽东："中国共产党在民族战争中的地位"，载《毛泽东选集（第二卷）》，人民出版社1991年版，第528页。

本的党规党法。没有党规党法，国法就很难保障。"[1] 这里不仅体现了要构建党规党法体系的初步设想，也强调了党内法规的重要地位及其之于国家法律的重要意义。

为了加强党内法规的制度化建设，1990年，中共中央颁布《中国共产党党内法规制定程序暂行条例》，首次对党内法规的概念名称、适用范围以及制定主体和制定程序作出明确规定，为党内法规制定工作提供了基本依据。1992年，十四大党章正式确认了"党内法规"的概念和地位，并明确党的各级纪委主要任务就是"维护党的章程和其他党内法规"。进入21世纪后，党内法规概念更是在中央领导的重要讲话中多次出现。2001年，江泽民指出："各级党组织和每个党员都要严格按照党的章程和党内法规行事，严格遵守党的纪律。"[2] 2002年，十六大要求党的建设要同思想建设、组织建设和作风建设有机结合，并把制度建设贯穿其中。2004年，十六届四中全会将制度建设同思想、组织和作风建设相并列，从而成为党的建设的重要内容。2006年，胡锦涛强调要"加强以党章为核心的党内法规制度体系建设，提高制度建设的质量和水平"[3]。由此提出了在党章统领下建立党内法规制度体系的基本设想，以加强党建和党内生活的制度化与规范化。

党的十八大以来，党内法规制度建设更是受到了前所未有的重视，被认为是事关党长期执政和国家长治久安的重大战略工作，因而制定步伐显著加快并取得了重大进展，已"先后制定和修订了180多部中央党内法规，……总体上实现了有规可依"[4]。党内法规在全面从严治党、依规治党中的重要作用成效显著，而且党内法规的制度影响力开始从党内向党外延伸和扩展。2013年，《中国共产党党内法规制定条例》和《中国共产党党内法规和规范性文件备案规定》，这两部具有"党内立法法"性质的党内法规的颁布，标志着党内法规制定工作的进一步规范化、科学化、民主化，推动着党内法规制定质量和体系化建设的不断发展，同时也提出了党内法规与国家法律的衔接与协调问题。同年发布的《中央党内法规制定工作五年规划纲要（2013—2017年）》提出了明确的建设目标，即"到建党100周年时全面建成内容科学、程序严密、配套

---

1　邓小平：《邓小平文选（第二卷）》，人民出版社1994年版，第147页。

2　江泽民："在庆祝中国共产党成立八十周年大会上的讲话"，载《求是》2001年第13期。

3　中共中央文献研究室：《十六大以来重要文献选编（下）》，中央文献出版社2008年版，第73页。

4　"加强新时代党内法规制度建设的重要举措"，载《人民日报》2019年9月16日。

完备、运行有效的党内法规制度体系"[1]。2014年，党的十八届四中全会首次将完善的党内法规体系明确为中国特色社会主义法治体系的重要组成部分，并强调"党内法规既是管党治党的重要依据，也是建设社会主义法治国家的有力保障"[2]，从而对党内法规的法律属性和功能作用作出了科学而准确的定位，推动着管党治党的制度体系和社会主义法治体系日趋成熟与完备。

2017年，党的十九大进一步强调了制度治党、依规治党的重要意义，并突出了党规党纪在全面从严治党中的重要地位，为新时代党内法规制度体系向纵深发展完善确立了根本指引。2018年，《中央党内法规制定工作第二个五年规划（2018—2022年）》颁布出台，它着眼于在建党100周年时形成比较完善的党内法规体系这一目标，为全面建成党内法规体系进行了科学的顶层设计和周密的统筹规划。仅在2018年，就出台了70余部主干性中央党内法规。2019年，中共中央对《中国共产党党内法规制定条例》（以下简称《制定条例》）和《中国共产党党内法规和规范性文件备案审查规定》（以下简称《备案审查规定》）进行修订，并颁布了《中国共产党党内法规执行责任制规定（试行）》。这三部党内法规连同近年来出台的《中共中央关于加强党内法规制度建设的意见》《中国共产党党内法规解释工作规定》《中共中央办公厅关于开展党内法规和规范性文件清理工作的意见》等规章制度，对党内法规的立改废释工作进行了全方位的规范，从而有力推动着党内法规制度建设的快速发展。目前，随着一大批主干性、基础性、关键性重要党内法规的颁布实施，以党章为核心的党内法规"四梁八柱"框架体系和规则体系已基本成型。其中，党章是最根本的党内法规，是制定其他党内法规的基础和依据，是整个党内法规制度体系的"拱顶石"。以党的根本大法为"纲"统领党内法规制度体系建设，所有党内法规的制定修改、贯彻实施都必须以党章为根本遵循，任何党内法规都不得与党章相抵触。

"天下之势不盛则衰，天下之治不进则退。"党内法规制度建设与我国革命、建设和改革的历史进程同频共振，是对长期实践探索中形成的规律性认识进行的规范化凝练。随着全面改革的逐步深化，以及国际形势的风云变幻和各种风险的严峻挑战，我们党对制度建设的认识越来越深入，制度建设在新时代"四个全面"战略布局中的分量更重、内涵更丰富、特点更鲜明。这就要求以坚持和完善中国特色社会主义制度、推进国家治理体系和治理能力现代化为主线，深刻把握发展大势和时代潮流，把制度建设放在更加突出、更加重要的位

---

1　"中央党内法规制定工作五年规划纲要（2013—2017年）"，载《人民日报》2013年11月28日。

2　"中共中央关于全面推进依法治国若干重大问题的决定"，载《求是》2014年第21期。

置，为各项事业的发展提供有力的制度支撑和保障。党内法规制度体系是我国的科学制度体系和治理体系的重要组成部分，加快形成完善的党内法规体系，对于坚持和完善党的领导制度体系，推进依宪治国和依宪执政实践，提高国家治理能力和治理水平，有着十分重要的制度性意义。

## 二、国家法律与党内法规的衔接和协调

### （一）传统法律观的当代困境

长期以来，大多数法学教科书习惯于将法与国家紧密相连，认为"法是由国家制定或认可、并以国家强制力保证执行的行为规范"[1]。这是以国家主义为中心而建构起来的法制范畴，是国家垄断公权力的历史客观反映和法律现象。国家中心主义法律观一直占据着法学研究和法律规范结构的主导地位，它突出强调国家立法在社会规则体系中的重要性甚至排他性地位，以国家、公民、权力、权利、义务、制裁等概念作为其基石性范畴。这种观念在法治实践中的基本思路就是，只有通过国家立法而形成的法律规范才称得上是真正意义上的法。很显然，这种对法律外延的界定与以国家为中心、以单向度的国家强制为主导的国家管理模式相契合，也能在一定程度上回应和解释该模式下的法治实践。[2] 然而，随着传统的国家强制性管理模式的渐趋式微，以及新型公共治理模式的悄然兴起，国家中心主义法律观显然难以有效解释法治政党、法治社会，乃至法治政府、法治国家建设中所提出的种种问题和挑战，尤其是在当代中国法治进程中对其进行必要的反思和修正已势所必然。

在任何社会中，仅凭法律这一控制力量显然都是不够的，还需要包括权力、行政、道德、习惯等在内的能够指导或引导人们行为的其他工具，在实现社会目标的过程中用以补充或部分代替法律手段。[3] 传统的法理论及其对"法"的定义离今天法现象的客观真实性差距越来越大，从而也越来越难阐释今天调整现实社会生活的客观情况。[4] 在我国，中国共产党制定的规制党内生活和国家社会生活的党内法规最为典型。例如，2012年12月，中共中央颁布

---

1 张文显：《法理学》，高等教育出版社2018年版，第83页。

2 参见宋功德：《党规之治》，法律出版社2015年版，第62页。

3 参见［美］E.博登海默：《法理学：法律哲学与法律方法》，邓正来译，中国政法大学出版社2017年版，第371页。

4 参见姜明安："论中国共产党党内法规的性质与作用"，载《北京大学学报（哲学社会科学版）》2012年第3期。

实施《关于改进工作作风、密切联系群众的八项规定》，这一原本属于党内法规范畴的文件式规定，不仅在全党，而且在全社会都取得了积极反响和良好效果。仅在2018年，"全国共累计查处违反中央八项规定精神问题65055起，处理92215人，给予党纪政务处分65558人"，[1] 这不仅反映了反腐倡廉的决心和行动毫不松懈，也使党风廉政建设的局面进一步改观。显然，如果拘泥于国家中心主义法律观，僵化地将此类党内法规排除在国家和社会治理体系之外，则难以想象全社会的政治生态、精神风貌和党风廉政状况会发生如此迅速的、真正的改观。

事实上，国内学界针对国家中心主义法律观的理性反思早已开始，一个契合现代国家治理发展理念的法定义为越来越多的学者所关注和研究。[2] 对法的理解由传统的认为是一种"体现国家意志、由国家制定或认可、依靠国家强制力保证实施"的行为规则，演变为"体现公共意志、由国家制定或认可、依靠公共强制或自律机制保证实施"的规范体系。由此，法律所体现的意志从国家意志拓展为公共意志，从而将政治组织和其他社会共同体的意志囊括了进来；立法形式上将国家认可由直接认可和明示拓展至间接认可和默示；实施机制由单纯依靠国家强制力保证实施发展为依靠公共强制力（包括国家强制力和社会强制力）与自愿服从两种路径。以此为标准，法律被分为国家法和公共法两大类型。显然，依循这一分类思路，中国共产党制定的各类党内法规可以划归于公共法的范畴之内，当然，鉴于中国共产党在我国政权体系中的领导地位和执政地位，党内法规实际上较其他公共法更多兼备了国家法的部分特性。党内法规不仅是所有党组织和党员必须遵守的硬性要求和约束，而且它一旦经过法定程序的转化，就能迅速转变为正式的国家法律，从而对全社会产生普遍的约束力和影响力。与此同时，基于中国共产党执政党和领导党的双重属性，党内法规也在一定情形下超越党内范围而调整着国家事务和社会事务，尤其是随着全面依法治国与全面从严治党的统筹推进，党内法规往往通过党的执政活动延伸到"党外"而产生一种"溢出效应"，从而对整个国家和社会发生直接或间接

1 毛翔："2018年12月全国查处违反中央八项规定精神问题9350起"，载《中国纪检监察报》2019年1月17日。

2 国内对传统法律观的反思、修正可以追溯至罗豪才教授在《软法亦法》（法律出版社2009年版）一书中对软法理论的研究。随后许多学者纷纷跟进和予以深化，代表性学术成果如姜明安："论中国共产党党内法规的性质与作用"，载《北京大学学报》2012年第3期；宋功德：《党规之治》，法律出版社2015年版；王振民："党内法规制度体系建设的基本理论问题"，载《中国高校社会科学》2013年第2期，等等。

的规范作用。近年来，党内法规的"溢出效应"无论是在调整对象上，还是在调整范围方面，都有着非常明显的体现和反映。[1] 例如，《关于领导干部报告个人有关事项的规定》（2010年）所涉及的领导干部除了包括党的领导干部外，还包括人大、政协、行政机关、司法机关、民主党派、人民团体、事业单位中的领导干部以及大中型国有企业中领导人员。《党政机关厉行节约反对浪费条例》（2013年）的适用范围除了党的机关外，还明确包括人大、行政、政协、审判、检察等机关，工会、共青团、妇联等人民团体以及参照公务员法管理的事业单位。综上，虽然党内法规在法理上可以划归为公共法的范畴，但其效力和适用范围显然又远远超过其他政治组织、社会团体的公共法，属于具备一定国家法性质的公共法。

### （二）党内法规的法律属性

国家中心主义法律观面临的现实困境，并不能使党内法规的法律属性自然获得坚实的法理基础。真正的法律规范必须同时具备实质合法性和形式合法性两大要件，因此，对于党内法规法律属性的论证，还需要从法的实质性和形式性要件方面去加以考察和分析。

#### 1.实质合法性

依据前述对法定义的分析，法的基本内涵可凝练为公共意志性、国家认同性和强制实施性三大特征。其中，法区别于其他规范形式的一个重要标志就是其公共意志性，即法必须是特定共同体全体成员或大多数成员意志和利益的集中反映。反之，如果只是对少数成员或个别成员意志和利益的体现，即便是符合了国家认同性和强制实施性的特征，也不能称其为现代意义上的法。按照上述标准来衡量党内法规，国家认同性与强制实施性是不言而喻的，学界争论的焦点主要集中在党内法规是否具有公共意志性方面，即党内法规是否能集中反映共同体全体成员或大多数成员的意志和利益。[2] 根据《制定条例》的规定，党内法规的成立要件之一就是"体现党的统一意志"。为了保证党内法规体现党的统一意志，《制定条例》专门规定，党内法规制定工作应当遵循"坚持民主集中制，充分发扬党内民主，维护党的集中统一"[3] 的原则，并对党内法规的制定程序做了一系列民主化的设计与安排，如：起草党内法规，应当充分了

---

1 参见王建芹："法治视野下的党内法规体系建设"，载《中共浙江省委党校学报》2017年第2期；张立伟："中国共产党党内法规的正当性论证"，载《中国法律评论》2018年第1期。

2 参见张立伟："中国共产党党内法规的正当性论证"，载《中国法律评论》2018年第1期。

3《中国共产党党内法规制定条例》第7条。

解各级党组织和广大党员的意见和建议；党内法规草案形成后，应当广泛征求意见。必要时在全党范围内征求意见，与群众切身利益密切相关的党内法规草案，应当充分听取群众意见；同时规定所有的党内法规草案都应当由特定形式和范围的会议审议批准。[1]

此外，党内法规以义务为本位，注重党员义务的配置与履行，即体现出义务优先的特征，义务优先或者重于权利的逻辑在政治组织中是普遍存在的。[2]党内法规的义务本位与中国共产党的先进性和纯洁性和坚持立党为公、执政为民的宗旨高度契合，共同构成中国共产党作为中国宪制中最高政治领导力量的正当性基础。正因如此，中国共产党同人民群众之间的血肉联系与传统法治意义上国家与公民之间的内在张力形成鲜明对比。基于党的性质和宗旨、初心和使命，党内法规作为坚持和加强党的领导的重要制度支撑与保障，无论是理论上还是实践中都应当且必须顺应时代发展潮流、符合社会发展规律、反映人民意志和利益，把尊重民意、汇集民智、凝聚民力、改善民生始终贯穿于党内法规制定工作当中，以确保党始终走在时代前列、得到人民衷心拥护。可以说，"充分反映党意、民意是党内法规姓'法'的最重要的条件，这一论点也许无须我们做太多论证即能证成"[3]。当然，党的领导既是全面的也是有重点的，强化党内法规对人民意志和利益的反映，并不是将党规国法混同，更不意味着要用党内法规取代国家法律。

2.形式合法性

党规之所以可以称为法，除了具备法的实质性要件之外，还因为其符合法的外在形式性特征。尽管学界对法的形式要件尚未形成一致认识，但内容的抽象性、适用的普遍性及文本的公开性等无疑都是必不可少的标志。党内法规的外在特征显然全部符合上述法的形式要件。

第一，内容抽象性。党内法规是规范党的领导和党的建设活动的制度依据，是将纷繁复杂的调整对象进行类型化的抽象和凝练而最终形成的具有高度概括性的规范体系。比如，《中国共产党党内法规制定条例》将党内法规的制定过程概括为规划与计划、起草、审批与发布等程序环节，从而为党内法规的制定工作提供了必须遵循的行为准则和规范指南。需要注意的是，依照党内

---

1　参见《中国共产党党内法规制定条例》第22条、第25条、第28条。

2　参见肖金明："关于党内法治概念的一般认识"，载《山东社会科学》2016年第6期。

3　姜明安："论中国共产党党内法规的性质与作用"，载《北京大学学报（哲学社会科学版）》2012年第3期。

法规抽象性、概括性的程度不同，整个党内法规体系呈现出一个层次化的效力结构。一般而言，抽象程度越低，适用范围就越窄，效力位阶就越低；与之对应，抽象程度越高，适用范围就越宽，效力位阶也就越高。在整个党内法规体系中，党章所作的规定属于根本性规定，准则的内容属于基本规定，条例是对某一领域的重要关系或者某一方面的重要工作进行全面规定；而规定、办法、规则、细则的内容则是一些具体规定，其制定主体为中央纪律检查委员会以及党中央工作机关和省、自治区、直辖市党委。"党章是最根本的党内法规，是制定其他党内法规的基础和依据。""党章在党内法规中具有最高效力，其他任何党内法规都不得同党章相抵触。"[1]中央党内法规的效力高于其他党内法规；中央纪律检查委员会以及党中央工作机关制定的党内法规的效力高于地方的党内法规。[2]

第二，普遍适用性。党内法规是党的统一意志的制度化体现，理应获得全党的一体遵守和执行，不允许有任何凌驾于党规之上的特殊个人或组织。除了党章之外，虽然任何一部党内法规的调整对象都有具体的特定范围，但党内法规对于在此范围之内的所有调整对象毫无疑问都普遍适用，所有的党组织和党员个人都应当依规行事，不得规避和违反党内法规的规定。正因如此，虽然每一部党内法规都有其特定的适用范围和调整对象，但各级各类党内法规分别从不同角度、在不同层次上规范着党的领导和党的建设活动，由此便形成一套相互补充、无制度死角和规范盲区的党内法规制度体系。

第三，文本公开性。法的生效实施必须以法的公布为前提，未经公开的法律规范不得成为执法和司法的依据，这是程序正义的必然要求。党内法规的公开同样是其生效实施的程序要件，同时也是党内民主的题中应有之义。当然，鉴于党内法规适用对象的特殊性，其公开性并不意味着所有党内法规在制定后都要一律向全社会公开发布。从理论和实践上看，党内法规的公开可以有两种形式，一是有限公开，即特定的党内法规只向其所涉及的特定党组织和党员公开。例如，属于军队系统制定实施的党内法规和规范性文件通常不需要向全社会公开。二是全面公开，即党内法规制定出台后，应当在党报党刊等媒体上公开发布以供所有的党组织和党员普遍知晓。《中国共产党党内法规制定条例》确立了及时规范公开原则，"党内法规除涉及党和国家秘密不得公开或者按照有关规定不宜公开外，应当在党报党刊、重点新闻网站、门户网站等党的媒体

---

1 《中国共产党党内法规制定条例》第3条、第31条。

2 关于党内法规的效力位阶，可参见《中国共产党党内法规制定条例》第31条之规定。

上公开发布"[1]。

### （三）党规国法衔接协调的现实考量

依宪治国、依宪执政是中国共产党领导地位和执政地位在法治领域的集中体现，而依宪治国、依宪执政方略的实施不仅有赖于依法治国、依法执政的实践推进，也有赖于依规治党、从严治党的制度建设，两者关系之密切可谓如"鸟之两翼""车之双轮"。国家法律规范体系和党内法规体系同属于中国特色社会主义法治体系的重要组成部分，二者相辅相成、相互结合，共同形成了国家治理体系的基本结构。依宪治国必须在党规国法"统筹推进、一体建设"的总体思路下展开，充分"发挥依法治国和依规治党的互补性作用，确保党既依据宪法法律治国理政，又依据党内法规管党治党、从严治党"[2]。这就要求保障和体现我党领导地位的党内法规和国家法律实现有效衔接协调，从而将依据宪法法律治国理政与依据党内法规管党治党、从严治党统一于依宪治国的伟大实践之中。

自改革开放以来，尤其是"四个全面"战略布局确立之后，依法治国已经成为当代中国社会发展中一项鲜明的时代主题和国家治理领域的一场深刻革命，法治国家建设的理论嬗变和实践发展可谓日新月异，无论是学术研究和制度创新，都取得了巨大的进步和成绩。相比较而言，关于党内法规的理论研究，不仅学术成果数量有限，而且研究的深度明显不够，无法为党规的发展提供坚实学理支撑。[3] 就制度建设而言，目前党内法规尚未完全形成内容完备、结构严谨、层次清晰的规范体系，独具特色的制度优势也尚未充分展现出来。[4] 这就需要摒弃将国家法律和党内法规相割裂的二元化学术立场，自觉吸收借鉴国法研究和发展中的优秀成果和有益经验，尽快改变党内法规研究相对滞后和薄弱的局面，以满足全面依法治国和全面从严治党的时代需求。

全面推进依宪治国、依宪执政，必须促进国家法律和党内法规之间互相促进、互相保障，以形成一种相辅相成、相得益彰的格局。强调党规国法之间的

---------------------

1　《中国共产党党内法规制定条例》第29条。

2　习近平："加强党对全面依法治国的领导"，载《求是》2019年第4期。

3　参见宋功德：《党规之治》，法律出版社2015年版，第3页。

4　以2016年出台的《中国共产党党内监督条例》为例，条例在强化监督方面进行了许多制度创新，形成了党内监督与党外监督相辅相成的制度体系。但与此同时，部分制度由于缺乏相应的党内法规配套支撑，暂时还很难真正充分发挥现实的制度效能。例如该条例第38条规定支持民主党派履行监督职能，重视民主党派和无党派人士提出的意见、批评、建议，完善知情、沟通、反馈、落实等机制。但目前尚缺少保障民主党派和无党派人士履行监督职能的相关配套法规。

衔接协调，不仅仅是一种法理上的逻辑必然，更是基于国家治理的特殊国情与中国特色社会主义法治道路的本质要求而必须坚持的一种意识形态化立场。[1]毕竟，"如果党在法律法规问题上没有发言权，不懂得用法律法规治国管党，对法律法规问题长期失语，长此以往，党将越来越远离国家事务管理的主流，党的领导有可能在国家法治化过程中被淡化、弱化，国家法治化带来的将不是党的领导作用的加强，反而是削弱。"[2] 因此，只有将党内法规纳入社会主义法治体系，实现党规国法之间的衔接协调和有机统一，才有利于将法治原则和精神内嵌于党内法规之中，才有利于我们党在依法治国、依规治党实践中迅速培养和提升法治思维与执政能力，也才有利于巩固和加强党在依宪治国事业中的领导核心地位。

全面依法治国、全面从严治党在新时代"四个全面"战略布局中的确立，不仅清晰勾勒出党规国法"统筹推进、一体建设"的法治体系建设格局，也极大拓展和丰富了依宪治国的理论与实践。推动党规国法之间的衔接协调，必将有效弥合党规国法之间的制度缺口或错位，必将确保依宪治国和依宪执政基本方略的顺利实施，最终必将有力推进国家治理体系和治理能力的现代化。

### 三、党规国法衔接协调的制度建构：以合宪性审查为视角

党内法规既是管党治党、全面从严治党的重要依据，也是建设社会主义法治国家的有力保障。实现党内法规同国家法律的衔接和协调，既是加强党内法规制度建设、完善党内法规制定体制机制的必然要求，也是提高党内法规执行力和国家法律法规实效性的必要之举。

#### （一）合宪性审查在党内法规制定中的引入

站在传统的宪法实施监督角度上看，党内法规和国家法律分属不同的规范体系，具有不同的性质特征，在制定主体、制定标准、调整对象、适用范围等方面均存在显著区别，这样很容易将党内法规排除在合宪性审查视野之外。然而，在我国，党内法规和国家法律都是中国共产党治国理政的重要依据，合宪性审查的目的就是消除一切违宪现象，保证国家法制统一，维护宪法权威和党中央的集中统一领导。如果仅仅局限于对国家立法行为的合宪性审查，势必会有意无意地忽略党内法规之于建设中国特色社会主义法治体系的重要性和不可

---

1 参见王立峰："党规与国法一致性的证成逻辑"，载《南京社会科学》2015年第2期。

2 王振民："党内法规制度体系建设的基本理论问题"，载《中国高校社会科学》2013年第2期。

分割性。应当说，承认并建构党内法规的合宪性审查制度有着自洽的法理逻辑和迫切的现实需求。

其一，党内法规的合宪性审查是坚持和加强党的全面领导的必然要求。党的领导是我国宪法所确立的基本原则和重要内容，现行宪法不仅在序言中原则性地宣告了中国共产党的领导，而且在2018年通过的宪法修正案中又从社会主义制度的本质属性角度对坚持和加强党的领导作出了条文化的规定，明确将中国共产党的领导写进宪法第一章《总纲》部分的第一条，从而进一步充实了坚持和加强中国共产党全面领导的内容，彰显了中国共产党作为执政党和国家最高政治领导力量的宪法意义，为在国家生活各领域实现党的领导和在全社会强化党的领导意识，提供了强有力的宪法依据和保障。然而，宪法的规定毕竟具有概括性和抽象性的特征，要使宪法上党的领导和执政地位真正落到实处，就必须通过具体的党内法规和国家法律加以承接和细化，以确保党的执政活动和自身建设在宪法铺设的轨道内规范、科学、有序地制度化运行。因此，党内法规并非游离于宪法效力之外的，逻辑自足、体系封闭的独立规范，而是与宪法的精神和内容有着密切的内在联系，需要从宪法层面进行体系化建构和统筹性安排。

其二，党内法规的合宪性审查是践行以人民为中心政治理念的制度保障。人民主权原则是宪法所确立的基本原则，它强调人民是国家的主人，国家的一切权力都来自人民，任何公权力机关都是人民意志的执行人。而不忘初心、牢记使命是加强党的建设的永恒主题，保证人民在国家治理中的主体地位是健全为人民执政、靠人民执政的制度要求。同时，我国宪法是党领导人民经过民主程序而制定的根本法，是党和人民意志的集中体现。因此，让党内法规接受宪法的检验不存在观念上的障碍。尽管党内法规和宪法都是党和人民意志的体现，不可能出现党的意志和人民利益相违背、相冲突的现象，但这并不意味着党内法规在任何时候都天然地会与宪法相一致和协调。[1] 合宪

---

1 事实上，党规党纪与宪法法律发生冲突的问题并非不可能出现，只不过在依规治党上升为管党治党基本方略之前，这一问题不那么凸显。早在20世纪80年代，全国人大及其常委会就讨论过党违宪的处理问题。1985年，彭真同志在省级人大常委会负责人座谈会上指出，"有些违反党纪的问题，应由党去处理"，"全国人大如果发现了属于党风党纪的问题，可以主动向中央反映情况"，"全国人大常委会不可能，也不应该越俎代庖直接处理这方面的问题"，"各级人大常委会要主动地和同级党委、政府建立密切的联系"，"依靠党的领导，同各方密切协作，把事情办好"。彭真：《论新时期的社会主义民主与法制建设》，中央文献出版社1989年版，第296页。

性审查是保障党内法规始终以人民的意志和利益为根本遵循、符合宪法精神和规定的重要途径。

其三，党内法规的合宪性审查是监督宪法实施、维护宪法权威的重要方式。作为依法治国的最高规范依据，宪法只有经过从理论到实践、从抽象到具体、从文本到行动的实施过程，才能让宪法的价值理念渗透到国家生活和社会生活的方方面面。宪法的生命在于实施，宪法的权威也在于实施，党领导人民制定和发展宪法，目的是发挥宪法在治国理政中的重要作用。在我国，执政党主导的广泛政治动员是宪法实施的重要路径。[1] 而通过对党内法规进行合宪性审查，使宪法的最高权威体现在党内法规制定和实施的全过程，及时改变、撤销、纠正与宪法不一致的党内法规，使违宪行为受到惩处，使违宪主体承担相应的责任，对于保证宪法秩序下党内政治生态的良性运转、提升宪法在政党维度的实施水平，进而维护宪法权威和尊严，提高党科学执政、民主执政、依法执政水平，具有重要的制度性意义。

其四，党内法规的合宪性审查是党规国法衔接与协调的重要手段。党内法规和国家法律虽然具有不同的规范属性、适用范围、效力形式，但同属于国家治理体系的重要组成部分，有着相同的指导思想、价值取向和政治使命。宪法作为集中体现党和人民意志的根本法，是党和国家生活中所共同遵循的行为准则，合宪性审查正是以宪法为标准和纽带，实现党内法规同国家法律在价值理念、功能作用、内容规定等方面的衔接和协调，从而有利于实现党内法规制定工作的科学化和规范化，有利于提高党内法规的质量和形成系统完备的党内法规体系，有利于把依规治党和全面从严治党落到制度的实处，也有利于促进全体党员和领导干部模范遵守国家法律法规。

正是基于合宪性审查的价值和意义，《制定条例》和《备案审查规定》，以规范党内法规制定工作为着力点，建构起了符合党情国情的党内法规合宪合法性审查机制，为推动党内法规同国家法律的衔接和协调、形成健全完善的党内法规制度体系提供了具有可操作性的体制机制保障。

（二）党内审查主导模式

长期以来，学界对党内法规合宪性的审查主体一直存在不同的建议主张。一种观点主张由全国人大及其常委会来审查。全国人大是最高国家权力机关，在人民主权的宪制原理下，由其对党内法规进行合宪合法性审查法理依据充

---

[1] 参见翟国强："中国宪法实施的双轨制"，载《法学研究》2014年第3期。

分。[1] 一种观点主张建立一个专门的审查机构，它不隶属于任何国家机关或政党组织，由其独立统一对党内法规进行合宪合法性审查。[2] 如果从审查主体与党内法规制定主体的关系来看，上述两种思路显然都属于党外审查模式。从外部加诸一个监控性机制的方案设计，是现代法治社会一种常见的监督制约模式，它在保持监督审查的独立性和客观性方面具有较强的制度优势。然而，外部监督审查机制有效发挥作用的前提在于审查主体能够对被监督审查对象形成实质性的监督约束，否则这种模式不仅难以发挥独立客观的监督优势，反而还可能会在事实上造成对自身权威的掣肘或减损。鉴于我党的领导核心地位和长期执政地位，"其他政治实体尚无力对其进行实质性的监督"。[3] 换言之，外部监督审查模式在我国政治框架中不仅存在着消解政治权威和法治权威的可能性，而且存在着能力不足、效力不彰的实践难题，最终也不可能获得制度建构的正当性和可行性。

　　无论是从历史经验还是从现实需要来看，对我们党来说，虽然外部监督是必要的，但从根本上讲，还在于强化党的自我监督，增强党自我净化能力，勇于自我革命是我们党最鲜明的品格。同样，强化对党内法规合宪性的审查监督，根本上还要从党内自我审查着手，在自我净化、自我完善、自我革新、自我提高上取得制度性突破，把党内审查监督同其他方面监督贯通融合起来，增强监督合力，构建党统一指挥、全面覆盖、权威高效的监督体系，把党的领导落实到党内法规制定的各环节和全过程，确保党始终总揽全局、协调各方，维护党内法规和党的政策的统一性、权威性。鉴于此，《制定条例》和《备案审查规定》在党内法规合宪合法性审查上，并没有从党外途径去寻求方案设计，而是选择了符合党情国情并具有显著制度优势的党内审查模式。实践证明，这种审查模式有利于加强党内监督，有利于维护党内法规和党的政策的统一性权威性，有利于提高党内法规制定质量和党内法规执行力，有利于实现依法治国和依规治党有机统一，并充分发挥两者的互补性作用。

### （三）党中央集中统一领导下的协调审查机制

　　党的领导制度是我国的根本领导制度，统领和贯穿于其他各个方面的制度。维护党中央权威和集中统一领导，健全总揽全局、协调各方的党的领导制

---

1　参见上官丕亮："完善人大宪法监督制度三建议"，载《人大研究》2016年第9期。

2　参见马立新："党内法规与国家法规规章备案审查衔接联动机制探讨"，载《学习与探索》2014年第12期。

3　王若磊："依规治党与依法治国的关系"，载《法学研究》2016年第6期。

度体系，同样是新时代党内法规制度建设的指导思想和基本原则。作为体现党的统一意志、规范党的领导和党的建设活动的行为准则与制度规范，党内法规的制定当然必须在党中央集中统一领导下进行，党内法规的合宪性审查同样必须基于党中央的领导权威和政治权威而展开。

《制定条例》第2条从总体上原则性确立了党中央对于党内法规制定工作的集中统一领导，同时还明确了党中央对党内法规合宪合法性最终审查权，即，中央纪律检查委员会以及党中央工作机关和省、自治区、直辖市党委制定的党内法规有同宪法、法律和行政法规相抵触情形的，党中央予以责令改正或者撤销。[1] 为了保证党中央审查监督权的有效实施，《制定条例》还规定："中央纪律检查委员会以及党中央工作机关和省、自治区、直辖市党委制定的党内法规应当自发布之日起30日内报党中央备案。"[2] 在备案审查的标准方面，《制定条例》和《备案审查规定》突出审查重点，将政治标准作为首要标准。[3] 这些规定不仅充分有力维护了党中央权威和集中统一领导，还体现着党内法规同国家法律衔接和协调的立规精神。

《备案审查规定》对备案审查工作做了进一步具体和细化性规定，把备案审查的范围从党内法规扩展至党组织在履行职责过程中形成的具有普遍约束力、在一定时期内可以反复适用的各种规范性文件，[4] 并确立了有件必备、有备必审、有错必纠的备案审查原则。审查机关对报备的党内法规和规范性文件进行审查的一个重要方面就是合法合规性审查，是否同宪法和法律相一致是审查的重要内容。对于违反宪法和法律的党内法规和规范性文件，审查机关应当不予备案通过，并要求报备机关进行纠正；报备机关未在规定时限内纠正问题或者报告有关纠正措施，且无正当理由的，审查机关可以作出撤销相关党内法规和规范性文件的决定；对审查机关指出的问题拒不整改或者整改不及时、不到位，造成严重后果的，应当依规依纪追究有关党组织、党员领导干部以及工作人员的责任。[5]

--------------------

1　参见《中国共产党党内法规制定条例》第32条。

2　参见《中国共产党党内法规制定条例》第35条。

3　参见《中国共产党党内法规和规范性文件备案审查规定》第11条；《中国共产党党内法规制定条例》第27条。

4　参见《中国共产党党内法规和规范性文件备案审查规定》第2条。

5　参见《中国共产党党内法规和规范性文件备案审查规定》第19条、第25条；《中国共产党党内法规制定条例》第27条。

在审查模式上，在坚持对党内法规和规范性文件合宪合法性审查实行集中统一领导的前提下，形成了不同机关部门共同参与、分工负责的协同审核把关机制，从而可以有效地通过不同环节的审查监督来保证和提高党内法规的制定质量。

首先，增强报备意识，强化报备主体的责任，实行全方位的备案审查。根据《备案审查规定》的要求，报备主体的范围，"横向上涵盖党的纪律检查机关、党委（决策）议事协调机构、党的工作机关、党委直属事业单位、党组（党委），纵向上延伸至省、市、县三级地方党委"[1]，从而实现了对党内法规和规范性文件备案审查的全覆盖，也形成了审议批准机关前置审核与上级党组织备案审查的共同审核把关机制，从而有助于保证党内法规制度建设全链条环环紧扣、无缝衔接，同向发力、同时发力，协同保障完成对党内法规和规范性文件的合宪合法性审查。

其次，在党内法规同国家法律衔接和协调目标指引下，强调党内法规制定机关与国家机关的协调配合。根据《制定条例》的规定，党内法规制定工作应当"坚持党必须在宪法和法律的范围内活动，注重党内法规同国家法律衔接和协调"[2]。审议批准机关所属的法规工作机构在对党内法规草案进行前置性审核的过程中，如果认为党内法规草案存在同宪法和法律不一致的情形时，如果与起草部门和单位以及有关国家机关建立起有效的衔接联动机制，及时就相关合宪合法性问题进行沟通协调、听取意见，就可以更有效地提出具有针对性和说服力的修改意见或缓办、退回的建议。因此，《备案审查规定》明确规定，"各级党委应当与同级人大常委会、政府等有关方面建立健全备案审查衔接联动机制"，"人大常委会、政府、军队备案审查工作机构发现党内法规和规范性文件可能存在违法违规问题的，可以向同级党委备案审查工作机构提出审查建议。同级党委备案审查工作机构应当研究处理，并以适当方式反馈结果"[3]。显然，这些规定为党内外机构协调配合进行党内法规合宪合法性审查及实现党内法规与国家法律的深度衔接和协调，提供了必要的制度安排和机制保障。

## 四、党规国法衔接协调的制度范例

在人类政治史上，腐败一直是伴随公权力而生长的一颗毒瘤。长期以来，

---

1 "肩负起新时代备案审查的职责和使命"，载《秘书工作》2019年第10期。

2 《中国共产党党内法规制定条例》第7条。

3 《中国共产党党内法规和规范性文件备案审查规定》第4条、第12条。

腐败也是我们党面临的最大威胁和人民群众最痛恨的现象。党的十八大以来，中央以霹雳手段严惩腐败，标本兼治、综合治理，反腐败斗争已经形成压倒性态势并取得压倒性胜利。但也应当清醒地认识到，当前的反腐败斗争形势依然严峻复杂，整治腐败问题的决心和力度丝毫不能松懈。只有以无禁区、全覆盖、零容忍的决心和行动，秉持反腐败斗争永远在路上的坚韧和执着，才能跳出历史的周期率而实现国家的长治久安。

在党的全面领导地位已经日益巩固，新时期反腐败斗争已经从"惩治极少数"向"管住大多数"方向拓展并依然面临复杂严峻形势的时代背景之下，如何有效强化对党内外所有公权力的制约和监督，以应对我们党所面临的各种危险和挑战，增强党的长期执政能力和执政本领，已成为依宪治国实践中必须认真回应的一个重大课题。这就要求加强对权力运行的制约和监督，健全完善党和国家监督体系，积极进行相关的制度创新，增强党的自我净化、自我完善、自我革新、自我提高能力，推动全面从严治党向纵深发展。

作为顶层制度设计和重大改革举措，旨在强化党和国家权力运行监督制约的"一规一法"，即《中国共产党党内监督条例》（以下简称《监督条例》）和《中华人民共和国监察法》（以下简称《监察法》）顺势颁布实施。这为编织"系统完备、衔接配套、立治有体、施治有序"的制度笼子，发挥"前后衔接，左右联动，上下配套，系统集成"的监督实效，实现党规国法监督制度衔接协调，提供了一个具有典型性的成功范例。此次立法实践在立法理念、实施原则及制度设计等方面，都为党规国法之间的衔接协调提供了诸多可资借鉴的宝贵经验和实践资源。

（一）立法理念：双向发力，实现对公权力监督的全覆盖

坚持党对一切工作的领导，确保党始终总揽全局、协调各方，已经成为全社会的核心共识和强烈认同。而我们党要永葆旺盛生命力和强大战斗力，就必须自身始终过硬，敢于刮骨疗毒，勇于自我革命，不断净化党内政治生态，全面坚决惩治腐败和纠正各种不正之风，消除一切损害党的先进性和纯洁性的因素与病毒，在国内外各种风浪考验的历史进程中把党建设得更加坚强有力、朝气蓬勃。

随着《监督条例》和《监察法》的实施，党内外监督立法整合资源、集中发力，为对公权力的全方位监督提供了党内法规和国家法律的双重制度体系。从立法理念来看，二者在监督目标的设定上高度契合，衔接协调成为二者立法理念最为突出的特征。《监督条例》强化对党内权力的监督无须多言，它不仅将"党内监督没有禁区、没有例外"直接明确为条例的指导原则，而且将"建立健全党中央统一领导，党委（党组）全面监督，纪律检查机关专责监督，党

的工作部门职能监督，党的基层组织日常监督，党员民主监督的党内监督体系"这一立法思路，直接转化为条例内容的基本框架设计和制度安排。而《监察法》同样如此，无论是其对监察职责、监察范围的设定，还是对监察权限、监察程序的安排等，无不彰显着"加强对所有行使公权力的公职人员的监督，实现国家监察全面覆盖"的立法理念。

（二）制度设计：相互借鉴，切实提升监督效能

在日益注重党内法规同国家法律衔接协调的目标定位下，《监督条例》与《监察法》在具体的制度设计上充分彰显党规国法相互借鉴的立法模式，积极吸收对方成熟有效的监督经验和做法，着力提升着各自的实践效能，最终增强监督的合力与实效。例如，由于监督机关是外在于被监督对象的独立机构，不可能身居其中近距离观察监控被监督对象的权力运行全过程，从而造成如何真正实现"看得见、管得住"一直是困扰监督实践的难题之一。为了保证监督机关能够经常、及时、准确了解被监督机关的实际运作情况、卓有成效地实施监督，推进派驻监督便成为新时期一项重要制度创新。《监督条例》于2016年进行修订时，在总结纪检机构派驻实践经验的基础上，参考借鉴《中华人民共和国行政监察法》（已废止）的派出制度设计，将派驻监督明确纳入党内监督的制度框架，进一步完善纪委派驻纪检组的法律定位、职责任务及工作模式等内容，从而为强化党内监督提供了有效的制度保障。与此同时，《监察法》直接吸收借鉴了这一制度创新，明确规定各级监察委员会可以向本级中国共产党机关、国家机关、国有企业等单位和组织派驻或者派出监察机构、监察专员，从而在国法层面上将其制度化、规范化与法治化，成功构建起了巡视、派驻、监察全覆盖的统一权力监督制度格局，为监督实践中及时发现问题、纠正偏差、惩治腐败提供了有力的制度支撑，有效回应了"看得见、管得住"的监督实践难题。

在构建不敢腐、不能腐、不想腐的长效机制方面，《监督条例》坚持法治与德治相结合，在发扬党的优良传统和中华优秀传统文化的基础上，将"惩前毖后、治病救人，抓早抓小、防微杜渐"确立为实施监督的遵循原则，强调运用监督执纪的"四种形态"，着力通过以党内"红脸出汗"与党纪轻处分来化解和预防严重违纪乃至涉嫌违法犯罪案件发生。《监察法》积极借鉴并确立了同样的立法原则，强调国家监察工作要坚持标本兼治、综合治理；惩戒与教育相结合，宽严相济；加强法治教育和道德教育，弘扬中华优秀传统文化。[1] 并将"监督"置于"调查""处置"之前而定位为监察委员会的首要职责，并要求在监察过程

---

[1] 参见《中华人民共和国监察法》第5条、第6条。

中对公职人员开展廉政教育及道德操守的监督；同时，在违法处置上，将谈话提醒、批评教育、责令检查或者予以诫勉等轻处分作为首选处置方式。

可以说，《监督条例》和《监察法》的立法实践，是党内法规和国家法律衔接协调、深度融合、一体建设的成功范例，为实现"保证党中央令行禁止，保障宪法法律实施，保护公民法人合法权利"的制度初衷提供了制度支撑；[1]同时也为依法治国和依规治党统筹推进、依法治国与以德治国紧密结合提供了富有创新性的实践探索和经验累积。

总之，新时代对党内法规在中国特色社会主义法治体系中重要地位的正式确立，不仅清晰勾勒了党规国法"统筹推进、一体建设"的法治建设目标与路径，也极大拓展和丰富了依宪治国的理论与实践。推动党内法规同国家法律的衔接和协调，必将有效促进二者之间相辅相成、相互促进、深度融合的关系，必将充分发挥各自的独特优势和功能作用，从而形成一种功能互补、良性互动的国家治理体系与治理格局。

## ▶ 第三节　民主集中制基础上依法治国与依规治党的统筹推进

法治是政治文明的重要标志，是治国理政的基本方式；法治兴则国家兴，法治衰则国家衰。宪法是最根本、最重要的国家共识与治理规则，法律之治首先应当是宪法之治。新中国成立70年来所取得的伟大成就，离不开法治和宪法的保障与护航。基于对社会主义法治建设规律认识的不断深化，宪法在国家治理和社会发展中的重要地位和作用得到不断强调，"坚持依法治国首先要坚持依宪治国，坚持依法执政首先是依宪执政"成为新时代最具标志性的一个重大法治命题。而无论是依宪治国，还是依宪执政，都要求坚持依法治国与依规治党有机统一，既要依据党内法规从严治党、依规治党，又要依据宪法、法律治国理政，从而形成两套法治规范体系相互融合、相互促进、良性互动的国家治理格局。因此，实施依宪治国方略不能仅局限于国家法律层面的制度建构及其有效运作，同时还应围绕依法治国与依规治党有机统一的战略布局有序展开、深入推进。

### 一、依法治国与依规治党有机统一的法理逻辑

依法治国与依规治党有着共同的价值目标，却又包含着不同的法治内涵，

---

1　参见沈春耀："全国人民代表大会常务委员会法制工作委员会关于2018年备案审查工作情况的报告"，载《中国人大》2019年第3期。

理解和把握二者之间的关系，既不能脱离政党与国家的一般概念理论，更不能忽视中国国情和政治发展的经验法则。"我们党是世界最大的执政党，领导着世界上人口最多的国家，如何有效治国理政、实现执政使命，是必须始终关注的重大课题。"[1]"依法治国和依规治党有机统一"，是全面依法治国的内在要求和时代命题，是坚持和发展中国特色社会主义的一项基本方略，也是有效治国理政和实现执政使命的必由之路。中国共产党要履行好执政兴国的重大历史使命、赢得具有许多新的历史特点的伟大斗争胜利、实现党和国家的长治久安，就必须使依法治国和依规治党相辅相成、协同发力。

（一）依法治国与依规治党的关系定位

政党是人类社会文明发展到近代的产物，政党组织是民主政治的主要载体，政党发展是政治发展的关键所在。政党与国家机关之间并非简单的从属或包容关系，而是存在交叉和重叠的关系，彼此影响。凡是政党，皆以取得政权、执掌政权或参与政权作为自己的中心任务和行动目标。一个国家宪法体制决定着政党执掌国家政权的基本方式，而政党的产生和发展方式又影响着国家的政治体制。在西方，政党往往出现于国家之后，并通过选举渠道进入国家政权体系、行使国家权力。因此，西方国家的政党主要是竞争性政党，它们通过定期选举而轮流执政，执政党通过控制议会制定法律将本党意志上升为国家意志，但同时要受到国家宪法审查机关的违宪审查，凡是违反宪法的法律规范都要被宣布违宪并予以撤销，因此，政党的主张、政策和规范性文件等都要接受国家意义上的宪法审查。[2]而在一些发展中国家，政党的产生往往早于国家，国家是由政党建立的，人们对执政党的认同往往与对国家政治制度、社会制度的认同紧密联系在一起。

在我国，中国共产党成立伊始，就坚定地把实现中华民族的复兴和谋求中国人民的幸福作为自己的初心和使命，团结带领人民在革命、建设、改革的各个历史阶段均谱写了气吞山河的壮丽史诗。实践充分证明：中国共产党是我国的领导党和执政党，这是我国区别于其他国家最根本的制度特色和制度优势。我国宪法明确规定："中国共产党领导是中国特色社会主义最本质的特征。"[3]

---

1 唐一军："新时代全面依法治国的科学指南"，载《人民日报》2021年01月06日第11版。

2 比如葡萄牙、波兰、土耳其、捷克、韩国、印度尼西亚、智利、阿尔巴布尼亚、克罗地亚、斯洛文尼亚、亚美尼亚等国家的宪法法院，都可以对政党行为进行宪法审查，参见胡建淼主编：《世界宪法法院制度研究》，中国法制出版社2013年版。

3 《中华人民共和国宪法》第1条第2款。

这一规定不仅丰富了中华人民共和国国体的基本内涵，使社会主义制度更加彰显中国特色和中国风格，同时也极大地增强了中国共产党领导地位和执政地位的宪法基础和法理意蕴。[1] 同时，宪法规定："一切国家机关和武装力量、各政党和各社会团体、各企业事业组织都必须遵守宪法和法律。一切违反宪法和法律的行为，必须予以追究。任何组织或者个人都不得有超越宪法和法律的特权。"[2] 这里的"政党"和"组织"当然包括中国共产党，而且首先是中国共产党。[3] 因此，依宪治国、依宪执政自然是中国共产党治国理政的基本要求。中国共产党领导源自于人民的拥护、历史的选择，并经宪法的规定而成为一种制度规范，受到宪法的确认和保护。而要充分发挥这一制度优势就必须坚定不移地走中国特色社会主义法治道路，加快形成完备的法律规范体系和完善的党内法规体系，坚持依法治国和依规治党有机统一、共同推进。

办好中国的事情，关键在党；建设社会主义法治国家，关键也在党。要加强党的长期执政能力建设和永葆党的先进性、纯洁性，就必须实行依规治党、全面从严治党。依规治党突出了抓党员领导干部这个关键少数的重要性，他们以党员的身份进入国家政权机关，以国家的名义行使公权力，执行党的路线、方针、政策，管理国家事务和社会事务，而且是全面推进依法治国的重要组织者、推动者、实践者，他们的法治思维和依法办事、依法执政能力，对于依法治国、依法执政具有至关重要的意义。只有坚持依规治党、从严治党，把我们党建设得坚强有力，才能充分发挥好党领导立法、保证执法、支持司法、带头守法的政治优势，才能确保科学立法、严格执法、公正司法、全民守法的有效推进，才能为全面依法治国提供根本的政治保证。这就要求运用党内法规把党要管党、从严治党落到实处，促进党员、干部以身作则、以上率下，模范遵守国家法律法规，严格按照党规党纪以更高标准要求自己，不断提高自觉运用和善于运用法治思维和法治方式的能力与意识。

治国必先治党，治党务必从严，从严必依法度。这里的"法度"，首先就

---

1 "习近平同志关于国体和政体的重要论述是对毛泽东思想的国体政体理论的创新性发展，是对中国特色社会主义民主法治理论的原创性贡献。"张文显："习近平法治思想的实践逻辑、理论逻辑和历史逻辑"，载《中国社会科学》2021年第3期。

2 《中华人民共和国宪法》第5条。

3 在1982年宪法修改过程中，彭真指出，宪法修改草案中规定的"各政党"当然包括我们党，并且首先是我们党；"任何组织或者个人"当然包括我们党的组织、共产党员，并且首先是我们党的组织、共产党员。转引自韩大元："论党必须在宪法和法律范围内活动原则"，载《法学评论》2018年第5期。

是党内法规。党内法规与国家法律二元并行的规范体系，决定了实现依法治国与依规治党相统一，推动党内法规同国家法律的衔接协调，是依宪治国、依宪执政的一个关键所在。而依规治党、从严治党的根本目的就是更好地执政兴国、执政为民，这是由执政党的性质、使命和责任所决定的。正如习近平同志所指出的那样："新形势下，我们党要履行好执政兴国的重大职责，必须依据党章从严治党、依据宪法治国理政。"[1] 可以说，"依法治国和依规治党在核心价值上的一致性以及相辅相成的内在关系决定了它们可以而且必须统筹推进。"[2] 统筹推进依法治国和依规治党，只有坚持依规治党和依法治国有机统一，才能不断提高党的执政能力和执政水平，促进党的领导优势与国家制度优势的相互转化，形成治国理政的强大合力和最大效能。

（二）依宪治国必然要求依规治党

广义的国家治理包括治党治国治军、内政外交各个方面，内容涵盖政治、经济、文化、社会、生态的各个领域。其中，政党治理是国家治理的重要领域和首要方面。现代民主法治国家大都是政党国家，从世界范围来看，不少国家的宪法文本中都有关于政党的规范条款。然而，"当宪法对政党的特权地位提供持续保护时，随之而来的却是政党究竟在多大程度上可以推进民主政治的疑问"。[3] 为此，有的国家通过国家立法程序颁布专门的政党法来规范和调整政党的行为和活动，如《德意志联邦共和国政党法》中就规定了政党的宪法地位和作用、政党内部的组织原则与体制、政党参加选举、经费来源与账目公开、取缔违宪政党等事项。[4]

中国的政治运行模式和政党治理方式有着不同于其他任何国家的特殊的历史逻辑、实践逻辑和制度逻辑。在我国，党政军民学，东西南北中，党是领导一切的。作为领导党和执政党，中国共产党在国家事务中除享有普通政党所享有的政治权利（非国家权力）外，其在事实上还具有比其他政党和社会组织更高的权威和优势，是最高政治领导力量。比如在法治建设领域，中国共产党的宪法修改提议权、向政权机关推荐国家领导人选的建议权等，其提出的治

---

1　习近平："在首都各界纪念现行宪法公布施行三十周年大会上的讲话"，载《论坚持全面依法治国》，中央文献出版社2020年版，第15页。

2　张文显："习近平法治思想的基本精神和核心要义"，载《东方法学》2021年第1期。

3　［德］埃弗哈德·霍尔特曼：《德国政党国家解释、发展与表现形式》，程迈译，中国政法大学出版社2015年版，第51页。

4　参见郭道晖、刘永艳：《政党与宪制》，法制出版社2016年版，第8页。

国理政方略、大政方针和政策主张往往都会通过法定程序而转化为国家的法律法规等。这不仅已经成为我国重要的宪法惯例和治国理政的成功经验，同时也是"中国之治"的关键和根本。当今世界正经历百年未有之大变局，我国正处于实现中华民族伟大复兴的关键时期，要实现坚持和完善中国特色社会主义制度、推进国家治理体系和治理能力现代化这一重大战略任务，就必须在党中央统一领导下进行，科学谋划、精心组织、远近结合、整体推进，把党的领导落实到国家治理各领域各方面各环节。

我国宪法对中国共产党领导地位的明确规定，从国家根本法的层面进一步加强了中国共产党执政的合宪性基础，彰显了我国国家制度和法律制度的最大优势。但宪法对于中国共产党自身的组织和活动等事项并未作出具体安排，仅有各政党"都必须遵守宪法和法律""都必须以宪法为根本的活动准则"等概括性和原则性规定，其他国家法律也鲜有对中国共产党组织与活动的明确规定。这似乎与中国共产党所享有的巨大政治权威和政治优势不相匹配，与宪法法律至上的法治理念不尽相符，但实则是由我国的法治模式和党建党治模式所决定的。因为，"依法治国与依规治党相统一是中国特色社会主义法治建设的关键"[1]。在我国，除了一般意义上的国家法治外，还有党内法治，即以中国共产党制定的制度规范来约束自身的组织和行为活动，以党内法规来管党治党、依规治党。因此，坚持依法治国、依法执政，这里的"法"不仅包括国家机关制定的法律法规等规范性文件，同时也包括中国共产党制定的各项党内法规和规范性文件；建设中国特色社会主义法治体系，不仅要形成以宪法为核心的中国特色社会主义法律体系，也要形成以党章为根本的党内法规制度体系。尽管党内法规与国家法律在制定主体、制定程序、适用范围、运作方式、规范效果等方面存在诸多不同，但二者都是中国特色社会主义法治体系的重要组成部分，都是中国共产党治国理政的规范依据。将依规治党纳入中国特色社会主义法治建设之中，不仅是加强党的建设，提高党科学执政、民主执政、依法执政水平的需要，也是全面推进依法治国、依宪治国，建设社会主义法治国家的需要。

### （三）依规治党为依宪治国提供政治保证

依宪治国和依宪执政在国家范围内首先是对执政党治国理政的法治化要求，是新时代旨在提高党的领导水平和执政能力而提出来的。党的执政地位不是与生俱来的，也不是一劳永逸的。从革命党到执政党意味着党的领导权向执

---

1 徐显明："新中国70年法治建设的十条经验"，载《学习时报》2019年11月13日。

政权的转变，也是政党伦理化向政党法治化的必然要求。[1] 中国共产党不是一般意义上的普通政党，而是作为最高政治领导力量的执政党。党的领导是全面的、系统的、整体的，因此，党内法规的调整对象和适用范围就不仅应当包括党自身的建设和活动，还应当包括党对国家政治、经济、社会、文化、生态、军事、外交等领域全方位和各方面的领导。这就决定了：一方面，党内法规建设应当始终以党的宗旨、性质为根本，通过制定内容科学、程序严密、配套完备、运行有效的党内法规体系，实现全面从严治党、依规管党治党，永葆党的纯洁性、先进性以及同人民群众的血肉联系，不断增强党的政治领导力、思想引领力、群众组织力、社会号召力，不断推进党的建设新的伟大工程，把党建设得更加坚强有力；另一方面，党内法规建设应当为不断提高党的执政能力和执政水平提供法治化保障，使党对国家和社会事物的领导依法依规有序进行，坚持科学执政、民主执政、依法执政，不断提高党把方向、谋大局、定政策、促改革的能力和定力，确保党的纲领、路线、方针、政策通过法治思维和法治方式得以顺利有效实现。这两方面可以概括为党内法规体系建设的政治目标和法治目标，前者涉及的主要是党的自身建设问题，后者则涉及党与国家、社会之间的关系，而对其中任何一个方面的考量都是在宪法层面上为全面推进依法治国提供坚实的政治保证。

中国共产党是执政党，也是领导党，在国家治理体系中发挥着"总揽全局、协调各方"的核心作用，党坚持依法执政、依规治党，自然就意味着国家层面治理的法治化；党内法规的严格遵守执行不仅能够有效地约束党组织和党员，也会在国家和社会生活中产生良好的"溢出效应"。需要注意的是，与国家法律不同，党内法规往往以义务为本位，注重党员义务的设定与履行，体现出义务优先的特征，义务优先或者重于权利的逻辑在政治组织中是一种普遍且正常的现象。同样，"党章等党规对党员的要求比法律要求更高，党员不仅要严格遵守法律法规，而且要严格遵守党章等党规，对自己提出更高的要求"[2]。坚持全面从严治党、依规治党，面向全体党员、党组织，覆盖党的建设各个领域、各个方面、各个部门，重点是抓住"关键少数"，[3] 使党员干部切实做到

1　参见贺海仁："论中国共产党领导法治化"，载《河北法学》2016年第4期。

2　习近平："加快建设社会主义法治国家"，载《十八大以来重要文献选编（中）》，中央文献出版社2016年版，第188页。

3　中共中央宣传部：《习近平新时代中国特色社会主义思想学习纲要》，人民出版社2019年版，第223页。

信念坚定、为民服务、勤政务实、敢于担当、清正廉洁。在我国的公职人员队伍中，尤其是县处级以上领导干部中，中共党员占绝大多数。因此，只要党员领导干部能够严格遵守党内法规和国家法律，牢固树立宪法意识和规则意识，弘扬社会主义法治理念，实现党内治理的制度化、法治化、规范化、程序化，构建起风清气正的党内政治生态，依法治国、依宪治国便具有了坚实的政治基础和保障。

## 二、从党章走入宪法的民主集中制

作为新时代"四个全面"战略部署的重要组成部分，依法治国与依规治党呈现出相辅相成、有机统一的关系模式。但是，依法治国与依规治党毕竟属于两种不同的概念范畴体系，有着不同的制度模式、适用范围、运行机理及实践形态，寻求确定能够将二者连接贯通起来的原则纽带，并在此基础上展开实施法律与推进路径的法理探讨和方案设计，已成为当代中国法治建设中的一个重大理论与实践课题。民主集中制是马克思主义政党理论指引下我国党的建设和国家建设的标识性概念，《中国共产党党章》第10条和宪法第3条分别将其确立为党的根本组织原则和国家机构实行的原则。民主集中制包含着我党立党执政与治国理政的逻辑统一，蕴含着中国特色社会主义区别于资本主义分权模式的强大政治生命力，是解读我党执政和治国优势的根本出发点。[1] 回溯历史，民主集中制成功塑造出了符合我们党情国情实际的党体和政体模式；[2] 在我们的党体和政体更加巩固的情况下，依法治国和依规治党的统筹推进当然应该且必须更加重视发挥民主集中制这一根本原则的基础性作用。

### （一）党章中的民主集中制

党的五大闭幕后不久，中央政治局通过的《中国共产党第三次修正章程决案》明确指出："党部的指导原则为民主集中制。"[3] 这是在党章中首次提出民主集中制原则。党的七大通过了新民主主义革命时期最为完备的党章，对民主集中制这一根本组织原则的实质和内涵作出了科学表述，对扩大党内民主和实行集中统一领导进行了详细规定，强调中国共产党是按民主的集中制组织起来，以纪律联结起来的统一战斗组织地位；党的力量源于自身的坚强团结、意

--------------------

1　参见王旭："作为国家机构原则的民主集中制"，载《中国社会科学》2019年第8期。

2　参见杨光斌、乔哲青："论作为'中国模式'的民主集中制政体"，载《政治学研究》2015年第6期。

3　转引自季正聚："关于民主集中制的历史考察及思考"，载《党建研究》2019年第5期。

志统一、行动一致；在党内不容许有背离党的纲领和党章的行为，不容许有破坏党纪、向党闹独立性及阳奉阴违的两面行为。党的组织机构依照民主集中制设立和运行，具体包括：党的各级领导机关由选举制产生；党的各级领导机关向选举自己的党的组织作定期的工作报告；严格地遵守党纪和无条件地执行决议。并明确增加规定"党员个人服从所属党的组织，少数服从多数，下级组织服从上级组织，部分组织统一服从中央"[1]。刘少奇同志在党的七大所作的关于修改党章的报告中指出："我们的党，不是许多党员简单的数目字的总和，而是由全体党员按照一定规律组织起来的统一的有机体。"[2] 这里所说的"规律"，实际上就是民主的集中制。

　　党的八大党章不仅在总纲中阐述了民主集中制的重大意义，而且对具体配套制度进行了完善，突出强调发扬民主，重视党员对党的领导机关和领导者的监督。随后，毛泽东同志在《关于正确处理人民内部矛盾的问题》一文中完成了对民主集中制的理论概括和阐述："在人民内部，民主是对集中而言，自由是对纪律而言。这些都是一个统一体的两个矛盾着的侧面，它们是矛盾的，又是统一的，我们不应当片面地强调某一个侧面而否定另一个侧面。在人民内部，不可以没有自由，也不可以没有纪律；不可以没有民主，也不可以没有集中。这种民主和集中的统一，自由和纪律的统一，就是我们的民主集中制。"[3] 党的十二大党章对民主集中制的民主部分和党的纪律进行了健全完善，将党中央的组织体制由主席制改为书记制，并强调："党是根据自己的纲领和章程，按照民主集中制组织起来的统一整体。它在高度民主的基础上实行高度的集中。"十四大党章进一步将民主集中制表述为"民主基础上的集中和集中指导下的民主相结合"，增加了民主与集中"相结合"的内容和要求。此后历次党章的修订，都非常重视民主集中制的完善与发展。

　　自20世纪90年代以来，中国共产党相继推出了25项相关制度，建立了完整的党内民主集中制三大制度体系。[4] 2017年，十九大党章对民主集中制进行了全面的丰富和完善，新增"牢固树立政治意识、大局意识、核心意识、看齐意识，坚定维护以习近平同志为核心的党中央权威和集中统一领导"[5] 等内

---

1 施新洲："党的领导法规制度建设基本规律研究"，载《党内法规理论研究》2019年第1期。

2 刘少奇：《刘少奇选集（上卷）》，人民出版社1981年版，第358页。

3 毛泽东：《毛泽东选集（第五卷）》，人民出版社1991年版，第367—368页。

4 参见许耀桐："党内民主探索的三次热潮"，载《中共福建省委党校学报》2017年第4期。

5《中国共产党章程》总纲。

容，强调加强党的组织性、纪律性，不断完善和规范党内政治生活，发展积极健康的党内监督制度和政治文化，着力营造风清气正的良好政治生态。党的十九大党章及时回应全面从严治党的时代要求，充实并完善民主集中制的制度内涵，为更好将党的这一最大政治优势转化为治理效能提供了根本遵循。

（二）宪法中的民主集中制

宪法是我国革命、建设和改革发展的经验总结与法治结晶。宪法序言部分的历史叙事清晰地勾画了中国共产党领导中国各族人民战胜许多艰难险阻而取得新民主主义革命伟大胜利、成立中华人民共和国的辉煌历史。这样一种历史客观事实和发展逻辑，决定了新中国的宪法制度设计必然会脱胎于中国共产党的制度理论和模式，民主集中制作为党的根本组织原则和领导制度，当然也必然会有机融入宪法的制度建构与运作之中。

早在新民主主义革命时期，毛泽东同志就提出未来中国新民主主义政权组织应该采取民主集中制，"国体——各革命阶级联合专政。政体——民主集中制。这就是新民主主义的政治，这就是新民主主义的共和国"[1]。新中国成立之后，刘少奇同志在1954年宪法草案报告中指出："人民当自己还处在被压迫地位的时候，不可能把自己的意志和力量充分地集中起来……而当人民已经得到解放并建立了自己的国家以后，当然就要把自己的意志和力量充分地集中到国家机构里去，使国家机构成为一个坚强的武器。人民的国家机构越是坚强，它就越有能力保卫人民的利益，保障人民的民主权利，保障社会主义的建设。"[2] 这样，充分体现"自己的意志和力量"的民主集中制被吸纳到宪法和国家政权的组织与活动之中也就自然而然、顺理成章了。

新中国成立前夕颁布的起临时宪法作用的《共同纲领》规定："各级政权机关一律实行民主集中制。"《中华人民共和国中央人民政府组织法》规定"中华人民共和国政府是基于民主集中原则的人民代表大会制的政府。"[3] 1954年通过的新中国第一部宪法，在其总纲的第1条和第2条分别规定了国体和政体，正式确立了民主集中制在国家政权体系建设中的地位。[4] 而且从宪法文本规定看，民主集中制的运用实际上已经超出政权组织形式本身而渗透到了

---

1 毛泽东：《毛泽东选集（第二卷）》，人民出版社1991年版，第677页。

2 肖蔚云主编：《宪法学参考资料（上）》，北京大学出版社2003年版，第28页。

3 《中华人民共和国中央人民政府组织法》第2条。

4 即"全国人民代表大会、地方各级人民代表大会和其他国家机关，一律实行民主集中制"。

各具体国家机关的内部。[1] 1975年宪法和1978年宪法关于民主集中制的规定基本上与1954年宪法相同。1982年现行宪法以国家根本法的形式，"确认了中国共产党领导中国人民进行革命、建设、改革的伟大斗争和根本成就，确立了工人阶级领导的、以工农联盟为基础的人民民主专政的社会主义国家的国体和人民代表大会制度的政体。"[2] 在此基础上，宪法明确规定国家机构实行民主集中制原则并对其做了系统完整的具体规定。宪法第3条从人民与人民代表大会的关系、人民代表大会与其他国家机关的关系、中央和地方的关系三个维度集中系统地体现了民主集中制的精神实质与表现形式，并将其扩展至整个国家权力的横向纵向配置结构中，从而成功使其成为整个国家机构体系组织活动的基本原则。

从以上分析可以看出，民主集中制首先是作为执政党的政治理念和原则而体现在党章之中，而后延伸到国家机构的组织活动中而成为宪法所确认的一项法治规范和基本原则。宪法和党章是探索中国民主政治发展逻辑、揭示中国法治建设规律的重要制度文本。尽管从规范意义上看，党章和宪法分属不同的规范体系，由于各自性质、约束对象、效力形式不同因而不可将两者混为一谈；[3] 但从政治意义和法治角度看，党章与宪法又密不可分。这不仅是因为党章总纲与宪法序言直接显示了党章与宪法在文本方面有着高度的契合；[4] 也不仅是因为宪法作为国家根本大法的权威地位需要来自党章的保障落实，需要来自党对领导国家在理想与现实、现在与未来之间形成有机互动和妥协的理性认识。如果没有党章的权威，如果党的领导不受到党章这个根本大法的规范与约束，那么要求党在宪法和法律范围内活动也不现实，宪法的权威也不可能树立起来。[5] 更重要的是因为，党章与宪法在人民主权、民主集中制等核心原则方面有着内在的一致性和共同的价值追求。尽管宪法中的民主集中制和党章中的民主集中制，在概念和适用范围上泾渭分明，但在价值取向和实践效果上却彼此支撑，通过执政逻辑与治国逻辑、政治逻辑与法治逻辑相互渗透和相互作用而形成一种有机统一的治国理政体系，并共同彰显着中国共产党领导地位和执政地位的合法性。坚持宪法为上、党章为本，就要坚持以党章为本的全面从严治党和以

--------------------

1 参见马岭："我国现行宪法中的民主集中制原则"，载《云南大学学报》2013年第7期。

2 "王晨向十三届全国人大一次会议作关于《中华人民共和国宪法修正案（草案）》的说明（摘要）"，载《人民日报》2018年3月7日第6版。

3 参见周叶中、汤景业："论宪法与党章的关系"，载《中共中央党校学报》2017年第6期。

4 参见姚岳绒："论党章与宪法的关系"，载《河北法学》2012年第2期。

5 参见强世功："党章与宪法：多元一体法治共和国的建构"，载《文化纵横》2015年第4期。

宪法为上的全面依法治国有机统一，使党章和宪法的精神共同融聚于建设社会主义法治国家的伟大实践之中。

### 三、统筹推进依法治国与依规治党的原则指引和制度保障

民主集中制是民主基础上的集中和集中指导下的民主相结合的制度；坚持民主集中制是马克思主义政党区别于其他政党的重要标志，也是社会主义法治的显著特色和优势。依法治国与依规治党的统筹推进，当然离不开民主集中制原则的正确指引，离不开对其制度优势的深入挖掘和充分发挥。

（一）统筹推进中"集中"的价值

实现依法治国与依规治党的统筹推进，首先需要确立能够有效连接和统领二者的政治力量。在现代法治社会，政党毫无疑问是最为重要的政治力量，也是实施宪法的最重要主体，以致"人们忍不住要说，宪法只是框架；政党提供血肉，给予政治体以生命和个性"[1]。我们"讨论宪法，固以法律论为基本；讨论宪法施行，则完全以政治论事实论为基本矣。若不辨别上述种种关系，手抱一部形式美观之宪法，亦不过等于把玩美术画品，仅资悦目而已"[2]。的确，依宪治国从来不仅仅是一个纯粹的法律技术问题，也绝不是单纯由国家机关和国家法律就能够独立完成的法治重任。

党的十九大将"坚持党对一切工作的领导"置于新时代坚持和发展中国特色社会主义基本方略的首位。十九届四中全会进一步确立了党的领导制度在中国特色社会主义制度体系中的统领性地位，并从13个方面系统总结了我国国家制度和国家治理体系的显著优势，其中首要一条就是"坚持党的集中统一领导"，这是我们国家经过长期实践探索和历史检验而得出的科学认识与结论。党的领导同样是中国特色社会主义法治建设的根本，依宪治国的深入推进、依法治国与依规治党的有机统一，必须在坚持和加强党的领导这一制度优势和政治优势的前提下而展开，必须通过党的领导这一纽带而实现依法治国和依规治党的互联互通、相辅相成、相互促进。

坚持党对依法治国与依规治党的集中统一领导，必须建立健全相应的领导体制机制和配套制度体系。党的六届六中全会首次提出了民主集中制的"四个服从"原则，党的七大以后历届党的代表大会通过的党章中，都在不断强调和完善这一根本组织制度和领导制度。1948年，党中央印发《关于建立报告

---

1　［英］K.C.惠尔：《现代宪法》，翟小波译，法律出版社2006年版，第71页。

2　夏新华等著：《近代中国宪政历程》，中国政法大学出版社2004年版，第709—710页。

制度》，推动了请示报告制度在全党全军的建立。1964年，党的七届四中全会通过的《关于增强党的团结的决议》，强调"党的团结的唯一中心是党的中央"。1980年通过的《关于党内政治生活的若干准则》，对加强和完善党的领导作了具体规定。党的十八大以来，维护习近平总书记党中央的核心、全党的核心地位，维护党中央权威和集中统一领导，成为全党政治纪律建设的核心任务，并在此基础上建立健全了一系列相关配套制度法规，从制度上保证了党的领导全覆盖。其中，请示报告制度是贯彻民主集中制的一项重要工作机制，其对依法治国与依规治党的有机统一同样发挥着重要作用。2016年，中共中央出台的《关于新形势下党内政治生活的若干准则》明确规定了"重大问题请示报告制度"，要求包括全国人大、国务院、最高人民法院、最高人民检察院在内的机关党组织要定期向党中央报告工作，涉及全局的重大事项或作出重大决定要及时向党中央请示报告，对于执行党中央重要决定的情况要做专题报告。[1]2019年，中共中央印发《中国共产党重大事项请示报告条例》，进一步提高了重大事项请示报告工作的制度化、规范化、科学化水平。近年来，中共中央政治局常委会已经连续多次听取全国人大常委会、国务院、最高人民法院、最高人民检察院党组的工作汇报，有力保障了中共中央对依法治国与依规治党事业的统筹推进。为了加强对法治中国建设的集中统一领导，党的十九大决定"成立中央全面依法治国领导小组"。2018年，中共中央根据《深化党和国家机构改革方案》，组建作为党中央决策议事协调机构的中国共产党中央全面依法治国委员会，"负责全面依法治国的顶层设计、总体布局、统筹协调、整体推进、督促落实"，旨在"加强党中央对法治中国建设的集中统一领导，健全党领导全面依法治国的制度和工作机制，更好落实全面依法治国基本方略"[2]。中央全面依法治国委员会的组建，为坚持党对依宪治国的领导、确保依法治国和依规治党的统筹推进、发挥民主集中制在法治中国建设中的重要作用，提供了有力的组织保障和制度保障。

民主集中制的"集中"对中国的政治发展和依宪治国有着特殊的意义，只有通过正确高效权威的集中，才能凝聚共识、统一行动、整合力量，形成国家治理合力，也才能真正维护宪法的权威和尊严，才能彰显宪法的最高法制地位、法律效力，才能发挥宪法在依法治国、依规治党中基础性、引领性和保障性作用。近代中国政治转型的一个重要任务，就是克服传统社会"一盘散沙"

1 《关于新形势下党内政治生活的若干准则》"六、坚持民主集中制原则"。

2 《深化党和国家机构改革方案》第一部分"深化党中央机构改革"。

局面，<sup>1</sup> 这就需要形成一个具有高度组织性和行动力的领导核心。正如邓小平同志所指出："在中国这样的大国，要把几亿人口的思想和力量统一起来建设社会主义，没有一个由具有高度觉悟性、纪律性和自我牺牲精神的党员组成的能够真正代表和团结人民群众的党，没有这样一个党的统一领导，是不可能设想的，那就只会四分五裂，一事无成。"<sup>2</sup> 在当代中国，要完成的改革发展稳定任务空前艰巨繁重，所面临的风险挑战和国际形势异常复杂严峻，更需要正确高效的集中来提高国家治理效能、推进社会发展进步。同时，正确集中是确保民主得以真正实现的关键，没有正确的和必要的集中，所谓的民主可能会陷入相互掣肘、内耗严重，议而不决、决而不行，群龙无首、一盘散沙的泥潭之中。因此，我们不能因为民主的重要意义而忽视了集中的制度性价值。我国宪法在强调民主价值的同时，也关注着集中的重要意义，除了关于民主集中制全面系统的规定外，其关于国家指导思想、领导核心、国家结构形式、法制统一原则以及有关国家机关领导体制和决策机制等方面的一系列规定，实际上也都体现着正确集中的科学精神和时代需求。

（二）统筹推进中"民主"的价值

如果说民主集中制的落脚点在于集中，那么，只有真正坚持民主，才能确保科学正确的集中。正如习近平总书记所强调的那样："要把我们这样一个大党大国治理好，就要掌握方方面面的情况，这就要靠发扬党内民主而来，靠各级党组织和广大党员、干部广泛听取民声、汇聚民意而来。""要善于正确集中，把不同意见统一起来，把各种分散意见中的真知灼见提炼概括出来，把符合事物发展规律、符合广大人民群众根本利益的正确意见集中起来，作出科学决策。"<sup>3</sup> 正因如此，民主与集中并列构成民主集中制的核心要素，也使得在民主集中制基础上推进依法治国与依规治党，必须坚持人民民主的真谛，充分发挥民主协商在统筹推进这一伟大战略工程中的重要作用。

人民是法治中国建设的主体，人民是否满意是衡量法治中国建设的最高标准。作为新时代法治中国建设的两大关键，依法治国和依规治党的实施必须坚持以人民为中心，为了人民、依靠人民，真正让党规国法走进人民、深入

---

1　提出中国近代"一盘散沙"观点的人有许多，其中以孙中山先生为典型代表，"以一盘散沙之民众，忽而登彼于民国主人之位，宜乎其手足无措，不知所从，所谓集会，则乌合而已"。孙中山：《建国方略》，生活·读书·新知三联书店2014年版，第366页。

2　邓小平：《邓小平文选（第三卷）》，人民出版社1994年版，第341—342页。

3　2018年12月25日至26日"习近平总书记在中共中央政治局召开民主生活会上的讲话"，载《人民日报（海外版）》2018年12月27日第2版。

人心，成为人们的自觉行动。群众路线是党的根本工作路线和生命线，从群众中来、到群众中去，是党在长期革命和建设中制胜的重要法宝。推进依规治党同样需要贯彻党的群众路线，始终做到为了群众、相信群众、依靠群众、引领群众、深入群众，健全为人民执政、靠人民执政的各项制度，厚植依规治党、依法执政的群众基础，保证人民在国家治理中的主体地位。人民同样是依法治国、依宪治国的主体和力量源泉，法治建设必须以保障人民的根本权益为最终的价值追求和目标定位，使各方面的国家制度和国家治理更好体现人民意志、保障人民权益、激发人民创造活力。只有当公民在宪法上所享有的基本权利和自由得到真正保障和实现时，"宪法才能深入人心，走入人民群众，宪法实施才能真正成为全体人民的自觉行动"[1]。可以说，依法治国与依规治党在民主的问题上分享着共同的价值理念、有着共同的价值追求，正是在民主基础上，依法治国与依规治党实现了高度统一。而坚持人民主体地位，坚持国家的一切权力属于人民，也正是依宪治国的价值基石。

　　民主不仅为依法治国与依规治党有机统一提供了坚实的价值基础，同时也提供着有效的实现方式和路径。民主协商是统筹推进依法治国与依规治党的重要渠道，也是贯彻民主集中制的重要实践。依宪治国与依规治党协调推进首先要实现国家法律与党内法规的衔接协调，从制度设计及实施效果考量，以民主协商方式协调国法党规体系无疑是可靠的现实路径。为了达至这一目标，《制定条例》不仅强调党内法规的制定工作应当"坚持民主集中制，充分发扬党内民主，维护党的集中统一"；而且规定了一系列发扬民主、进行民主协商的体制机制。[2]《备案审查规定》要求各级党委应当与同级人大常委会、政府等有关方面建立健全备案审查衔接联动机制；对内容复杂敏感、专业性强、涉及面广的党内法规和规范性文件进行备案审查时，审查机关可以征求有关方面意见建议或者进行会商调研等。这一系列的程序设计和安排，不仅可以通过立法过程中的沟通协商使党内法规与宪法法律保持一致，而且使党内法规的制定与国家

---

1　习近平："在首都各界纪念现行宪法公布施行三十周年大会上的讲话"，载《论坚持全面依法治国》，中央文献出版社2020年版，第14页。

2　例如：中央党内法规制定工作五年规划，应当广泛征求意见后拟订；涉及两个以上部委职权范围事项的党内法规，有关部委应当联合制定或者提请党中央制定中央党内法规；涉及政府职权范围事项的党内法规，可以由党政机关联合制定；党内法规的起草部门和单位，应当就涉及其他部门和单位工作范围的事项，同有关部门和单位协商一致；党内法规草案形成后，应当广泛征求意见；起草部门和单位报送的草案制定说明应当包括征求意见情况、同有关部门和单位协商情况等。

法律的制定一样，都必须抓住提高立法质量这个关键，恪守以民为本、立法为民的立法理念，把公正、公平、公开以及科学性、民主性、合法性原则贯穿于立法的全过程，确保每一项党内法规和国家法律都符合宪法精神、反映人民意志、得到人民拥护，从而为依宪治国与依规治党的统筹推进、有机统一提供科学的规范依据。

"在中国社会主义制度下，有事好商量、众人的事情由众人商量，找到全社会意愿和要求的最大公约数，是人民民主的真谛。"[1] 同时，这也契合了我国注重协商的传统政治文化。任何一项国家制度的成功实践都离不开自身所处社会环境和历史传统的影响和滋润，而民主协商的有效运行正是因为在一定程度上具有雄厚的优秀传统文化资源的支撑。"礼之用，和为贵。先王之道，斯为美。"[2] "和"自古以来就是中国传统政治文化的一个核心原则和理想追求，"和为贵""和睦相处""和衷共济""家和万事兴""淡如秋水，和如春风"，既是人们信奉与践行的生存法则，也是一种充满诗情画意的生活境界与情调；天下为公、讲信修睦、天下和洽、和谐共进的大同社会，则是人们心驰神往的施政目标与社会图景。可以说，追求、崇尚和谐，是中国古代哲学的核心范畴和基本精神之一，是中华民族源远流长的价值追求与文化脉络，它们从不同侧面为我们今天的国家治理提供了宝贵的文化资源和观念支持。[3] 民主集中制强调的就是以民主协商为基础，通过协商形成最大观念共识，并确保各方在党的集中领导下的协作配合、共同推进工作。因此，民主集中制的价值功能、文化底蕴与中国的传统文化有着高度的内在契合。

（三）小结：民主与集中相结合的宪法意义

民主集中制是党的根本组织原则和领导制度，也是国家机构的根本组织原则和活动准则。这项制度包括民主和集中两个方面，二者互为条件、相辅相

---

1　习近平："在中央政协工作会议暨庆祝中国人民政治协商会议成立70周年大会上发表重要讲话"，载《人民日报》2019年9月21日第1版。

2　出自《论语·学而篇》，载程树德撰，程俊英、蒋见元点校：《论语集释（上）》，中华书局2013年版，第54页。

3　全国人大常委会原委员长李鹏同志说，外国议会辩论时，一方发言时，另一方大声喧哗、跺脚、拍手，秩序大乱时，议长拿槌子敲桌子，高声喊着维持秩序，"对这种形式，你们可能认为很有意思，但中国人不一定能接受，这可能就是东方和西方文化传统不太相同的地方。我们不会引入这种方法"。在担任委员长期间，李鹏同志多次强调人大进行监督时一定"要注意方式方法"，要牢记人大监督的目的是督促国家行政、审判、检察机关依法行政、公正司法，把工作做得更好，应该是对这些国家机关工作的支持。《立法与监督：李鹏人大日记》，新华出版社、中国民主法制出版社2006年版，第531—560页。

成、缺一不可。它之所以能够成为我国政体和党体的核心原则，是因为"这项制度能够把充分发扬民主和正确实行集中有机结合起来，既可以最大限度激发全党创造活力，又可以统一全党思想和行动，有效防止和克服议而不决、决而不行的分散主义，是科学合理又有效率的制度"[1]，"它在当代中国肩负着实现民主正当性和治理有效性的双重目标"[2]，可以凝聚起治国理政的强大合力与优势。而要把民主集中制的政治优势、组织优势、治理优势充分发挥出来，就要有赖于制度的合理建构及其有效运作。

党的十八大以来，依规治党作为全面从严治党的应有之义，成为党增强长期执政能力的基本路径，由此，依法治国与依规治党在法治中国建设进程中不期而遇。随着双方的正面相遇，一个新时代的宪法命题产生了，即如何有效实现依法治国与依规治党的统筹推进、一体建设，如何通过依法治国与依规治党的统筹推进而更高质量地实施依宪治国基本方略。作为从党体扩展到政体的基本原则，民主集中制是党的根本组织制度和领导制度，是我国宪法所确立的国家机构组织活动原则，因此，以宪法为枢纽实现依法治国与依规治党的对接与交融，就成为一种现实而必然的合理选择。

我国宪法所确立的一系列根本制度、基本制度、重要制度，所形成的一系列国家治理体系和规则体系，彰显着民主集中制的真谛与要义，体现着集中统一与民主协商的核心要素。而国家法律与党内法规秉持着共同的价值理念和政治追求，遵循着共同的宪法精神与原则，从而使依法治国与依规治党的有机统一有了坚实的宪法支撑和保障。这就要求依法治国与依规治党在宪法的统领下统筹推进，以坚持党的集中统一领导为前提，以坚持人民民主真谛为抓手，确保国家机关和党内机关分工负责、密切配合，增进国家法律和党内法规的衔接协调与高效运转，充分重视民主集中制对于依宪治国的重要价值和意义，凝聚全社会推进国家治理体系和治理能力现代化的磅礴伟力，走出一条中国特色的社会主义法治发展道路。

---

1 "树牢'四个意识'坚定'四个自信'坚决做到'两个维护'勇于担当作为 以求真务实作风 把党中央决策部署落到实处"，载《人民日报》2018年12月27日第1版。

2 王旭："作为国家机构原则的民主集中制"，载《中国社会科学》2019年第8期。

第 **5** 章

依宪治国的
**宪法路径**

"宪法的生命在于实施，宪法的权威也在于实施。"这一铿锵有力、掷地有声的法治命题，不仅极具深厚的学术震撼力和穿透力，揭示了宪法实施之于宪法的特殊价值和意义，而且清晰勾勒了依宪治国的基本路径与切入点，彰显了执政党坚持依宪治国和加强宪法实施的坚定决心与行动。的确，宪法实施不仅是宪法的生命所在和权威所系，亦是依宪治国基本方略落到实处的必然要求，依宪治国最关键的衡量标准就是宪法的精神理念和原则规定在治国理政中的贯彻落实情况。因此，依宪治国不仅是一个宏大而抽象的法治口号或政治动员，而且能够通过一系列行之有效的制度安排和实实在在的具体措施保证宪法得到全面而有效的实施，从而使宪法所承载的价值功能和历史使命转化成活生生的社会现实。为此，本章将以宪法实施、宪法监督和合宪性审查为主线，对依宪治国的实施路径予以概括性地梳理与探讨。其中，宪法实施是依宪治国的关键要务，宪法监督为依宪治国提供制度保障，合宪性审查则是依宪治国的具体制度抓手。

诚然，即使仅仅从法治建设的角度而言，依宪治国的推进路径也绝不限于宪法实施、宪法监督和合宪性审查这三种选择，科学立法、法治政府、公正司法等实际上也都是依宪治国在不同领域的具体实践，但如果对这些内容在本章面面俱到地详加讨论，显然既远远超出本章的容量和作者的学力，也难以突出本书的"宪法学"底色这一重点以及围绕这一重点而展开的逻辑结构。同时本章所选取的三个关键概念显然具有充分的代表性和涵盖性。首先，宪法实施的丰富意涵，使得这个概念本身具有极大的包容性，甚至可以说，依宪治国的所有举措都可以纳入其中，所有的法治行动归根结底其实都是为了宪法实施。其次，宪法监督是保障和督促宪法实施的各种制度、行为、机制的总称，它和宪法实施相伴而生、相辅相成。在消极层面，宪法监督意味着确保宪法不被违反，运用合宪性审查等方式使一切违反宪法的行为受到纠正和追究；在积极层面，宪法监督意味着督促宪法实施，依据宪法治国理政、深化依宪治国的实践。宪法监督既是宪法实施的重要保障机制，又是依宪治国的必要推进方式。最后，对合宪性审查进行专门论述，不仅是因为新时代对合宪性审查的空前重视，更是因为对于推进依宪治国而言，合宪性审查具有制度抓手的重要意义。因为，推进合宪性审查工作，是党的十九大和十九届四中全会的明确要求；新时代一系列深化全面依法治国实践的重大举措，诸如设立全国人大宪法和法律委员会，加强备案审查制度和能力建设等，都是"推进合宪性审查工作"的重大举措。如果说中国法治已经进入了"合宪性审查时代"，这并不是盲目的乐观。[1] 同时，在宪法学研究的知识脉络中，合宪性审查是监督宪法实施制度体系的关键内核，是保障宪法实施、推进依宪治国的一个重要切入点和突破口。

## ▶ 第一节　宪法实施：依宪治国的关键要务

在当代中国的法治建设中，"坚持依法治国首先要坚持依宪治国，坚持依法执政首先要坚持依宪执政"，已经成为执政党推进法治中国建设和国家治理的战略纲领和行动指南。这不仅彰显了宪法至高无上的法制地位和重要作用，而且也突出了宪法实施在依宪治国中的特殊价值和意义。的确，只有在宪法获得有效和全面实施的基础上，依宪治国、依宪执政才不至于成为空洞和抽象的说辞与口号。而无论是依宪治国还是依宪执政，其实都指向一个共同的依据和准则——宪法；可以说，依宪治国和依宪执政共同刻画了当代中国法治建设中的一个关键议题——宪法实施。

从词源来看，"宪法实施"这一概念在中国的存在和使用可谓源远流长。在历史维度上，从清末立宪开始，承载着变法图强期望的"宪法实施"就已在梁启超对西方立宪政治的介绍中出现。[2] 1954年新中国第一部宪法制定时，宪法实施不仅是立宪、行宪逻辑里的必然环节和重要内容，甚至还从其反面推导出了对违宪的认识。1954年6月14日，毛泽东在关于"五四宪法"草案的讲话中指出，这个宪法草案"通过以后，全国人民每一个人都要实行，特别是国家

---

1　参见张翔："'合宪性审查时代'的宪法学：基础与前瞻"，载《环球法律评论》2019年第2期。

2　1901年梁启超在《立宪法议》一文中写道："立宪政体者，必民智稍开而后能行之。日本维新在明治初元，而宪法实施在二十年后，此其证也。"应该指出的是，梁启超并不是将"宪法实施"作为一个独立的概念进行介绍，而是将其和"实行宪法"一起使用，强调立宪、行宪应"精详审慎"。参见梁启超：《饮冰室合集1·饮冰室文集之五》，中华书局1989年版，第1—7页。

机关工作人员要带头实行，首先在座的各位要实行。不实行就是违反宪法"[1]。而经过"文革"的惨痛教训后，在改革开放中诞生的"八二宪法"，除了将实施宪法作为一项具体的宪法职责而专门予以明确的宣示和规定外，还将"更好地实施宪法"作为修宪的重要目的而贯穿于其后的宪法修改之中。[2] 如今，"宪法的生命在于实施，宪法的权威也在于实施"已经成为我国宪法理论和宪法实践中的基本共识和时代强音。可以说，"宪法实施"始终贯穿于我国制宪和行宪的历史与现实之中，是我国宪法理论和实践中一以贯之的主题和主线。

正如"宪法实施"这个词语组合本身所显示的那样，它与"宪法"须臾不可分离，有"宪法"，才有"宪法实施"；当然，有"宪法"，就应当有"宪法实施"。依宪治国的关键和核心就在于制定一部良好的宪法并使其获得充分有效的实施。然而，究竟什么是"宪法实施"？我国的宪法实施状况究竟如何？对于这样一个貌似简单的常识性问题，其实在学术研究领域并没有形成基本的共识，甚至处在众说纷纭、莫衷一是的争鸣状态。尤其是在学术研究视域中的宪法实施，与政治话语认知逻辑里的宪法实施之间是一种什么样的关系，如何使二者呈现一种交相辉映、相得益彰的互动格局，仍然是需要认真关注的现实课题。为此，本节将围绕"宪法实施"在学术研究和政治话语中的丰富意涵及其演变发展历程，试图从学术理论和政治实践两个方面，来厘清宪法实施的相关问题，在学术与政治的互动交融中，既探明宪法实施理论本土生长的演变机理，也梳理并把握政治实践中宪法实施的重点所在，从而为进一步加强宪法实施、深入推进依宪治国提供必要的理论支撑和学理论证。

## 一、宪法学知识脉络中的"宪法实施"

鉴于"宪法实施"在宪法理论和实践中的重要地位，它自然也成为改革开放以来我国宪法学研究的一个主要和重要议题。甚至可以认为，这些年来宪法学的研究成果，绝大部分都与"宪法实施"或"宪法如何（更好地）实施"有着直接或间接的关联。众多学者围绕"宪法实施"进行了专门、专题的系统研

---

1　毛泽东："关于中华人民共和国宪法草案"，载《毛泽东文集（第六卷）》，人民出版社1999年版，第328页。

2　例如，栗战书委员长在谈及现行宪法的第五次修改时指出："修改宪法是为了更好地实施宪法。"栗战书："使全体人民成为宪法的忠实崇尚者自觉遵守者坚定捍卫者——在深入学习宣传和贯彻实施宪法座谈会上的讲话"，载《中国人大》2018年第7期。

究，出版了一系列代表性学术著作。[1] 就学术期刊论文来说，以"宪法实施"为篇名在中国知网上进行检索，从1979年至今，共有文章589篇，以"宪法实施"为主题进行检索，共有文章2749篇。[2] 这些研究成果从不同角度、不同层面对宪法实施进行了深入细致地探讨，由此不仅促进了我国宪法学理论研究的繁荣和发展，而且也对宪法实施的实践进步起到了积极的推动作用。但是，与"宪法实施"在我国理论和实践中的"火热"程度形成鲜明对照的是，在比较宪法学的视野里，国外宪法学理论中却鲜见对宪法实施问题的专门研究。虽然近些年在个别国家出现了一些以"Constitutional Implementation"为主题的学术专著甚至实践立法，但整体看来尚属凤毛麟角。[3] 在西方宪法学理论中，与我国宪法学研究中"宪法实施"相对应的概念，却"并不多见"。[4] 因此可以说，"宪法实施"在某种意义上是一个"土生土长"的中国概念，当然也是一个名副其实的中国问题。

　　但不管学术研究的旨趣如何，"宪法实施"终究应当是宪法学研究中极为重要的议题，[5] 因为，一切宪法理论和宪法实践的起点与归宿，莫不是追求如何让文本上的宪法成为现实中的宪法，只不过在有的国家基于特殊的宪法原理和制度设计而将其转换成了其他的法治术语和技术装置，由此使得宪法学对于这一问题的研究角度和话语表述有所区别罢了。可以说，"宪法实施"毫无疑问是各国宪法学理论与实践的重点与焦点，处于宪法学研究知识脉络的枢纽位置。在我国，关于"宪法实施"的学术研究主要是围绕以下两个核心问题而展

---

1　例如，朱福惠主编：《宪法实施专题研究》，厦门大学出版社2017年版；苗连营、郑磊、程雪阳：《宪法实施问题研究》，郑州大学出版社2016年版；王旭：《宪法实施原理：解释与商谈》，法律出版社2016年版；李林、翟国强：《健全宪法实施监督机制研究报告》，中国社会科学出版社2015年版；范进学：《中国宪法实施与宪法方法》，上海三联书店2014年版，等等。

2　数据检索日期：2021年2月25日。

3　对其他国家尤其是西方国家的宪法学说和制度进行介绍或研究的学术成果，可以说是蔚为大观、林林总总，而其中专门以"宪法实施"为题的研究成果则寥寥无几。能够列举出来的只有：J. De Groof, R. Malherbe & A. Sachs编著的*Constitutional Implementation in South Africa*，Bezalel Peleg & Eyal Winter撰写的*Constitutional Implementation*；2006年塞尔维亚共和国制定了*Constitutional Law on Implementation of the Constitution of the Republic of Serbia*。参见莫纪宏："宪法实施状况的评价方法及其影响"，载《中国法学》2012年第4期。

4　翟国强："中国语境下的'宪法实施'：一项概念史的考察"，载《中国法学》2016年第2期。

5　参见周叶中："宪法实施：宪法学研究的一个重要课题"，载《法学》1987年第5期。

开的，其一是宪法实施方面的理论问题，其二是宪法实施过程中的实践问题。前者主要是围绕宪法实施的基本原理、价值立场、功能定位进行学理化分析和探讨；后者主要是围绕宪法实施的制度形态、运作过程及其效果进行理论上的反思和建构。当然，这两方面的问题并非决然分离而往往是相互交织、浑然一体的，并常常延伸到宪法学研究各个领域的相关问题。因此，对宪法实施问题的学术史考察，可以在一定程度上对宪法学研究的知识脉络进行一个较为全面系统的把握和评述。

（一）"宪法实施"的多元意涵

如前所述，作为一个学术概念的"宪法实施"，虽然在国外宪法学研究中并不常见，但在我国学术界长期以来被广泛使用并被重点解读，因而被认为是一个根植中国本土、深具中国特色的宪法学"基本范畴"。[1] 何谓宪法实施、由谁来实施、实施什么、如何实施等，这些围绕"宪法实施"概念而展开的讨论与争鸣，历来是我国宪法学研究的重要内容和经久不衰的学术话题。对宪法概念的不同认识，决定着宪法实施的不同意义。因此，对"什么是宪法实施"的研究，首先指向的就是宪法学的一个基础性和原点性问题，即，究竟什么是宪法？

何谓"宪法实施"？这是关于"宪法实施"的一个最基础问题。解答此问题的前提首先在于如何认识何谓"宪法"这个问题。即便对"宪法实施"中的"宪法"形成大体一致的理解，仅将成文的宪法典作为实施的对象，学理上的认识依然难以统一，因为还面临着"如何实施"方面的分歧：是公权力部门依据宪法作出相应的国家行为就是宪法实施，[2] 还是只有"人权规范"才存在实施的问题，[3] 或者只有对"公权力行为的合宪性进行审查与监督"[4]，才是真正的宪法实施？等等。另外，我国宪法文本中有关于"保证宪法的遵守和执行"之类的明确规定，那么，是否宪法实施就是指"宪法遵守"和"宪法执行"？[5] 诸如此类的这些争议，尽管都立基于将"宪法实施"等同于"宪法的实施"，

---

1 翟国强："中国语境下的'宪法实施'：一项概念史的考察"，载《中国法学》2016年第2期。

2 参见张千帆："宪法实施的概念与路径"，载《清华法学》2012年第6期。

3 参见范进学："宪法实施：到底实施什么？"，载《学习与探索》2013年第1期。

4 苗连营："宪法实施的观念共识与行动逻辑"，载《法学》2013年第11期。

5 上官丕亮："宪法文本中的'宪法实施'及其相关概念辨析"，载《国家检察官学院学报》2012年第1期。

并形成了"认真对待我国宪法文本"[1]的研究共识，但由于对宪法文本中的不同内容有不同的认识和评价，又导致了关于宪法实施路径的不同言说。比如，政治宪法学将宪法序言作为理论分析的核心，从中提炼出中国宪法的五大根本法，指向了中国宪法的政治化实施道路；[2]而规范宪法学将人权规范作为理论建构的中心，[3]强调的是中国宪法的法律化实施道路，追求建立有实效的宪法审查制度。[4]可见，对宪法实施"实施什么"的分野，不可避免地带来了实施路径的大相径庭，并因而折射出对宪法本质和功能的不同定位。宪法观的差异导致研究方法、研究模式、核心旨趣的悬殊，所谓规范宪法学、政治宪法学与宪法社会学的流派纷争，其理论基础和基本观点亦不过呈现的是中国宪法实施的不同"面相"而已。[5]

由谁来实施宪法，是关于宪法实施的又一个基本问题。主流的观点认为，宪法实施是指各种国家机关在各自职权范围内按照法律规定的程序将宪法规定的内容予以具体化。所有国家机关依据宪法作出具体行为都是实施宪法的表现。其中，立法机关依据宪法制定法律等规范性文件的行为，是宪法实施的主要表现形式。[6]这种观点将宪法实施的主体限定为作为公权力部门的国家机关，有其合理性。但将宪法实施的主要方式归结为立法机关的立法行为，显然失之过窄。除此之外，由法院在具体案件的裁判中实施宪法，这种观点也曾一度居于宪法学研究的热点位置。[7]然而，我国宪法序言明确规定："全国各族人民、一切国家机关和武装力量、各政党和各社会团体、各企业事业组织"，都负有"保证宪法实施的职责"。换言之，从宪法规定的字面意义上看，我国宪法实施的主体是极为广泛的，不应被限缩在立法机关、公民或法院的狭窄范围内。尤其是，我国的宪法实施往往通过执政党主导的广泛政治动员来进行，

---

1 韩大元："认真对待我国宪法文本"，载《清华法学》2012年第6期。

2 参见陈端洪："论宪法作为国家的根本法与高级法"，载《中外法学》2008年第4期。

3 参见林来梵："人的尊严与人格尊严——兼论中国宪法第38条的解释方案"，载《浙江学刊》2008年第3期。

4 参见林来梵：《宪法审查的原理与技术》，法律出版社2009年版。

5 韩秀义教授曾指出，依托不同的研究模式或研究取向，中国宪法实施在政治宪法学、宪法社会学和规范宪法学看来，分别呈现为"政治化实施""惯例化运行""规范性或权威性缺失"三种面相。参见韩秀义："中国宪法实施的三个面相——在政治宪法学、宪法社会学与规范宪法学之间"，载《开放时代》2012年第4期。

6 参见《宪法学》编写组：《宪法学》，高等教育出版社、人民出版社2011年版，第296—297页。

7 参见王磊：《宪法的司法化》，中国政法大学出版社2000年版。

更多依靠政治化方式实施。[1] 从这些不同观点可以看出，宪法实施的主体之争，不仅直接拷问着"何谓宪法实施"，而且在根本上依然是对宪法价值与功能的本质追问。

与"由谁来实施宪法"紧密相连的一个关键问题是"由谁来监督宪法的实施"。如果说"宪法实施是什么""实施什么""由谁来实施"是从宪法实施概念的内部构成要素展开研究的话，那么，"由谁来监督宪法实施"则是从宪法实施概念的外部体制机制进行的思考，由此可以引申出"宪法监督""违宪审查""合宪性审查"等一系列关联话题。鉴于我国宪法明确规定，全国人大及其常委会监督宪法的实施，因此，人民代表大会制度就成为宪法实施理论研究的重点，而如何坚持和完善人民代表大会制度，也历来是我国宪法学研究的一个重大课题。[2] 但因为全国人大及其常委会同时是国家的立法机关，所以其作为监督宪法实施主体去审查立法的合宪性，存在无可回避的"自我审查""自我监督"的逻辑矛盾。于是，借鉴其他国家的做法和经验，主张我国也应建立相应独立、权威、专门、有实效的宪法监督机构，就成为我国宪法学长期以来的研究热点，并出现了设立宪法法院、宪法委员会、授予最高人民法院宪法解释权等多种制度建议方案。[3] 而随着2018年现行宪法的第五次修改，全国人大原有的"法律委员会"更名为"宪法和法律委员会"，专司合宪性审查工作，由此又带来了推进宪法实施的新议题和新期望。[4]

总体看来，作为一个理论命题的"宪法实施"，已经辐射并延伸到有关宪法概念、宪法渊源、宪法文本、宪法价值、宪法功能、宪法制度，以及学术立场、研究方法等一系列宪法学基础问题，因此，围绕"宪法实施"本身展开的理论研究，实际上是串联宪法学一系列基本范畴和知识体系的一条主线，"宪法实施"已不只是一个单纯的概念术语，而是因其丰富多元的意涵而成为整个宪法学知识体系中的一个核心性范畴。

（二）"宪法实施"的实践状态

作为一种实践状态的"宪法实施"，随着宪法的公布施行而生成。在我

---

1　参见翟国强："中国宪法实施的双轨制"，载《法学研究》2014年第3期。

2　参见蔡定剑：《中国人民代表大会制度（第四版）》，法律出版社2003年；刘政、程湘清：《民主的实践——全国人民代表大会及其常委会的组成与运作》，人民出版社1999年版。

3　对该问题的集中介绍，可参见季卫东："建立违宪审查制度的四个选项"，载《党政视野》2015年Z1期。

4　参见韩大元："从法律委员会到宪法和法律委员会：体制与功能的转型"，载《华东政法大学学报》2018年第4期。

国宪法颁行之初，人们普遍认为："要实行宪法首先就必须学习宪法。"[1] 因此，当时宪法学研究一个主要任务就是用注释宪法的方式来宣传宪法精神，普及宪法知识。[2] 随着改革开放的推进，宪法实施首先面临的一个挑战就是急速发展的社会现实对静态的宪法文本产生的影响和冲击，宪法权威性、稳定性与宪法的灵活性、适应性之间的关系应如何处理，经济体制改革的一些举措是否符合宪法的规定，宪法如何为经济体制改革和社会发展保驾护航等，这些问题汇集在"宪法与改革"的主题之下，成为20世纪80年代宪法学研究的核心关切。[3] 其后，关于"良性违宪"论争的出现，促使学者们对"宪法实施灵活性的底线"[4] 作进一步深入思考。而为妥善处理宪法实施过程中"社会变革与宪法的社会适应性"[5] 之间的关系，对"宪法修改""宪法解释""宪法变迁"的研究就应势而生，并成为宪法学研究中绵延至今的经典主题，"修宪思维"和"释宪思维"也由此成为中国宪法学研究的两种基本思维方式。[6]

作为宪法重要组成部分的基本权利，也是宪法实施中的重点关注。宪法学对基本权利的系统研究，肇始于20世纪90年代制定港澳基本法时对特别行政区居民基本权利的理论分析。[7] 其后，随着改革开放和社会主义市场经济的发展，公民的权利意识不断高涨，通过实施宪法来保障公民权利的诉求日益强烈，如何将宪法文本中规定的权利，由"纸面上的文字"转化为"活生生的现实"，逐渐成为宪法学研究尤其是规范宪法学的标志性成就。在2001年"齐玉苓案"和2004年"人权条款入宪"的推动下，以社会中的热点宪法事例为契机，以域外理论的引介为参照，宪法学基本权利研究获得了长足的发展，无论是关于基本权利的理论性研究，还是关于财产权、生命权、选举权等具体权

--------------------

1 浦增元、程辑雍、柳岚生：《谈谈宪法》，法律出版社1987年版，第1页。

2 王锴：《公法释义学与比较方法》，光明日报出版社2010年版，第5页。

3 参见中国法学会宪法学研究会、西南政法学院教材编审会：《宪法与改革》，群众出版社1986年版。值得一提的是，该书正是1985年中国宪法学研究会成立大会暨第一届年会的论文合集。

4 童之伟："宪法实施灵活性的底线——再与郝铁川先生商榷"，载《法学》1997年第5期。

5 韩大元："社会变革与宪法的社会适应性评郝、童两先生关于'良性违宪'的争论"，载《法学》1997年第5期。

6 参见张翔："宪法学为什么要以宪法文本为中心？"，载《浙江学刊》2006年第3期。

7 参见韩大元："基本权利概念在中国的起源与演变"，载《中国法学》2009年第6期。

利的类型化研究,成果都十分丰富。[1] 与此同时,宪法实施过程中的另一个重要问题是国家机构改革。与基本权利不同,我国宪法中有关国家机构的规定,通常被认为获得了较好的实施,宪法学对国家机构的早期研究,也主要停留在对宪法、组织法等有关规定的原理解说层面,注重对制度发展的历史梳理和域外模式的分类比较。[2] 其后,面对改革进程中不断出现的如人大监督、选举制度、央地关系、司法体制改革、监察体制改革等实践议题,关于国家机构的宪法学研究在理论深度和广度方面都得到极大拓展,学术界通过对以宪法为核心的国家组织法体系进行的系统化解释和规范化建构,力图为国家机构改革提供宪法学的建言与方案。尤其自2016年监察体制改革启动以来,宪法学在相关领域的研究掀起了一个新高潮。[3] 而在当前深化党和国家机构改革的时代背景下,对国家机构的宪法学研究,不仅继续注重面向实践,回应现实,而且也开始倡导规范导向的教义学研究。[4] 无论是基本权利还是国家机构,教义学研究的目的,正在于为宪法实施中的实践争议问题提供规范化的解释和解决方案,归根结底,亦是为了更好地实施宪法。

此外,作为一种实践状态的宪法实施,还面临着"宪法如何实施"和"宪法实施的效果如何"等问题,为此可以延展出多条学术线索。关于宪法实施状况的评价,涉及如何认识现行宪法的实施形态,这是推进宪法实施的必要前提。[5] 而支撑评价结论的原因,也正是健全和完善宪法实施制度的重要对策来源。[6] 对宪法实施状况的不同评价,又必然涉及宪法实施的路径选择问题,即"如何实施宪法",这包含两个层次的问题:一个是实然层面的实施,另一个是应然层面的实施。前者是在认可中国宪法获得了实施的前提下,对实施路径或实施模式进行的理论化提炼和建构。比如认为中国宪法存在政治化实施和法律化实施的"双轨制"[7],或者由"具体宪法制度的个性化实施"与"普遍实施

---

1　参见姜秉曦、张翔:"基本权利理论研究30年",载中国宪法学研究会:《中国宪法学三十年(1985—2015)》,法律出版社2016年版。

2　除了对人民代表大会制度的研究外,有代表性的还有许崇德先生对国家元首制度的研究。参见许崇德:《国家元首》,江苏人民出版社2016年版。

3　有代表性的论著,参见秦前红、叶海波:《国家监察制度改革研究》,法律出版社2018年版。

4　参见张翔:"中国国家机构教义学的展开",载《中国法律评论》2018年第1期。

5　参见林来梵:"转型期宪法的实施形态",载《比较法研究》2014年第4期。

6　参见范进学:"宪法在中国实施何以艰难?",载《政法论丛》2009年第1期。

7　翟国强:"中国宪法实施的双轨制",载《法学研究》2014年第3期。

机制"相结合的"双核化"实施[1]等。后者则是在认为中国宪法没有获得较好实施或实施状况不佳的前提下,对中国宪法应该如何实施在比较法意义上进行的路径借鉴。典型的如一度居于宪法学研究热点位置的"宪法司法化"主张。[2]而同样作为对这两个层面的宪法实施问题进行反思的结果,认为中国宪法中蕴含的"根本法"使其不适合司法化实施,应选择政治宪法主义道路的政治宪法学得以出场。[3]因而晚近十年来的宪法学方法论争,可以说正是由对宪法实施问题的反思而展开的。在这个意义上可以说,对"宪法实施"问题的持续关注和思考,刺激了宪法学的方法论意识和学术自觉性。

总之,研究"宪法实施"的目的,正在于不断提高宪法实施的水平、增进宪法的权威性和实效性。无论是一般意义上对宪法实施基本理论的探析或实施路径与模式的构建,还是在实施过程中对公民基本权利的保障落实、对国家公权力行为的合宪性控制等,理论积累最终成为"宪法学原理、基本权利保障和国家机构"三部分内容,构成了宪法学的基本知识体系。[4]因此,"宪法实施"作为宪法学知识体系中的一个基础性概念与范畴,处于整个宪法学研究的核心和关键部位,囊括了认识、观察和解释中国宪法体制的几乎所有问题,涉及我国宪法实践的所有领域和各个环节,这也是关于宪法实施的理论研究如此丰富而又繁杂的直接原因。由于宪法实施具有理论和实践的双重面向与重要意义,这使得对宪法实施的关注不只停留在学术研究之中,而且还经常出现在政治话语的表述之中并受到了高度重视和强调。考察政治话语和实践中"宪法实施"的意义与主旨,不仅有助于我们进一步准确地理解和认识宪法实施在中国法治进程中的运作机理和演变逻辑,而且有助于我们清晰地审视和把握依宪治国视域下宪法实施的重点与关键。

## 二、政治话语和法治实践中的"宪法实施"

与在学术研究中的枢纽位置相似,"宪法实施"也频繁出现在政治话语有关"宪法"的论述中,谈到"宪法"的时候基本上就会涉及"宪法实施"的问题,"宪法实施"同样是宪法政治的追求目标。

---

1 参见郑毅:"论宪法实施机制的'双核化'——以民族区域自治法制为例",载《中国法律评论》2017年第3期。

2 代表性文献,参见王磊:《宪法的司法化》,中国政法大学出版社2000年版。

3 参见陈端洪:"论宪法作为国家的根本法与高级法",载《中外法学》2008年第4期。

4 参见胡锦光、韩大元:《中国宪法(第三版)》,法律出版社2017年版,第9页。

　　在新中国宪法历史的开端，1954年制定第一部宪法时，毛泽东针对"五四宪法"草案有一段著名的讲话："（这个宪法草案）通过以后，全国人民每一个人都要实行，特别是国家机关工作人员要带头实行，首先在座的各位要实行。不实行就是违反宪法。"[1] 这段话中耐人寻味的是最后一句——"不实行就是违反宪法"。实行宪法固然是宪法实施的应有之义，也是制宪之目的，但仅仅遵守宪法是不够的，还要主动去实行宪法；不实行宪法，就构成了违反宪法的情形。这个论断的潜在逻辑，实际上是要求一种积极的宪法实施行动。当然，此处虽然使用了"违反宪法"的说法，但并非是在违宪责任承担的意义上来强调对宪法实施的重视，因此其传递出的政治动员思维明显强于法律逻辑思维。这一点，在其后中共中央发出的动员全国人民进行宪法草案宣传和讨论的指示里表达的更为明白直接："制定《宪法》是我国一件极其重大的政治事件……使所有国家工作人员、所有公民、所有共产党员明了《宪法》，并在《宪法》公布之后，严格地遵守《宪法》，是一件很严肃很重要的政治工作。"[2] 将制定宪法定性为"极其重大的政治事件"，和将"明了"宪法、"严格地遵守"宪法作为"一件很严肃很重要的政治工作"来抓，意味着在当时的思维观念里，宪法实施是政治工作的一部分，宪法实施之所以重要，很大程度上是因为其作为一种政治工作很严肃很重要。在这种政治逻辑下，一旦有别的政治工作更加重要时，宪法实施就可能降至次重要，甚至不重要的地位。"五四宪法"的命运深刻地揭示出，单纯的宪法本身并不能保证自己被实施，它需要必要的政治环境和条件作为实施的前提。这包括两个层面，一是政治环境的安定有序，二是政治本身对宪法实施的稳定支持和保障。

　　在结束十年"文革"动乱、进入改革开放新时期后，宪法实施首先获得了一个安定团结的政治环境。这时政治话语中的"宪法实施"，强调要将宪法"作为具有最大权威性和最高法律效力的国家根本大法，付诸实施了"。[3] 虽然与"五四宪法"一样作为国家的"总章程"，但"八二宪法"开始具有了"治国安邦"的重要意义："宪法的权威关系到政治的安定和国家的命运，决

---

1　毛泽东："关于中华人民共和国宪法草案"，载《毛泽东文集（第六卷）》，人民出版社1999年版，第328页。

2　"中共中央关于在全国人民中进行宪法草案的宣传和讨论的指示"，载全国人大常委会办公厅、中共中央文献研究室编：《人民代表大会制度重要文献选编（一）》，中国民主法制出版社、中央文献出版社2015年版，第179页。

3　《彭真文选》，人民出版1991年版，第462页。

不允许对宪法根基的任何损害。"[1] 因此，政治话语中的"宪法实施"，首先是围绕"宪法实施的重要性"展开的，并从"八二宪法"开始，由对"政治工作"重要性的强调转向了对"治国安邦"重要性的强调。

面对作为治国安邦总章程的宪法，在如何保证它的实施上，制宪者进行了充分的制度设计与安排，并使其获得了有力的政治支持与保障。这不仅体现在宪法序言里对此作出的庄严宣示里，而且体现在条文里专门规定的由全国人大及其常委会监督宪法实施的具体职责等内容里。尤其是中共中央专门修改了党章，明确要求"党必须在宪法和法律的范围内活动"，"特别要教育和监督广大党员带头遵守宪法和法律"。[2] 此外，还特别重视人民在宪法实施、捍卫宪法中的重要作用，"在我们社会主义国家，制定法律的权力属于人民，贯彻执行法律也要依靠人民"[3]。"十亿人民养成人人遵守宪法、维护宪法的观念和习惯，同违反和破坏宪法的行为进行斗争，这是一个伟大的力量。"[4] 因此，保证宪法实施最重要的手段，就是做好宪法的宣传教育，提高人民群众尤其是党员干部的宪法观念和宪法意识。正如邓小平曾指出的："加强法制重要的是要进行教育，根本问题是教育人。"[5]

由此可以发现，在对"文革"教训的反思和安定团结社会秩序的期待中，当时政治话语里的"宪法实施"特别强调宪法的最高法律效力和至上权威，将宪法的遵守和执行视为宪法实施的主要内容。在保证宪法实施方面，则特别重视人民群众的基础性力量和中国共产党的引领带头性作用。但是，应该看到，这一时期的"宪法实施"话语尚显得笼统和粗线条，话语的焦点主要集中在

--------------------

1　"宪法是国家的总章程"这个说法来自毛泽东"关于中华人民共和国宪法草案"的讲话。此时"总章程"的意义在于"用宪法这样一个根本大法的形式，把人民民主和社会主义原则固定下来，使全国人民有一条清楚的轨道，使全国人民感到有一条清楚的明确的正确的道路可走"。（《毛泽东文集（第六卷）》，人民出版社1999年版，第328页）"文革"之后诞生的"八二宪法"，不仅在内容上具有根本性，而且承载着人民对宪法在治国安邦方面的政治期待与功能定位。彭真在《关于中华人民共和国宪法修改草案的报告》中指出："它将成为我国新的历史时期治国安邦的总章程。"（《彭真文选》，人民出版社1991年版，第462页）因此，"宪法是治国安邦的总章程"这一说法是从"八二宪法"开始的。

2　胡耀邦：《全面开创社会主义现代化建设的新局面——在中国共产党第十二次全国代表大会上的报告》，人民出版社1982年版，第40页。

3　《叶剑英选集》，人民出版社1996年版，第511页。

4　《彭真文选》，人民出版1991年版，第463页。

5　邓小平："在全体人民中树立法制观念"，载《邓小平文选（第三卷）》，人民出版社1993年版，第163页。

"宪法实施的重要性"和"如何保证宪法实施"上。毕竟，面对一部刚刚付诸实施的"好宪法"，"宪法实施"被认为是可能的和必然的，而安定有序的政治环境和人民对行宪、护宪的热情与期待，则是宪法实施重要的动力源泉和社会基础；至于究竟如何实施宪法，则不成为一个问题，亦没有更多地从制度角度来阐明宪法实施的运行机理和体制机制的健全与完善。

事实上，这种宪法实施的政治性考量，以及注重"宪法宣传教育"的策略性思路一直贯穿在其后的政治话语和实践中，并不断被重申和强调，从而成为中国宪法实施模式的核心要素。比如，"宪法是人民权利的保障书，把宪法交给人民，让人民掌握宪法，维护宪法，捍卫宪法，运用宪法，这是维护宪法尊严和权威最强大的力量"[1]。"全面贯彻实施宪法"首先需要"加强宪法宣传教育"，接着是"健全宪法保障制度"和"坚持党的领导"。[2] "必须把宣传和树立宪法权威作为全面推进依法治国的重大事项抓紧抓好，切实在宪法实施和监督上下功夫。""将每年十二月四日定为国家宪法日。在全社会普遍开展宪法教育，弘扬宪法精神。建立宪法宣誓制度。"[3] 党的十八大以来，党中央高度重视宪法和宪法实施，并作出了一系列新的重大政治论断和战略部署。"在习近平法治思想的引领和推动下，我国宪法实施的实践不断丰富，体制机制不断健全。"[4] 全面贯彻实施宪法成为全面依法治国、建设社会主义法治国家的首要任务和基础性工作，并出现了一些新的显著变化和发展。

首先，对"宪法实施"及其重要性进行专门强调，突出了宪法实施在新时代依宪治国中的重要价值。一方面，把"宪法实施"从以前宽泛的"政治工作"中凸显出来，将其视为"建设社会主义法治国家的首要任务和基础性工作"[5]。并特别指出："必须更加注重发挥宪法的重要作用。""加强宪法实施和监督，把国家各项事业和各项工作全面纳入依法治国、依宪治国的轨

---

1 李鹏："在全国法制宣传日座谈会上的讲话"，载《十五大以来重要文献选编（下）》，人民出版社2003版，第2100页。

2 胡锦涛："在首都各界纪念中华人民共和国宪法公布施行二十周年大会上的讲话"，载《十六大以来重要文献选编（上）》，中央文献出版社2005年版，第73—74页。

3 "中共中央关于全面推进依法治国若干重大问题的决定"，载《求是》2014年第21期。

4 杨振武："贯彻习近平法治思想 推动宪法全面实施"，载《人民日报》2020年12月4日。

5 习近平："在首都各界纪念现行宪法公布施行三十周年大会上的讲话"，载《论坚持全面依法治国》，中央文献出版社2020年版，第10页。

道，把实施宪法提高到新的水平。"[1] 从而明确了宪法实施的法治属性和法治意义。另一方面，对宪法实施的必要性和重要性的认识，不仅强调"治国安邦的总章程"的功能性意义，同时强调宪法自身的属性和价值："宪法的生命在于实施，宪法的权威也在于实施。"换言之，宪法实施之所以重要，不仅因为"宪法与国家前途、人民命运息息相关"，还因为这是宪法的生命所在和权威所系。这意味着政治话语中对于"宪法实施"重要性的强调，已经由"宪法之外"同时转向了"宪法之内"。党的十九届二中全会专门对宪法修改问题进行了研究和部署，并首次将"更好地实施宪法"作为目的性考量之一贯穿于现行宪法的第五次修改之中。[2] 由此更加凸显了对宪法实施的重视并强调了宪法修改与宪法实施之间的内在关联。

其次，话语重心在"如何保证宪法实施"的基础上，更加聚焦到"如何加强宪法实施"上，尤其注重从制度建构及其运行的角度来推进宪法实施。十八届三中全会提出要"进一步健全宪法实施监督机制和程序，把全面贯彻实施宪法提高到一个新水平"。[3] 在此基础上，党的十八届四中全会明确要求"完善全国人大及其常委会宪法监督制度，健全宪法解释程序机制"，"加强备案审查制度和能力建设，依法撤销和纠正违宪违法的规范性文件"，同时，决定设立"国家宪法日"，"建立宪法宣誓制度"。[4] 十九大报告进一步强调深化依法治国实践要"加强宪法实施和监督"，并在党的这一纲领性政治文件中首次正式提出要"推进合宪性审查工作"。党的十九大召开后，党中央组建中央全面依法治国委员会，其重要工作和任务之一就是"要全面贯彻实施宪法，在全社会深入开展尊崇宪法、学习宪法、遵守宪法、维护宪法、运用宪法宣传教育活动，弘扬宪法精神，加强宪法实施和监督"[5]。十九届四中全会再次强调要

---

1　"习近平在中共中央政治局第四次集体学习时强调：更加注重发挥宪法重要作用 把实施宪法提高到新的水平"，载《人民日报》2018年2月26日第1版。

2　栗战书同志在谈及这次修改时明确指出："修改宪法是为了更好地实施宪法"。栗战书："使全体人民成为宪法的忠实崇尚者自觉遵守者坚定捍卫者——在深入学习宣传和贯彻实施宪法座谈会上的讲话"，载《中国人大》2018年第7期。

3　"中共中央关于全面深化改革若干重大问题的决定"，载《人民代表大会制度重要文献选编（四）》，中国民主法制出版社、中央文献出版社2015年版，第1680页。

4　"中共中央关于全面推进依法治国若干重大问题的决定"，载《求是》2014年第21期。

5　"习近平主持召开中央全面依法治国委员会第一次会议强调 加强党对全面依法治国的集中统一领导 更好发挥法治固根本稳预期利长远的保障作用"，载《人民日报》2018年8月25日第1版。

"加强宪法实施和监督，落实宪法解释程序机制，推进合宪性审查工作"，并特别要求"健全保证宪法全面实施的体制机制"。这标志着政治话语中对于"宪法实施"的重视，已由形式多样、内容抽象的"政治动员"，转换为切实可行的"法治思维"和"法治方式"。

最后，将宪法实施与改革开放的成就结合起来，认为改革开放以来，"我国宪法以其至上的法制地位和强大的法制力量，有力保障了人民当家作主，有力促进了改革开放和社会主义现代化建设，有力推动了社会主义法治国家进程，有力促进了人权事业发展，有力维护了国家统一、民族团结、社会稳定，对我国政治、经济、文化、社会生活产生了极为深刻的影响"[1]。可以说，"改革开放30多年来我国取得的巨大成就，都离不开宪法的保证和推动，在一定意义上说，都可以看作是宪法实施的结果"。"何谓宪法的实施？那就是我们在党的领导下，按照宪法的规定做了宪法所要求做的事情，正确地做事和做正确的事，并且取得了巨大成功。这是改革开放的成就，也是宪法实施的成就，应当把这个情况讲清楚。"[2]党的十九届二中全会再次强调，"现行宪法颁布以来，在改革开放和社会主义现代化建设的历史进程中、在我们党治国理政实践中发挥了十分重要的作用"，并认为："我们党高度重视宪法在治国理政中的重要地位和作用，明确坚持依法治国首先要坚持依宪治国，坚持依法执政首先要坚持依宪执政，把实施宪法摆在全面依法治国的突出位置，采取一系列有力措施加强宪法实施和监督工作，为保证宪法实施提供了强有力的政治和制度保障。"[3]

通过认真梳理这几段有关"宪法实施"与"改革开放"之间逻辑关系的政治话语，可以发现，正是宪法在改革开放和治国理政中的特殊地位和重要作用，使得对宪法实施的意义和方式进行中国化阐释与提炼，有了坚实的实证基础和理论自信，并为政治话语中的"宪法实施"提供了鲜活生动的中国经验和方案。什么是宪法实施，宪法如何实施？从总结改革开放成功经验的角度来说，对这两个问题的回答恰恰是对"中国道路"和"中国制度"的宪法学解释，是中国特色社会主义宪法理论和宪法文化的重要组成部分，宪法实施和依宪治国由此获得了更加丰富的时代内涵和现实意义——"把这个问题讲清楚，

---

1　习近平："在首都各界纪念现行宪法公布施行三十周年大会上的讲话"，载《论坚持全面依法治国》，中央文献出版社2020年版，第9页。

2　张德江："深入开展宪法宣传教育，牢固树立宪法法律权威"，载《十八大以来重要文献选编（中）》，中央文献出版社2016年版，第250页。

3　"中共十九届二中全会在京举行"，载《人民日报》2018年1月20日第1版。

才能真正坚定'四个自信'、坚定宪法自信，对我国宪法确立的国家指导思想、发展道路、奋斗目标充满自信，对我国宪法确认的中国共产党领导和我国社会主义制度充满自信，对我国宪法确认的我们党领导人民创造的社会主义先进文化和中华优秀传统文化充满自信"[1]。习近平法治思想中蕴含着一系列具有主体性、原创性、标志性的理论观点，尤其是"在宪法理论上的发展创新大大小小可以列举出很多条，而其中管总的一条就是提出并论证了当代中国宪法制度的四个最重要优势，论证了中国的宪法自信，这可以说是习近平法治思想对宪法学中国化的最大贡献。"[2]

中国共产党领导中国人民依据宪法治国理政的伟大实践塑造了宪法实施的中国图景，为党和国家事业取得历史性成就提供了根本的法治保障。需要注意的是，在改革开放的不同时期，宪法实施的话语重心经历了从"宪法实施的重要性"，到"如何保证宪法实施"，再到"如何加强宪法实施"，以及"何谓宪法实施"和"宪法如何实施"的变迁。按照认识论的推理逻辑，理论上似乎应该首先关注和回答的是"何为宪法实施"和"宪法实施得怎样"，而后才是"宪法实施的重要性"以及"如何保证、加强宪法实施"。如此观之，政治话语的嬗变流转刚好与理论逻辑逆向而行。但显然，在宪法公布施行多年以后，在政治话语的逻辑里，"宪法实施"已经不仅是法治宣传教育和政治动员意义上的"宪法实施"了，而是将其与改革开放和法治建设所取得的巨大成就紧密相连，"同党和人民开辟的前进道路和积累的宝贵经验紧密相连"[3]，并被确立为全面依法治国的首要任务和基础性工作。

### 三、依宪治国视域下宪法实施的重点关注

前已述及，基于不同的学术立场和认识标准，学术界对宪法实施的内涵和外延有着不同的认识，甚至存在着巨大的分歧，在宪法学研究的知识脉络里，以"宪法实施"为枢纽，几乎可以串联起宪法学研究的所有重大议题。但无论理论争鸣如何开展，作为一种实践状态的宪法实施，则自宪法公布施行以来，就以宪法文本为中心并在政治话语的主导和推动下，持续不断且富有成效地开展着。暂

---

1　许安标："与时代同步　与改革同频——现行宪法与改革开放四十年"，载《地方立法研究》2018年第6期。

2　江必新、蒋清华："习近平法治思想对宪法理论的创新发展"，载《法学评论》2021年第2期。

3　习近平："在首都各界纪念现行宪法公布施行三十周年大会上的讲话"，载《论坚持全面依法治国》，中央文献出版社2020年版，第7页。

且搁置学术研究的纷繁争鸣，在依宪治国视域下对宪法实施的界定，需要回到我国宪法政治的客观过程和我国宪法的文本结构之中。从规范意义上讲，依宪治国作为新时代治国理政的基本方略和中国共产党对执政规律的理论升华，实际上就表现为宪法制定（立宪）和宪法实施（行宪）这一简明的二阶构造。前者的意义在于通过制定宪法（当然应当是一部良宪）而做到有宪可依；后者的意义则在于通过一套机制和程序来保证宪法在现实生活中得以真正贯彻落实。这又可分为有关主体自觉遵守和执行宪法，从而实现依宪办事、依宪治国；以及通过监督和纠正一切违宪的行为而做到违宪必究两种情况。通过对我国宪法文本的规范分析和实践考察，可以发现在我国大体上同时存在着以上两种意义上的宪法实施。

在严格的规范意义上，宪法实施的本质就是适用宪法规范处理宪法争议，纠正违宪行为、追究违宪责任，其焦点在于对公权力行为的合宪性进行评价和监督，其锋芒直指各种公权力主体的违宪行为。在这种意义上对宪法实施的理解，往往聚焦于合宪性审查对于宪法实施的重要意义，甚至往往将合宪性审查等同于我国现行宪法文本第62条和第67条对全国人大及其常委会"监督宪法的实施"的职权规定。但应该看到的是，在我国有关宪法实施的话语体系中，这种理解主要是学术界的主张，并不能反映我国宪法实施历程的实践全貌。

在宽泛的实践意义上，宪法实施是指一切机关、组织和公民遵守和执行宪法的行为，它对应着宪法序言第13自然段，以及第76条、第99条之规定。在这一概念范畴之下，立法机关根据宪法制定法律、行政机关在具体的执法活动中依法行政、司法机关在具体的审判活动中依法裁判等所有国家机关依法行使职权的行为，都是实施宪法的行为；各政党、各社会团体、各企业事业组织以及全体公民，也都必须以宪法为根本的行为准则，并负有保证宪法实施的职责，因此也都是实施宪法的主体。从这种意义上理解宪法实施，实际上涵盖了立法、司法、执法、守法等一切法治领域和过程，这对于增强全社会的宪法意识、夯实和拓宽宪法实施的社会基础有着积极的意义，但这样一种包罗万象的宽泛理解必须和具体的制度运作结合起来才具有现实的可操作性与针对性，否则，很可能流于泛泛的一般性宣传。

如果说严格的规范意义上的宪法实施，侧重于宪法的法律属性的话，宽泛的实践意义上的宪法实施，显然更注重宪法作为一个政治性纲领文件所具有的感召力和约束力，宪法实施的背后是强有力的政治动员和政治要求。这正是中国宪法实施所存在的政治化实施和法律化实施的"双轨制"格局。[1] 然而，

---

1　参见翟国强："中国宪法实施的双轨制"，载《法学研究》2014年第3期。

"政治化实施"和"法律化实施"仍然只是一个观察中国宪法实施的分析框架，对于依宪治国的深入推进而言，缺乏具体明确的加强宪法实施的路径指引。应当看到，我国现行宪法自公布施行以来，以其至上的法制地位和强大的法制力量，有力保障和促进了党和国家各项事业的发展，有力引领和推动了社会主义法治国家的建设进程，对我国政治、经济、文化、社会生活产生了极为广泛而深刻的影响。但是，在充分肯定宪法实施所取得的巨大成绩的同时，也要看到目前所存在的不足，例如，保证宪法实施的监督机制和配套制度还不够健全，有宪不依、违宪不究现象在一些地方和部门依然存在；滥用职权、失职渎职、知法犯法，甚至徇私枉法，进而侵犯公民基本权利、损害宪法权威的现象还比较突出；全社会的宪法意识特别是一些领导干部的宪法意识还有待进一步强化和提高；等等。为此，加强宪法实施仍然是当代中国法治建设中一项艰巨而复杂的时代命题。这就需要依循宪法实施理论和实践发展的演变机理，结合政治话语和学术话语中对宪法实施的认知逻辑和实践行动的分析，聚焦新时代加强宪法实施的重点和关键，以不断把宪法实施提高到新的水平。

第一，中国共产党领导是中国特色社会主义最本质的特征，也是我国宪法实施的根本要求和政治保证。我国宪法确立了中国共产党的领导地位，彰显了党的领导在宪法制度和国家治理体系中的统领性地位，体现了党的领导制度与中国特色社会主义国家制度和法律制度之间的内在一致性和逻辑统一性，因此，党的领导的实现程度直接关系着我国宪法实施的程度。坚持党的领导，是社会主义法治的根本要求，是党和国家的根本所在、命脉所在，也是我国宪法的突出特点和最大优势。[1] 对于宪法实施和依宪治国而言，党的领导具有重要意义。一方面，作为执政党的中国共产党是中国宪法实施最重要的主体和最重要的力量，注重发挥党的领导对于宪法实施的引领和保障作用，历来是政治话语和实践中的明确要求，也是我国宪法实施取得巨大成就的关键所在。另一方面，把党的领导贯穿到依法治国的全过程和各方面，是我国宪法实施的基本精神和题中应有之义。党的领导和社会主义法治是一致的，社会主义法治必须坚持党的领导，党的领导必须依靠社会主义法治。只有在党的领导下依法治国、厉行法治，把依法治国基本方略同依法执政基本方式统一起来，把党总揽全局、协调各方同各国家机关依法行使职权统一起来，把党领导人民制定和实施宪法法律同党坚持在宪法法律范围内活动统一起来，人民当家作主才能充分实

---

1　参见刘志刚："2018年我国宪法修改的政治逻辑与法理基础——坚持党的领导、人民当家作主、依法治国的有机统一"，载《学习与探索》2019年第1期。

现，党和国家活力才能真正增强，国家和社会生活法治化才能有序推进，宪法权威才能真正树立起来。坚持党的领导、人民当家作主、依法治国有机统一，不仅是坚持中国特色社会主义政治发展道路的关键，也是我国宪法实施的基本路径。因此，加强宪法实施、推进依宪治国，必须坚持和依靠党的领导。同时，"党领导人民制定宪法法律，党领导人民实施宪法法律，党自身必须在宪法法律范围内活动"，这是对宪法实施最坚强的政治支持和保障。而宪法实施也"必须要有利于加强和改善党的领导，必须要有利于巩固党的执政地位，完成党的执政使命"[1]，这是依宪治国必须牢牢坚持的政治方向和根本前提。实际上宪法实施正是实现党的领导的法治化路径，尤其是第五次宪法修改"中国共产党领导是中国特色社会主义最本质的特征"庄严载入宪法，这就在"历史的选择"和"人民的选择"之外，为加强党的领导注入了宪法规范的法治要素，并提供了明确的根本法依据与保障。

第二，加强宪法实施、推进依宪治国，必须通过一系列制度安排、采取一系列有力措施强化宪法的实效性，使静态的文本上的宪法变成动态的行动中的宪法。就宪法的法律化实施而言，以立法的方式来实施宪法是目前我国宪法实施的主渠道。[2] 一种主流性观点认为："立法机关依据宪法制定法律等规范性文件的行为，是宪法实施的主要表现形式。"[3] 这有其必然性和合理性。既然宪法是国家的"根本法"，只规定最根本、最重要的内容，那么它有时只能提供基本原则和基本的制度架构，比如宪法第3条关于中央和地方关系的规定；有时则只能确立发展目标和发展方向，比如宪法序言的许多规定等。在这种情况下，就需要通过制定低位阶的法律来对宪法的原则性规定加以具体化。特别是在宪法条款滞后于社会现实或存在疏漏和不周延之处时，通过立法来发展和完善宪法，则是实施宪法的一种必不可少的路径。在这种情况下，只有坚持立法先行，充分发挥立法的引领和推动作用，使每一项立法都真正符合宪法的精神和要求，实现良法善治，才能把宪法的价值和理念有机融入中国特色社会主义的创新实践和法治建设之中，从而真正保障宪法的实施和深化依宪治国的实践。因此，中国特色社会主义法律体系的形成和完善，不仅使我国各项事业的发展步入法制化轨道，而且对于切实保障宪法的有效实施具有直接的制度性

---

1 习近平："坚定不移走中国特色社会主义法治道路"，载《求是》2015年第1期。

2 参见林彦："通过立法发展宪法——兼论宪法发展程序间的制度竞争"，载《清华法学》2013年第2期。

3 《宪法学》，高等教育出版社、人民出版社2011年版，第296—297页。

意义。法律是治国之重器，良法是善治之前提。十八届四中全会将"完善以宪法为核心的中国特色社会主义法律体系，加强宪法实施"作为一个整体来对待，就是要抓住提高立法质量这个关键，从源头上预防立法违宪，并通过立法的途径来强化宪法的实施效果。十九大报告明确要求"推进合宪性审查工作"，将原有的"法律委员会"改为"宪法和法律委员会"，专门负责推进合宪性审查工作。由此使得宪法实施和监督在组织机构与程序建设方面有了明确具体的制度安排。这一举措受到了学界的热情赞誉和极高期待：认为合宪性审查是法治国家大厦的拱顶石；党的文件中第一次写入这五个字，可谓字字千金。[1] 显然，合宪性审查的意义不仅在于为宪法学的繁荣提供了肥沃的本土资源和广阔的学术空间，更在于其为法治建设注入了新的生机与活力，使宪法监督有了规范化、程序化的运行机制，从而有助于真正把宪法实施提高到一个新的水平。

第三，加强宪法实施、推进依宪治国，必须大力弘扬宪法精神、培育宪法文化。"法律必须被信仰，否则它将形同虚设。"[2] 只有全社会形成尊重宪法、敬仰宪法的浓郁氛围，宪法的生命和权威才会拥有坚实的社会基础与文化根基。而一个社会宪法文化的斑斓成熟，不仅需要积极主动的理性建构，也需要点点滴滴的经验累积。近年来的一系列重大举措和实际行动都在培育和提升着全社会的法治观念和宪法意识，例如，从2014年十八届四中全会决定建立宪法宣誓制度，到2015年全国人大常委会通过关于实行宪法宣誓制度的决定，再到2018年宪法修正案对宪法宣誓作出明确要求，宪法宣誓已成为我国政治生活中的一项庄严仪式和重要活动。短短70字左右的宪法宣誓誓词不仅彰显出我们党依宪治国、依宪执政的决心，也强化着领导干部对宪法的深刻认知和坚定信仰。宪法宣誓制度、国家宪法日的设立，看似细微而具体，但其强烈的仪式感和丰富的价值内涵，必将有助于潜移默化地把"宪法"二字深深植根于社会大众的内心深处，使宪法理念融入民族文化的血脉之中。[3] 而人民尊宪护宪行宪守宪的自觉与行动，则又为宪法实施提供着源源不断的内生性能量，并将汇聚成为推进依宪治国的磅礴之力。

总之，在全面推进依法治国和依宪治国的伟大进程中，法治权威能不能树

---

1 参见林来梵："合宪性审查的宪法政策论思考"，载《法律科学》2018年第2期。

2 ［美］伯尔曼：《法律与宗教》，梁治平译，中国政法大学出版社2003年版，第3页。

3 对宪法宣誓意义的深层次挖掘，参见陈端洪："权力的圣礼：宪法宣誓的意义"，载《中外法学》2018年第6期。

立起来，首先要看宪法有没有权威；而宪法权威能不能树立起来，首先要看宪法能不能得到真正实施。宪法权威的树立、宪法作用的发挥、宪法价值的彰显、依宪治国方略的落实，都必须建立在宪法得以真正实施的基础之上；只有当宪法规范中所熔铸的价值理念转化成为生动鲜活的法治实践时，宪法才能成为推动社会进步与发展的强大动因，人们也才能真正从心底深处生发出对宪法的真诚拥护和信仰。

## ▶ 第二节　宪法监督：依宪治国的保障措施

宪法的生命在于实施，宪法的权威也在于实施。然而，"徒宪法不足以自行"，因此，自成文宪法诞生以来，建立一套切实有效的监督保障制度以确保宪法的实施，便成为人类宪法理论和实践中的永恒话题；只不过不同国家因法治传统、宪法体制、社会条件和政治理念的不同，相关制度的建构与运作存在着显著的区别与差异。例如，美国形成了以普通法院为主导的司法审查模式；德国建立了专门的宪法法院，来解决宪法纠纷、保障宪法实施；法国则由宪法委员会来处理国家政治和社会生活中的宪法争议。[1] 我国自1954年新中国第一部宪法颁行开始，制宪者就注意到了设计相应的制度来维护宪法权威、监督宪法实施，比如在全国人民代表大会的职权中，明确规定了"监督宪法的实施"[2]，从而为我国宪法监督体制的形成，奠定了宝贵的历史经验和制度根基。而在1982年现行宪法的起草和审议过程中，关于宪法监督制度的具体设计、机构设置等更是一个热点和重点话题，宪法法院、宪法委员会等都曾进入制宪者的视野。[3] 最终，我国确立了由全国人大及其常委会负责监督宪法实施的制度模式。[4]

在我国的法治实践和学术概念体系中，"宪法监督"和"宪法实施"经常连在一起而并列出现。比如，十九大报告在谈及深化依法治国实践时指出："加强宪法实施和监督，推进合宪性审查工作，维护宪法权威。"[5] 在这一表述的语

---

1　参见许崇德、胡锦光主编：《宪法》，中国人民大学出版社2009年版，第61—70页。

2　参见1954年宪法第27条。

3　对这一段历史细节的详细追溯，可参见刘松山："1981年：胎动而未形的宪法委员会设计"，载《政法论坛》2010年第5期。

4　参见刘志刚："我国宪法监督体制的回顾与前瞻"，载《法治现代化研究》2018年第3期。

5　习近平：《决胜全面建成小康社会 夺取新时代中国特色社会主义伟大胜利——在中国共产党第十九次全国代表大会上的报告》，人民出版社2017年版，第38页。

用逻辑结构中，"监督"与"实施"并重，是"宪法实施"之外一项独立的工作，但同时又与"加强宪法实施""维护宪法权威"相伴而生、紧密相连，而"推进合宪性审查工作"在这里则应该被理解为"加强宪法实施和监督"的一个具体路径、一个重点内容。因此，本节将从"宪法监督"的概念辨析入手，强调在"合宪性审查"成为宪法实施的普遍共识和主要路径后，学术研究应该剥离过往"宪法监督"概念所具有的象征性意义，即宪法监督不应再是一个与违宪审查等具体制度相并列的概念装置，而应该立足我国的宪法文本、实际情况和现实需求，赋予宪法监督更宽广的意涵。

## 一、宪法监督的概念辨析

与时下流行的"合宪性审查"这一术语相比，"宪法监督"是一个真正从我国现行宪法文本中所衍生出来的学术概念，源自我国宪法学者早期对现行宪法第62条第2项、第67条第1项等有关条文的解读。根据这两个条款的明文规定，全国人大及其常委会拥有"监督宪法的实施"的职权。由此，学者们最初概括出了"宪法实施监督"的用语，此后进一步采用了更为概括性的"宪法监督"这一概念，并认为中国存在一种由最高代表机关所实行的"宪法监督"制度。与此同时，"宪法监督"这一概念除了用于指称我国自己的宪法制度外，还在比较研究的意义上成为中国学界认知和概括西方类似保障宪法实施制度的一个总称。在当时的研究中，西方国家各种模式的违宪审查制度，都被中国学者统称为宪法监督制度。[1] 在20世纪80年代和90年代，宪法监督问题曾长期居于中国宪法学研究的中心位置，并在新中国宪法学研究历史中，留下了浓墨重彩的一笔。[2] 自党的十九大报告正式提出"推进合宪性审查工作"以来，"合宪性审查"已经成为监督宪法实施中的主流用语，"宪法监督"显然已经日渐剥离了历史上曾经附着的制度内涵而日渐成为宪法话语中的一个上位概念。因此，有必要在概念辨析的基础上，厘清宪法监督与相关用语的区别，并重新定

---

1　参见林来梵："中国的'违宪审查'：特色及生成实态——从三个有关用语的变化策略来看"，载《浙江社会科学》2010年第5期。关于宪法监督的代表性论著，可参见李忠：《宪法监督论》，社会科学文献出版社1999年版。

2　有学者曾统计发现，宪法监督问题的相关研究在新中国宪法学研究60年来的十大关键词中位列第三。参见管华："60年宪法学研究的十大关键词"，载《西部法学评论》2010年第1期。

位其时代意涵。[1]

首先，与违宪审查、合宪性审查相比，宪法监督的内涵应更丰富。在20世纪90年代，随着"市场经济就是法治经济"命题的提出，以及随之而兴起的法律移植运动，西方的违宪审查制度成为中国宪法学比较研究的重点关注。宪法监督因此在与违宪审查相对比的意义上，成为具有中国本土色彩但又试图囊括西方制度内涵的学术概念。当时多数研究中国宪法监督的文章，都是在与西方违宪审查制度的比较中，指出我国宪法监督制度存在的问题与不足，以及能够借鉴的西方的经验和做法。而随着研究的深入和实践的推进，人们逐渐认识到西方违宪审查制度的诸种模式几乎都与我国的宪法体制根本相悖，而"合宪性审查"这一概念则不仅更为契合中国的文化传统和政治理念，而且具有更大的可行性和可操作性。因此，从概念更替的意义上来说，与合宪性审查具有相同意涵的"宪法监督"概念，可谓已经完成了历史使命。在这一背景之下，对宪法监督的解读已经不能再停留于通过宪法审查来确保宪法实施的阶段，而应在结合宪法文本的基础上，根据新时代法治理论和实践的发展，赋予其更为丰富的时代精神和学术内涵。

从现行宪法文本的规定来看，宪法监督源起于全国人大及其常委会行使"监督宪法的实施"的职权。许崇德教授曾强调要区分两种意义上的宪法监督：一种是全国人大及其常委会监督宪法的实施，这是一种"专项职权"，"是行使最高国家权力的一种表现"；另一种是"行使一般的监督"，即宪法规定的所有的国家机关和武装力量、各个政党和社会团体、各企业事业组织以及全体人民负有的"维护宪法尊严、保证宪法实施"的职责。[2] 诚如许崇德先生所言，第一种意义上的宪法监督，可谓"纯正的"宪法监督，具有明确的宪法依据和组织保障。而第二种意义上的宪法监督则包罗万象，也许正是因为其过于宽泛而失去了特殊性，才停留于"一般监督"的层次。事实上，以当下的学术思路来分析，第一种意义上的宪法监督，对应的正是全国人大及其常委会的合宪性审查权；而第二种意义上的宪法监督，即便在语义上和全国人大及其常委会"监督宪法的实施"的职权表述相重复，但无疑更加契合"加强宪法实施和监督"的时代需求。而且从宪法文本来看，序言最后一段和第五条、第

--------------------

1 参见刘松山："备案审查、合宪性审查和宪法监督需要研究解决的若干重要问题"，载《中国法律评论》2018年第4期。

2 参见许崇德："论我国的宪法监督"，载韩大元主编：《依宪治国》，社会科学文献出版社2016年版，第115—116页。

九十九条，对于保证宪法实施、维护宪法权威的相关规定，正是广义上的宪法监督应有的内容。因此，综合来看，新时代应该将宪法监督定位为广义上的一切维护宪法权威、保障宪法实施的体制机制和行为活动，其中，不仅包括全国人大及其常委会监督宪法实施的专责性活动，还包括其他国家机关、政党团体、社会组织和所有公民维护宪法尊严、保障宪法实施的行为。

当然，此种意义上的宪法监督还面临着与宪法实施、宪法遵守或宪法执行等相近概念的区分。一种观点认为，因为宪法文本上明确有"宪法遵守"和"宪法执行"的规定，因此，宪法实施的含义主要就是宪法的遵守和执行，[1]而宪法监督无疑就是监督宪法的遵守和执行。事实上，宪法实施作为一个理论概念的复杂性，前文已经予以充分揭示。当我们在与宪法实施、宪法遵守和宪法执行相对的意义上谈论宪法监督时，宪法监督指向的是能够对保证宪法实施、宪法遵守和宪法执行起到约束和督促的一切体制机制和行为活动。此时的"宪法监督"，完全可以替换为"保证宪法获得实施""确保宪法得到遵守""督促宪法顺利执行"等相应表述，"宪法监督"的具体意涵附着于"宪法实施""宪法遵守""宪法执行"的概念之上获得了阐释。主流的政治话语常常将"加强宪法实施和监督"并列使用，而省去了"加强宪法实施和宪法监督"的烦琐表述，亦正是此意。举例来说，当通过立法方式对宪法内容加以具体化时，立法本身实际上就是宪法实施的方式，而宪法监督就体现为对法律法规等规范性文件进行合宪性审查，以确保每一项立法都体现宪法的精神、符合宪法的规定。这一监督工作并不仅限于由立法机关来进行，亦不限于由各级人大及其常委会来加以推进，社会公众、专家学者、媒体舆论、智库机构等对立法过程的关注及提出的一系列意见建议，都可以纳入宪法监督的范围，事实上，以此种视角来观照我国时下进行的立法作业，可以发现，这种宪法监督作用的发挥是切实存在并有效运作的。[2]

---

1 参见上官丕亮："宪法文本中的'宪法实施'及其相关概念辨析"，载《国家检察官学院学报》2012年第1期。

2 比如2016年在《网络安全法》起草过程中，张翔教授就针对二审稿实质上授权网络运营者检查用户通信的规定提出合宪性质疑，除了公开发表文章阐述观点外，他同时与北京大学沈岿教授等一起向全国人大常委会提出专家意见，最终这一意见被部分采纳。该法最终通过时，第48条（原二审稿第46条）中的"发现"改为了"知道"，降低了该条文抵触《宪法》第40条的疑虑。参见张翔："'检查公民通信是谁的权力'——小议网络安全法二审稿第46条'"，载《法治周末》2016年8月31日第1版；张翔："'合宪性审查时代'的宪法学：基础与前瞻"，载《环球法律评论》2019年第2期。

因此，综合来看，新时代的"宪法监督"，既注重通过合宪性审查的方式和全国人大及其常委会监督宪法实施职权的运用等，来保障宪法的实施，又注重在合宪性审查之外的对宪法实施能够起到约束和督促作用的一切体制机制和行为活动。

## 二、宪法监督的逻辑体系

将宪法监督定义为一切能够对宪法实施起到督促和约束作用的体制机制和行为活动，从语义逻辑来说，至少包括两个层面：一是确保宪法实施，比如通过立法过程中的合宪性控制和法律实施后的合宪性审查，来保证立法行为依据宪法而开展。二是督促宪法的实施，既有加强宪法实施的程度推进之意，亦有面对宪法实施的怠惰或不作为时，通过各种方式来督促和推动宪法的实施，比如政治动员和引导，以及立法过程中来自社会公众、专家学者对立法草案是否存在合宪性争议而提出的意见和建议，政府针对社会热点事件而采取的执法行为是否符合宪法规定而引起的关注和讨论、舆论发酵、社会公众意见等。根据宪法监督对宪法实施面临的不同情况所起到的不同作用，亦可将这两个层面，分别称为消极的宪法实施约束和积极的宪法实施督促，在"约束"的意义上，宪法监督意在确保宪法获得实施，不被违反，以及违反后通过宪法监督得以改正；在"督促"的意义上，宪法监督意在推动和加强宪法实施，确保宪法实施工作不被消极对待，获得更好的实施。[1]

从宪法文本的相关规定来看，"全国各族人民、一切国家机关和武装力量、各政党和各社会团体、各企业事业组织，都必须以宪法为根本的活动准则，并且负有维护宪法尊严、保证宪法实施的职责"[2]。因此，我国宪法监督的主体是十分广泛的，中国共产党作为执政党，既领导我国的宪法实施，也领导我国的宪法监督，无论是宪法实施还是宪法监督，中国共产党都是最重要的主体和最重要的力量；全国人民代表大会及其常委会负责在全国范围内监督宪法的实施，各级地方人大及其常委会则在本行政区域范围内确保宪法实施和维护宪法权威；其他一切机关、团体、组织亦都在各自的职权和事务范围内，发挥监督和保证宪法实施的作用，也都是宪法监督的重要力量。强调社会各方面

---

1 诚然，"约束"与"督促"这两个词语未必能够详尽地传递出宪法监督所蕴含的不同逻辑下的具体意涵，但任何文字的精确表意总有上限，如果"言传"未能尽然达意，而读者能够"意会"便当是令人欣慰之事了。

2 《中华人民共和国宪法》序言最后一个自然段的规定。

在宪法监督工作中的积极参与和重要作用，契合了我国一切权力属于人民的宪法理念，也是我国宪法监督制度优越性的鲜明体现，有助于凝聚宪法监督的广泛共识和坚实基础，增强社会成员维护宪法权威的自觉性和责任感。当然，从实际效果来看，把一切国家机关、政党组织、社会团体、公民个人等都列为宪法监督的主体，可能会因主体范围的过于宽泛而失之笼统，因而在此基础上还需要结合我国宪法实施的主要方式和宪法监督发挥作用的核心场域，来准确把握宪法监督的主要逻辑体系。

全面依法治国的总目标是"建设中国特色社会主义法治体系，建设社会主义法治国家"，而"形成完备的法律规范体系、高效的法治实施体系、严密的法治监督体系、有力的法治保障体系，形成完善的党内法规体系"，以及"实现科学立法、严格执法、公正司法、全民守法"[1]等等，则是其重要内容和基本标志，这实际上精练而准确地概括了依法治国的各个领域和整个过程。而宪法监督的逻辑体系只有在全面覆盖法治建设的各个环节和各个方面，真正将宪法的规定和精神融入法律规范体系、法治实施体系、法治监督体系、法治保障体系、党内法规体系之中，才能实现国家治理体系和治理能力现代化，加快建设社会主义法治国家。的确，宪法所确立的基本原则、基本制度、基本内容，既需要通过制定法律法规等规范性文件加以承接和细化，也需要执法活动、司法活动以及所有组织和公民的自觉遵守来落实，任何组织和个人都不得有超越宪法法律的特权。这就要求以规范约束公权力和维护保障公民权利为重点，加大宪法实施和监督力度，严格依照宪法的规定和要求实现科学立法、严格执法、公正司法、全民守法，使宪法的精神和理念在依法治国的各领域、各方面都得到贯彻落实，确保宪法充分发挥在全面依法治国进程中的统帅性和引领性作用。

宪法的崇高地位和最高效力不在于其自我宣示，而在于其真正得到实施，否则，宪法就只能是停留在文本层面的"政治宣言"。这就需要对一切违反宪法的行为予以坚决追究和纠正，有宪必依、违宪必究，既是依宪治国的基本要求，也是宪法实施的直接体现。而"徒宪法不足以自行"，要使各种违宪行为受到制止和纠正，使宪法的权威和尊严得到尊重和维护，就必须建立起一套行之有效的宪法监督制度，对违宪追究主体、违宪构成要件、违宪追究机制和程序等作出明确规定并严格执行。我国自1954年宪法特别是1982年现行宪法颁行以来，一直在不断探索并逐步建立起富有中国特色的宪法监督制度。现行宪

---

[1] "中共中央关于全面推进依法治国若干重大问题的决定"，载《求是》2014年第21期。

法明确规定：全国人大及其常委会负责监督宪法的实施。这充分体现了我国宪法监督制度的民主性和科学性，凸显了最高国家权力机关在宪法监督中的特殊地位和职责，反映了全国人大代表人民统一行使国家权力的制度安排和政治理念，对于维护宪法权威、加强宪法实施发挥了重要作用。

在依宪治国、依宪执政的时代背景下，加强宪法实施已经成为建设社会主义法治国家的首要任务和基础性工作，为此，对宪法监督也自然提出了新的更高要求。十八届四中全会《决定》专门强调，"完善全国人大及其常委会宪法监督制度"，并指出要"健全宪法解释程序机制"，"加强备案审查制度和能力建设，……依法撤销和纠正违宪违法的规范性文件"。[1] 党的十九大报告特别要求，"加强宪法实施和监督，推进合宪性审查工作，维护宪法权威"，从而进一步明确了宪法监督制度化的发展趋势和改革方向。这要求不断健全宪法监督的机制和程序，明确宪法监督的对象、范围、方式等，使宪法监督的原则性规定和要求更为明确具体、规范可行。

以上是从宏观角度对我国宪法监督的逻辑体系做的一个概括性梳理，可以发现，宪法监督并非一个具体的法律制度或法治活动，其贯穿依宪治国的整个过程和各个领域。其中，鉴于立法方式在我国宪法实施中发挥着不可替代的重要作用，形成完备的法律规范体系长期以来被视为我国宪法实施的主要路径和直接体现，[2] 这样，大量的宪法监督工作势必会集中在立法过程中来进行。无论是国家法律，还是党内法规，在"制定—实施"的制度运行逻辑上，所负有的合宪性义务和实施宪法职责，都是毋庸置疑的；宪法监督的有效运作，其实依赖于或内置于法律法规的制定和实施过程之中。在这个意义上，聚焦立法过程，围绕具体立法问题展开的理论论辩、审议建议、监督制约等，其实也都是宪法监督发挥作用的生动实践。因此，不断"完善以宪法为核心的中国特色社会主义法律体系"，确保每一件立法都符合宪法的规定和精神，这不仅是维护国家法制统一、确保宪法有效实施的重要前提，也是宪法监督的重要内容和题中应有之义。在此，试以立法权限的划分为例，对立法之于宪法监督的意义做一个简要分析，以显示宪法监督逻辑体系的丰富性。

在我国主要通过立法来实施宪法的情况下，应该如何确保中央和地方的立法活动能够恪守宪法精神和理念、符合宪法原则和规定，既是在立法层面上审

---

1　"中共中央关于全面推进依法治国若干重大问题的决定"，载《求是》2014年第21期。

2　参见林彦："通过立法发展宪法——兼论宪法发展程序间的制度竞争"，载《清华法学》2013年第2期。

视我国宪法监督的一个重要角度，也是确保依宪治国基本方略得以贯彻落实的一个重要路径。2015年修正后的《立法法》，首次明确赋予所有设区的市以地方立法权；2018年通过的宪法修正案，进一步完成了设区的市地方立法的宪法赋权和确认，明确了其宪法依据和定位。在地方立法主体不断扩容的情况下，设区的市地方立法权限问题成为一个具有鲜明时代特色的立法热点和焦点问题，也成为展示我国地方立法过程中宪法监督面相的一个代表性分析样本。

在中央与地方的权力配置关系方面，我国长期以来采取了因地制宜、因时而异的政制策略。自《论十大关系》发表以后，"遵循中央的统一领导，发挥地方的主动性、积极性"，就成为长期以来调整我国中央与地方关系的指导性原则。[1] 而如何求得"中央的统一领导"与"地方的主动性、积极性"之间的"最大公约数"，也就成为我国长期以来处理中央与地方关系的恒定难题。立法史证明，国情决定立法。[2] 新中国成立之初，巩固政权的需要使得各地拥有的立法权在很短的时间内就被收归中央，一种高度集权的立法体制随之确立。其后虽经历了数次权力收放的循环往复，但中央与地方立法关系最终还是从集权走向了分权的模式，地方立法主体也一直在这种波动循环中呈现逐步扩张的态势，主体渐渐扩容，权力层层下放，其具体变迁大致经历了"大行政区—省级行政区—较大的市—设区的市"四个阶段。[3] 改革开放以来的法治进步与发展，有艰辛的探索，有稳健的脚步，有积极的跨越，有巨大的成就。伴随着经济发展的狂飙突进和法治观念的日益深入人心，地方立法的需求迅速增长，拥有一定的立法权成为诸多地方政权的施政诉求和提升治理能力的现实需要。党的十八届四中全会提出"依法赋予设区的市地方立法权"，2015年《立法法》的修改顺势而为，使设区的市普遍拥有地方立法权成为一项制度的立法体制改革和一种正式的立法制度安排。

赋予设区的市享有一定的地方立法权，无疑大大扩张了通过立法实施宪法的制度空间，但伴随着地方立法主体的不断向下延伸，也不可避免地会增加地方立法与上位法及宪法发生冲突的潜在风险，并由此引发了人们对地方立法质

---

1 参见苏力："当代中国的中央与地方分权——重读毛泽东《论十大关系》第五节"，载《中国社会科学》2004年第2期，第42—55页。

2 参见周旺生：《立法学教程》，北京大学出版社2006年版，第89页。

3 其大致对应着"1949年新中国成立—1954年宪法颁布—1979年《地方组织法》—2000年《立法法》的施行至今"几个阶段。参见全国人大常委会法工委国家法室编：《立法法释义》，法律出版社2015年版，第222—223页。

量的进一步担忧和疑虑。其中，首先要解决的就是设区的市的立法权限问题。[1]
由此，就需要对立法权限之间可能存在的冲突与抵触进行合宪性考量和调谐，
以确保新时代地方立法主体和地方立法数量的增加，能够助力于宪法获得更好
的实施，从而为推进依宪治国基本方略奠定坚实的地方法治根基。这些问题既
是地方立法过程中的实践问题，也是宪法监督必须关注的规范前提。

　　从宪法监督的角度看，对地方立法进行审查监督的前提在于对地方立法的
权限范围划定清晰的边界，越权无效的规则同样适用于对地方立法的规制。伴
随着立法体制的这一演进变化历程，对中央与地方之间的立法权限进行合理划
分是中央与地方立法关系的核心问题，因此，对中央专属立法事项作出明确界
定，也被认为是2000年《立法法》的头等贡献。[2]明确设区的市的立法权限和
范围，就是为了"避免重复立法，维护国家法制统一"。[3]"不抵触原则"的
规定显然也是为了避免下位法和上位法产生矛盾，从而起到维护我国法制统一
的作用，而维护国家法制统一也正是宪法监督的重要目标。修法伊始，许多论
者就把评论的目光集中在地方立法的主体扩容和设区的市的立法权限之上。其
中的"城乡建设与管理、环境保护、历史文化保护等方面的事项"具有什么样
的规范意涵和实践意义；设区的市立法权限在实践中面临着哪些现实困扰和挑
战，又存在哪些自主调适空间；怎样认识"城乡建设与管理、环境保护、历史
文化保护"的内涵和把握"等方面的事项"的外延等诸多问题，成为实务界和
学术界讨论和关注的焦点。

　　在着力对不同立法主体的立法权限进行详细界定的基础上，修改后的《立
法法》还规定了从实体性审查和程序性规制方面对设区的市制定的地方性法规进
行监督和制约。实体性审查主要包括：第一，不违反关于法律保留的规定；第
二，不与宪法、法律、行政法规和本省的地方性法规相抵触；第三，符合《立法
法》第72条第2款及第73条规定的立法事项；第四，妥善处理"法律另有规定"

--------------------

1　参见卫学芝、汪全胜："新时代依法立法原则的地方挑战与应对——对新赋权设区的市
　　2015—2019年899部生效法规的实证分析"，载《中共中央党校（国家行政学院）学报》
　　2019年第4期。

2　全国人大常委会法工委原副主任、中国立法学研究会会长张春生在接受记者采访时作如是评
　　价。张春生认为，"严格区分中央与地方的立法权限是很难的"，"专属立法权是一个很大
　　的贡献，在这个前提下才谈得到权限划分"，"划出中央专属立法事项，是立法法的头等贡
　　献"。参见焦红艳："争议立法法修改"，载《法治周末》2013年11月14日第1版。

3　参见全国人大常委会副委员长李建国于2015年3月8日在第十二届全国人民代表大会第三次会
　　议上所做的"关于中华人民共和国立法法修正案（草案）的说明"。

的情形。这其中显然既有合法性审查，也有合宪性审查，从而大大丰富和细化了宪法监督的内容与范围。程序性规制主要有批准和备案两种方式，如设区的市的地方性法规须报省、自治区的人民代表大会常务委员会批准后施行。尤其是《立法法》第五章"适用与备案审查"的相关规定则为合宪性审查提供了具体的技术性安排与装置。由此可以发现，从"具体情况和实际需要"的立法前提，到立法权限和事项的明确限定，再到合宪性、合法性的程序性规制和实体性审查，地方立法每走一步几乎都要受到宪法层面的规范和约束。法律是人类意志的产物，必然受到目的的支配，"目的乃系一切法律的创造者"。[1]《立法法》修改之初，其控权的目的和意图就非常明确。之所以《立法法》对地方立法的权限和范围作出明确界定，制度设计的初衷就在于"避免重复立法，维护国家法制统一"。而《立法法》关于"备案审查""改变撤销"的相关规定更是宪法监督的具体实践。因此，对立法过程中相关规则和体制机制的深度挖掘与有效运用，可以为新时代的宪法实施监督开辟广阔的制度空间。

总之，宪法监督作为宪法实施中的一个基本范畴，不仅包括有权机关通过合宪性审查来监督宪法的实施，还包括一切维护宪法权威、保证宪法实施的来自有权机关以外的约束和督促行为。其中有些行为虽然不具有"合宪性审查"之名，也不属于全国人大及其常委会"监督宪法实施"的职权行为，却无疑符合"宪法监督"之实，发挥着"监督宪法实施"的实际作用。因此，在新时代维护宪法权威、提高宪法实施水平的时代背景和现实需求下，有必要拓展宪法监督的意涵范围，将上述行为纳入宪法监督的理论视野进行重点分析。当然，为了较为清晰和具体地揭示宪法监督的运作机理与过程，下文将主要以合宪性审查这种更具规范性和制度化的宪法监督方式为重点，来分析宪法实施的存在形式和运作过程。

## ▶ 第三节　合宪性审查：依宪治国的制度抓手

人类的法治经验已充分证明，"徒法不足以自行"，同样，徒宪法亦不足以自行。宪法实施并不能仅靠一腔行宪和护宪的热情与愿望，更需要一套切实可行的制度装置和保障机制，采取一系列有力措施来强化宪法的实效性，使宪法的精神实质和文本规定真正融入生动鲜活的法治实践之中，从而成为推动社会秩序维新与演变的强大动因。而"宪法监督是我国社会主义民主制度的组成

---

1　杨仁寿：《法学方法论（第二版）》，中国政法大学出版社2013年版，第172页。

部分。它保障着宪法正确的、充分的实施,维护并巩固着我国的社会主义法制基础,因而在国家生活中占有重要地位",[1] 自然也是深入推进依宪治国的重要法治路径。为了加强宪法实施和监督,党的十九大和十九届四中全会明确提出要"推进合宪性审查工作",全国人大及其常委会为了配合推进合宪性审查工作的需要,设立了专门的宪法和法律委员会,从而为合宪性审查工作的开展提供了必要的组织保障。可以说,合宪性审查已经成为新时代维护宪法权威、加强宪法实施监督的重要制度抓手和切入点,对于深化依宪治国实践、实现依宪治国方略具有重大而深远的意义。

## 一、合宪性审查的法理逻辑与时代意义

党的十九大报告明确要求:"加强宪法实施和监督,推进合宪性审查工作,维护宪法权威。"[2] 这是"合宪性审查"在党的纲领性文件中的首次出现。党的十九届四中全会再次强调:"推进合宪性审查工作,加强备案审查制度和能力建设,依法撤销和纠正违宪违法的规范性文件。"推进合宪性审查工作被视为"抓住了'依宪治国'的关键一环,真正解决了保障宪法实施的最后一公里问题",[3] "将会带来法治建设领域革命性的变更,能够让法治原则和法治精神真正地落到实处,彻底解决束缚法治建设的瓶颈问题",[4] "是全面推进依法治国各项法治工作的核心和重中之重",[5] "是加强宪法实施和监督的重要战略举措"。[6] 显然,"推进合宪性审查工作"作为执政党深化依法治国实践的决心之昭示、行动之指南,既是新时代强化宪法实施、维护宪法权威、推进依宪治国的重大举措,也为相关学术议题的研究深化提出了新的方向和要求。

目前,围绕"合宪性审查"展开的理论研究和学术建言,已经成为宪法学研究的热点和重点。然而,"合宪性审查"虽是党的正式文件中的一个"新词",却早已是中国宪法学理论研究中的一个"老话"。对此问题的研究,曾

---

1　许崇德:"论我国的宪法监督",载《法学》2009年第10期。

2　习近平:《决胜全面建成小康社会 夺取新时代中国特色社会主义伟大胜利——在中国共产党第十九次全国代表大会上的报告》,人民出版社2017年,第38页。

3　徐隽、倪弋:"为宪法实施提供制度保障",载《人民日报》2017年11月8日第17版。访谈嘉宾:莫纪宏教授、胡锦光教授、秦前红教授。引文部分为莫纪宏教授观点。

4　莫纪宏:"论加强合宪性审查工作的机制制度建设",载《广东社会科学》2018年第2期。

5　莫纪宏:"推进合宪性审查工作应注意的几个理论问题",载《中国人大》2017年第24期。

6　姚国建:"合宪性审查:加强宪法实施和监督的重要战略举措",载《中国党政干部论坛》2017年第12期。

以不同概念的表述而长期居于中国宪法学研究的中心。[1] 尽管存在着具体用语上的差别，但其核心意涵与指向却是一致的。对此，有学者曾在对改革开放以来中国宪法学研究"去政治化"的反思意义上指出："关于'违宪审查'，学者们还使用'宪法监督''合宪性审查'乃至'宪法司法化'等不同概念，但其中蕴含的逻辑是一样的。"[2] 那么，要深刻理解新时代提出的"合宪性审查"命题的法理逻辑与时代意义，就要将其放置在深入推进依宪治国、不断加强宪法实施的时代背景之中，辨明其概念形成和运用的政治关切所在，方能贯彻落实党的十九大精神，真正推进合宪性审查工作。

宪法实施的重要性不言而喻，锻造出来一部高贵的宪法典只是法治建设的第一步，问题的关键在于如何让纸面的宪法成为现实的宪法。为此，宪法实施在任何一个国家的宪法理论与实践中都无可争议地居于核心性的地位。然而，作为一个宽泛的学术化概念，"宪法实施"（constitutional implementation）在国外宪法学理论中并不常见，一般也不抽象地讨论宪法实施的必要性和可行性，其关注的重点主要是宪法在现实生活中的存在形式、运作过程以及由此而引发的价值取向和政策判断问题，表现为以宪法文本为中心、通过精湛而发达的宪法解释及宪法审查技术来追求宪法的具体适用。由于政治体制、历史传统、法治文化等方面的差异，宪法实施的路径和方式自然各具特色，甚至成为区别不同宪法模式的最重要的标签和符号。

中国社会对于宪法实施的价值和意义已经形成了基本的观念共识，且具有强烈的政治诉求和意愿；加强宪法实施、维护宪法权威，不仅是学术界长久以来的殷殷期盼，同样是执政党所鼎力追求的法治目标。就执政党层面而言，胡锦涛同志于2002年专门强调："实行依法治国的基本方略，首先要全面贯彻实施宪法。这是建设社会主义政治文明的一项根本任务，也是建设社会主义法治国家的

---

1 对此，林来梵教授曾指出："自1982年现行宪法制定时期起，直至20世纪末期，主流学说主要使用'宪法监督'这一用语，一方面去界定自己国家的制度，另一方面以这一概念作为一种视座去囊括各个西方国家所采用的各种模式的违宪审查制度。进入上世纪（20世纪）90年代以后，受到国外的影响，'违宪审查'一词逐渐在中国的学术界确立了稳固的主流地位。但违宪审查制度在中国所遭遇的理论与实践之难题，使得有必要刻意隐藏该制度的'牙齿'。在此背景之下，'合宪性审查'这一温和的用语就应运而生。"林来梵："中国的'违宪审查'：特色及生成实态——从三个有关用语的变化策略来看"，载《浙江社会科学》2010年第5期。

2 张翔："中国国家机构教义学的展开"，载《中国法律评论》2018年第1期。

一项基础性工作，要长期抓下去，坚持不懈地抓好。"[1] 时隔十年，习近平总书记再次强调，"全面贯彻实施宪法，是建设社会主义法治国家的首要任务和基础性工作"，"宪法的生命在于实施，宪法的权威也在于实施。我们要坚持不懈抓好宪法实施工作，把全面贯彻实施宪法提高到一个新水平"。[2] 2018年2月24日，在中共中央政治局就我国宪法和推进全面依法治国举行的第四次集体学习时，习近平总书记再次强调："加强宪法实施和监督，把国家各项事业和各项工作全面纳入依法治国、依宪治国的轨道，把实施宪法提高到新的水平。"[3] 党的一系列纲领性文件同样在反复强调宪法实施的重要性和紧迫性。然而，如何才能把"实施宪法提高到一个新水平"呢？这不仅需要强有力的政治动员和引领，更需要规范化、常态化的制度推动和保障，需要切实可行的技术方案和实际行动。

　　在我国，宪法监督是一种正式的保障宪法实施的制度性屏障，它不像立法或行政方式那样事先通过积极主动的职权行为而将宪法规定转化为现实，而是事后通过消极地纠正违宪行为、追究违宪责任而使宪法为公权力设定的各种约束、为公民权利提供的各种保障得以实现。这种宪法实施保障机制不仅在宪法上有明确的规范依据，而且一向为执政党所特别看重：健全宪法和完善宪法监督制度、坚决纠正违宪行为，成为近年来党的一系列纲领性文献中所反复强调的话题。[4] 尤其是十九大报告超越了单纯政治话语的宏大叙事，不是仅仅停留

---

[1]　胡锦涛："确保宪法实施 保障公民权利——在首都各界纪念现行《中华人民共和国宪法》公布施行20周年大会上的讲话"，载《人权》2002年第2期。

[2]　习近平："在首都各界纪念现行宪法公布施行三十周年大会上的讲话"，载《论坚持全面依法治国》，中央文献出版社2020年版，第11页。

[3]　习近平："更加注重发挥宪法重要作用 把实施宪法提高到新的水平"，载《人民日报》2018年2月26日第1版。在这次讲话中，习近平总书记还为加强宪法实施指明了方向："要完善宪法监督制度，积极稳妥推进合宪性审查工作，加强备案审查制度和能力建设。"

[4]　胡锦涛同志在纪念现行宪法公布施行二十周年大会上的讲话中指出：全面贯彻实施宪法，必须健全宪法保障制度。要抓紧研究和健全宪法监督机制，进一步明确宪法监督程序，使一切违反宪法的行为都能及时得到纠正。全国人大及其常委会要切实担负起监督宪法实施的职责，坚决纠正违宪行为。习近平总书记在纪念现行宪法公布施行30周年大会上的讲话中特别强调：全国人大及其常委会和国家有关监督机关要担负起宪法和法律监督职责，加强对宪法和法律实施情况的监督检查，健全监督机制和程序，坚决纠正违宪违法行为。十八届三中全会通过的"中共中央关于全面深化改革若干重大问题的决定"对此的表述是："要进一步健全宪法实施监督机制和程序"；十八届四中全会通过的"中共中央关于全面推进依法治国若干重大问题的决定"表述是："健全宪法实施和监督制度。完善全国人大及其常委会宪法监督制度，健全宪法解释程序机制。"十九大报告则强调："加强宪法实施和监督，推进合宪性审查工作，维护宪法权威。"

在作原则性号召的阶段，而是深入微观的制度建构与安排，要求通过"推进合宪性审查工作"，来"加强宪法实施和监督"，进而达到"维护宪法权威"的目标。合宪性审查是宪法监督制度的核心环节和重要形式，推进合宪性审查工作使得加强宪法实施和监督有了更为明确具体的制度载体和模式选择。

　　"合宪性审查"这一颇为专业化的学术概念被载入最高政治文件之中，迅速激发了学者们探索与思考我国宪法实施监督制度的热情与信心，相关的研究成果喷薄而出，[1] 并基本上都对这一举措持相当积极的正面评价，有学者认为合宪性审查制度是法治国家大厦的拱顶石。党的文件中第一次记载了"合宪性审查"这五个字，可谓字字千金。[2] 合宪性审查将为宪法实施和监督提供制度性保障，"这将给中国法治建设带来革命性变革"。[3] 而且，学界对这一概念的含义远不像其近似概念"违宪审查"那样众说纷纭、歧义丛生，[4] 而是有着

---

1　林来梵教授多年前在对宪法监督、违宪审查和合宪性审查这三个用语在历史进程中重要性的递嬗进行分析时指出，自现行宪法制定时期起直至20世纪末期，主流学说主要使用"宪法监督"这一用语。进入20世纪90年代以后，"违宪审查"一词逐渐在中国的学术界确立了稳固的主流地位。并预言，"合宪性审查"这个术语则以相对微弱却颇为强韧的态势存活了下来，其有可能成为第三个阶段的主流用语。而不同阶段主流用语的嬗变，不仅蕴含着某种话语策略及其实践动机，也大致呈现应了我国宪法制度的艰难发展过程。参见林来梵："中国的'违宪审查'：特色及生成实态"，载《浙江社会科学》2010年第5期。

2　夏正林："进行合宪性审查，也需要考虑合宪性解释"，载微信公众号"宪道"，首次推送日期：2017年11月16日。

3　转引自南方都市报记者在"推进合宪性审查　维护宪法权威"一文中所引用的莫纪宏教授的评价，参见《南方都市报》2017年10月30日AA12版。

4　在中国宪法学界，"违宪审查"这一用语几乎达到了高度多歧化的状态，相关用语达10余种，这些用语在不同学者的研究之间交替使用，甚至在同一学者的研究之中也经常互换性地使用，从而使其内涵与外延呈现混乱不堪的状况。参见林来梵："中国的'违宪审查'：特色及生成实态"，载《浙江社会科学》2010年第5期；马岭："'违宪审查'相关概念之分析"，载《法学杂志》2006年第3期。

大同小异的认识。[1] 大体上可以认为，所谓合宪性审查，就是特定主体按照法定的程序和方式对立法性文件及其他国家机关活动是否符合宪法规定进行审查并作出判断的行为和制度。从静态上看，合宪性审查表现为关于审查主体、审查对象、审查程序、审查方式、审查效力等问题的一系列制度构造；从动态上看，合宪性审查表现为评价是否合宪、纠正违宪行为、追究违宪责任等一系列行为过程。无论是静态的制度构造，还是动态的行为过程，其直接目的都在于通过对违宪行为的否定而使宪法的规定和精神得以真正实现。显然，这种纠偏行动使任何公权力行为都必须接受合宪性的审查与判断，从而为宪法最终真正落到实处筑起了最后一道堤坝，这比通过立法或其他手段直接细化、落实宪法规定，更能够彰显和维护宪法权威。

虽然，合宪性审查与违宪审查之间有微妙差别，但二者基本上是一体之两面，合宪性审查其实只不过是违宪审查的一种别称而已。[2] 的确，如果仅仅从语义学的角度去理解的话，合宪性审查与违宪审查似乎只是一个问题的两种说法，它们的起因都在于发生了合宪性争议；审查结论不外乎都是合宪或者违宪两种可能。然而，在中国语境中，这种"微妙差别"又是不能不关注的。"合宪性审查"这一温和中性且较为全面的表述显然更具有内涵上的包容性和解释上的可塑性，可以避免"违宪推定"等先入为主式的主观上的片面；而且，这一用语更符合我国的政治理念与现实，更容易为我国的宪法体制所接受和采纳。因为，"违宪审查的本质归根结底是，在诉诸人民之前，或者不需要诉诸人民做出最终决定的时候，由哪一个机构或者个人决定国家最重大的事情，当国家机关之间对一些根本问题出现不同意见乃至纠纷时由哪一个机构或者个人进行裁决、或者当人民个体或者部分人的根本权利与国家权力发生冲突时候由

--------------------

1　如胡锦光教授认为，合宪性审查就是通常由宪法规定的特定国家机关依据宪法对宪法以下的法律文件是否符合宪法进行的审查。（胡锦光："论推进合宪性审查工作的体系化"，载《法律科学》2018年第2期）林来梵教授认为，合宪性审查指的是"特定机关依据一定的法定程序对公共权力的行为（主要是规范性法律文件）是否符合宪法进行判断并做出相应处置的活动或制度。"（林来梵："合宪性审查的宪法政策论思考"，载《法律科学》2018年第2期）李少文教授认为："所谓合宪性审查，就是通过一定的制度机制对立法和重大政策是否符合宪法精神、原则和规定进行形式和内容上的审查，确保中国特色社会主义法治体系的完整和统一，贯彻宪法效力，维护宪法权威。"（李少文："推进合宪性审查 深化全面依法治国"，载《学习时报》2017年11月13日第4版）；张翔教授认为："合宪性审查就是依据宪法对宪法以下的法律文件是否符合宪法进行的审查。"（张翔："合宪性审查：不可或缺的现代治理机制"，载《新京报》2017年11月7日第3版）

2　参见林来梵："合宪性审查的宪法政策论思考"，载《法律科学》2018年第2期。

哪一个机构或者个人进行裁决"。"它要解决的是，当一个国家出现权力斗争或者人民权利与国家权力出现冲突的时候，用一种文明的方法来解决政治纠纷。"[1] 所以，违宪审查体现的是一种对抗性思维，反映的是分权与制衡的权力结构及其政治实践，强调的是对违宪问题的发现与处理。而合宪性审查的功能定位显然不在于横向国家权力之间的分立或制约，不在于司法权、立法权之间的摩擦或对抗，而在于保证国家法治的统一，在于保证"中央令行禁止"。[2] 对违宪的行为当然要通过合宪性审查这种纵向监督方式予以纠正，以保证中央层面的宪法和法律不被抵触和违反；[3] 同时，对合宪的行为则又可以通过审查结论补强其正当性，从而体现出宪法在整个法律体系中的统率和引领作用，并有助于通过法治化的方式实现中央的战略决策与部署。显然，无论在哪种情况下，合宪性审查都是维护中央权威和集中统一领导的必要举措与有效途径。只有在这种政治逻辑下合宪性审查才可能真正进入实践操作层面并获得政治上的合法性支撑。

合宪性审查作为学术上和政治上一个主流用语的正式确立，标志着合宪性审查就是对是否符合宪法进行的审查、在中国需要合宪性审查等这些关键点上，形成了基本的社会共识。接下来的问题就需要对由谁审查、审查什么、怎么审查等体制性问题，以及对这一制度的价值取向、功能定位和发展规律等核心性要素，进行持续深入的思考和探讨。而对这些内容的深度挖掘和拓展，必将推动中国宪法学向纵深发展，同时，这也是建立中国特色社会主义宪法理论体系、概念体系和话语体系的基础性工作。当然，合宪性审查的意义不仅在于为宪法学的繁荣和发展提供了潜在的巨大学术空间，更在于其为当代中国法治建设注入了新的生机与活力，并将成为新的法治生长点。这主要表现在：

（1）合宪性审查是加强宪法实施和监督、维护宪法权威的重大举措。在

---

1 王振民：《中国违宪审查制度》，中国政法大学出版社2004年版，第43—44页。

2 全国人大常委会时任委员长张德江明确指出备案审查制度具有两重基本功能，一是保证中央令行禁止，二是保证宪法法律实施，同时对提高地方立法质量也具有积极作用（转引自沈春耀：《全国人民代表大会常务委员会法制工作委员会关于十二届全国人大以来暨2017年备案审查工作情况的报告——2017年12月24日在第十二届全国人民代表大会常务委员会第三十一次会议上》）。这一判断显然同样适用于对合宪性审查的分析。

3 2015年修改后的立法法，赋予所有设区的市地方立法权，从而使地方立法主体在原有31个省、自治区、直辖市和49个较大的市基础上，扩展到了273个市、自治州。这对于地方因地制宜运用立法手段解决本地实际问题，为地方经济社会发展提供更具针对性和创造性的制度保障，具有重大意义。然而，在地方立法主体不断扩容以及地方利益日趋多元化的情况下，通过合宪性审查保证全国政令统一显得尤为必要。

我国，宪法并非基于法律体系的阶层构造理念来实施，而往往是通过执政党主导的广泛政治动员、依赖于政治力量推动来进行的，从而呈现出政治化实施有余而法律化实施不足的特征。[1] 由于宪法监督这一法律化实施机制的疲软甚或虚置，致使违宪行为无法受到宪法层面的评价与纠正，宪法权威自然也难以真正树立。而合宪性审查正是纠正违宪行为、进行宪法监督的法定途径和制度安排，其合理建构和有效推进无疑有助于补齐和加强宪法监督的制度短板，使宪法监督有了实在的运行机制和实践形态，使宪法实施有了法律化的程序装置和制度保障，从而有助于把宪法实施提高到一个新水平，有助于把实施宪法摆在全面依法治国战略格局中更加突出的位置。

（2）合宪性审查是实现良法善治、推进国家治理现代化的必然要求。我国宪法确认了国家的根本制度和根本任务、国家的领导核心和指导思想，规定了国体、政体以及各方面的基本制度和基本国策，由此成为国家治理的最高依据和根本保障。合宪性审查的实质就是运用宪法规范去审视调谐各种宪法关系、监督约束各种公权力行为，其运作过程本身便是依据宪法治国理政的直接体现，反映着我们党运用法治思维解决问题、化解矛盾、推动发展的执政能力和领导水平。同时，通过合宪性审查，有助于将宪法的精神、原则和规定落实到具体的立法和政策形成过程之中，有助于确保各项规范性文件都符合宪法的精神、体现人民的意志和愿望，有助于加强中央集中统一领导、确保令行禁止和政令畅通，有助于维护和实现人民的根本利益。

（3）合宪性审查是保护公民基本权利、满足人民日益增长的美好生活需要的法治保障。我国宪法规定了公民在政治、经济、社会、文化等方面广泛的权利和自由，体现着人民对民主、法治、公平、正义、安全、环境等美好生活的向往和追求。而公民权利的实现与保障既需要司法审判、行政执法中的个案正义，也需要立法上的规则公平、权利公平、机会公平；既需要公正司法、依法行政，也需要强调科学立法、民主立法、依法立法，防范制度的偏颇与疏漏。合宪性审查是公民在法治框架内表达利益诉求、维护基本权利的重要机制，任何减损甚至剥夺公民权利、损害公民利益的立法行为及其他公权力行为都将面临宪法层面的拷问，合宪性审查可以为人权保障提供最终的宪法性救济渠道。

（4）合宪性审查是弘扬宪法精神、提高宪法意识的有效途径。一部远离社会大众的宪法是不可能真正有力量的，充其量只能是遥不可及的美好诺言或

---

1　参见翟国强："中国宪法实施的双轨制"，载《法学研究》2014年第3期。

理想。而合宪性审查实质上是在宪法监督的意义上对宪法的具体适用，是通过对违宪事件的处理而使纸面上的宪法与具体的社会现实、使抽象的宪法理念与公民的切身利益直接相连。这不仅有助于激活静态的宪法条款、彰显宪法的最高效力和权威，而且给公民提供了一个直接经历宪法实践、感受宪法价值的制度平台，从而有助于人们在内心深处真正生发出对宪法的敬仰和信赖，进而在全社会逐渐形成理性而成熟的宪法精神文化与法治氛围。

（5）合宪性审查是加强党的领导、坚持依宪执政的重要制度安排。作为宪法监督的一种具体制度形态，合宪性审查的直接意义在于加强宪法实施、维护宪法权威，更好地发挥宪法的规范、引领和保障作用，而由于宪法是党和人民根本意志的集中体现，全面系统地反映和确认了党和人民在中国特色社会主义实践中所取得的重大理论创新、制度创新和实践创新成果。因此，维护宪法权威就是从最高法制层面维护党和人民共同意志的权威，保障宪法实施就是把党的领导贯彻到依法治国全过程的直接体现，是依据宪法治国理政的生动实践。所以，合宪性审查不仅是一项高度技术化的法治作业，更是一项政治内涵极为丰富的时代课题。

## 二、合宪性审查的初步实践与制度雏形

虽然合宪性审查才刚刚被正式吸纳进政策话语体系之中，但这项工作在实践中以备案审查的方式早已存在并在悄然运行。简言之，备案审查就是对备案范围内的规范性文件是否符合宪法和法律进行审查的活动。而如果此类活动是依据宪法而开展的，审查的内容涉及的是宪法性问题，此时的审查实际上就是合宪性审查。因此，备案审查实际上可视作合宪性审查的一种先行的"探路"，[1] "是一项重要的宪法监督制度，应当从宪法监督的高度认识其重要性"[2]。如果说合宪性审查强调的是"审查"的属性的话，备案审查强调的则是"审查"的途径和方式。

通过备案审查，纠正或者撤销各种违宪违法的规范性文件，是监督宪法法律实施、实现国家法制统一的重要制度安排。为了加强备案审查工作，全国人大常委会于2004年5月在法制工作委员会内专门设立了法规备案审查室，具体

---

[1] 记者徐隽、倪弋对莫纪宏教授的采访："为宪法实施提供制度保障"，载《人民日报》2017年11月8日第17版。

[2] 信春鹰："加强备案审查制度和能力建设 完善宪法法律监督机制"，载中国人大制度理论研究会"人大在全面推进依法治国中的作用"研讨会论文，2015年6月。

承担对报备规范性文件的具体审查研究工作。十二届全国人大以来，备案审查工作每年都被全国人大常委会列入工作要点和立法、监督工作计划之中。十八届三中全会又明确提出，健全法规、规章、规范性文件备案审查制度。十八届四中全会再次强调，加强备案审查制度和能力建设，把所有规范性文件纳入备案审查范围。2015年中央办公厅专门出台指导性文件，进一步要求建立党委、人大、政府和军队系统之间的规范性文件备案审查衔接联动机制，实现有件必备、有备必审、有错必纠。目前我国已经形成了党委、人大、政府、军队各系统分工负责、相互衔接的规范性文件备案审查制度体系。[1] 其中，全国人大常委会的备案审查不仅在宪法、立法法、监督法上有明确具体的规定，而且在实践中运行久远且具备制度化的基本形态。同时，在上述各类审查主体中，只有全国人大常委会负有法定的监督宪法实施的职权，有权撤销同宪法相抵触的行政法规、地方性法规，而备案审查是其行使这一职权的重要方式。因此，全国人大常委会的备案审查可以视作是观察和分析我国宪法监督制度的标本，是最具代表性和典型性合宪性审查。本文的讨论主要以全国人大常委会的备案审查为主线而展开。

根据立法法、监督法的相关规定，行政法规、地方性法规、自治条例和单行条例、经济特区法规、司法解释，应当在公布后30日内按照规定程序报全国人大常委会备案。[2] 据不完全统计，截至2018年11月底，制定机关共向全国人大常委会报送备案现行有效行政法规、地方性法规、司法解释12397件，其中行政法规755件，省级地方性法规6083件，设区的市地方性法规3519件，

---

1　沈春耀：《全国人民代表大会常务委员会法制工作委员会关于十二届全国人大以来暨2017年备案审查工作情况的报告——2017年12月24日在第十二届全国人民代表大会常务委员会第三十一次会议上》。以下本文所引用的数据资料和案例，除特别标明出处的外，均引自该报告。

2　《中华人民共和国立法法》第98条，《中华人民共和国监督法》第31条。但是，对于全国人大或者全国人大常委会有权改变或者撤销的其他一些规范性文件，如国务院的决定和命令、省级国家权力机关的决议等，现行法律并没有明确规定将其纳入备案审查的范围。然而，宪法对这些规范性文件同样有不得同宪法法律等上位法相抵触的明确要求，且现实中一些重大决策行为往往都是以决定、命令等规范性文件的形式表现出来的，其在很大程度上同样具有普遍性、稳定性、强制性等立法行为的特征，并会对公民的权利义务产生重大影响，因此，也应当受到宪法上的审查与监督。十八届四中全会决定明确要求，"把所有规范性文件纳入备案审查范围"，这就对实现备案审查的全覆盖提出了要求。从监督体制和立法原理看，凡属于人大监督对象的公权力主体，其所制定的规范性文件都应当纳入备案范围，接受合宪性审查与监督。

自治条例和单行条例995件，经济特区法规335件，司法解释710件。[1] 通过对报备的规范性文件进行依申请审查、依职权审查、有重点的专项审查等多种形式的审查，这一制度对于有效实施宪法法律、保证中央令行禁止、提高地方立法质量、维护法律体系科学和谐统一发挥了重要作用，并体现着鲜明的中国特色与经验。

（1）从制度设计看，备案审查奉行的是人大主导的立法至上理念，而非司法中心主义的违宪审查模式。在这一体制中，作为人民代表机关的全国人大及其常委会拥有宪法监督方面的最高决定权，所有的行政法规、地方性法规、司法解释都必须纳入全国人大常委会的备案审查范围之内，受制于人大的监督，而且这种监督具有最高性和终局性。显然，这种监督模式契合了人民主权的政治理念和人民代表大会制度的运作逻辑，根本有别于司法机关行使违宪审查权的制度模式。

（2）从审查方式看，备案审查采取的是主动审查与被动审查相结合的方式，而非依附于个案的附带性审查。所谓"主动审查"就是全国人大常委会依职权对报送备案的规范性文件主动进行的审查。[2] "被动审查"又称"依申请进行的审查"，是指根据有关国家机关和社会团体、企业事业组织以及公民依法书面提出的审查要求或者审查建议，对行政法规、地方性法规、司法解释进行的审查。[3] 主动审查与被动审查相结合既可以避免单一审查方式的局限性，又可以避免依附于具体请求的不告不理模式而产生的滞后性。

---------------------

1　沈春耀：《全国人民代表大会常务委员会法制工作委员会关于2018年备案审查工作情况的报告——2018年12月24日在第十三届全国人民代表大会常务委员会第七次会议上》。

2　十二届全国人大以来，对所有报备的60件行政法规、128件司法解释逐件进行了主动审查研究。审查发现5件司法解释存在与法律不一致或者其他问题，对此及时研究提出了处理意见。同时，为贯彻党中央重大决策部署、配合重要法律修改、落实全国人大常委会监督工作计划，或者回应社会关注热点，多次有重点地对某类规范性文件开展集中性审查。例如，2015年结合全国人大常委会三次打包修改法律取消或者下放部分行政审批事项，对与法律修改内容有关的107件地方性法规逐件进行审查研究，督促地方人大常委会对30件与修改后的法律规定不一致的地方性法规及时作出修改。2017年6月，在党中央通报甘肃祁连山自然保护区存在的突出问题及其深刻教训后，对专门规定自然保护区的49件地方性法规集中进行专项审查研究。

3　沈春耀：《全国人民代表大会常务委员会法制工作委员会关于十二届全国人大以来暨2017年备案审查工作情况的报告——2017年12月24日在第十二届全国人民代表大会常务委员会第三十一次会议上》。十二届全国人大期间收到公民、组织提出的审查建议数量分别为：2013年62件，2014年43件，2015年246件，2016年92件，2017年1084件。法工委对这些建议逐一进行认真研究并积极稳妥作出了处理。

（3）从审查效力看，备案审查更注重柔性的沟通协商而非强制性的直接改变或撤销，即对于在审查中发现存在与法律相抵触或者不适当问题的，一般是通过内部沟通协商的方式，督促制定机关自行修改纠正，而非径直加以改变或撤销。[1] 这种处理方式既维护了法制统一，又淡化了审查中可能出现的冲突与阻力，[2] 契合了中国传统文化中的和合观念，有利于国家机关之间建立起密切配合的协作关系，同时，可以避免直接改变、撤销可能带来的立法上的真空，以及对法律秩序稳定性的冲击和影响。

应当说，以备案审查为基础的宪法监督制度已显雏形，并在实践中取得了初步成效，但总的来看，这项制度尚处于起步阶段，存在着诸如对备案审查工作的重要性缺乏足够的认识，有件必备、有备必审、有错必纠需要进一步落实，备案范围、审查标准不够明晰，备案行为、审查程序不够规范，机构设置和人员配备比较薄弱，制度建设和能力建设尚需加强等问题。尤其是从作为一项"宪法性制度"的高度去审视，备案审查显然存在着一些亟待突破的瓶颈。

从目前公布的备案审查典型案例看，受到纠正的规范性文件基本上都是存在与法律相抵触或者不适当的情况，很少涉及宪法性问题，因与宪法相抵触而

---

1 例如，2013年，分别就《黑龙江省气候资源探测和保护条例》关于气候资源探测设定行政许可、《吉林市国有土地上房屋征收与补偿条例》关于补偿协议履行争议的解决方式、《四川省〈中华人民共和国全国人民代表大会和地方各级人民代表大会代表法〉实施办法》关于主任会议许可对代表采取限制人身自由的强制措施等问题，与黑龙江、吉林、四川省人大常委会法工委进行沟通，交换意见，还就《四川省〈中华人民共和国全国人民代表大会和地方各级人民代表大会代表法〉实施办法》存在的违法问题提出了处理建议。2015年6月，发现《最高人民法院关于适用〈中华人民共和国民事诉讼法〉的解释》存在明显与民事诉讼法的规定不一致的问题，经沟通、督促，推动制定机关于2017年2月作出妥善处理。2016年对有关地方性法规在法律规定之外增设"扣留非机动车并托运回原籍"的行政强制问题进行审查研究，经与制定机关沟通，相关地方性法规已于2017年6月修改。2017年9月，致函各省、自治区、直辖市人大常委会，要求对涉及自然保护区、环境保护和生态文明建设的地方性法规进行全面自查和清理。

2 参见秦前红："合宪性审查的意义、原则及推进"，载《比较法研究》2018年第2期。

被审查的情况尚未见诸报端。[1]但这绝不意味着不存在违宪问题，只能说明涉及宪法性问题尚未进入备案审查的场域。在整个法的位阶体系中，宪法具有最高法律效力和法律地位，法律、行政法规、地方性法规等都必须以宪法为根据而制定，是对宪法精神和规定的延伸与细化；同时，法律、行政法规、地方性法规又可以成为其次级法的制定根据，从而成为上位法，但最终都必须统一于宪法，不得与宪法相抵触。因此，对规范性文件是否符合法律及其上位法进行的审查，也就是间接地对其是否符合宪法进行的审查，合法性审查因而也可以被宽泛地认为是合宪性审查，或者说合法性审查可以包括合宪性审查。[2]尤其就全国人大及其常委会而言，由于集制宪权与立法权、宪法监督与立法监督等多重职能于一身，合宪性审查与合法性审查的界限也就更为模糊了，以致有学者认为，目前我国并非不存在合宪性审查制度，但这个制度被包含在一般性的合法性审查制度体系之中。在二者一体化的混沌机制中，合法性审查机制居于主要地位，合宪性审查只是它的一个不突出的组成部分。[3]然而，如果仅仅停留在这个阶段，合宪性审查长期为合法性审查所涵盖，显然难以适应加强宪法实施和监督的时代需求。

首先，虽然中国特色社会主义法律体系已经形成，但这并不意味着社会生活的各个方面都已经完全做到了有法可依、有据可循，立法者无论多么高瞻远瞩、精雕细琢，都不可能对未来社会的一切作出详尽无遗的预测和判断，静态的法律规范

---

1　目前在备案审查中发现的主要问题是：部分地方出台"雷人法规"突破法律规定、损害法律尊严，少数地方规定的预算审查监督内容超出本级人大及其常委会的职权范围，部分地方涉税规范性文件违法违规，个别地方没有根据修改后的选举法及时修改相关地方性法规，以及一些地方关于自然保护区的法规与上位法规定不一致等。（参见《全国人民代表大会常务委员会法制工作委员会关于十二届全国人大以来暨2017年备案审查工作情况的报告》）当然，全国人大常委会法制工作机构在一些法律询问答复中也涉及过对宪法条款的理解和判断，如认为乡镇人民代表大会设立常委会违反宪法。（参见全国人大常委会法制工作委员会：《法律询问答复（2000—2005）》，中国民主法制出版社2006年版，第89页）但这类答复主要是对地方在工作实践中遇到的疑难问题进行答疑解惑，其实体上和程序上与规范化的合宪性审查不可同日而语。

2　有学者认为，宪法本身的规范内容显示了，即使仅仅只是一个普通的下位法违反了普通的上位法，而不存在违反宪法之虞，这已然涉及宪法性的问题，而非仅仅只属于普通的法律问题。（参见林来梵："合宪性审查的宪法政策论思考"）如果做这样理解的话，那合法性审查就是名副其实的合宪性审查了。

3　参见林来梵："合宪性审查的宪法政策论思考"，载《法律科学》2018年第2期。在本文中，林来梵教授认为，宪法本身的规范内容显示了，即使仅仅只是一个普通的下位法违反了普通的上位法，而不存在违反宪法之虞，这已然涉及宪法性的问题，而非仅仅只属于普通的法律问题。

永远都无法穷尽复杂多变的社会现实。当面对数量繁多、内容庞杂的各种规范性文件时，有限的上位法未必能够轻松自如地提供现成的审查标准或原则。而宪法本身则具有较大的原则性和概括性，在适用范围和语义解释上有较大的灵活性和伸缩性空间，往往能够在较长时期内满足在不同情况下的不同需要，可以有效填补普通法律的漏洞和空白，从而为对各种规范性文件的审查提供全方位的判断依据。

其次，立法是一个复杂的利益博弈过程，受各种主客观因素的影响和制约，不可避免地会存在利益天平的倾斜甚至失衡的情况，加之人类认知能力的有限性以及立法水平和能力的局限，法律规则的滞后、疏漏，乃至相互之间的冲突与抵牾是不可避免的现象，实现法律体系内部的逻辑自洽、高度一致，永远只能是立法者所追求的一种理想状态。这样，在法律之间可能存在不一致的情况下，要依据其作为上位法而对下位法进行审查，自然会无所适从、难以取舍。而宪法居于整个法律体系的顶点，是一切立法的最终效力来源，从而可以超越普通法律的局限和纷争而为一切合法性审查提供最终的判断标准。

最后，从制度设计看，根据《立法法》第98条、《监督法》第31条的规定，备案审查的对象排除了全国人大及其常委会所制定的"法律"。当然，按目前的监督结构，"法律"的制定主体不可能也没必要自己向自己备案并接受自己的审查，但问题在于"法律"同样需要"根据宪法"而制定，也必须遵循"不得与宪法相抵触"的立法前提，因此，也应当受到必要的审查和监督，而目前的备案审查制度显然没有为监督范围未来的扩容预留空间。当然，对全国人大及其常委会所制定的法律能否进行合宪性审查的确存在诸多法理上和制度上的诘问，但如果仅仅只有合法性审查的话，毕竟存在着制度上的空白，难以彻底防范和消除潜在的立法风险。

总之，从运作实践看，目前的备案审查基本上限于合法性审查。虽然合法性审查与合宪性审查之间具有密切的内在关联，甚至在对合法性审查作广义理解的情况下，其还可以包含合宪性审查，但二者毕竟在审查主体、审查范围、审查依据、审查效力等方面存在明显差异，在制度建构、程序规则、运作技术等方面有着诸多区别，在理论基础、功能定位、价值关怀等方面更不可简单等同，合法性审查只能是合宪性审查的初级形态。不过，尽管备案审查还比较简单和粗糙，但毕竟已经具备一定的制度基础和实践基础，是现阶段我国宪法监督的主要方式。如果这一较为简单和初级的制度尚未有效运转，如何保证一项新的面临更多挑战的制度方案能产生预期的功效呢？所以，当务之急不是建构一套系统完备的合宪性审查制度，而是扎扎实实推进现有制度真正发挥作用。因此，立足于现有制度的完善和改造，不断推进合法性审查向合宪性审查的纵深发展，便成为加强宪法实施和监督的必要举措。

### 三、合宪性审查制度优化的路径选择

实现合法性审查向合宪性审查的转型与升级，不仅需要观念上的转变与更新，更需要制度方案的合理选择。而以备案审查为基础，通过加强其制度建设和能力建设，以实质性推进合宪性审查，是现阶段加强宪法实施和监督的可行路径。这主要是因为，通过备案审查而确保各种规范性文件符合上位法的规定，进而符合宪法的原则和精神，完全与合宪性审查功能定位相契合，具有目的和手段上的一致性。同时，在目前各种关于宪法监督方案的设想中，只有备案审查形成了比较完备的制度构造、规范体系，并在实践中已经取得了初步的成效、积累了一定的经验，是人大目前行使宪法法律监督职权中最有力度和深度的一种方式。有学者在解析十九大报告关于"推进合宪性审查工作"的原意时曾强调，"推进"和"工作"是两个关键性表述。"推进"而不是"建立"的表述，表明在政治决断层面看来，合宪性审查是一项有基础的工作，不需要从头开始重新谋划；"工作"而没有使用"制度""机制"的表述，表明合宪性审查的制度或机制已经存在，所需推进的只是"工作"而非重构制度或机制。[1] 鉴于通过备案审查的路径而进行合宪性审查，既有实践领域的经验支持，也有制度层面的规范依据，还有审查机构的初步轮廓，因此，现在的着力点还应当放在对备案审查制度的改造与完善上，通过充分挖掘现有制度资源的潜力使其发挥合宪性审查的功效，并为此项工作的长足发展积累必要的经验和准备。

### （一）挖掘和拓展全国人大常委会备案审查的制度潜力

尽管备案审查可以作为走向合宪性审查的通道，但它目前在保障宪法实施方面所发挥的作用还是相当有限的。其主要原因在于：审查机关低规格、审查工作低实效、审查制度无动力、审查决定无权威。而要尽可能彻底有效地克服这些弱点，关键就在于设立一个高规格、有权威的审查机关。[2] 为此，设立宪法委员会的种种构想和方案再一次成为学者们热议的话题，从设立在全国人大

---

1　参见祝捷："论合宪性审查的政治决断和制度推进"，载《法学杂志》2017年第12期。

2　参见林来梵："合宪性审查的宪法政策论思考"，载《法律科学》2018年第2期。几乎目前关于合宪性审查的研究成果和专题访谈都有关于如何设置审查机构的设想和建言。对于十九大报告首次写入"合宪性审查"，秦前红教授接受《南方都市报》记者采访时感慨颇深。在秦前红教授看来，这一提法预示着，一个专门的合宪性审查机构呼之欲出；并在十九大召开前夕，专门向中央相关部门递交报告，呼吁增设一个专门委员会即"宪法委员会"，作为专门的合宪性审查机构。这一建议与35年前"八二宪法"修改时及其后一些专家学者呼吁设立"宪法委员会"的建议遥相呼应。参见王秀中、程姝雯："推进合宪性审查 维护宪法权威"，载《南方都市报》2017年10月30日AA12版。

之下的具有专门委员会性质的宪法委员会，到设立与全国人大平行的宪法委员会，各种选项应有尽有。

在我国，设立宪法委员会不仅是学界长久以来的呼吁和期盼，甚至一度作为制度设计被写入现行宪法修改草案。[1] 当下关于设立宪法委员会的种种方案基本上是过往讨论和设想的继续和重复。其中，设立专门委员会性质的宪法委员会被认为是现有制度条件下最为稳健的方案。的确，这一方案不仅具有深厚的思想基础和充分的理论准备，长期以来为宪法学界主流学者所力倡，而且与人民代表大会制度具有高度的兼容性，不会使现有的国家权力架构发生改变，并具备明确的宪法依据和成熟的实践基础，具有极强的可操作性。[2] 学者们的呼吁和努力终于得到了政治决断层面的互动和回应，党的十九届三中全会通过的《深化党和国家机构改革方案》明确提出，将"全国人大法律委员会"更名为"全国人大宪法和法律委员会"。十三届全国人大一次会议通过的宪法修正案第44条据此将宪法中的法律委员会做了相应修改。由此，设置宪法委员会的设想不再是理论界在青灯黄卷下的沙盘推演和热切期待，而成为实实在在的制度装置，在健全和完善宪法实施监督机制方面具有里程碑的意义；且这一改革是对既有框架结构的继承和发展，并不是新设立一个专门的宪法委员会，而是原有的法律委员会的改进与演化，因此最为稳妥和可行。虽然宪法和法律委员会将承担合宪性审查以及有关宪法实施和监督方面的其他工作，但法律委员会的原有职能不可能削减或弱化，亦即宪法和法律委员会将继续统一审议所有向全国人大及其常委会提出的法律案，而且，在继续完善法律体系的强劲立法需求之下，在不断健全人大主导立法工作体制机制的法治进程之中，这必将仍然是其重要职责和首要任务。这就意味着宪法和法律委员会既要继续承担传统意义上的立法过程中的统一审议工作，还要从事宪法监督意义上的合宪性审查工

---

1　在1982年宪法全面修改时，曾提出过四种方案：在全国人大下设宪法委员会，审理重大违宪问题；在全国人大常委会下设宪法委员会，协助全国人大常委会监督宪法的实施；由最高人民检察院行使宪法监督权；将宪法委员会作为全国人大和全国人大常委会领导下的专门委员会（常设委员会）。参见刘松山："1981年：胎动而未形的宪法委员会设计"，载《政法论坛》2010年第5期。

2　参见韩大元："关于推进合宪性审查工作的几点思考"，载《法律科学》2018年第2期。然而，不管这一方案在法理上和逻辑上多么稳妥可行，在现实中终归没有进入实践操作层面。的确，合宪性审查毕竟不单是一项具体的制度，更涉及制度背后的权力结构与关系；掌握了宪法的解释权和判断权，在某种意义上就拥有了高于其他机关的最后决定权，因此，任何增设新的宪法机构的方案，不管这一机构以什么形式或名义出现，也不管其法律地位是内设的还是独立的，都自然会引发人们对其是否会冲击和影响现有权力关系格局的疑虑或联想。

作。而要同时履行好这两方面虽有一定联系但并非完全相同且又都相当繁重的工作，显然需要对相应的工作机构和职责分工做必要的强化和调整。

为此，可以考虑把现有的备案审查室升级为《立法法》上的常委会工作机构，成为与法工委平行的备案审查工作委员会，由其专门辅助宪法和法律委员会负责合宪合法性审查的具体工作，而法工委继续从事立法方面的具体工作。目前的备案审查工作是由法工委下设的备案审查室负责的，这种机构设置显然难以与宪法和法律委员会的新增职能相匹配，难以凸显合宪性审查的独特价值和意义。而且，法工委现有的工作任务已经相当繁重，[1] 再由其承担合宪合法性审查恐怕会力不从心。在这种情况下，将备案审查工作从法工委切割出去，既可以为法工委减负，使其专职做好立法工作，又可以使合宪性审查成为一项相对独立的常态化工作，同时，还可以充分利用现有的制度资源，节省因新增机构而带来的制度上的巨大成本，具有法理上和技术上的明显优势。

这一方案可能会被认为过于保守，与长期以来设置独立的、高层级的宪法审查机构的期待相距甚远，甚至比设立专门委员会性质的宪法委员会的步子还小，但显然对现有的备案审查室加以升级改造要远比设立一个新的专门机构轻松简单。在条件许可的情况下，人们当然期望由健全的组织机构通过完善的法定程序来专司宪法监督工作，但也完全不必为有没有这样的机构而纠结，甚至气馁，更不需要把设立高规格的机构作为合宪性审查的不二法门。因为，全国人大及其常委会是具有合宪性审查权的法定主体，这是宪法已经确立的合宪性审查的基本制度框架，也是不可动摇的政治前提和人民代表大会制度的必然要求。[2] 至于在这一框架内如何完善相关的体制机制、设立什么样的机构来具体

---

1　作为全国人大常委会的法制工作机构，法工委负责拟订有关方面的基本法律草案；为全国人大和全国人大常委会、法律委员会审议法律草案服务；对提请全国人大和全国人大常委会审议的有关法律草案进行调查研究，征求意见，提供有关资料，提出修改建议；对省级人大常委会及中央有关国家机关提出的有关法律问题的询问，进行研究答复；研究处理并答复全国人大代表提出的有关法制工作的建议、批评和意见以及全国政协委员的有关提案；进行法学研究，开展法制宣传工作；负责汇编、译审法律文献等。而且，十八届四中全会决定还专门强调，为了发挥人大及其常委会在立法工作中的主导作用，要建立由全国人大相关专门委员会、全国人大常委会法制工作委员会组织有关部门参与起草综合性、全局性、基础性等重要法律草案制度。

2　在此意义上，有学者认为，中国语境下的合宪性审查可以定义为全国人大及其常委会对规范性文件是否合宪进行审查的制度、程序和方法的总称。中国特色合宪性审查与西方违宪审查的根本区别，就是中国特色合宪性审查坚持人民代表大会制度。参见祝捷："论合宪性审查的政治决断和制度推进——基于党的十九大报告的解读"，载《法学杂志》2017年第12期。

负责此项工作，并不是问题的关键。是设立专门的宪法监督机构，还是改革和加强既有的法律委员会；是依托现有的法规备案审查室，还是再设立其他的辅助机关；是集中统一审查，还是多元分散审查；等等。这些都只是审查主体内部机构与职责的合理配置与优化而已。无论是什么性质或类别的机构，都只能为全国人大及其常委会履行合宪性审查职责做前期的研究、审议以及拟定议案工作或其他的辅助性准备工作，最终的审查决定权仍在全国人大及其常委会。因此，只要全国人大及其常委会强力推动，不管具体机构如何设置，都会取得立竿见影的效果。[1] 但全国人大及其常委会的性质、会期、行使职权的方式等，决定了其对规范性文件只能作出最终的决断，而审查中所涉及的大量复杂的法理性、专业性、技术性问题，乃至最后的结论方案，在很大程度上都有赖于备案审查工作机构的认识和判断。因此，备案审查工作机构的立场、态度在合宪性审查工作中的作用至关重要。

　　按照立法法的规定，行政法规、地方性法规等规范性文件同宪法相抵触，是备案审查的法定情形之一。因此，只要审查机构主动而为，合宪性审查并不存在体制上的障碍。但如前所述，备案审查目前基本上局限于合法性层面，合宪性审查尚属空白。合法性审查与合宪性审查固然存在诸多不同之处，但如果删繁就简去认识二者差异的话，其区别主要就在于，合法性审查是依据法律及其他下位法而进行的审查，合宪性审查则是依据宪法而开展的活动，因此，只要宪法能够真正进入备案审查领域，能够成为审查的直接依据和标准而得到适用，也就实实在在启动了合宪性审查工作。而这项工作进展相对缓慢的原因，除了大量报备的规范性文件都是依据法律而制定的，其与上位法相抵触的情况基本上都可以通过合法性审查获得解决之外，另一个重要原因可能就是对合宪性审查感到为难，认为违宪是一种非同寻常的重大行为，"其实质是对公民基本权利和国家制度的严重危害，是对国家最高法律效力的侵犯"[2]。在没有先例可循、没有足够把握的情况下，贸然进行合宪性审查不仅缺乏实践经验，可

---

1　在起草1982年宪法时，对于是不是搞一个有权威的机构来监督宪法的实施？时任宪法修改委员会秘书长的彭真说："这个问题，在起草过程中反复考虑过。大家所想的，就是'文化大革命'把一九五四年宪法扔到一边去了。实际上，在当时无论你搞什么样的组织，能不能解决这个问题呢？不见得。"（《彭真传》编写组："彭真在主持起草1982宪法的那些日子里"，载《中国人大杂志》2013年第10期）的确，宪法监督机构如何设置并不是宪法能否得到实施的决定性力量，宪法之外的政治、经济、文化因素可能更具有根本性。

2　刘立志："透析人大制度建设热点、难点——全国人大常委会研究室原主任程湘清访谈录"，载《北京日报》2005年8月8日第3版。

能还要冒一定的法律风险。其实，宪法虽然具有政治属性，但同样具有法律属性，规范性、强制性是其不可或缺的性质和特征；对违宪的规范性文件或公权力行为加以纠正，是适用宪法的直接表现，也是宪法作为法的必然要求。任何法律的存在都预设了在现实生活中有发生违法的可能，否则，法便没有存在的必要和价值；宪法的存在同样意味着违宪问题不可避免，而出现违宪行为解决违宪问题，这在任何法治社会都是很正常的现象。而且，在很多情况下，违宪未必都会达到危害公民基本权利和国家制度的严重程度，宪法只是提供一种特殊的矫正机制。当然，对于严重的违宪行为，毫无疑问应该通过合宪性审查加以纠正和制止，而不是刻意回避或降格处理，这是人类政治文明更为成熟、理性的表现与保障。

这就要求备案审查机构在审查过程中不能有"脱宪法思维"，而应当具有自觉的宪法意识，主动将合宪性考量纳入审查工作之中，既要关注普通立法是否满足"根据宪法，制定本法"，以及"不得同宪法相抵触"的形式合宪性要求，又要正视宪法价值体系的圆融性，审查普通立法在价值取向和基本原则上是否符合宪法的精神与理念，以确保各项立法在形式和实质上都能够通过"宪法之门"。只有当宪法实实在在成为衡量和判断合宪与违宪的准据时，只有当一切违宪行为都受到宪法层面的否定和纠正时，合宪性审查工作才算是正式启动，纸面的宪法也才能成为行动中的宪法。因此，在备案审查实践中，既不能以合法性审查去替代合宪性审查，因为，这可能遮蔽宪法自身的独特价值和魅力，并使"推进合宪性审查工作"这一政治决断失去现实根基；也不能笼统地用合宪性审查去涵摄合法性审查，因为，这可能给合宪性审查带来不能承受之重，在合宪性审查尚未启动或者效果不佳的情况下，合宪性审查该如何"吸纳和引领"，是否意味着合法性审查也要停滞不前呢？无论是用合法性审查去涵盖合宪性审查，还是用合宪性审查去抵销合法性审查，都无法彰显各自独特的意义和功能，甚至会造成制度的混乱与错位，模糊对各自真实状况的理性分析与判断。对于合法性审查范围内的问题，没必要刻意拔高为合宪性审查；同样，对于合宪性审查的问题也不应下放为合法性问题。只有使二者各安其位、相辅相成，才能够使整个制度体系统筹推进、相得益彰。

由备案审查机构承担合宪性审查工作，显然有利于统筹推进合宪性审查与合法性审查。在我国的法制监督体系中，合法性审查主要包括依据法律审查行政法规、依据行政法规审查地方性法规、依据省的地方性法规审查设区的市的地方性法规等活动，因此，合法性审查的主体相当广泛，法律、行政法规、省级地方性法规的制定主体都可以对相应的下位法进行审查；而合宪性审查的主体则是单一和特定的，只有负有监督宪法实施职责的全国人大及其常委会才有权进行。但全国人大及其常委会同时又可以依据其所制定的法律对法律之下的规范性文件进行合法性审查，这样，合法性审查与合宪性审查在最高国家权力机关身上发生了交集，也就是说，全国人大及其常委会既是合宪性审查主体，又是合法性审查主体。而且，在不考虑是否把法律纳入审查范围的情况下，全国人大及其常委会进行合宪性审查与合法性审查的对象也是一致的，即都是行政法规、地方性法规、自治条例和单行条例、经济特区法规、司法解释等规范性文件。在我国法制统一的原则之下，下位法都是依据上位法而制定的，最终又都统一于法律以及法律之上的宪法。这样，无论是合法性审查，还是合宪性审查，审查的标准实际上也是统一的。在审查主体、审查对象、审查标准相同的情况下，二者不可能有实质性的决然界分，由一套审查体系和一个审查机构统一进行审查工作，显然更有利于统筹合宪性审查与合法性审查之间的关系，实现二者之间的衔接与协调，而不必刻意地去区分是合法性审查还是合宪性审查的受理范围，也不必受移送、转交等程序之累或者判断标准不同的困扰。

在合法性审查与合宪性审查的衔接与协调上，可以采取两项原则，一是平行原则，即如果审查事项的性质一目了然，那么，是合法性问题的，直接进行合法性审查即可；如果涉及宪法性问题，则可以直接上升到合宪性审查的高度。例如，直接根据宪法而制定的行政法规，直接依据宪法规定而发布的决定、命令等重大政策性行为，对宪法的规定作出变通规定的自治条例和单行条例等，上述情况可能会直接产生宪法性问题。二是合法性审查优先原则，[1] 即在合法性与合宪性发生交织的情况下，通过合法性审查可以解决的问题，就不必进入合宪性审查阶段；只有在合法性审查无法解决的情况下，例如，法律存在漏洞或空白而不能提供审查标准或者超出了法律的规制范围，宪法才有出场的必要。合法性审查优先并不是将合法性审查作为合宪性审查的一个必经的前置程序或过滤机制，而只是在这两种审查方式中应优先选择适用合法性审查。

---

1 合法性审查优先原则不同于有学者所主张建立的"合宪性审查的前置程序"，即在提交合宪性审查之前，必须先进行合法性审查；合法性审查是合宪性审查前的一个必经的过滤机制，而且该程序由申请人或启动者来推动并走完，以防止本来属于合法性审查的案件进入合宪性审查的程序中。这种方案的基本思路是合法性审查与合宪性审查分属两套不同的体系，并需要由两个不同的机构来承担。这不仅将本可以统筹进行的合法性审查与合宪性审查人为地割裂了开来，而且可能会徒增诉累、极大增加申请人或启动者的负担，甚至会使申请人面对复杂的程序望而生畏、望而却步。参见王春业："合宪性审查制度构建论纲"，载《福建行政学院院报》2018年第1期。

这不仅是因为大量的行政法规、地方性法规、司法解释等规范性文件都是依据法律或上位法而制定的，通过合法性审查可以过滤掉大量一般的法律性问题，从而为合宪性审查减压；更重要的是，法律条款一般更为明晰具体，具有更强的针对性和可操作性，而宪法规范一般较为原则和概括，甚至存在诸多模糊与歧义，在具体适用时并不具有优先适用的优势；同时，在法的位阶体系中，不同层级的规范性文件之间应当呈现一种阶梯状的金字塔结构，并分别承担着不同的功能和角色，宪法非无所不包的法律百科全书，在普通法律面前保持适度的克制和谦抑，只会增强宪法的权威性和崇高性。

之所以一些学者钟情于设立一个高规格的宪法审查机构，其潜意识里还是希望能够把全国人大及其常委会所制定的法律纳入合宪性审查的范围。"因为法律距离宪法最近，也最容易出现违反宪法的问题，更需要进行合宪性审查"，并建议"应该根据我国审查对象的现实情况，来改革或构建我国的合宪性审查机构"。[1] 法律有没有违宪的可能，进而能不能成为违宪审查的对象，长期以来是颇令学界深感困惑的一个问题，而对这一问题的态度甚至在一定程度上决定着合宪性审查的理论基础与制度设计。对此，有两种截然相反的观点。一种观点认为，在我国的人大制度下，全国人大一经成立，就拥有全部国家权力，包括制定宪法的权力以及立法权；这些权力都直接来自人民的"授权"。既然制定宪法的权力与制定法律的权力是平行的存在，没有高低之分，那么全国人大及其常委会制定的法律也就不存在所谓合不合宪法的问题。[2] 另一种观点则认为："全国人大及其常委会无论在逻辑上还是理论上都有违背制宪者意愿的可能，从而陷入到'作为立法者的人民'反对'作为制宪者的人民'之伦理困境。"[3] 在这种情况下，如果不对违宪的法律加以否定的话，宪法的最高性将不复存在，合宪性审查也就没有存在的必要和价值了。

不管在理论上或逻辑上法律是否有违宪的可能，但我国宪法关于"一切法

1 王春业："合宪性审查制度构建论纲"，载《福建行政学院院报》2018年第1期。

2 参见梁慧星："不宜规定'根据宪法，制定本法'"，载《社会科学报》2006年11月16日；洪世宏："无所谓合不合宪法：论民主集中制与违宪审查制的矛盾及解决"，载《中外法学》2000年第5期。这种观点与老一辈宪法学家张友渔先生的思想一脉相承："全国人大违宪怎么办？这是绝不可能的。这是对我们国家根本制度的怀疑，如果真的出现，那就是说整个国家成问题了。"参见张友渔：《宪政论丛（下册）》，法律出版社1986年版，第81页。这种立场虽然具有超验正义的主观色彩，但毕竟反映了主流政治学说的基本观念，即全国人大不可能违宪，进而全国人大所制定的法律也就不可能违宪。

3 王旭："我国宪法实施中的商谈机制：去蔽与建构"，载《中外法学》2011年第3期。

律、行政法规和地方性法规都不得同宪法相抵触"，一切机关、组织和个人"都必须以宪法为根本的活动准则"等铿锵有力的宣告，不仅警示了法律违宪的可能性，更强调了对法律进行合宪性审查的必要性。但在现实操作中如果要对法律进行合宪性审查，的确面临着自己监督自己的困境。为破解这一困境，有学者提出了"双重主体说"，认为全国人大具有双重主体地位，即既是"最高国家权力机关"，同时也是国家立法机关，全国人大常委会同样乃双重意义上的"常设机构"。作为立法机关，全国人大及其常委会的立法行为，则存在着是否符合宪法这样的理论问题与事实问题。对全国人大常委会的监督自不必说，对全国人大本身的立法进行宪法审查也是符合逻辑的，这可理解为是作为"最高国家权力机关"的全国人大去审查作为"国家立法机关"的全国人大所制定的法律而已，而不存在人民代表大会制度内部逻辑上的悖论。[1] 这种理解确实在一定程度上化解了自体监督的逻辑难题。然而，不管在学理上怎么去识别全国人大及其常委会的多元角色，但在现实的政治结构和实践中，作为最高国家权力机关的全国人大与作为立法机关的全国人大终归是同体的。在我国宪法体制内，全国人大的最高性不仅是现实的制度安排和政权架构，而且有自洽的政治逻辑、深厚的历史传统、广泛的社会基础，是全国人大创制了宪法，而非宪法创造了全国人大，因此，宪法的最高性在这种意义上是相对的，是由全国人大通过"根本法"的形式所赋予的，是从属于全国人大的最高性的；当出现法律与宪法相抵触的情况时，全国人大既可以废止法律，也可以修改宪法，从而可以轻易地在自己的能力和掌控范围内避免宪法危机的发生。在这种情况下，立法法将法律排除在合宪性审查的范围之外并非匪夷所思，这也说明对法律进行监督性审查是不现实的。但为了确保"每一项立法都符合宪法精神"，可以考虑在立法过程中专门增加一个程序——引入合宪性控制机制，即专门对交付表决的法律草案是否符合宪法进行审查并提交正式的研究报告。[2] 这种事先的审查机制可以尽量将合宪性问题消解在立法机关自身的立法过程之中，避免日后可能引发的宪法争议。当然，总体上说，相对于行政法规、地方性法规、司法解释等规范性文件而言，法律的数量较少、质量也比较高，因此，在合宪性审查制度起步阶段，不必在"法律"能否进行审查、如何进行审查的问题上大做文章，只要首先能对行政法规以下的规范性文件进行切实有效的审查

---

1 参见林来梵："代序"，载方建中：《超越主权理论的宪法审查》，法律出版社2010年版，第3—4页。

2 参见韩大元："关于推进合宪性审查工作的几点思考"，载《法律科学》2018年第2期。

就已经是值得欣慰的重大进步了。

在合宪性审查机构如何设置上，有一种新的观点是值得注意的。有学者认为，建立合宪性审查机构，必须充分考虑到中国共产党在国家政治生活中的领导作用与核心地位，只有党充分参与的机构，才具有更大的权威性和执行力。建立一个由党直接领导和参与的合宪性审查机构，可以实现合宪性审查机构的高层次性，并对包括党内法规的审查对象实现全面覆盖。[1] 这种观点充分考虑到了中国共产党在合宪性审查中的领导作用与核心地位，这也是建构中国特色宪法监督制度的根本和关键所在，但问题在于设立一个没有任何体制上和法理上障碍的专门委员会性质的宪法委员会已经有了近四十年的呼吁和期待，而这一方案所设想的机构设置不仅面临宪法体制的重大调整和变革，而且具体制度的设计与运作也将面临全局性的探索，在可预期的未来很难成为一种现实性的选择。况且，对党内法规的合宪性审查要比对国家立法的合宪性审查复杂得多，在审查程序、方式、标准等方面也必然存在诸多差异，而对于国家立法的合宪性审查在已经有了充分的理论准备和现实的制度装置的情况下，仍然处在起步阶段，对党内法规的合宪性审查恐怕要面对更多更复杂的理论和实践难题。与其如此，倒不如把有限的学术资源和精力首先投放到对国家立法合宪性审查的推进上。现在的关键是如何迈出那艰难的第一步，从而为以后合宪性审查向纵深发展积累必要而有益的经验。

**（二）建构以公民为起点的合宪性审查机制**

合宪性审查是一项复杂系统的法治工程，其制度化建构与运作，绝非一朝一夕之功，更非事先纯粹的理性设计，需要在长期的行宪实践中进行点点滴滴的经验累积，需要立足于中国的时空背景和社会土壤进行不断的试错性探索。只有首先尽快地启动该项工作，此后才是在实践检验的基础上如何不断地健全完善相关制度的问题。而这就需要认真地思考合宪性审查的动力源泉，以为其持续不断的深入推进提供生生不息的源头活水。

宪法的生命在于实施，宪法的权威也在于实施。而宪法实施的内生性动力则在于公民践行宪法理念、参与行宪实践的努力与行动，在于民众内心对宪法的真诚信仰和拥护。因此，要使合宪性审查落到实处，就必须确立公民在宪法实施中的主体性地位、真正从民间社会汲取合宪性审查的力量，我国运行并

---

1 参见王春业："合宪性审查制度构建论纲"，载《福建行政学院院报》2018年第1期。与之接近的另一方案主张："建立一套以党政互动、央地协调为主要内容的人民代表大会合宪性审查制。"参见孙煜华、童之伟："让中国合宪性审查制形成特色并行之有效"，载《法律科学》2018年第2期。

不久远的备案审查实践已经充分证明了这一点。根据立法法的规定，依申请审查有两种情况。一是提出审查要求，即国务院、中央军事委员会、最高人民法院、最高人民检察院和各省、自治区、直辖市的人大常委会，可以向全国人大常委会书面提出进行审查的要求。二是提出审查建议，即前款规定以外的其他国家机关和社会团体、企业事业组织以及公民，可以向全国人大常委会书面提出进行审查的建议。[1] 十二届全国人大期间，法工委收到公民、组织提出的各类审查建议共计1527件，其中属于全国人大常委会备案审查范围，即建议对行政法规、地方性法规、司法解释进行审查的有1206件。[2] 而截至2021年1月20日全国人大常委会法工委报告2020年备案审查工作情况，有关国家机关提出的审查要求或审查建议仍然一件没有。[3] 如此巨大的反差并不令人匪夷所思。

原因很简单，法律法规等虽为立法机关所制定，但它们并非立法机关自我享用的产品，直接关乎所有公民、法人和其他组织的权利和自由、义务与责任。[4] 基于切身利益的考量，他们自然对立法内容有着最强烈的关注，对立法中存在的问题有着最直接的感受，质疑和挑战立法合法性的动机和诉求也最为现实而迫切。而且，在许多情况下，立法权的偏颇与失范对公民权益所造成的侵害可能比司法不公、行政肆意更为严重，也更难纠正，因为，法的抽象性、普遍性和反复适用性，决定了它的影响是长期的、大面积的，甚至是全局性的；立法机关的民意色彩、合议制的集体决策模式，决定了对立法行为的监督更为

---------------------

1  参见《中华人民共和国立法法》第99条第2款。

2  《全国人民代表大会常务委员会法制工作委员会关于十二届全国人大以来暨2017年备案审查工作情况的报告——2017年12月24日在第十二届全国人民代表大会常务委员会第三十一次会议上》。在这1206件审查建议中，针对司法解释的有1116件，约占92.5%。之所以绝大部分审查建议都集中在司法解释上，主要原因是司法解释量大面广，且在司法实践中比法律法规有着更为普遍和直接的适用，在很多案件中是法院审判的直接依据，决定着判决结果，进而直接影响着公民的切身利益。在这种情况下，公民作为规范性文件的利害关系人，自然最有发现问题、提出问题的现实需要和动力，更多的建议指向司法解释也就不足为奇了。

3  国家机关与公民之间在启动备案审查方面严重失衡的格局迄今为止没有什么变化。2020年，全国人大常委会法工委共收到公民、组织提出的审查建议5146件，其中属于全国人大常委会审查范围的有3378件，包括针对行政法规和国务院决定的38件、针对地方性法规的3254件、针对自治条例的11件、针对司法解释的75件；不属于全国人大常委会审查范围的有1768件。没有收到有关国家机关提出的审查要求。参见沈春耀：《全国人大常委会法工委关于2020年备案审查工作情况的报告》。

4  为了行文的方便，本文以下所言的公民既包括个体意义上的公民，也包括社会团体、企业事业组织等放大了的公民集合体。

漫长和困难。因此，让公民广泛参与对规范性文件的监督之中，是实现规则公平、制度公平和维护公民基本权利的重要保障，也使合宪性审查具有了最坚实的社会基础。

相比较而言，国家机关提出"审查要求"或"审查建议"的动力明显不足。因为，首先，在我国，尽管国家机关之间存在着职责分工，但它们都是公共利益的维护者和实现者，分享着共同的政治理念，担负着共同的历史使命，追求着共同的价值理想，并都在党的统一领导下分工协作、紧密配合，共同完成着不同阶段的工作目标和任务，不存在为了自身特殊的政治考量或经济利益而在立法上进行竞争的必要，更不存在像个人利益受到公权力侵害时必须通过合宪性审查才能获得救济的情况。其次，有权提出"审查要求"的国家机关都是中央国家机关或省级国家权力机关，它们都担负着繁重的管理和决策工作，且不说它们有没有时间和精力去关注立法问题，即使发现了无法绕开的、涉及与自身职权相关的立法存在违宪违法问题，也完全可以按照我国的政治运作习惯和传统文化模式，通过内部沟通协商这种更为简单和高效的方式加以解决，而不需要采取"要求审查"这种较为激烈的外部对抗方式。至于有权提出"审查建议"的"其他国家机关"，基本上都属于较低层级的法律适用机关，其职责在于严格"依法办事"，在于严格按照法律的规定去履行职责，发现和探究立法本身是否存在疏漏并非其职责所系。即使在法律适用过程中发现了下位法与上位法相抵触的问题，它们一般也会按工作程序逐级上报请示，可能很少会直接向全国人大常委会提出审查建议。最后，在我国的立法体制中，对于涉及不同机关之间权限配置的立法，为了避免争权诿责、相互扯皮的现象，一般是尽量消弭在起草过程中，以免日后引起纷争与歧义。如，按照立法法规定：重要行政管理的法律、行政法规草案由国务院法制机构组织起草，而不是由国务院有关部门具体负责起草；涉及两个以上国务院部门职权范围的事项，应当提请国务院制定行政法规或者由国务院有关部门联合制定规章。[1] 十八届四中全会决定进一步强调：建立由全国人大相关专门委员会、全国人大常委会法工委组织有关部门参与起草综合性、全局性、基础性等重要法律草案制度。重要的行政管理法律法规由政府法制机构组织起草，对部门间争议较大的重要立法事项，由决策机关引入第三方评估，充分听取各方意见，协调决定。[2] 这些程序设置显然有助于把国家机关之间可能产生的立法争议尽量消弭在事先的协商过程

---

1 参见《中华人民共和国立法法》第81条。

2 参见"中共中央关于全面推进依法治国若干重大问题的决定"，载《求是》2014年第21期。

之中，也有助于从体制机制和立法程序上防止部门利益纷争和地方保护主义。因此，在备案审查中，国家机关的审查"要求"或"建议"难有多大作为。

当然，有学者认为，法院的情况不同于其他国家机关，因为法院在审理案件时，必须选择一个恰当的法律规范作为裁判依据，如果案件当事人认为该法律规范违反宪法而提出异议，或者审理案件的法院认为该法律规范违反宪法，这时法院有必要提出审查建议，以保证法院裁判的合宪性及彻底完成解决纠纷之司法裁判功能。因此，应当赋予所有的法院向全国人大常委会提出合宪性审查建议的资格。[1]的确，司法审判所面临的法律适用问题最为广泛复杂，且在任何一个案件中都面临着法律的选择适用问题，而选择适用的一个重要标准就是合宪性合法性，因此，由其提出合宪性审查建议似乎顺理成章、理所当然。然而，应当看到，在我国的宪法体制中，法院与其他国家机关从根本上讲具有同质性，前面对国家机关所作的分析同样适用于法院系统。而且，在司法实践中，宪法不能成为法院的裁判依据，因此，法院进行宪法性选择和判断的机会并不多；同时，宪法问题一般都被认为比较棘手复杂敏感，法官们平常避之唯恐不及，而把启动合宪性审查程序的主要希望寄托在他们身上似乎有些勉为其难，把法院区别于其他国家机关单独赋予其提出审查建议的主体资格似无多大的实际意义。

基于以上分析，立法法关于国家机关提出"审查要求""审查建议"的条款注定派不上多大用场，而公民的审查建议毫无疑问应当成为启动审查程序的主角。[2]然而，有学者担心，因立法法所规定的启动主体资格过于宽泛，没有设定任何限制条件，若公开受理、处理其中一起，极有可能涌现不计其数的启动合宪性审查程序之高潮。因此建议限定启动合宪性审查程序的主体资格，确立提出合宪性审查建议的条件，设置相对合理的"宪法案件筛选标准"。[3]这种担心的确已经得到了初步验证，自2017年12月十二届全国人大常委会第三十一次会议首次听取备案审查工作报告以来，社会各界高度关注并反响强烈，审查建议的数量和内容上都有所变化。在此次报告后的不足两个月的时间内，又收到了

--------------------

[1] 参见胡锦光："论启动合宪性审查程序主体资格的理念"，载《国家行政学院学报》2017年第6期。另可参见秦前红前引文。

[2] 参见沈春耀："全国人大常委会法工委关于2020年备案审查工作情况的报告"，载中国人大网：http://www.npc.gov.cn/npc/c30834/202101/239178b5d03944c7b453ddc6bdd7c087.shtml，最后访问日期：2021年6月12日。

[3] 参见胡锦光："论启动合宪性审查程序主体资格的理念"，载《国家行政学院学报》2017年第6期；"论推进合宪性审查工作的体系化"，载《法律科学》2018年第2期。

三千多件审查建议。这一数据超过了前五年的总和。[1] 然而，对这种现象应当客观冷静地加以分析。自20世纪70年代末以来，立法一直是我国法治建设的主旋律，从初步解决有法可依的问题到逐步形成中国特色社会主义法律体系，立法数量迅猛增长，并成为我国法治建设的重大标志性成就之一。然而，相比之下，立法质量却存在着突出问题，立法工作中的部门利益、地方保护、争权诿责、越权立法、滥立土法等现象，严重影响了立法的科学性、民主性及合法性。而一旦这些违反上位法规定的立法存在减损公民权利、增加公民义务的情况，公民也难以找到捍卫自身权益的制度化救济渠道。在刚刚开启合法性审查大门的情况下，新增矛盾和历史上积累的矛盾叠加而来，再加上公民的权利意识和法治意识日益高涨，通过法治渠道表达利益诉求、捍卫自身利益的自觉性和积极性在不断提升，此时审查建议出现大幅度增长是一种正常的、合理的现象。就像法院立案登记制度改革以来诉讼案件激增一样，是情理之中的趋势。

　　值得注意的是，由于目前审查建议的对象主要是下位法与上位法相抵触的合法性问题，因此，所增加工作量主要仍是合法性审查，合宪性问题远不是审查建议的主流，也不会成为审查工作的沉重负担。这一方面固然是由于大量的宪法性问题都可以消解在合法性层面，另一方面还必须正视一个深层次原因，即全社会的宪法意识还普遍不高，成熟的宪法文化还远未形成，"贱诉"传统还根深蒂固，尤其是由于种种原因宪法还远远没有走进社会大众的生活空间，有人甚至还缺失对宪法的基本认知和情感，更缺失行宪护宪的自觉和行动。在这种情况下，人们所担心的应该是合宪性审查门庭冷落的尴尬，而不是大量激增的不堪重负；不是怎么抑制公民提请合宪性审查的热情，而是如何避免出现公民对宪法的冷漠。

　　当然，即使是合宪性审查建议大量涌现也未必是坏事，因为这或许可以倒逼相关制度的进一步改进与完善，甚至可以为设置专门的高规格宪法审查机构、增加审查机构编制提供一种现实依据。况且，目前的制度安排足以应对公民审查建议所可能出现的"井喷式"增长局面。因为，根据立法法的规定，公民提出的审查建议并不是必然进入审查程序，而是"由常务委员会工作机构进行研究，必要时，送有关的专门委员会进行审查、提出意见"。这实际上就是一种筛选机制，对于不属于审查范围的或者没有价值的建议，"工作机构"完全可以在这个环节将其过滤掉，而且，对于这种"过滤"立法法没有设定任何限制性条件和标准，

---

1　参见程姝雯、王秀中："全国人大常委会首次对违法文件发出纠正'督办函'合宪性审查已箭在弦上"，载《南方都市报》2018年2月28日AA12版。

从而使"工作机构"在筛选哪些建议可以进入正式的审查程序时有相当大的自由裁量空间，也为防止审查建议潮水般涌来提供了制度上的控制阀。同时，还可以对审查职责进行重新整合和优化配置，由各专门委员会分别承担主动审查和专项审查工作，因为这些审查不仅涉及法律性问题，更涉及不同立法领域的专业性问题，各专门委员会具有熟悉情况和专业技术的优势，由各专门委员会进行分散性审查更容易发现问题，并提出具有针对性和建设性的解决方案。而备案审查工作委员会专门承担公民审查建议的受理、登记工作，并对涉及合宪合法性问题统一进行审查研究。这不仅可以使备案审查机构有充分的时间和精力专门从事合宪性审查工作，而且由于公民的审查建议往往建立在对相关立法已经产生合宪性合法性争议的基础上，相对于抽象而宽泛的主动审查，往往聚焦着社会关注的热点与难点问题，具有更强的法律性和时效性，由备案审查机构统一负责公民审查建议的受理与处理，必将有利于发挥这类建议在合宪性审查工作中的主渠道作用。

为了消解因审查建议大量增加而可能给备案审查工作机构带来的巨大压力，还可以对备案的性质和功能加以重新定位，将备案与审查相对分离，以减轻备案审查机构的工作负担并保证审查的质量与效率。目前一般认为公民的审查建议属于"备案审查"的一种类型。其实，备案审查只是审查的一种情况，即通过备案而审查，但备案并不是启动审查唯一或必经的环节，二者之间并不存在内在的必然联系。例如，在依职权而进行审查的情况下，不管有关的法规和司法解释是否备案，全国人大常委会都有权主动进行审查而不应该受是否报备的限制；[1] 同样，在依申请进行审查的情况下，被审查的规范性文件可能已经备案了，但启动审查程序的力量并不是来自备案，而是公民或组织提出的"审查建议"。其实，备案审查机构不堪重负的一个重要原因恐怕不是公民审查建议的大量增加，而是成千上万、不作区别都需要审查的报备规范性文件。备案审查和基于公民的审查建议所进行的具体审查显然不属于同一类别的审查。从形式上看，备案审查似乎是事后的监督审查，然而在法规公布之后短短30日之内进行报备，这时所进行的审查还很难说是结合具体适用而进行的对照性审查，而只能是抽象的原则性审查。但在很多情况下，立法本身所存在的问题不是备案时通过字面的语言研究就

---

1 事实上，目前"有件必备尚未完全落实，备案范围有待进一步厘清，报送备案不规范、不及时甚至漏报的情况仍有发生"（见前引《备案审查工作情况的报告》）。在这种情况下，如果强调备案是审查的前提，则可能遗漏对未报备规范性文件的审查监督。而且，即使对于报备的规范性文件也难以做到一一审查。例如，十二届全国人大常委会办公厅共接收报送备案的规范性文件4778件，而法工委只对报送备案的60件行政法规、128件司法解释逐件主动进行了审查研究。

可以发现的，而往往是在具体的适用过程中才能暴露出来，立法（监督）者无论多么字斟句酌都很难穷尽法律规范所可能存在的星罗棋布的疏漏，任何事先的预防性审查都不可能对未来无穷无尽的现实与变化作出精密而周全的预测和判断；而公民的审查建议则大多是基于法在适用过程中所出现的具体问题而提出的具体建议，更具有针对性。只有把事先审查与事后审查相结合，才能构建起安全而完备的监督网络。对备案的规范性文件进行审查还面临一个逻辑上的难题，那就是，如果备案审查之后认为合宪合法而正式施行了，那么，以后在实施过程中又发现了问题，该由谁负责，是备案审查机构呢，还是制定机关呢？而事后纠错性的机制则可以避免这种困局。实质上，备案的意义仅在于留档存案以备审查。备案只是一种内部工作程序，而审查则是一种外部监督机制；要求备案只是为了方便审查，但审查并不需要必须以备案为前提，将备案与审查组合成一个不可分离的制度，不仅误读了备案的性质与功能，也有可能模糊审查的本质与全貌，并有可能弱化"审查建议"的独特价值和意义。在此思路之下，可以考虑还原备案的本来意义，将审查从备案中剥离出来，即不必强调"有件必备、有备必审"，备案只是日常的登记性工作而已，对报备的规范性文件，可以有重点、有选择的主动审查，也可以先行搁置而不进行任何审查，待出现审查建议或问题之后再作审查。这样就可以让备案审查机构从备案工作的繁重压力中解脱出来，从而把更多的精力和时间放到对公民审查建议的关注上。

要使公民的审查建议成为启动合宪性审查的主要动力源，不仅需要完善备案审查机构设置、加强备案审查队伍建设、为公民的审查建议提供更为便捷及时的信息服务和技术保障，[1] 更需要构建以公民为起点的合宪性审查机制，以真正把这项工作植根于公民的参与和行动之中。

首先，在提请主体上，对公民提出审查建议的主体资格不必做严格的限制和要求，只要符合基本的形式要件和属于合宪性审查的范围，且身份信息真实完整、请求审查的条款明确具体并有正当的理由和建议，就应当接受建议予以

---

1　据介绍，全国人大备案审查信息平台已于2016年年底建成，所有纳入全国人大常委会备案审查范围的规范性文件均通过电子报备这一目标已经实现。目前正在积极推进地方备案审查信息平台建设，以最终建成覆盖全国、互联互通、功能完备、操作便捷的全国统一的备案审查信息平台。统一的备案审查信息平台建成后，不仅极大地提高备案审查的效率，也将为公民提出审查建议提供极大的便利。届时公民、组织只需在网上下载相应的文件，填写审查建议后，即可以电子邮件等方式将建议发给法规备案审查室。参见澎湃新闻对全国人大常委会法工委法规备案审查室主任梁鹰的采访：《全国人大常委会发布5起审查建议案例有何深意》，2017年12月21日。

审查。提出审查建议的公民可以是某个诉讼案件的当事人，当他们对案件本身所适用的立法提出合宪性异议而又无法在司法阶段得到支持时，便可以通过合宪性审查寻求立法上救济；[1] 可以是普通公民，尤其是法律职业共同体人士，他们往往基于自己的专业知识、社会责任感和对法治建设的关切而积极地通过合宪性审查渠道建言献策；[2] 可以是企业事业组织、社会团体、行业协会；[3] 社会团体、行业协会具有专业、技术和人才方面的优势，不仅对相关领域的实际情况有比较全面深入的了解和把握，可以提出建设性的立法方案，而且能够对本行业的利益诉求有效地筛选、整合并进行组织化的表达和博弈，因而能够比个体公民更好地追求和实现本行业的集体利益。公民的审查建议可以提出翔实充分的理由和依据，也可以仅提出简单的要点和主旨，对此不必做硬性的统一要求，以避免把绝大多数公民挡在合宪性审查的大门之外。

其次，在审查程序上，要从受理登记、审查研究，到形成结论、进行反馈

---

1　例如，2015年10月，浙江省杭州市居民潘洪斌骑行的一辆电动自行车被杭州交警依据《杭州市道路交通安全管理条例》扣留。潘洪斌认为，该条例在道路交通安全法的有关规定之外，增设了扣留非机动车并托运回原籍的行政强制手段，违反了法律规定。在一审、二审都败诉的情况下，潘洪斌于2016年4月致信全国人大常委会提出审查建议，建议对《杭州市道路交通安全管理条例》进行审查，请求撤销该条例中违反行政强制法设立的行政强制措施。相关地方性法规已于2017年6月修改。在这种情况下，备案审查实际上发挥着为公民权利保护提供"最后一道屏障"的作用。虽然备案审查针对的是制度层面的规范性文件，但审查结论显然对于具体个案的处理有着直接的影响。把备案审查打造为普通公民向最高权力机关表达法律诉求的"直通车"，显然不仅有利于健全我国公民的权利救济体系，而且有利于强化人民代表机关的民意基础。

2　从实际情况看，目前高质量的审查建议往往是由法律专业人士所提出的。他们虽然不是直接的利害关系人或者具体案件的当事人，但如果他们不站出来发声，则可能会放任相关规范性文件中违宪违法问题的存在和延续。显然，赋予这些不特定的普通公民提出审查建议的资格，可以有效地让全社会担负起保障宪法实施的职责。事实上，正是他们的积极参与和推动，引发了中国社会近些年一系列法律制度的变革与创新。例如，2016年，内蒙古自治区1位律师就最高检"附条件逮捕"文件提起审查建议，相关司法解释已于2017年4月停止执行。2017年，4名劳动法专家就地方计生条例中"超生就辞退"的规定提起审查建议后，全国人大常委会分别向相关地方人大发函，建议根据各省实际情况对地方人口与计划生育条例中有关企业对其超生职工给予开除或者解除劳动（聘用）合同的规定适时作出修改。2017年，20多所高校108位知识产权专业研究生联名对地方性法规中规定的著名商标制度提出审查建议，法工委经审查研究于2017年11月致函有关地方人大常委会，要求对有关地方性法规予以清理废止，并致函国务院法制办公室，建议其对涉及著名商标制度的地方政府规章和部门规范性文件同步进行清理。

3　例如，2016年中国建筑业协会对地方性法规中关于政府投资和以政府投资为主的建设项目以审计结果作为工程竣工结算依据的规定提出审查建议。法工委于2017年2月致函各省、自治区、直辖市人大常委会，要求对地方性法规中的此类条款进行清理，适时予以纠正。

等各个环节，为公民提出审查建议提供便捷、及时的服务和保障，尤其应当通过制度化建设使公民的建议能够对最后作出的结论或决定产生实质性的影响和作用。这就不仅需要"对于审查建议做到件件有处理、有结果、有回复"，更重要的是这些结果和回复应当是正式的、具有法律效力的审查结论，而不是简单的工作性答复。《立法法》对向审查建议人反馈审查、研究情况作了明确规定，要求常委会工作机构应当按照规定将研究情况向提出审查建议的公民、组织反馈，并可以向社会公开。[1] 全国人大常委会法制工作委员会也制定了《对提出审查建议的公民、组织进行反馈的工作办法》。近年来，对公民、组织审查建议反馈的力度也在不断加大，"但仍存在反馈面不够宽、反馈时间长、反馈内容需要完善等问题，向社会公开备案审查工作情况也不充分"[2]。为此，应当不断完善反馈机制，对反馈的期限、反馈的形式、反馈的内容等作出进一步细化性的规定，尤其在反馈内容中应当对规范性文件是否合宪的理由和依据作出充分的说明和解释。这不仅可以加强对审查工作的社会监督，促使审查机构认真对待公民审查建议，同时可以有效提升全社会的宪法观念和立法质量，使公民在合宪性审查的实践中真实感受宪法的存在及与自身利益的密切联系，从而有助于激发公民敬仰宪法、捍卫宪法的政治情感。

（三）强化合宪性审查的规范性和实效性

作为宪法监督的制度安排，合宪性审查发挥作用的关键就在于必须具备一定的强制性和约束力。而目前备案审查的纠错机制主要是由常委会工作机构采用函询、提醒、约谈、通报、督促等方式，要求制定机关自行纠正。即如果经审查研究，认为有关的规范性文件确实存在问题，将通过上述方式与制定主体沟通协商，要求其自行纠正并在规定的时间内回复处理结果。如果拒不纠正，则可能采取督办或通报的方式，必要时则可提请全国人大常委会予以撤销。但"到目前为止，审查研究意见发送给制定机关后，制定机关都积极配合，明确表示不纠正的还没有出现过，都表示要研究、要积极修改完善"[3]。由此可以看出，目前的备案审查虽然刚性不足，但的确发挥了一定的功效。

然而，作为一种外在的强制和约束，监督的效力不能仅仅依托于受监督者

---

1　参见《中华人民共和国立法法》第101条。

2　记者蒲晓磊对全国人大常委会法工委法规备案审查室主任梁鹰的采访："今年起将对新增地方性法规逐件主动审查"，载《法制日报》2017年6月6日第9版。

3　澎湃新闻记者邢丙银对梁鹰的专访：《全国人大明年开展备案审查回头看，拒不纠正将"撤销"》，http：//www.thepaper.cn/newsDetail_forward_1923366，最后访问日期：2021年3月22日。

的自觉与自律；只有将刚性约束与柔性协商有机结合起来，才能保证监督真正产生应有的效果。而"撤销"——这一备案审查制度中最后的、也是最具威慑作用的"撒手锏"，至今还没有被派上过用场，全国人大及其常委会对"问题法规"还从未启动过"撤销"程序，更未作出过具有法律效力的废止或撤销决定，这种正式的合宪性控制机制整体上尚处于"沉睡状态"。[1] 这不仅使得这一机制的实效性颇受怀疑，也使得整个宪法监督制度的表现饱受争议。其实，作为一项法定的纠错机制，宪法、立法法、监督法等对"撤销"的主体、程序、法定情形，都有非常明确的规定，应当说，对违宪违法的规范性文件予以撤销不存在任何制度上的障碍和法理上的困惑。而这一制度迟迟未能启动的重要原因恐怕还是来自观念上的问题，即在没有先例可循的情况下，这种直截了当的强制性手段与一向注重沟通协商的工作方式和文化传统如何衔接协调，会不会损伤和谐融洽的工作关系；被监督机关能不能接受这种不留情面的监督，会不会影响其工作的积极性、主动性；等等。这些担心并非多余，甚至成为滞延宪法监督的重要原因。[2] 但是，应当认识到，与维护宪法权威、保障宪法实施这一法治建设的大局相比，上述顾虑只是微不足道的枝节而已；而且，"撤销"作为一种最后的、也是最有力的监督手段，并不是监督中的常态，只是少数情况下的必要之举。当然，即使是为数极少的"撤销"个案也足以产生强烈而持久的示范性效应，并足以保障其他较为柔性的监督方式能够更好地发挥作用。它可以有效避免因过于依赖沟通协商而可能造成的久拖不决，甚至是拒不纠正的情况。在部门利益、地方利益或其他因素的强力驱动下，"'你提你

----

1　参见翟国强："中国宪法实施的双轨制"，载《法学研究》2014年第3期。

2　据莫纪宏教授介绍，1982年修改宪法时曾围绕如何建立中国的宪法监督制度进行过探讨，当时有"力挺派"非常坚定地推动违宪审查，但仍有不少人担心"搞违宪审查，会不会打破政治生态，导致不同机关之间形成强大的张力？""一说某部门某领导制定的规范性文件'违法'还'违宪'了，脸面上挂不住。"转引自王秀中、程姝雯："推进合宪性审查 维护宪法权威"，载《南方都市报》2017年10月30日AA12版。

的，我做我的'以及对审查研究意见不理不睬不办的现象"不是不可能发生。[1]
而公开予以"撤销"可以实实在在地"证明该制度是有力量的，是'长牙齿'
的，不是摆设"[2]。显然这可以鲜明地向全社会显示宪法的至上权威，一切违
宪违法行为都必须受到纠正；同时有利于打破宪法监督长期沉寂的局面，激活
宪法监督这一"休眠的火山"，为宪法实施提供一种制度上的驱动力。

适时启动"撤销"程序、坚决纠正各种违宪的规范性文件，对于加强宪法实
施、维护宪法尊严，有着其他监督方式难以替代的效果。虽然这方面尚未有破冰之
举，但其他公法方面的经验足可以让我们打消疑虑，20世纪80年代末开始的行政
诉讼同样面临着巨大的观念方面的障碍，但经过几十年的砥砺前行，时至今日，
"民告官"不仅在中国社会已经成为人们习以为常、自然而然的现象，而且对于促
进依法行政、提高行政执法水平发挥了重要作用。因此，宪法监督的关键是监督主
体勇于担当合宪性审查的法定职责，通过临门一脚的魄力来推动监督局面的大为改
观。当然，"撤销"制度在具体机制方面仍存在一些亟待完善之处。例如，是全部
撤销还是部分撤销？如果一个规范性文件从立法宗旨到具体条款存在着全局性的违
宪问题，当然应该全部撤销，但这种情况发生的概率微乎其微。更常见的情况是个
别条文与宪法的某项规定相抵触，这时显然只撤销相关的条文即可。但如果该条文
在整部立法中居于非常重要的地位，如在地方立法中法律责任的设定条款常常出现
问题，那么，在撤销该条文之后如何保证整部立法的完整性和系统性？再如，是立
即撤销还是设置一定的过渡期？在发现有关立法存在违宪问题时，如果规定一定的
过渡缓冲期，当然有助于避免造成立法上的真空，维护社会秩序的稳定，但如果放

---

1 例如，2009年7月，审查发现有关非法行医的司法解释中将个人未取得医疗机构执业许可证开
办医疗机构的行为认定为非法行医犯罪，与刑法规定不一致，经与制定机关反复沟通并跟踪
督促，制定机关于2016年12月才对相关规定作出修改。2018年2月8日，全国人大常委会法工
委正式向有关地方人大常委会发送督办函，分别督促有关地方修改审计条例、计生条例，废
止地方著名商标条例；已修改的要回复修改情况，尚未修改、废止的要明确工作计划和时间
安排，确保真正做到"有错必纠"。而实际上，此前法工委已指出相关地方性法规所存在的
问题，并要求及时纠正和限时反馈。但由于不少地方尚未落实，以至于首次对违法文件发出
了要求纠正的"督办函"。（参见程姝雯、王秀中："全国人大常委会首次对违法文件发出
纠正'督办函'合宪性审查已箭在弦上"，载《南方都市报》2018年2月28日AA12版）从过
去的电话、口头形式沟通到正式的"发函督办"，表明备案审查"刚性监督"的力度在明显
增强，但这本身也说明督促本身并没有强制性约束力，以至于开展"回头看"成了2018年备
案审查的第一项重点工作。

2 澎湃新闻记者朱远祥、邢丙银对秦前红的专访：《公开审查案例，有利于树立宪法权威》，
http://www.sohu.com/a/212396694_260616，最后访问日期：2021年6月26日。

任违宪的立法继续生效，会不会付出更大的社会成本？又如，撤销之决定能不能溯及既往？按照立法惯例，当然不能溯及既往，但是，撤销决定并不是一个新的立法，而是基于违宪异议而作出的，而且这样的异议往往是基于对公民宪法权利已经造成的实际损害而引发的，此时如果不能溯及既往，那么，公民受到侵害的权利或者被冲击的社会秩序该如何得到救济？诸如此类的问题显然都需要在制度设计上作出明确的规定，而相关的应对之策或许只有在合宪性审查实践中才能逐步成形。

要强化合宪性审查的实效性除了在实体上有赖于"撤销"的实际运作外，在程序方面则有赖于审查过程的公开与规范化。虽然近些年的备案审查工作富有成效，但由于整个运作过程和效果从未向社会公开，因而并不为外界所知晓，以至于过去很长一段时间备案审查被形容为"鸭子凫水"，即表面看起来很平静，但脚掌在下面一直活动，这种比喻道出了备案审查的局限性。一个不为社会所知晓的制度，不可能真正得到社会大众的理解和认同，更不可能获得社会力量的参与和推动，甚至会引起种种误解和猜测。2017年12月24日，十二届全国人大常委会第三十一次会议审议了法工委《关于十二届全国人大以来暨2017年备案审查工作情况的报告》。这是自2004年5月法规备案审查室成立以来，备案审查工作报告首次提请全国人大常委会审议，也是现行宪法赋予全国人大及其常委会行使监督宪法法律实施职权以来的35年间，首次公开备案审查的工作情况，从而实现了历史性的重大突破和进展。[1] 其实，任何权力都应该在阳光之下运行，而备案审查本身不仅是在监督权力的运行，而且是在监督作为权力之源的立法权的运行，因而更应该公开、透明，审查的主题、争论的焦点、论辩的过程、说理的依据、结论的形成，都应当以社会各界看得见的方式公开进行。只有让各种意见和观点得以充分展示和表达，才可能使最后形成的审查结论更为全面、客观、理性，也才更容易在监督者、立法者和提议者之间形成基本共识。而且，公开审查过程不仅有利于增强合宪性审查的力量和权威，也有利于实现社会对立法工作的监督，且不说最终的审查结论如何，单是公开这样一种形式就足以对相关的立法主体产生巨大的社会压力，使他们认识到自己的任何一项立法都可能在阳光下接受合宪性审查的评判与质疑，由此在无形之中督促其更加注重立法的质量和形象。同时，这一过程对社会具有强烈的感染、教育和提示作用，它可以让公众见到民意的表达过程、立法正义的实现过程，使他们认识到自己不仅仅是司法裁判、行政执法的被动接受者，同时，还可以追问司法裁判、行政执法依据的正当

---

1　参见王亦君："27家行业协会提出法规审查建议撬动最高权力机关"，载《中国青年报》2018年1月30日。

性，从而有助于满足公民知情权的需要、增强法与社会的亲和力，有助于真正树立"人民是依法治国的主体和力量源泉"的社会主义法治理念。

程序公开应当成为合宪性审查中的一项基本原则，任何机关或者个人都不能仅仅根据自己的意愿或便利随意决定公开的内容、范围与方式；非制度化的或者选择性的公开，充其量只是一种零碎的信息披露方式，而不可能显示出民主政治的本质和特征。要保证公开的质量，相关的立法主体就必须及时充分地提供各种信息资料以供判断和选择，同时应当保障立法之体有机会充分阐明立法的初衷、目的和各种背景材料，以争取对自己有利的支持和认同。审查主体应当尽可能地为各方深入的论辩和交流意见提供机会和平台，必要时可以举行由各方共同参加的论证会或听证会，最后在客观识别问题、认真权衡各种论据和论点的基础上，形成公开明确的结论性意见。审查主体行使职权的会议除依法不公开举行的外，一般都必须公开举行。公众可以旁听会议、观察会议的进程、目睹各方的争论，新闻媒体可以报道审查的内容和进展情况。而这样一套程序的有效运作显然需要一套明确具体的规范保障。虽然，全国人大常委会委员长会议通过了《行政法规、地方性法规、自治条例和单行条例、经济特区法规备案审查工作程序》和《司法解释备案审查工作程序》；2014年9月，全国人大常委会法工委制定了《全国人大常委会法制工作委员会对提出审查建议的公民、组织进行反馈的工作办法》；2016年12月，制定了《全国人大常委会法制工作委员会法规、司法解释备案审查工作规程（试行）》，对审查建议的接收登记与移交、审查研究、处理与反馈等作出了具体规定，[1] 从而使备案审查的各主要工作环节初步做到了有章可循。但是，这些规则基本上都属于内部文件式的工作制度，其规定并不为社会公众所知，其效力层次和规范化都还有待进一步提高。为此就需要制定备案审查或合宪性审查方面的专门法律，对审查范围、审查标准、审查程序、审查机制、纠正措施等一系列问题，作出明确具体、具有可操作性的规定，以提升备案审查的制度化和规范化水平。

需要注意的是，备案审查毕竟属于事后审查，是对违宪违法的事后纠正和追究，因此，不管其效果如何，都只能以违宪违法行为的发生为代价；只有把事后审查与事先防范有机结合起来，才能最大限度地发挥合宪性审查的功效。2021年1月，中共中央印发的《法治中国建设规划（2020—2025年）》明确要求："建立健全涉及宪法问题的事先审查和咨询制度，有关方面拟出台的行

---

1　参见沈春耀："全国人民代表大会常务委员会法制工作委员会关于十二届全国人大以来暨2017年备案审查工作情况的报告——2017年12月24日在第十二届全国人民代表大会常务委员会第三十一次会议上"。

政法规、军事法规、监察法规、地方性法规、经济特区法规、自治条例和单行条例、部门规章、地方政府规章、司法解释以及其他规范性文件和重要政策、重大举措，凡涉及宪法有关规定如何理解、实施、适用问题的，都应当依照有关规定向全国人大常委会书面提出合宪性审查请求。"这就为从事先预防和事后监督不同角度，切实推进合宪性审查工作、健全合宪性审查制度提供了行动指南。由于合宪性审查不仅仅是一项具体工作，还涉及宪法监督方面面深层次的体制机制问题；不仅涉及法规、规章、司法解释等规范性文件，还涉及全国人大及其常委会通过的法律和作出的决定决议；不仅涉及宪法解释权限和程序，还涉及全国人大及其常委会的宪法监督职责。因此，可以考虑在时机成熟的情况下，由全国人大制定具有基本法律性质的"宪法监督法"，以对现有的分散在宪法、立法法、组织法、监督法中的相关内容进行统合和提升，并在经验总结和制度创新的基础上进行全局性的顶层设计，明确合宪性审查的原则、内容、机制、程序，从而对我国的宪法监督制度作出全面系统的体系化安排。

　　总之，合宪性审查在依法治国战略布局中的正式确立，标志着宪法监督方略的重大突破和发展。然而，从观念更新到制度变革之间尚需要循序渐进的演化过程，其间既要因势利导、积极推进，避免周而复始地止步不前；也要慎重稳妥、统筹规划，避免毕其功于一役的激进心态。这就需要立足于中国经验和实际，以现行制度和既有实践为依据，扎实有效地推进备案审查的完善与发展，不断拓展备案审查的范围和层次，积极进行必不可少的实践探索和制度创新，科学凝练合宪性审查的理论依据和价值体系，并在此基础上稳健地推动合法性审查向合宪性审查的实质性转型与发展。[1]

---

1 事实上，目前我国的合宪性审查工作已经取得了可喜的进展，比如，2018年10月，在《人民法院组织法》修订草案的第三次审议过程中，全国人大宪法和法律委员会在审议报告的结尾，专门写道："还有一个问题需要汇报……我们经认真研究后认为……这次修法没有改变我国人民法院的性质、地位、职权、基本组织体系、基本活动准则等，修改的内容都是属于补充、完善、调整、优化性质的，与人民法院组织法的基本原则不存在相抵触的情形。"（梁鹰："推进备案审查的原则和方式"，载《学习时报》2018年12月24日）这个审议报告公布以后，《法制日报》在2019年2月26日，就这个事件采访了中国人民大学法学院的张翔教授，那篇访谈的新闻稿就是肯定全国人大宪法和法律委员会的这次合宪性审查举动。其标题非常引人注目，叫作"中国法治迈入合宪性审查时代"。此外，十三届全国人大二次会议新制定的《外商投资法》明确规定，"根据宪法，制定本法"；全国人大常委会法工委宪法室就此主动发文："我国外商投资立法与宪法第十八条规定含义的与时俱进"，指出外商投资法的条文用语是对《宪法》第18条相关语词进行的符合时代需要和政策精神的发展。对于新时代推进合宪性审查工作而言，这无疑具有重要意义。

　　由宪法实施到宪法监督，再到合宪性审查，基本可以勾勒出依宪治国法治路径的逻辑主线，其最终目的就在于切实维护宪法权威，真正把宪法实施提高到一个新水平。为此，需要从"依据宪法治国理政"的战略高度出发，不断增强忠于宪法、遵守宪法、维护宪法、运用宪法的自觉意识，进一步完善宪法监督及合宪性审查机制与程序，高度重视宪法实施和依宪治国在党和国家工作全局中的重要地位与重大作用，从而为实现"两个一百年"奋斗目标和中华民族的伟大复兴提供根本的法治保障。

第 **6** 章

依宪治国的
**前行动力**

依宪治国是一套复杂的由各种社会条件支撑的制度实践，与当代中国的政治结构、经济基础、文化观念、历史传统等因素有着密切的关联。在构建新社会秩序的时代进程之中，尤其需要通过发挥宪法在治国理政中的重要作用来形塑整个社会的价值认同和政治认同，并确立起与社会发展相适应的政治法律制度，以从根本上促进改革的深化和社会的发展。为此，就必须紧扣社会发展与法治建设的时代脉搏，立足于中国社会特定的政治、经济、社会、文化条件，立足于新时代坚持和发展中国特色社会主义的战略布局，关注中国社会特定的宪法问题与宪法现象，从中国立宪、行宪的宝贵经验出发，强调推进依宪治国基本方略的现实意义及其历史根据，探讨依宪治国的运作机理与发展规律，夯实依宪治国的社会基础与文化根基，大力弘扬宪法精神和增强宪法意识，扎扎实实地培育和集聚各种内生性能量，积极有效地统筹和整合各种社会力量和本土资源，真正在全社会汇集起尊宪行宪守宪护宪的磅礴之力，以实质性地推进依宪治国这一伟大而艰巨的法治工程。

## ▶ 第一节　社会转型：依宪治国的历史际遇

时至今日，"社会转型"已经成为描述和解释中国自改革开放以来社会结构变迁与发展的一个重要理论范式，同时亦是各学科经常使用的一个分析框架和概念工具。[1] 它既是用世界的眼光，对改革开放以来中国社会巨大变化所作的一种概括、解释和预测，又是用历史的视野，对这期间中国社会"快速转型期"不同于以前的特点所做的描述、刻画和分析。[2] 在当代中国的时空背景之下，社会转型有其特定的历史意蕴，它主要是指改革开放以来，我国经济、政

---

1　参见文军、刘雨婷："40年来中国社会转型研究的回顾与展望——以CNKI和CSSCI收录的论文为例"，载《江淮论坛》2019年第4期。

2　参见郑杭生："改革开放三十年：社会发展理论和社会转型理论"，载《中国社会科学》2009年第2期。

治、社会、文化以及国家治理、价值观念等各方面所呈现的结构性变动、制度性转换和整体性发展。

从这个意义上讲，当代中国的社会转型与改革开放的历史进程是重合的和同步的，改革开放推动着社会转型，而社会转型则内含着改革开放的必然逻辑。如果说，改革开放强调的是主观认识与客观条件相结合的一种动态历史过程，那么，社会转型所呈现的则是整个社会在改革开放作用下的渐进性发展、演进和转变态势。由此，对社会转型与宪法之间关系的分析，实际上也就是对全面深化改革与依宪治国之间关系的探讨。总的来看，全面深化改革和社会转型为依宪治国提供了难得的历史机遇，并将对其价值定位和制度建构产生重大而深刻的影响，而依宪治国则为改革发展和社会转型提供着重要的制度支撑与法治保障。探讨社会转型与依宪治国之间的内在关联，建构起二者之间良性互动的理论范式，自觉地把社会转型的理想目标与依宪治国的价值理念熔铸于现实的制度设计与运行之中，将会成为深化改革和促进发展的强大动因。

## 一、社会转型对依宪治国的内在要求

自20世纪70年代末以来，当代中国最伟大的变革渐次展开，循序渐进的改革开放带来了社会生活前所未有之巨大变化，中国社会的历史性巨变已见雏形：彼此隔绝的静态乡村式社会正在向开放的、联系紧密的动态城市式社会转变，同质的、单一性农业社会正在向异质的、高度分化的多样性工业社会迈进，传统的礼俗社会、宗法关系正在为法理社会、世俗社会以及契约关系所替代。[1] 作为物质文明、制度文明转型之先导的思想文化观念，也正在发生着深刻的转变，从传统深处走出的中国民众正在与新的生活方式和价值观念对接、碰撞，并在由传统的自在自发的自然个体转变为现代的自由自觉的社会主体。因此，这是一种社会结构的全面性过渡与变迁，其根本特征在于由传统型社会向现代型社会的转变，是以"传统—现代"范式为基础的。[2] 在这个意义上，它和社会现代化是重合的，甚至几乎是同义的，[3] 包括市场化、工业化、城市化、民主化、理性化等各项内容，涉及器物技术层面、制度规范层面、思想观

---

1 参见项继权、鲁帅："中国乡村社会的个体化与治理转型"，载《青海社会科学》2019年第5期。

2 从20世纪90年代国内学术界对社会转型问题进行了持续不断的深入研究，其总体研究概况可参见范燕宁："当前中国社会转型问题研究综述"，载《哲学动态》1997年第1期。

3 参见郑杭生、李强：《当代中国社会结构和社会关系研究》，首都师范大学出版社1997年版，第3页。

念层面等各个方面，是包括经济、政治、思想文化、价值观念等全方位的转变，是整个社会结构的一次全面的、剧烈的、持久的变化；它正在创造着一套新的社会和经济关系结构、新的社会利益共同体视野、新的价值信仰、行为模式与社会运行规则体系。

从社会转型的具体进程来看，早期发达国家的社会转型"一般都是从发展程度较高的领域或地区向发展程度较低的领域或地区拓展和辐射"[1]。而我国的改革开放和市场化进程则是以农村家庭生产经营承包责任制为开端，然后才逐渐向城市渗透和拓展；"城市化趋势具有'农村包围城市'的特点"；[2]包括民主化实践，农村在某些方面的创新和尝试也具有开拓性意义，如村务公开、村主任直选、基层群众性自治组织等。这样一种发展模式和现代化道路，决定了在转型过程中必然是传统因素与现代因素此消彼长，自然经济与市场经济杂然并存，应然与实然、表层与内里往往相互背离；社会生活各方面表现出新旧杂处的现象和特点，传统社会的经济、政治、文化之间的同质整合关系遭到破坏或消解，社会处于变动无序和多元重组的状态。这就使我国的社会转型不可避免地具有渐进性、整体性、异质性以及不确定性和非规范性等复杂特征和表象。[3]由此导致各种社会关系、利益关系错综复杂、交织并存，各种偶然性因素和突发性因素纷至沓来。原有的社会结构和规则体系正在被日益修正或突破，而新的社会结构和社会秩序尚未完全成熟并有效运转；旧的思维观念和行为模式尚根深蒂固，而新的价值理念和行为准则尚未得到普遍认可和确立。在这一新旧交替时期，新旧经济体制、新旧利益诉求、新旧思想文化、新旧价值观念等将长期并存，结构冲突、角色冲突与体制摩擦、利益摩擦相互交织并互相牵制，由此必然产生各种矛盾和对抗，而由于新的社会运行秩序的确立需要一个过程，原有的社会机制、社会规范难以应对新出现的诸多矛盾与问题，

---

1　刘祖云："社会转型与社会分层——再论当代中国社会的阶层分化"，载《武汉大学学报（社会科学版）》2002年第2期。

2　陆学艺、景天魁等：《转型中的中国社会》，黑龙江人民出版社1994年版，第64页。刘祖云："社会转型与社会分层——再论当代中国社会的阶层分化"，载《武汉大学学报（社会科学版）》2002年第2期。

3　关于我国社会转型的特点，可参见李庆钧、陈建：《中国政府管理创新》，社会科学文献出版社2007年版，第41—43页。该书对社会转型的定义总结为现代化论、整体发展论、人的发展论、文化发展论等四种观点，并认为，社会转型是指社会由传统向现代的过渡，应在"传统—现代"的范式下展开。

社会冲突和失范现象便会频频发生，甚至会有尖锐化发展的趋势。[1]

　　由于社会转型是一个长期的过程，上述社会结构错动、社会矛盾增多、社会秩序失范、社会利益冲突等诸多不稳定、不协调因素也将在我国社会发展过程中长期存在。如果这些因素的逐步集聚与无序释放，不仅会大大增加社会转型的难度，而且会对社会发展形成巨大的冲击，并可能导致社会运行的梗阻与失序，其强烈冲击性和突发性所造成的动荡将足以造成社会结构的失衡。尤其是在改革进入深水区和攻坚期以后，面临着更多的风险挑战，无论是改革面临的难度还是前行遇到的阻力，都空前加大。在这种情况下，就必须尽快形成全社会对公共权力及政府决策的认同、对法治目标和宪法法律权威的认同、对社会核心价值观念与行为模式的认同，以最大限度地凝聚社会共识，激发社会各阶层、各群体的创造活力，避免可能出现的社会危机或社会风险，尽可能地降低社会转型的成本与代价，使各种社会资源、社会利益、社会关系得以有机整合，从而实现社会健康、稳定、协调、可持续发展。而这种社会认同感的形成，则有赖于以宪法为基础的国家制度和法律制度的存在及其实施，有赖于以民主法治为核心的利益整合机制的建立及其运行。严格来说，评价一次社会转型是否成功的基本指标不在于该社会发生冲突的频度和强度，而在于宪法变革对现实冲突的排解能力及其效果，在于法治建设对于社会转型的引导与回应能力。[2] 这是我国社会转型时期面临的重大挑战，也是新时代依宪治国的历史背景。

　　社会转型时期必然面临诸多极具挑战性的问题，如整合问题、效率问题、稳定问题，但正义问题毫无疑问是一个根本性的问题。按照康德的理论，正义就是"一种最基本的、与人的存在相一致的正义，是一种尊重原则基础上的正义"。[3] 其理论基础在于人是根本、是目的这一价值判断。如果没有正义存在，如果人和人之间是不平等的，那就使得一个人事实上丧失了独立的人格和做人的尊严。当代"正义理论的集大成者"罗尔斯同样强烈地表达了对社会公平的重视。他认为，一个社会可以有很多美德和优点，例如效率、协调得当、稳定等，但公正却是一个社会最重要的美德，[4] 并指出，"正义的主要问题是社会的基本结构，或更准确地说，是社会主要制度分配基本权利和义务，决

-------------------

1　一个较有代表性的例证，参见梁治平："'辱母'难题：中国社会转型时期的情—法关系"，载《中国法律评论》2017年第4期。

2　参见陈明辉："转型期国家认同困境与宪法学的回应"，载《法学研究》2018年第3期。

3　徐显明：《人权研究（第4卷）》，山东人民出版社2004年版，第126页。

4　参见石元康：《当代西方自由主义理论》，上海三联书店2000年版，第169—171页。

定由社会合作产生的利益之划分的方式";"所有的社会基本善——自由和机会、收入和财富及自尊的基础——都应被平等地分配,除非对一些或所有社会基本善的一种不平等分配有利于最不利者";正义原则"优先于效率原则和最大限度追求利益总额的原则",以及"公平的机会优先于差别原则"。[1] 尽管公正是一个内涵丰富并包容着各种变异的多义性概念,人们难以详尽列举其全部要素并形成统一的理解,但作为古往今来人们孜孜以求的理想社会状态,其存在着能够为人们所普遍接受的某些最基本的,或者说是最低限度的公正观念和判断标准,它们具有意义的普遍性与合理性,并随着社会的发展而不断得到充实与更新。

在宪法视域里,公正的法制化意义及其制度安排首先应当体现在一个国家的宪法秩序之中。与前宪法时代的社会调控机制不同,作为近现代政治法律文明最高创造物的宪法,不是靠回避"矛盾"或压制"冲突"来谋求多元利益通向一致,而是通过建立公平的利益衡量机制增加社会的包容性,进而为实现社会的有序发展与实质性和谐提供可靠的体制性资源与保障。在这个意义上,宪法概念的提出及相应制度的建立体现了人对其自身价值和利益的理性追求,意味着人是一种独立存在的个体而不是神权、王权、特权的附属物。宪法对人的"主体性"的张扬及其制度性确认,为实现社会各主体之间利益衡量的公平性提供了最基本的规范前提和社会基础;而自由、平等的宪法地位,以及宪法框架内的一系列制度安排,为各利益主体之间的平等对话、相互协商提供了广阔的舞台和技术上的可操作性,使不同的社会主体均可以通过合法的渠道自由、安全地表达自己的利益主张和愿望,并在正当法律程序内相互碰撞、博弈以实现妥协与合作。因此,只有通过稳妥的制度化的宪法建设,满足不同阶层表达利益需求和参政议政的愿望,才有利于社会利益的整合并达成广泛的政治认同与观念共识,才能为社会转型提供必不可少的政治动员和民意基础。[2] 可以说,公平正义是现代社会进行制度建构和协调利益关系的基本准则,也是一个社会具有凝聚力的基础和前提。

公正原则在宪法规范上的一个鲜明体现就是对平等权的尊崇。平等是人类社会长期以来所追求的最基本、朴素的公正观念,宪法上的平等权理念是基于这样一种认识:虽然每一个具体的个人,都必然客观地存在着种种先天性或后天性的差别,实现人的绝对平等,不仅在事实上不可能,而且也违背人性和自

---

1 参见〔美〕约翰·罗尔斯:《正义论》,何怀宏、廖申白译,中国社会科学出版社2001年版,第5、262、303页。

2 参见范进学:"宪法价值共识与宪法实施",载《法学论坛》2013年第1期。

然规律；无论制度本身多么平等，也无论平等原则得到了多么严格的奉行，都不可能做到无差别的绝对意义上的平等。这是人类社会必须接受和承认的客观现实。但在人格尊严和自由人格的形成上，任何人都必须受到宪法平等的尊重和对待，都应该具有法律上的平等地位。宪法规范所表述的"法律面前平等"或"法律上平等"，其在终极意义上所追求的是宪法保障每个人在其人格的形成和实现过程中的机会上的平等，即所谓的"形式上的平等"。[1] 这是起码的、最低限度的平等，它直接关系着各社会主体能否获得平等的机会和平等的对待；平等保护应该成为公权力运行时所不可逾越的底线。这是宪法价值正义性的基本要求。的确，在社会现代化的进程中，公平正义是一种独立的社会发展目标，具有超越于经济功利主义和经济政策之上的独立的价值和意义。相对于其他价值而言，公正应当是任何立宪文明社会在进行政策选择时首先要加以考虑的价值准则，制度公正是实现社会公正的保障。平等是社会主义法律的基本属性，坚持法律面前人人平等是我国宪法所秉持的一项基本原则。这就要求任何组织和个人都必须尊重宪法法律的权威，都必须在宪法法律范围内活动并不得有超越宪法法律的特权；充分发挥宪法对社会公平正义的基础性作用，通过内含公平正义理念的宪法机制，协调、整合不同阶层、群体、行业、城乡、地区之间的利益关系，加快完善体现权利公平、机会公平、规则公平的法律制度，切实保障公民基本权利和自由得到尊重和保障。

公平正义的实现涉及利益表达机制、协商沟通机制、救济救助机制、纠纷解决机制等一系列制度体系的建构与完善，其中尤其需要决策机制的科学化、民主化、合法化，以为公平正义奠定坚实的制度基础与保障。这就需要把公众参与、专家论证、风险评估、合法性审查、集体讨论决定引入重大决策过程之中，确保权力运行的制度规范、程序正当、过程公开、边界清晰、责任明确。而宪法的主要意义之一就在于为政治权力的合法化提供根本依据，为国家权力的理性运行设定边界、规则和机制。正所谓"政府要受到宪法的制约，而且只能根据其条款来进行统治并受制于其限制"[2]。可以说，宪法对于公权力的偏颇与失范具有制度性的防范与遏制作用。权力失范是公权力存在和行使违背公共伦理而被滥用的现象，其直接表现就是腐败。权力腐败是长期以来困扰人类社会的世界性难题，在

1 参见韩大元、林来梵、郑贤君：《宪法学专题研究》，中国人民大学出版社2004年版，第292—293页。

2 ［美］路易斯·亨金：《宪政·民主·对外事务》，邓正来译，生活·读书·新知三联书店1996年版，第9页。

社会转型时期这种现象更为普遍和严重。因为，在这一时期，为满足经济快速发展的需要，国家权力大规模干预经济和社会生活在所难免，而改革在打破了原有的权力运行机制时新的机制尚未建立起来，导致公共权力偏离固有的行为模式并形成权力制衡真空，从而很容易造成权力的失范与滥用。正如亨廷顿所分析、指出的那样，"感性认识表明，腐败程度与社会经济现代化的迅速发展有相当密切的关联"，对此问题的克服与权力运行的合法化必须从根本制度上加以解决。[1]从宪法发展历史看，在一定意义上可以说，"权力限制的全部总和便构成了特定社团的'宪法'"，宪法通过对国家权力的来源、宗旨、范围的界定，对国家权力的存在结构、遵循原则、行使程序的设计，为权力的运行铺设了不可偏离的轨道，从而为控制权力的滥用与腐败编织起牢固的制度之笼，同时也为防止社会结构的失衡与混乱筑起了牢固的制度堤坝。

社会生活领域的变化必将引发法律领域的变革。伯尔曼在《法律与革命》一书中，曾以西方的社会发展为例探讨了法律革命的内在意蕴和历史特征。[2]伯尔曼描述的历史境况对我们认识社会转型具有一定的启发和意义。秩序是社会得以发展、人们赖以生存的前提。如何在充斥着无序和胶着、矛盾与冲突的大变革时期，保持一种基本稳定与可预期的社会秩序呢？宪法在此期间发挥着无可替代的重要作用。通过强化宪法在治国理政中的权威地位和重要作用，推进多层次、多领域的依法治理、系统治理、综合治理、源头治理，增强运用法治思维和法治方式的能力，畅通利益表达协调渠道和权益保障机制，构建维护群众最关心最直接最现实利益问题的法律制度体系，不断提高治理体系和治理能力现代化水平，对于深化改革、促进发展、化解矛盾、维护稳定、建立公正和谐的社会秩序，有着重要的制度性意义。

一般而言，社会转型时期也就是宪法建设最活跃的时期，人们既要通过宪法变革否定或改变之前存在的政治、经济、法律、文化和其他方面的社会关系与社会结构，凝聚整个社会的价值共识和政治认同；又要通过宪法建设为社会的成功转型和秩序稳定提供根本的制度保障。[3] 人类社会许多重要的宪法理

--------------------

1 参见［美］亨廷顿：《变动社会的政治秩序》，张岱云等译，上海译文出版社1989年版，第49—50、64页。

2 参见［美］伯尔曼：《法律与革命——西方法律传统的形成（上卷）》，贺卫方、高鸿钧、张志铭、夏勇译，法律出版社2008年版，第22—24页。

3 关于改革开放以来宪法在我国国家建设和国家治理中的作用，尤其是对改革共识和宪法共识之间的转化关系，一个深入的分析可参见苗连营、陈建："宪法与改革关系的中国逻辑"，载《江海学刊》2019年第1期。

念、法治原则也都是在社会转型时期孕育产生并显示出其现实的制度性意义的。依宪治国主要是通过价值体系、思想观念、行为准则、生活方式等方面的更新与重塑而对社会转型予以引导和回应。我国社会转型的特殊历史定位，使依宪治国的意义更为突出和明显。我国以市场化为先导的社会转型并非完全是一个自然生发和演进的过程，而是受到了诸多偶然性与非理性因素的制约，社会生活诸多方面均呈现出极大的复杂性、不确定性以及某种程度的异变和紊乱，甚至某种程度上出现了社会运行的梗阻与动荡、社会结构的断裂与失衡；宪法理想、宪法规范和社会现实之间既有相互协调之处，也存在着大量的冲突、背离和非理性的因素。显然，我们既不能简单地让日新月异的社会现实服膺于静态的宪法规范，也不能任由变动不居的社会现实涤荡宪法的权威与价值，而是应当积极稳妥地推进法治建设和宪法变革，在新的政治与社会实践中形塑种种宪法的价值原理和可行的制度安排，使宪法精神与法治理念深深地融进整个社会的发展进程之中，以从根本上为社会的有序转型提供广泛的政治认同和坚实的制度保障，并最大限度地减少社会转型的风险与代价，从而实现社会和谐、有序、可持续地健康发展。

## 二、依宪治国对社会转型的有力推动

毫无疑问，不同国家、不同时期的社会转型因其历史背景和现实条件的差异，有着不同的内容和特定的目标与任务。我国目前正处于社会转型的关键时期，风起云涌、波澜壮阔的改革开放的伟大实践，不仅创造了新的社会经济政治关系结构，新的社会共同体视野，新的一套价值信仰与行为模式，创造了为世界所瞩目的经济持续高速发展的奇迹，但也引发了社会结构错动、社会矛盾增多、社会风险易发等诸多不稳定、不协调因素，从而直接影响着我国各个层面的社会发展与改革举措。社会转型的这种特殊境况及其历史定位不仅使得新时代依宪治国进程面临巨大的挑战，同时也为其提供了难得的历史性机遇。

我国的社会结构和利益诉求在改革开放之前较为单一，国家利益、集体利益具有先在性和独占性，个人依附于国家，社会为国家所遮蔽。经济体制转轨和现代化进程的推进，引发了社会利益的分化重组和社会结构的深层次调整，突破了传统的工人、农民、知识分子的简单社会构成，新的社会阶层和利益群体大量涌现。[1] 各阶层之间社会角色、价值观念、经济地位、行为方式、利益

---

1 参见马磊："我国社会阶层分化的现状与治理关键"，载《湖南行政学院学报》2019年第5期。

诉求的差异渐次明朗,在以政治身份、行政身份、户口身份等为依据的社会构建体系中,以不同利益群体为基础的新的社会分化机制逐步形成,从而推进了中国社会从身份到契约、从单一性到多样性的转化,并推动了多元利益诉求的扩展、伸张以及权利意识、法治文化的萌芽、发育和成长。

　　"作为一种特定历史时期的社会变迁,社会转型的原因包括物质环境、技术、非物质文化、文化进程以及经济发展等诸多因素。"[1] 在我国的社会转型中,经济因素始终是最为活跃的因素,并具有基础性和前导性的意义,我国的社会变革也首先表现为向市场经济体制的转型。就经济角度来看,我国在社会转型时期所主要完成的任务是从计划经济体制向市场经济体制转变,它的一个重要内容就是确立和不断完善社会主义市场经济。中国曾经建立和实行过较为完备和高度集中的计划经济体制,这是在当时的历史背景下为实现特定的任务和目标而建立的一种经济体制,它曾经在特定的历史时期发挥过重要的作用。因此,尽管这种经济体制存在种种难以克服的缺陷与弊端,但并不会因时代的变迁而彻底悄然离去。而且计划经济体制不纯粹是一个经济制度,更重要的是整个社会制度系统都是以此为基础而建构起来的,包括相应的行政管理体制,人事和劳动管理体制,教育、文化、科技、社会保障管理体制,甚至政治体制、司法体制等方面的制度安排也都具有强烈的计划经济的烙印和特征。[2] 因此,从计划经济走向市场经济不仅是一种经济体制的转轨,也是社会体制或社会结构的全面转型。这种以市场经济的建构为中介的社会转型正不断催生着宪法文化的斑斓成熟和宪法秩序的实质性形成。这是因为:

　　首先,我国市场经济体系的基本框架已大体形成并正在不断成熟,各种所有制形式的市场主体之间的竞争机制进一步完善,经济利益多元化格局已基本成形。社会阶层和利益需求的多元化,资源占有和社会组织的分散化,思想观念和价值标准的多样化,在一定程度上消解了传统计划体制的社会结构基础、经济基础、思想观念基础,塑造了宪法文明所蕴涵的权利谱系,奠定了民主法治社会所需要的多元性基础。社会利益的分化和重组,在增加了社会利益总量的同时,也打破了既有的利益格局和利益均衡状态,造成了利益主体之间的利益差异甚至冲突。受到内外各种因素和条件的影响与制约,各利益主体的利益

---

1　[美]戴维·波普诺:《社会学》,李强译,中国人民大学出版社1999年版,第622页。袁卫东:"浅议新时期中国公共行政中的NGO",载《兰州教育学院学报》2012年第5期。

2　参见刘祖云:"社会转型与社会分层——再论当代中国社会的阶层分化",载《武汉大学学报(社会科学版)》2002年第2期。

诉求以及追求和实现利益方式与途径也会大相径庭。这样，基于维护和实现自身利益的需要，他们便会产生积极参与政治的愿望和热情，希望通过各种渠道和形式直接或间接地对政治决策实施影响。公民参与主体意识的增强、参与内容和形式的扩大与活跃，是社会转型时期最为明显的宪法现象，往往直接促使着宪法制度的相应变革。

其次，市场经济的一个基本特征是拥有自主权和财产权的市场主体进行等价交换，而等价交换的前提条件是市场主体的地位平等、意思自治、人格独立和能够独自承担法律责任。而这些必不可少的市场交易规则和要素，反映在法律上就表现为公民的人身权、财产权、普选权等一系列基本权利和自由。可以说，在市场经济之下，对财产权保护的迫切需求和对交易自由的强烈关注，必将催生人们的主体意识、自治精神、权利意识、责任意识、契约观念，而人们的民主参与精神、自由平等观念和法治意识也将在市场化的浪潮中受到洗礼和锻炼，由此也必然造就和培育着民主法治实践的积极践行者和承担者。市场经济强调对个人利益和合法财产的保护，反对公权力对个人权利和自由的肆意干涉与侵犯；而宪法的精髓就在于通过对公权力的防范和监督，实现对自由、平等、正义、民主、法治、安全等社会价值的捍卫，以及对个人权利和自由的切实保障。"这是一个权利增长的过程，但是，这一过程的发展是通过对权力的限制而不是通过权力扩张和膨胀来实现的。"[1] 公民权利意识、主体性意识、自由平等观念、民主法治精神在日益增强，人权保障法律机制在不断完善并取得了长足的进步，既有的宪法权利不仅找到了它的现实根基，而且在此基础之上新的权利主张也在不断萌芽和成长。这在客观上必然要求作为"人权保障书"的宪法积极作出回应，并在价值取向和制度建构方面予以变革和创新。

最后，在社会转型过程中，市场经济的确立和发展，推动了社会结构的变迁和利益关系的重新整合，促进了法治社会基本要素的孕育、萌芽和渐露端倪。由于市民经济的基本内涵是财产关系和利益关系，对于经济活动和财产利益安全性及最大化的高度重视和强烈追求，使市场主体深深意识到只有法律才是最可靠、最稳定及最具可预测性的保障机制。市场经济对资源的优化配置主要是借助价值规律并通过自由竞争来实现的，要使市场竞争公平有序，就必须建立起以规范市场主体和市场交易为主要内容的法律制度，由此便天然地对宪法与法治抱有强烈的企盼和呼唤。可以说，在市场经济下，人们更加关心私人权利和利益的保

--------------------

1　[美] 科恩、安德鲁·阿雷托："社会理论与市民社会"，载邓正来、亚历山大编：《国家与市民社会》，中央编译出版社1999年版，第204—205页。

护，关心社会资源和社会产品的公正分配，关心政治和法律秩序的合理建构。[1]同时，市场经济要求交易双方建立并遵守以共同信任为基础的交易规则，因而激发着契约精神的生成，使宪法秩序成为社会的内在需求并获得了强大市场力量的支持。可以说，市场经济孕育着宪法和法治的精神，当代中国的社会发展为依宪治国与法治建设提供了宝贵的历史性契机和肥沃的本土性资源；建立与完善社会主义市场经济的改革进程，正在为依宪治国的伟大实践创造着必不可少的前提条件，换言之，这是依宪治国不断书写精彩篇章的新时代。

总的来看，中国当下的社会转型启动了我国社会由一元性走向多元化的历史进程，推动了利益格局的分化重组和社会结构的全面调整，从而正在创造着一套新的经济模式和社会结构、新的利益关系和利益格局、新的价值信仰和规则体系，强化着公民的宪法意识、宪法思维和宪法精神，推动着社会成员"从身份到契约"的角色转变，从而为宪法文化的斑斓成熟和宪法秩序的实质性形成提供着不可缺少的社会内生性能量。不过，其间所出现的各种复杂的社会矛盾与问题，大大增加着社会转型的难度，也使得依宪治国面临许多现实挑战，这也注定了依宪治国之路必将任重而道远。这主要体现在以下几个方面：

首先，观察当代中国的宪法发展，我们无法割断历史的脐带，无法摆脱历史所加于现实的负累。对于中国的传统社会来说，宪法原是一种根植于西方的异质文明。当具有特定价值追求和文化内涵的宪法理想与传承久远、底蕴深厚的中华文明相碰撞的时候，便不可避免地引发观念上的剧烈冲突与震荡，这在一定程度上也注定了宪法在近代中国的历史命运与苦涩历程。时至今日，由于农业文明的根深蒂固、传统文化的强大惯性、宗法血缘关系的顽强延续、自在生存模式的强大惰性，加之新中国成立之后曾经建立和实行过一套完备的、高度集中的计划体制，使我国社会发展的各个方面，无论是市场模式的建构、管理体制的改革，还是思想文化、价值观念的更新与重塑等，都呈现出强烈的传统因素与现代因素、现实考量与未来图景相互纠缠、相互抵牾而又相伴相生的复杂景象，那些与宪法精神难以相容的东西并没有随着时代的更迭而烟消云散，依宪治国的进程也并非如此简单与明了，而是注定任重而道远，甚至要历经诸多艰难曲折。

其次，法律秩序以公开、稳定、普遍、明确等为其外在特征，作为法律秩序中枢的宪法，鉴于其根本法的地位，当然更应强调其固有的法的属性。诚

---

1 参见韩大元："中国宪法上'社会主义市场经济'的规范结构"，载《中国法学》2019年第2期。

如古希腊政治思想家亚里士多德所言："变革实在是一件应当慎重考虑的大事。……法律之所以能见成效，全靠民众的服从，而遵守法律的习惯须长期培养，如果轻易作这样或那样的废改，民众守法的习惯则必然消减。"[1] 但是，在转型时期，由于一系列社会变革纷至沓来，各种社会关系必然随之频繁变动，于是，社会关系呈现出许多不确定性甚至非理性因素，这是渐进式的社会转型由量变到质变过程中的普遍现象。而这又势必会与以高度稳定性为外在特征的宪法规范发生矛盾与冲突。尽管宪法自身也具有一定程度的前瞻性、包容性、回应性、动态性，但往往仍难以游刃有余地满足变动不居的社会现实的需要。改革举措也可能因形式违宪而引发相应的宪法难题，而恪守静态的宪法条款则使改革难以深入推进。这就要求在满足社会转型时期变动性需要还是满足宪法稳定性需要的两难困境之中作出艰难的选择。而正是由于对宪法的稳定性与社会的变动性之间关系有着不同的价值判断与取舍，"良性违宪"之说才能引起学界的争鸣。[2] 虽然我国1982年颁布实施的现行宪法，被公认为是新中国成立以来四部宪法中最具科学性、稳定性、实效性的一部宪法，但为了适应社会现实发展的需要，已先后作了五次局部修改。尽管如此，由于这部宪法是在改革开放初期制定的，一些内容仍不可避免地具有时代的局限性。这使现行宪法仍面临着一系列深刻的挑战并必然呈现出新的发展态势，而频繁的宪法修改又容易影响人们对宪法的信心以及宪法的稳定性和权威性。

再次，从社会转型的过程看，早期发展中国家或发达国家社会转型的动力最初主要是来自市场，市场力量既是社会转型的初始动力，又是社会转型的主要动力，走向现代化的道路是基于社会本身的自身需要而在本土生发的一种自主内发性模式。而在我们这样一个后发外生型国家，社会转型则是由政府和市场的力量双重启动和推动的，是"自下而上"与"自上而下"两种力量互动的过程，而且社会转型初期的动力主要来自上层，它以对民众强有力的政治引领和社会动员为特征，是一种政治动员型现代化模式。同时，外生性因素，如世

---

1　[古希腊] 亚里士多德：《政治学》，吴寿彭译，商务印书馆1965年版，第81页。

2　对此可参见郝铁川："论良性违宪"，载《法学研究》1996年第4期；童之伟："'良性违宪'不宜肯定"，载《法学研究》1996年第6期；郝铁川："社会变革与成文法的局限性"，载《法学研究》1996年第6期。以及《法学》杂志在1997年第5期特别刊登的几篇相关争论文章，包括童之伟："宪法实施灵活性的底线——再与郝铁川先生商榷"，郝铁川："温柔的抵抗——关于'良性违宪'的几点说明"，韩大元："社会变革与宪法的社会适应性——评郝、童两先生关于'良性违宪'的争论"，阮露鲁："立宪理念与'良性违宪'之合理性——评郝、童两先生关于'良性违宪'的争论"等。

界地缘政治形势，全球经济一体化的进程，外部资本和技术的输入等，在其中也起着重要的作用。可以说，政府力量与市场力量的有机结合，是当前中国社会转型的成功之处和特色所在。[1] 这种转型模式决定了政府的决策和力量在社会转型中发挥着无可替代的重要作用。虽然政策的灵活性、适应性、高效性等特点更能适合社会变革的需求，而且政策与法律在本质上也的确具有一定的关联性和内在的一致性。但是，政策毕竟不是法律，更不是宪法。对政策的过度依赖，可能会造成整个社会倾向于以政策为导向，甚至有可能衍化为对权力的崇拜，进而使宪法的功能受到抑制，甚至使宪法的权威让位于权力的意志，导致政策优位于宪法法律，甚至以政策取代宪法法律。这不仅可能使宪法失去应有的作用，而且最终可能会与作为依宪治国逻辑前提的宪法法律至上产生抵牾。

最后，社会转型实际上是社会主体追求自身目的和价值的有意识的活动，人类的文明程度越高，社会主体在社会转型中的作用和意义也就越大。现代化进程中的社会转型应当始终以人的价值、人的尊严、人的幸福为终极性关怀，应当始终以满足人民对美好生活的需要和社会的发展进步为根本性追求。因此，在全面深化改革的社会转型期，我们不能仅仅把社会转型的目的归结为经济的增长、效率的提高，或者把转型中的某种特定价值目标、某一发展阶段甚至发展的手段作为转型的目的，而应当协调、处理好转型过程中的各种社会矛盾与问题，有效把握和应对各种机遇和挑战，不断进行制度上的变革与创新，不断促进社会公平正义，不断促进人的全面自由发展和全体人民共同富裕，逐步使宪法精神与法治理念渗入整个社会，加快建立起现代的、多元的和法治化的国家治理体系，认真从宪法的层面来理性地思考社会变革的路径与模式，真正使依宪治国、依宪执政成为一种坚定的政治运作方式和普遍的社会信仰，从而积极稳妥地实现社会转型、推进社会的发展与进步。

### 三、全面深化改革的宪法之道

依宪治国在很大程度上依赖于特定社会条件的法治实践，需要不断地从社会生活中提炼社会共同体的价值体系，确立社会共同遵循的根本行为准则。中国当下的社会转型是一个历史与现实的过程，是社会发展合目的性与合规律性的统一，我们正在经历并创造着这一伟大的过程。从发展态势来看，它不可能

---

1 参见胡乐明："政府与市场的'互融共荣'：经济发展的中国经验"，载《马克思主义研究》2018年第5期。

是一个短暂的或一蹴而就的过程，当然也完全没必要去预期这一过程将会在何时终结。实践发展永无止境，事业发展永无止境，同样，改革开放永无止境，全面深化改革永无止境。改革开放是当代中国最鲜明的时代特色，是中国人民在党的领导下进行的新的伟大革命，"是决定当代中国命运的关键一招，也是决定实现'两个一百年'奋斗目标、实现中华民族伟大复兴的关键一招"[1]。

党的十一届三中全会开启了中国改革开放和社会主义现代化建设的新征程，尤其是十八大以来，我们党把全面深化改革纳入"四个全面"战略布局，"锐意推进经济体制、政治体制、文化体制、社会体制、生态文明体制和党的建设制度改革"[2]，积极探索理论创新、制度创新、科技创新、文化创新以及其他各方面创新，改革的决心之大、力度之深、影响之广前所未有，取得了举世瞩目的巨大成就和前所未有的巨大变化，中华民族正以崭新的姿态和面貌傲然屹立于世界民族之林。"改革开放最主要的成果是开创和发展了中国特色社会主义，为社会主义现代化建设提供了强大动力和有力保障。"[3] "新时代坚持和发展中国特色社会主义，根本动力仍然是全面深化改革。"[4] 同样，全面深化改革的伟大实践也为依宪治国提供了难得的历史根据和强大的推进动力，并将对其价值定位、制度构建和运作过程产生重大影响，而依宪治国则为全面深化改革提供着根本的制度支撑与法治保障。

依宪治国的基本方略首先植根于中国社会发展的现实需要，而不是单纯学理上的逻辑论证。自改革开放以来，市场化、工业化、城市化、民主化、法治化、现代化等成为我国社会发展的主旋律。在新时代的伟大历史征程中，我们更要紧紧围绕完善和发展中国特色社会主义制度、推进国家治理体系和治理能力现代化这一全面深化改革的总目标，统筹推进和深化各领域各方面的改革，坚决破除一切不合时宜的思想观念、体制机制障碍和利益固化的藩篱，为实现"两个一百年"奋斗目标和中华民族伟大复兴提供强大动力。然而，需要注意的是，中国的现代化进程不是在西方工业文明方兴未艾、朝气蓬勃之际起步的，而是在西方社会已经高度发达，原本意义上的工业文明或现代化已出现了严重的弊端和危机，其神圣感正在逐步消退并受到诸多质疑与反思之际才开始的。因此，当我们迈向现代化的时候，工业文明意义上的现代化已不再是无可

---------------

1 习近平："在庆祝改革开放40周年大会上的讲话"，载《人民日报》2018年12月19日第2版。

2 "中共中央关于全面深化改革若干重大问题的决定"，载《求是》2013年第22期。

3 "中共中央关于全面深化改革若干重大问题的决定"，载《求是》2013年第22期。

4 "习近平总书记在党的十九届一中全会上的讲话"，载《求是》2018年第1期。

争议的价值追求和美好图景，而是一个残缺不全的价值体系和弊端丛生的社会景象。这一巨大的时代落差，使我国的现代化既不可能走发达国家所经历的原发型道路，更不可能效仿后发达国家所经历的"依附—发展"型模式，而是应该一开始就要强调宪法在社会转型中的特殊价值，自觉地使依宪治国与现代化进程有机地融为一体，从而在更高的层次上和更宽广的领域内迈向现代化。[1]这就要求应当以人为中心、为目的去思考揭示改革与发展的本质及其意义，把历史演变的上升趋势和社会转型的基本规律联系起来，把人的全面自由发展和人类社会共同体的命运与进步联系起来。因此，坚持以人民为中心，坚持人民主体地位，不断满足人民日益增长的美好生活需要，是新时代依宪治国的内在要求和基本价值取向。

　　党的十九大明确指出，中国特色社会主义进入新时代，"我国社会主要矛盾已经转化为人民日益增长的美好生活需要和不平衡不充分的发展之间的矛盾"。[2]社会主要矛盾的变化是事关全局的深层次变化，必然对社会关系、社会结构和社会发展模式产生历史性的影响，当然也决定着新时代依宪治国的目标定位和价值取向。在这一时代背景之下，党和国家一切工作的目的就在于满足人民对美好生活的需要，实现人的全面发展和社会的全面进步。毫无疑问，人民的美好生活应该立基于一个民主法治、公平正义、诚信友爱、充满活力、安定有序、人与自然和谐相处、生态环境美丽整洁的社会基础之上。它要求以人为本、坚持以人民为中心，始终以实现好、维护好、发展好最广大人民根本利益为最高标准，始终把人民的利益作为一切工作的出发点和落脚点，确保公民的人身权、财产权、基本政治权利等各项权利不受侵犯，经济、文化、社会等各方面权利得以真正实现和保障，健全公民权利的救济渠道和保障机制，增强全社会尊重和保障人权的宪法意识与法治氛围。这是一个人民能够分享改革和发展成果的公平正义社会，人们平等地参与市场竞争和社会生活，各尽所能、各得其所，社会各阶层之间流动机制顺畅，人际关系和谐、融洽，全社会共同富裕，经济社会协调发展；人们的创造愿望得到尊重、创造才能得到发挥、创造成果得到肯定、创造活力得到激发，一切有利于社会进步的创造活动得到充分支持，一切创造社会财富的源泉和力量得以充分涌流，社会的开放性和竞争的活力在政策上、制度上得到切实保证，从而形成一种公平竞争、有序

---

1　参见陈运生："论宪法价值的冲突与协调——以国家治理现代化为视角"，载《社会科学研究》2016年第4期。

2　《中国共产党第十九次全国代表大会文件汇编》，人民出版社2017年版，第9页。

发展、生机勃勃的社会气象。显然，满足人民对美好生活需要的精神内涵与宪法的价值取向是完全一致的，同时赋予了宪法新的时代意义，使其理论内涵更为丰富、目标定位更为清晰，体现着人们对一种理想的社会秩序的憧憬与美好生活的向往，预设了新时代依宪治国的逻辑起点与目的归宿。[1]

要实现宪法在社会转型期的功能与使命，就必须深入推进依宪治国基本方略，确保整个社会运行的规范化和法治化，实现党的领导、人民当家作主和依法治国的有机统一；让宪法的精神和理念融入国家治理和社会发展之中，用良法善善治、促发展，着力解决好发展中不平衡不充分的突出问题，不仅要有效满足人民对物质文化生活提出的更高要求，而且要更好地满足人民日益增长的在民主、法治、公平、正义、安全、环境等方面的更高层面的需要。在推进依宪治国过程中，一个亟待解决的问题就是必须尽快形成全社会对政治过程及政府决策的认同、对宪法和宪法权威的认同、对社会主义核心价值观的认同。这是实现依宪治国的必不可少的观念基础。而这种认同感的形成，则有赖于广泛而真实的宪法制度的合理建构及其功效发挥，有赖于公民的宪法意识和主人翁责任感的不断增强，有赖于民主化、法治化的利益整合机制的建立及其有效运作。

当一个社会在经济上能够保障绝大多数社会成员生存和发展的需要之后，就必须通过宪法层面的制度化建设与努力，以实现法治建设与改革发展之间的良性互动，提高改革的合理性和决策的科学性，凝聚广泛的社会共识和民意力量，形成稳定而和谐的社会秩序与结构，推进国家治理体系和治理能力的现代化。[2] 而宪法不仅划定国家权力的范围边界并为其设定一套理性的运行规则和机制，而且是一套确保政治行为、政治进程安全稳定并具有可预期性的规则体系与制度设置，它可以为社会生活中不可避免的利益冲突、利益衡量提供一个程序化、规范化的解决机制，为社会各主体之间自由、平等的协商与对话提供一种法治框架内的现实可能性。[3] 在宪法体制内，立法机关日常的立法活动，使得各种利益之间的博弈与合作成为一种经常、普遍而现实的政治过程；多元化的利益整合系统可以满足不同社会阶层表达利益需求和参政议政的愿望，并

---

1 参见苗连营、陈建："依宪治国的时代意蕴与实施方略"，载《郑州大学学报（哲学社会科学版）》2018年第6期。

2 参见王旭："宪法凝聚共识——从设立国家宪法日谈起"，载《求是》2014年第24期。

3 参见程迈："宪法共识的含义与作用——从中国宪法文本出发"，载《行政法论丛》2014年第2期。

改变了通过极端手段而争取利益的非常规形态，也使社会稳定和达成共识有了可靠的制度保障；不同的社会主体均可以通过合法的渠道，自由、安全地表达自己的利益主张和愿望，并在正当法律程序内相互碰撞与交流；一切正当利益都应当受到尊重和对待，任何个人或利益主体都不能同时控制所有的社会资源及绝对地扩张自己的利益；一切权力都必须受到宪法和法律的规范与约束，任何组织和个人都没有超越宪法和法律的特权，各种侵犯国家、集体和他人合法利益的行为都应当在宪法法律的框架内被及时地控制和矫正。由此，宪法成为有效化解各种社会危机与矛盾、降低社会转型的成本与风险、确保社会发展顺利地度过阵痛期和临界点的重要机制，成为有机整合社会资源与利益、充分激发社会创造活力与动力、实现创新协调绿色开放共享发展的重要保障。[1]

伴随着社会情势的发展变迁，西方宪法的功能定位经历了从"有限政府"到"有为政府"的嬗变流转，当然其间也一直经历着反复的摇摆与修正。我国现阶段的依宪治国则要同时面对和完成构建"有限政府"和"有为政府"的双重使命，并应恰当地调和"有限"与"有为"之间的内在张力，以达至二者的有机统一与平衡。我国现代化进程所采取的政治动员型模式，一方面是我们的成功之处和特色所在，但另一方面又有可能固化传统的国家本位主义、遏制市场环境的发育成长，而且还可能削弱宪法的权威。实际上，我国社会转型期所出现的诸多混乱与无序现象大都与权力的异化与错位密切相关。因此，从宪法层面明确国家权力存在及运行的正当性根据、建立起规范有效的权力监督与制约机制，建设统一开放、竞争有序的市场体系，提高资源配置的效率和公平性，使市场在资源配置中起决定性作用，仍然是我们依宪治国进程中必须正视的历史课题。

同时，在当代中国的社会发展中，国力的提升、经济的发展、民生的改善、社会的稳定、市场活动的监管、生态环境的保护、公共产品的有效供给等等，又要求必须赋予政府充分的能动性和自由裁量权，更好地发挥政府作用，以使政府能够积极有为地履行其公共职能、提供公共服务，进行科学的宏观调控和有效的政府治理，加强发展战略、发展规划、发展政策的制定和实施等。因此，"有为政府"之建构同样是依宪治国进程中必须高度重视和有效完成的时代使命。当然，无论"有限"还是"有为"，抑或二者之间的优化平衡，都不是宪法的根本目标，相对于人权的发展与实现、满足人民对美好生活的需要

---

[1] 参见高成军："宪法共识：价值多元社会的认同共识"，载《甘肃社会科学》2018年第4期。

而言，它们都只是工具意义上的手段而已。为中国人民谋幸福、为中华民族谋复兴，应当是我国宪法的终极性目的和伟大"宪法工程"。[1] 这就要求摒弃片面追求经济增长的功利主义思维，避免把某一时期特定的发展目标甚至手段作为目的性追求，应当始终以人为根本、为目的去思考依宪治国的时代意蕴和价值内涵，使宪法的人文关怀和理想信念有机地融入我国社会发展的整个进程之中。

总之，当我们探讨改革发展及社会转型的问题时，不能只局限于从经济学或社会学的角度去进行认识和描述，而更应该立足于中国社会特定的时空背景，关注社会生活中所出现的丰富的宪法实践与宪法经验，探讨社会转型、改革发展与依宪治国之间的内在关联和发展规律，分析依宪治国独特的历史机遇及其现实意义，努力实现社会变革与依宪治国之间的良性互动与协调发展。在我国的时代发展进程中，依宪治国不仅具有法治文明进步的意义，而且有着非同寻常的特殊价值和历史境遇。全面深化改革和中国特色社会主义进入新时代的历史方位，为依宪治国基本方略的实施创造着必不可少的前提条件；而依宪治国则为进一步深化各领域各方面改革、不断推进国家治理体系和治理能力现代化提供着根本的法治保障，换言之，这是法治中国的创世纪时代，是中国特色社会主义法治建设的新纪元。

## ▶ 第二节　宪法文化：依宪治国的观念基础

宪法在任何一个国家的落地生根、斑斓成熟，都不可能纯粹来自事先的理性设计，而首先应当仰赖于一个民族、一个社会点点滴滴的经验积累，仰赖于宪法观念的深入人心和全社会行宪、护宪的努力与行动。的确，"宪法的根基在于人民发自内心的拥护，宪法的伟力在于人民出自真诚的信仰"[2]。因此，在依宪治国、依法治国已经成为一种波澜壮阔的法治实践的历史背景下，我们更应当警惕将宪法局限在设计完美条款的形式主义层面，防止把宪法沦为一个理想化、情感化的浪漫主义话题；更应当认真思考宪法的精神和理念是否已经内化于全社会的内心深处，并已经成为一种坚定的法治信仰和生活方式。依宪治国固然需要诸如完善的法律体系、健全的运行机制、有效的推进

---

1　关于"宪法工程"的理论解说，参见李少文："宪法工程：一种宪法学方法论"，载《法学评论》2017年第1期。

2　习近平："在首都各界纪念现行宪法公布施行三十周年大会上的讲话"，载《论坚持全面依法治国》，中央文献出版社2020年版，第13—14页。

措施等"硬件"设施，但作为其"软件"内核的宪法文化以及公民宪法意识之培养与生成同样不可或缺。实际上，宪法以及依宪治国从来就不仅仅是一个纯粹的有关合理化治理的技术性问题，更是一个具有特定目的性规定的价值判断，其深入推进既需要建构性的理性设计和政府主导的积极推动，又需要对思想观念和文化传统的认真思考，只有把客观的经验性研究和理想的目标模式、冷静的理论思考与热诚的改革指向紧密结合起来，才会更好地完成新时代赋予我们的使命。

## 一、宪法文化之于依宪治国的意义

一般而言，宪法文化是由宪法规范、宪法制度、宪法心理以及宪法意识等宪法现象组成的一个有机整体。[1] 在广义上，宪法文化包揽着宪法由制定到实施的一切文本规范、制度实践和心理意识等因素。而所有的因素积聚起来的目的，正是宪法获得更好的实施。众所周知，宪法要真正在实际生活中得到切实有效的落实，"除了依据宪法规定负有专门监督宪法实施职责的机构主动行使宪法监督职权之外，更重要的是依托社会公众对宪法权威的认同以及对宪法在维护自己合法权益中作用的确信"[2]。换言之，宪法实施的成效在很大程度上依赖于宪法文化的支撑，依赖于以尊重宪法、敬仰宪法、实施宪法、遵守宪法、捍卫宪法等为核心要素的宪法文化的斑斓成熟；只有以深厚而成熟的宪法文化为前提，宪法实施才会获得广泛而坚实的社会基础和观念基础，依宪治国才会获得源源不竭的内生性力量。正如学者所指出的那样："宪法文化是宪法实施的重要基石。"[3] 而在组成宪法文化概念的诸多要素之中，可以说最为关键的是公民的宪法意识，宪法意识是宪法文化的概念内核，只有作为个体的公民具有较高的宪法意识和宪法素养，整个社会宪法文化的斑斓成熟才会成为现实。

宪法意识是人们对于各种社会现象，包括生产与生活，以及由此发生的各种社会交往现象，从宪法的角度感觉、认知、评价并且用以支配自己行为方式和思维方式的心理活动，是人们将自己置身于宪法世界、宪法生活和宪法秩序中的自觉性；其主要内容是对现实宪法制度以及环绕于宪法制度的各种宪法及法律现象的分析、思考、评价和期望。[4] 在法治社会中，公民的宪法意识

---

1　参见陈晓枫：《中国宪法文化研究》，武汉大学出版社2014年版，第46页。

2　莫纪宏："坚持中国特色，抓好宪法文化建设"，载《检察日报》2016年12月5日第7版。

3　上官丕亮："宪法文化是宪法实施的重要基石"，载《中国法治文化》2016年第10期。

4　参见王薇："论公民宪法意识"，载《当代法学》2001年第4期。

在本质上应呈现为与民主政治和市场经济相适应的主体意识、独立人格、权利观念、契约观念、责任意识和理性自律精神，体现为对公民与国家、个人与社会、法律与秩序、权利与义务、利益与责任之间关系的正确定位与判断，对公正合理的宪法法律制度的自觉维护、遵从与敬仰。一般认为，宪法意识主要由宪法认知、宪法情感和宪法信仰三个层次构成。

第一，宪法认知。它是公民对宪法知识、宪法规则和宪法理论的理解、掌握与运用程度。其核心是对宪法规范的了解和把握，这是公民依法行使宪法权利、履行宪法义务、从事一定法律行为的前提。公民通过对宪法的认知，可充分认识到自己基于宪法所享有的权利和应承担的义务，并能够比较准确地预测自己的行为所可能引发的相应的法律后果，从而最大可能地保证行为的合宪性。

第二，宪法情感。它是人们对宪法的心理情感体验，如果说，法律情感"是人们依据现实的法律制度能否符合自身物质和精神的需要而产生的喜好或厌恶的心理态度"[1]，那么，宪法情感则反映了人们对宪法规则、宪法制度、宪法实践的心理感受与评价，处于宪法意识的感性认识阶段，具有直观性、原发性、客观性和多变性的特点。基于对宪法"良"或"恶"的直接心理体验与评价，宪法情感直接影响着人们对宪法的认可与服从程度，以及宪法与社会之间的亲和力。

第三，宪法信仰。它是宪法情感和宪法认知的理性升华，是对宪法精神和理念的理性抽象和凝练，是寄托在民主、法治、公平正义、人权保障等宪法价值基础上的宪法理想和关怀，是公民基于宪法的功能作用而发自内心地对宪法的自觉信任、敬仰和崇拜。[2] 宪法信仰是宪法意识的重要组成部分，甚至是其精神灵魂。它是人们在对宪法规则和宪法功能认识与评判的基础上，所形成的一种对宪法的正义性和权威性的内心确信与服从；是人们对宪法作为社会最重要调控手段的有效性以及对宪法所创设、安排的社会状态的期待与向往；是人们自愿把自己的命运和生活寄托于宪法予以安排并加以保护的一种归属感。基于宪法信仰，宪法在公民心目中具有至高无上的法制权威，公民会坚定地以宪法规范作为其根本行为准则，并能自觉地用实际行动来捍卫宪法的尊严与权威，从而使其内心思想和外在行为以宪法为中介得以最大程度的统一，宪法的

---

1　王勇飞、张贵成主编：《中国法理学研究综述与评价》，中国政法大学出版社1992年版，第312页。

2　参见谢晖：《法律信仰的理念与基础》，山东人民出版社1997年版，第16页。

权威由此也就有了最可靠的根基。可以说，全社会形成坚定的宪法信仰，是推动依宪治国从理念走向实践的巨大精神力量。[1]

宪法意识作为一种主观认知和评价，相对于客观现实而存在，来源于生活在特定历史时期和社会条件下的人们对历史上或现实中宪法实施状况的观察与总结，与现实生活中的宪法相比具有相对的独立性。在社会生活中，人们不同的知识背景、社会地位、思维方式，使得宪法意识具有个体性的差异。同时，人们总是生活在相对固定的社会环境和群体中，具有大致相同的文化背景和生活经验，这使得宪法意识具有了在一定范围内的共同性。在现代民主法治社会中，群体性的宪法意识往往蕴含着巨大的法治意义，一个国家具体的宪法模式的选择与构建，总是反映和体现着社会成员的宪法意识；宪法模式的变迁及其运行，往往也必须先经过宪法意识的变革，再反映到现实的政治生活中去。可以说，宪法意识是宪法制度构造、运行与变迁的先导和基础，直接决定和反映着一个国家的法治状态和宪法实施水平。同样，依宪治国的推进必须以全社会成熟的宪法意识作为观念基础。这主要是因为：

首先，依宪治国的前提和精义必须是良宪之治，即作为依宪治国源头的宪法必须经由民主程序而制定、体现人民意志和愿望、反映社会发展客观规律，并以保障基本人权、实现公平正义、满足人民对美好生活的向往为最高价值追求；所有的宪法规范必须是公开的、普遍的和相对稳定的，并必须具有极大的权威性、连续性和一致性，必须公正地调整各种利益关系、平等地保护和促进一切正当利益、力求实现各种利益诉求之间的平衡与协调等。而宪法意识是宪法的精神之源，制宪者确认和保护什么利益与需求、限制和禁止什么要求或行为，往往会自觉或不自觉地受其宪法意识的影响。一个社会所呈现的宪法意识形态，实际上是特定时期社会群体主流性的宪法思维和行为模式，是社会群体对宪法的基本价值判断、情感认知和经验体会，此种共同的情感和评价乃是支配制宪修宪活动的社会心理导向，良宪的形成归根结底取决于包括制宪者在内的社会成员拥有理性而成熟的宪法意识。

其次，依宪治国的过程实际上就是宪法的实施过程，只有通过实施，宪法文本中蕴含的美好理想才能成为活生生的社会现实，也才可以宣告"法治国家"的形成和依宪治国的实现。宪法实施方式的强制性和有效性保证着宪法本身的权威性，它能以理性、文明、和平的方式实现社会的秩序、自由、公正、

---

[1] 参见王晨："普及宪法知识 增强宪法意识 弘扬宪法精神 推动宪法实施"，载《人民日报》2016年12月21日第6版。

平等以及全社会利益的均衡化和最大化。显然，宪法实施主体的宪法意识与宪法的实施效果有着直接的关联，甚至在很大程度上决定着宪法的实施效果。只有当他们对宪法精神有深刻的感悟与洞察，并具有坚定的宪法理想信念、深厚的宪法知识素养、娴熟的宪法实施技能时，才能自觉地严格按照宪法的规定和目的去行使职权、履行职责，法外之权、法上之权、权力滥用等现象才能得以根治，公民的基本权利和自由才能得以实现和保障。良宪的价值和权威也才能得以充分展现并对社会的发展进步起到良好的引领、推动和保障作用。[1]

最后，宪法意识的形成过程实际上也就是宪法逐步获得并不断加强权威性的过程，在此过程中，它与依宪治国的制度性因素有机地融汇在一起，互相促进、协调配合，共同推动着依宪治国的伟大进程。[2] 依宪治国的最终状态应体现为一种良好宪法秩序的形成、维持和运转；健康理性、稳定和谐的宪法秩序，是依宪治国的重要特征和目标，也是衡量一个国家法治成熟程度的重要指标。而良好宪法秩序的建构必须以公民良好的宪法意识为支撑。宪法意识是人们一种自觉以宪法为准则的价值评价标准和行为模式取向。基于对宪法权威性、正当性的确信不疑，人们在意识深处形成了对宪法价值与理想的执着与向往。当这种心理情感外化为对行为模式的选择时，就表现为人们能够严格以宪法为标准来规范、要求自己的行为，依法行使自己应有的权利，履行自己应尽的义务，从而成为以理性自律和宪法规则进行自我约束与定位的负责任公民——他不仅是自身权利的主张者与维护者，而且能充分尊重他人的权利和自由，并能为捍卫宪法的尊严而积极地去参政议政，主动抵制破坏宪法秩序的行为。这种建设性的护宪精神与行动不是来自国家物理性力量的外在强制，而是源自公民内心深处对宪法的真诚信仰，以及对宪法价值理念的深切认同与自觉坚守，是公民之理性选择与坚定追求。在公民普遍信仰和尊重宪法的文化氛围中，宪法从根本上找到了自身正当性与生命力的基础和根源，获得了建立在社会普遍认同基础上的最高性和权威性，宪法秩序的构建也就有了坚实稳固的社会根基。

说到底，宪法要有生命、要有权威，首先要求人们有一种真诚敬仰宪法的态度和信念，这种隐含于人们内心深处的文化基因可以说是依宪治国的思想基础。正是基于对宪法权威性、有效性、正当性的确信不疑与深切认同，人们才

---

1　参见崔建国："宪法意识与执政能力"，载《长白学刊》2008年第1期。

2　参见黄其松、蔡鑫："文化认同与民族国家未来：再论哈贝马斯的宪法爱国主义"，载《云南社会科学》2017年第2期。

能在内心深处形成对宪法价值与理想的执着与向往，才能成为自觉地以宪法为标准进行自我约束与定位的自律者，才能积极主动地对各种违宪行为加以抵制和矫正，从而成为宪法精神和理念的忠实崇尚者、自觉践行者和坚定捍卫者。这种建设性的行宪护宪行动不是来自外在的强制，而是源自公民自觉的理性选择与追求。在全社会形成了对宪法普遍而坚定信仰的情况下，宪法也就从根本上找到了自己正当性和生命力的基础与依归，依宪治国也就有了坚实稳固的社会根基与动力。

## 二、公民宪法意识之概况与反思

宪法意识是公民理解宪法原理，对宪法现象进行分析、判断和评价的前提和基础。[1] 宪法浸满着人类历史传统中积累起来的政治经验和人文精神，体现着一个民族、一个社会由来已久的对法治的信仰与崇拜、对权力的警惕和防范、对人权的尊重与重视等。

近代中国的立宪运动是在救亡图存、风雨飘摇的历史背景下而展开的，是在内忧外患、列强环伺之下的被动选择，而并非源起于社会内部的自发行动与演进，其对"宪法"概念的张扬与传播，是企图通过截取与剪裁西方这些名词来解决中国的生存问题。戊戌变法拉开了近代中国立宪运动的序幕，然而，它却是"没有一种以思想革命为基础的社会变革。这场政治革命失败了，因为它是外表的、形式的，只触及了社会行动的机制，但却没有影响对生活的观念，而这种观念实际上是控制社会的"[2]，由此导致了对宪法精神的误读和宪法价值的扭曲。近代中国的仁人志士主要是把宪法作为一种"器"来对待的，"坚持一种以富国强兵为目标的工具价值主义的宪法观"。[3] 这种观念上的局限和滋养宪法生长的社会土壤的贫瘠，导致先哲们对西方宪法制度和模式往往采取直截了当的为我所用的"拿来主义"态度，而无暇顾及和考究其是否与中国的"民情国史"相接榫；或是根据自己的文化观念而对西方宪法采取实用主义的简单"截取"手法而任意取舍或拒斥。这样，宪法在传入之初遭到了本土文化的顽强抵制，在某种程度上甚至沦为一种追求时髦的舶来品，宪法以及围绕宪法而产生的一系列概念最终难逃成为虚幻名词的惨淡结局，也没有给近代中国

---

1　参见莫纪宏："全面提高公民的宪法意识"，载《求是》2002年第8期。

2　[美]周策纵：《五四运动：现代中国的思想革命》，周子平等译，江苏人民出版社1996年版，第314—315页。

3　占美柏："从救亡到启蒙：近代中国宪政运动之回顾与反思"，载《法学评论》2004年第1期。

社会带来新的政治法律秩序，启蒙者、改良者的努力只能留下一段灰暗的评语和几多英雄悲歌。

近代中国的宪法命运启示我们，制定一部成文的宪法典仅仅只是宪法工程的第一步，远非它的终点；且不说宪法自身的正当性就是一个极具挑战性的课题，即使有了一部先进的宪法，其能否有效实施仍然是一个艰巨而复杂的过程，无法毕其功于一役。如果宪法不是被社会内在地需要，如果宪法迟迟不能内化于人们的生活与习惯之中，那么，设计得再完善、再先进的条款最终也逃脱不了形同虚设的命运。因此，我们不能仅仅醉心于宪法典的设计与构造，甚至把成文宪法的完美化当作宪法政治的主要内容和目标；如果人们对宪法没有发自内心的尊崇，如果宪法仅仅被视为政策和制度的一种表达形式；或者宪法制定之后仅仅停留在纸面上，甚至形同虚设，那么，良好的宪法秩序终究是遥不可及的海市蜃楼；良好的宪法秩序之建构必须以成熟的宪法文化和深厚的宪法意识为支撑。当然，公民宪法意识的养成和提升是一个持续不断的历史过程和实践过程，受到各种内外复杂因素的多重影响，既需要积极的引导与历练，也需要诸多政治、经济、社会、文化条件的滋养与培育。一个民族的宪法意识只有经过历史的反复磨砺与锤炼，经过切身的比较与体会才是真实的；一个社会的法治历程只有经过艰难的探索与不懈的追求，才能深刻体验与认识到宪法的珍贵与美好。

随着社会主义市场经济的发展与完善、依法治国基本方略的确立与实施，当今我国社会尊法、学法、守法、用法、护法的观念和习惯正在养成，人们的法律意识和权利意识在不断觉醒与进步。尤其在新时代，"坚持以人民为中心"是习近平法治思想的重要内容，"推进全面依法治国，根本目的是依法保障人民权益。要积极回应人民群众新要求新期待，系统研究谋划和解决法治领域人民群众反映强烈的突出问题，不断增强人民群众获得感、幸福感、安全感，用法治保障人民安居乐业"[1]。这为增强全社会的宪法法律意识提供了最坚实的基础和前提。

当然，权力本位思想、人情高于国法观念还深深影响着人们的思维，贱诉、厌诉、惧诉、缠诉等传统观念还根深蒂固；片面理解市场经济的利己本性和自由精神，扭曲权利与义务、公共利益与个人利益之间关系的情况还屡见不鲜，甚至为了追逐私利而采用各种不正当手段去损害国家利益和他人利益的

---

1　习近平："以科学理论指导全面依法治国各项工作"，载《论坚持全面依法治国》，中央文献出版社2020年版，第2页。

现象还时有发生；以言代法、以权代法、徇私枉法、权力滥用的现象还屡禁不绝；等等。尽管如此，应当看到的是，在市场经济的大潮下和依法治国的洗礼中，人们已经开始仔细地在用法律的眼光体察着自己的生活，认真地对待自己的感受，真诚地捍卫自己的人格尊严，积极地通过法律途径来维护自身权益，并逐渐出现了一系列为主张自己正当权利而奋争的具有里程碑意义的案件。这些年来，尤其是在公权力层面，从道路交通安全法对"撞了白撞"的否定，到居民身份证法使"三无"概念的消弭；从收容遣送制度的废除，到行政许可法的实施；从法治政府的打造，到宪法修正案明确宣布"公民的合法的私有财产不受侵犯"；等等。这些都毫无疑问地表明了科学立法、依法决策、依法行政、公正司法、严格执法的意识和水平在不断提高，宪法的权威和尊严在不断强化。这既有自然的社会进步因素的影响，又有人为的理性建构因素的影响；既有本土资源成分的影响，又有全球化因素的影响；既有公民自身的积极推动，又有社会外部力量的影响与倡导。正是在各种因素的综合作用与交错影响之下，公民法律意识才有了如此明显的提高。

　　但是，也应当看到我国公民法律意识的总体现状与法治建设和依宪治国的内在要求之间仍有较大差距，许多公民对作为国家根本法的宪法还缺乏一种基本体认与政治情感，对宪法与自身的密切关联还缺少足够的感悟与认同，对一些宪法问题和宪法现象往往游离于宪法之外进行价值评判和行为选择，对宪法是用来规范和约束政府权力并保护公民权利的这一宪法理念还远没有形成共识，[1] 甚至对一些基本的宪法知识，如公民宪法基本权利的主要内容，国家机构的组织体系与宪法地位等等，也缺乏必要的了解和掌握。[2] 当然，这种状况近些年来正在发生显著的改观，尤其是21世纪以来中国社会所发生的一系列案件，使宪法开始变得引人注目，宪法正从以前悬置于书架上的状态逐渐步入寻常百姓的社会舞台，并正在慢慢生成别具一格的法律空间。的确，无论是执政党和决策者，还是普通公民和学术界，都对宪法的实施和适用抱有强烈的欲求和期盼。宪法是神圣的，谁也不愿意看到这样一部神圣的宪法远离社会大众的生活空间；宪法是根本大法，谁也不想让它成为一部可有可无、大而无当的"闲"法。于是，有了一个又一个令人激动的、涉及宪法的重大事例，并促使

--------------------

1　参见戴激涛："宪法，我该如何靠近您？——对广东300名大学生宪法意识调查的思考"，载《法学教育研究》2013年第1期。

2　详细调查结果请参考韩大元、王德志："中国公民宪法意识调查报告"，载《政法论坛》2002年第6期。

人们对中国宪法问题进行认真思考和关注。同时，作为一种象征符号，这些重大事例所引发的制度变迁和观念更新，也标志着我国在依宪治国方面迈出了实质性一步。[1] 然而，当宪法终于被社会大众和舆论媒体关注的时候，我们更应当警惕将宪法简单理解为设计完美的条款的理想主义倾向；必须防止把宪法沦为一个浮夸的、诉诸情感而不是实在的、诉诸理智的浪漫话题。为此，就必须在社会文化观念中形成一种浓郁的尊重宪法、信仰宪法的氛围，在全社会形成一种强烈的宪法意识与护宪精神；大众化的、社会普遍认知的宪法文化，是依宪治国顺利推进的观念基础和思想前提。

宪法意识是法律意识的灵魂与核心，而法律意识的全方位提升无疑有利于直接或间接地促进宪法意识的成熟与发展。例如，私权意识既催生了民商法律制度，又是近现代许多重要法律制度乃至宪法制度的渊薮。私权意识的勃兴是国家保障公民（私）权利的前提，是实行依宪治国的有效推动力。私权意识是人们对待民事权利的心理、思想与评价的总称。不管人权的类型和内容如何发展与演化，私权在整个人权体系中始终具有基础性的价值和意义，是其他所有权利得以实现和享有的必要前提。一切真正的法律都必须把尊重人、关心人、成就人作为最高旨趣。只有尊重人、关心人、成就人的法才能促进社会的良性发展，因为社会发展首先是作为构成社会的人的发展。维护私人安全及私权不受侵犯，在现代社会的重要性已是不言而喻的基本人权。"人性的首要法则，是维护自身的生存，人性的首要关怀，是对于其自身所应有的关怀。"[2] 卢梭在法国大革命暴风骤雨到来之前的呐喊之声，体现了私权意识的基本信念和精髓，承载着对人性、人格、人权的深刻感悟和高度关切。

私权意识的主要内容是私权神圣、身份平等、意思自治、契约自由等等。改革开放以来，我国公民的私权意识在逐步觉醒，私权理念正被逐步树立并不断得到强化。从强调义务，到尊重权利，中国人经历了数千年漫长的洗礼与磨炼。当然，我们的私权意识还显得比较脆弱，尚不能充分胜任保障私权的重任。这就需要在宪法的统领下建立和完善以对人自身的关怀作为首要价值取向的民商法律制度等。新时代编纂民法典正是一桩为社会主义市场经济立宪的历

---

1 参见韩大元、孟凡壮："中国社会变迁六十年的公民宪法意识"，载《中国社会科学》2014年第12期。关于大学生群体的宪法意识，可参见仝其宪："大学生宪法文化建设中的信仰教育与制度构建"，载《黑龙江高教研究》2019年第1期。

2 ［法］卢梭：《社会契约论》，何兆武译，商务印书馆1980年版，第9页。

史事件，对于我国的依宪治国实践而言具有重大的政治法律意义。[1] 宪法对权利的赋予与对权利的保护缺一不可，完善的制度是对权利的有效保障，没有保障的权利犹如没有屏障的花园。同时，"尊重和保障人权"是依宪治国的重要内容，而人权的实现与保障在很大程度上取决于公民是否有为自己权利去奋争的勇气和法律素养。为权利而斗争不仅是权利人对自己的义务，是为了维护自己的权利、维护自己的人格尊严，还是维护宪法权威的必要之举，其主旨在于通过具有最高权威性的法律来规范权力、驾驭权力，以从根本上保障和实现人权。宪法的权威正是在公民争取权利而适用法律的过程中而得以确立并不断得以强化的；若不愿为权利而斗争，"法本身将遭到破坏"。[2] 这种权利意识的培育和维权意识的提高显然本身就是增强宪法意识的重要内容。

在实行法治的现代文明社会中，公民争取权利应当诉诸理性的法律救济程序；对诉讼制度和诉讼现象的认识、感受与评价，在很大程度上决定着公民权利的实现方式，进而影响着人们对宪法和法律的态度。在诸多社会规范（伦理、道德、风俗、习惯、法律等）中，不同的规范被信任的程度和被应用来排难解纷的比重与方式会有所差异，这便牵涉到所谓"诉讼意识"的问题。[3] 对现行诉讼制度和诉讼活动的认识和运用程度是诉讼意识的重要内容，以此为基础对司法制度，乃至整个宪法法律制度公正性、合理性、有效性的评价，成为公民法律意识的重要组成部分，甚至是最直接、最真实的部分。如果通过诉讼可以公平、合理、高效、便捷地化解矛盾、消弭纠纷，人们自然会积极主动地诉诸诉讼途径来定分止争；相反，如果在制度设计上为诉讼设定种种限制和障碍，或者人们无法通过诉讼获得公正且及时的裁判，自然会影响人们对宪法及整个法律制度的信心，甚至会视诉讼为畏途而予以排斥，进而会产生贱诉、厌诉等负面的诉讼心理。可以说，对诉讼活动的感受和评价直接影响着人们的法律意识包括宪法意识，诉讼过程对公民法律意识和宪法意识的形成和发展至关重要，甚至在一定程度上塑造并改变着人们的宪法观念。[4]

应当看到，我国公民的诉讼意识在不断走向成熟，人们越来越习惯于通过

--------------------

1　参见苗连营："编纂民法典应当具有自觉的宪法意识"，载《法制日报》2016年8月24日。

2　[德] 耶林："为权利而斗争"，胡宝海译，载梁慧星主编：《民商法论丛（第2卷）》，法律出版社1994年版，第21页。

3　参见林端：《儒家伦理与法律文化——社会学观点的探索》，中国政法大学出版社2002年版。

4　参见蔡肖文："我国传统诉讼观念反思及其现代性改造"，载《东南司法评论（2002年卷）》，第160—169页。

诉讼的途径解决争端，尤其是行政诉讼案件的种类和数量在不断递升，如陕西夫妻看黄碟案、麻旦旦处女"嫖娼"案 、李茂润状告公安局不作为案、大学生怀孕被勒令退学案、北大博士生状告北大案、乔占祥状告铁道部火车票票价上浮案等，通过新闻媒体的传播和发酵，纷纷引起了广泛而强烈的社会影响，这体现了公民诉讼意识的进步。[1] 但一些不正常因素的干扰，例如司法不公、诉讼成本过高、诉讼效率低下、轻视公民诉讼权利等现象，也挫伤了公民通过诉讼解决纠纷的积极性；过于强调诉讼在打击犯罪、维护社会治安方面的功能而忽视其在人权保障方面的意义，则在一定程度上助长了中国社会长久以来存在的厌诉、惧诉心理；行政诉讼在 "民不与官斗"等传统观念及其他各种因素的影响下，更是步履维艰。[2] 而作为另一种极端的滥用诉权、缠诉现象也时有发生，这不仅浪费了有限的诉讼资源，也是宪法意识和法律意识的变形与扭曲。如果当事人难以通过正当的诉讼程序来保障自己的合法权利，诉讼制度的人权保障功能难以彰显，那么必然会给公民宪法意识的培养与提高蒙上一层阴影。因此，宪法意识的培养和提高绝不是一种孤立的现象，而需要在整个法治环境中予以考量。建立公正高效权威的司法制度和诉讼机制，让公民在每一个司法案件和诉讼过程中都感受到公平正义，对于宪法意识的形成具有不可替代的重要作用。

　　"只有全面依法治国才能有效保障国家治理体系的系统性、规范性、协调性，才能最大限度凝聚社会共识。"[3] 而要充分发挥法治固根本、稳预期、利长远的重要作用，就必须弘扬社会主义法治精神，培育社会主义法治文化，提高全社会的宪法意识和法治观念。"法治权威能不能树立起来，首先要看宪法有没有权威。必须把宣传和树立宪法权威作为全面推进依法治国的重大事项抓紧抓好，切实在宪法实施和监督上下功夫。"[4] 依宪治国的深入推进，不仅意味着社会治理结构和治理模式的深刻改革与变迁，更意味着宪法意识和法治理念的同步更新与发展，其顺利实施和有效推进，在很大程度上取决于社会成员的思想观念和行为逻辑与之同频共振。这就要求在全社会真正树立起敬仰宪

---

1　参见唐荣昆："浅谈媒体对公民法治观念的影响——以'影响性诉讼'为视角"，载《东南传播》2014年第12期。

2　参见汪燕："行政诉讼观念现状及其对诉讼行动的影响探析——以中部某自治州为例"，载《湖北民族学院学报（哲学社会科学版）》2013年第6期。

3　习近平："以科学理论指导全面依法治国各项工作"，载《论坚持全面依法治国》，中央文献出版社2020年版，第3页。

4　习近平："关于《中共中央关于全面推进依法治国若干重大问题的决定》的说明"，载《求是》2014年第21期。

法、尊重宪法、践行宪法、捍卫宪法的浓郁氛围，实现人们法律观念由传统向现代的转变，让宪法意识所蕴含的科学精神、民主意识、法治理念、权利观念等文化要素，成为全社会普遍认同和自觉追求的价值共识。

### 三、公民宪法意识的培育和提升

公民宪法意识的培养既需要制度的理性建构和有效运作，更需要适宜的社会土壤的培育与滋养。市场经济、民主政治、多元文化等是法治社会的生成条件，也是催生公民宪法意识的社会基础；作为依宪治国的"软件"与灵魂，公民宪法意识只有植根于丰厚的社会土壤之中方能得以历练和提高，同时公民宪法意识又通过具体的宪法制度反哺并促进着法治社会的建设与发展。[1] 作为市场经济的实践者、民主政治的参与者、法治文化的传承者，社会个体浸染着权利、平等、自由、契约精神的熏陶，经历着社会自治、参政议政、守法护法、保障人权的历练，是依宪治国生生不息的推动力量。只有让公民宪法意识的提高与依宪治国方略的实施同步推进、良性互动，才能收到事半功倍的效果。

（一）完善公平竞争的现代市场经济制度

现代市场经济的本质属性、运作规律及利益实现方式等都内在地蕴含了一定社会应有的制度模式及其状态。市场经济以商品交换的方式而进行，而商品交换的首要前提是商品交换者必须具有独立的人格、自由的意志，以及独自承担责任的能力与资格，这就要求以宪法法律的形式确立交换者的主体地位、权利能力、行为能力；市场经济有赖于明晰的产权关系的建立，如果人们对所要交换的物品没有排他的支配性权力，如果法律制度对人们的正当利益缺失有效的保护，则整个社会就不可能产生广泛而持久的创新动力和热情，这就要求以宪法和法律的形式确立财产权利体系；市场经济是一种以合理化的方式追求和赚取利润的社会经济形态，任何一方交换主体必须承认对方与他一样有追求自己的特殊利益的权利，主体之间的权利和义务是对等的，这就要求宪法和法律规则应当具有确定性、连续性、稳定性和法律面前人人平等的非人格化特征；市场经济承认和保护个人的正当利益，鼓励人们通过正当竞争方式而获得利益，公平竞争是市场经济存在和发展的条件，这就要求建立起公平和谐的竞争机制和非垄断的市场规则，为每一个市场主体提供有效的追求个人利益的环境和机制；市场经济需要政府之手对经济活动进行宏观管理、监督和指导，但拒绝公共权力的滥用和对市场空间的肆意挤压和干预。由此，市场经济的运行规

---

1 参见周叶中："深化尊崇宪法意识 开启宪法实施的新时代"，载《中国高等教育》2018年第8期。

则和市场主体的利益诉求，便转化和上升为公民在宪法上的主体意识、权利意识、参与意识、责任意识，宪法意识的核心要素在市场经济形态中获得了其赖以生存的根基。[1] 同时，处于市场经济大潮中的人们愈加体会到宪法法律对于其维护权益的重要性，宪法法律成为人们日常生活的一部分，成为人生存和发展的必备知识和基本素养，由此人们认知和运用宪法的自觉性大为增强。

市场经济所蕴含的法治精神，只有切实转化为社会主体自觉的宪法意识，成为社会主体法制心理结构的基础性要素，才能最大限度地推动法治理念的深入人心和法治实践的不断深化。我国目前正在进行的经济体制改革是社会主义制度的自我完善和发展，是触及经济体制深层矛盾和运行机制的变革，是解放生产力和发展生产力的革命，其总体目标就是建立中国特色社会主义市场经济体制。这为公民宪法意识的培养与提高提供了难得的历史机遇。市场经济的建立与发展，要求加快建设法治政府和服务型政府，正确处理好政府与市场的关系，遵循市场决定资源配置这一市场经济的一般规律，实行统一的市场准入制度，建立公平开放透明的市场规则和市场运行机制，清理和废除妨碍全国统一市场和公平竞争的各种规定和做法，形成市场主体自主经营、公平竞争，消费者自由选择、自主消费，商品和要素自由流动、平等交换的现代市场体系。这就要求切实转变政府职能，深化行政体制改革，改革市场监管体系，创新行政管理方式，深化行政审批制度改革，支持民营企业发展，激发各类市场主体活力；政府管理经济的方式应当从以行政手段为主转变为以法律手段为主，政府管理市场的权力应当规范化、制度化，同时，政府只能在法定职权范围内依照法定程序和方式对市场进行监管，全面实施市场准入负面清单制度，禁止各类违法实行优惠政策的行为，反对地方保护和行政垄断，增强政府的公信力和执行力，真正使市场在资源配置中起决定性作用和更好地发挥政府作用实现有机统一。

伴随着市场经济的发展与完善，我国公民的宪法意识也在不断地增强和提高，但其整体状况与市场经济的内在要求还存在着一定的矛盾与差距。尤其是以小农经济为依托、以礼俗宗法秩序为底蕴的传统思维惯性在我国仍然根深蒂固，以权力、人情配置资源而导致的以权谋私、权钱交易现象，直接冲击着通过公平竞争而合理配置社会资源的现代市场经济秩序。这就要求进一步深化经济体制改革，发展和完善社会主义市场经济，这也是当下我国全面深化改革的重点。社

---

1 参见赵世义、李永宁："从资源配置到权利配置——兼论市场经济是宪法经济"，载《法律科学》1998年第1期。

会主义市场经济体制的确立，必然会引申出非公有制经济的宪法地位问题。[1] 宪法修正案对非公有制经济的定位已从"社会主义经济的必要补充"发展为"社会主义市场经济的重要组成部分"，并明确规定："国家保护个体经济、私营经济等非公有制经济的合法的权利和利益。国家鼓励、支持和引导非公有制经济的发展，并对非公有制经济依法实行监督和管理。"[2] 对非公有制经济的宪法确认，是深化经济体制改革，解放和发展生产力的必然要求，是坚持和完善公有制为主体、多种所有制经济共同发展的基本经济制度的重要内容。同时，宪法还明确规定："公民的合法的私有财产不受侵犯。"加强对公民私有财产的保护，不仅对保障和实现公民的其他权利和自由具有基础性的重要作用，也是发展非公有制经济的必要前提。对非公有制经济和公民私有财产的保护，为深化经济体制改革、促进社会主义市场经济健康稳步发展提供了法律保障，也为培育契合市场经济理念的公民宪法意识提供了充分的经济条件。[3]

（二）塑造理性、和谐的社会文化环境

社会是指具有共同文化特征并以物质生产活动为基础的相当数量的人群，在特定的区域和时期、按照一定的道德准则和行为规范相互联系而结成的人类生活共同体，是人类在生存和生产的职能与分工的基础上形成的一种比较持久、稳定的具有较复杂组织结构的群体形态。多元化是人类社会的基本特征之一，这主要表现为结构多元化、职能多元化、利益多元化和价值观多元化。和谐的社会必定存在多元化的社会结构，不同的分层结构承担着不同的社会角色、追求不同的现实利益、拥有不同的价值理念；只有当社会系统的各个组成部分、各种要素之间，尤其是社会各主体的利益处于一种相互协调的状态时，整个社会才能呈现出和谐有序的局面。

人类社会自诞生以来便不仅仅是一个价值共同体，更是一个由各种利益诉求、利益关系所组成的复合群象，因资源的稀缺性和多元利益交织并存而必然产生的矛盾与冲突始终伴随着人类社会的前进步伐。这是由人的双重属性所决定的，一方面，人是一种"政治动物"，具有社会性，他必须过社会生活，必须与他人结成某种社会关系。另一方面，人又都是以个体的形式存在着，每个人都有自己独立的不同于他人及社会整体的欲望和利益需求。这决定了个人对社会共同体既有归属性，又有相斥性。作为一种利益多元的社会，也必然存在

---

1　参见韩大元："市场经济与宪法学的繁荣"，载《法学家》1993年第3期。

2　1999年宪法修正案第16条；2004年宪法修正案第21条。

3　参见胡锦光："市场经济与个人财产权的宪法保障"，载《法学家》1993年第3期。

着多元的文化以及以多元文化为背景和支撑的多元社会生活样态。多元社会是由自我和他者所组成的，传统的西方哲学都把他者作为自己的翻版，从而形成一种文化普遍主义和文化帝国主义，把自我的价值观强加于他者。而多元主义则要求在展现自我的同时，给予他者的独立以充分的尊重，如果没有他者，认识就会退化成同义反复。[1] 所谓尊重他者，就是承认所有人的文化特殊性，包括陌生人，也就是承认和尊重文化的多样性。

自第二次世界大战以来，受行为主义政治学的影响，多元主义发展到一个新阶段，罗伯特·达尔的多元民主是在分析和批评近代多种民主理论的基础上建立和发展起来的，他认为："某一种社会先决条件在程度上的增加，在加强民主方面，可能远比任何特殊的宪法设计重要。无论我们关心的是少数人的暴政还是多数人的暴政，多元政体理论表明，政治科学家必须直接注意的第一位的、关键的变量，是社会因素而不是宪法因素。"[2] 因此，社会的多元化对于宪法与和谐而言具有重要意义，只有具备了利益、意见的多元化，才能最终确保宪法民主制度朝着良性方向发展，也才能实现社会的实质性和谐。实际上，近代西方人文主义兴起、重视人格独立与人的自由、制度设计时的权力多中心倾向，本身便是多元主义政治哲学在宪法生活中的体现。

在彻底摒弃西方多元主义思想虚伪性的同时，应当看到，宪法在某种意义上实际就是一个由思想观念、理论学说、制度安排和生活方式等多重要素构成的复杂空间。在这个自由开放的民主法治框架内，各种各样正当的利益诉求均可平等竞争、公开博弈，每一个利益主体都应获得同等的尊重和基本的保障，所有建设性的观点和主张都需要靠自己的内在品质及正当性而赢得人们的认同，一切权力的运行和利益选择过程均需公开透明并受到外在的监督与制约。这样的宪法机制和程序历练着社会成员的宪法意识与合作精神，有助于相互冲突的利益之间达成妥协、实现共存，并有助于促进个性的成长、发挥人的潜能、实现社会的理性自治。这不仅是一套控制政府权力合法性的技术，同时是人类政治经验和智慧的结晶，蕴含着丰厚的文化底蕴和人文精神，是一种源于私人领域而奉行于公共领域的法治文明和政治实践，是一种既体现自由竞争、又体现社会公正的制度安排。

在当代中国社会矛盾日渐突出、利益结构日趋分化、改革进入深水区和攻

---

1　参见［德］阿多诺：《否定的辩证法》，张峰译，重庆出版社1993年版，第182页。

2　［美］罗伯特·达尔：《民主理论的前言》，顾昕、朱丹译，生活·读书·新知三联书店1999年版，第113页。

坚期的情况下，如何达成社会共识、实现利益结构的相对均衡，同样是依宪治国面临的重大挑战。这就要求坚持以人民为中心的发展理念，进一步健全社会主义民主政治制度，切实把人民主权原则贯穿于政治权力运行的所有过程与环节，完善并建立更为科学有效的公民参与方式与利益整合机制，实现不同社会阶层表达利益需求和参政议政的愿望，妥善协调和处置各种重大利益关系与利益格局，充分发挥宪法在利益聚合与平等协商方面的功能与作用，致力于培育以公平正义为基本价值取向的政治法律秩序，确保广大人民更加充分、更加广泛地享受改革开放的成果；各种错综复杂、流动不居的社会关系都应当通过具有普遍性、稳定性、强制性的宪法法律规范予以有效地调整，各种社会资源都应当通过宪法法律机制予以公正合理的分配，各种社会矛盾与冲突都应当通过法治化的途径进行调节与解决；通过广泛而真实的宪法制度的合理构建及其有效运作，把民主、法治和人权的制度性因素有机地融合起来，用新的宪法理想和规范去宣布社会转型的意义和必要性，并借此凝聚社会共识、整合社会力量，增进社会的诚信友爱，激发社会的发展活力，促进人与自然和谐相处、经济社会的协调发展和全体人民的共同富裕。

### （三）推进宪法不断深入人心、走入社会

依宪治国是当代中国孜孜以求的法治愿景和治理状态，但我们不能把宪法文明与依宪治国视为高不可攀的理想，或者有意无意地纯粹将其作为一种玄虚的学术概念或抽象的政治口号。其实，依宪治国是将宪法精神和理念内化于人们心底深处与日常行为之中的一种积极的生活态度和方式，是将宪法的规则和要求运用于国家治理领域的一种实践过程。

早在20世纪30年代，民国时期的一些学者就敏锐地体察出了宪法的真正内涵与要义。张佛泉在1937年时就指出：我们三十年所以不能行宪，大部分原因在于国人对宪法的误解，在于把实行宪法看作了一个高不可攀的理想。其实，实行宪法"不是一个'悬在人民生活以外的空鹄的'，只是个'活的生活过程'。"[1] 胡适先生也认为：第一，宪法不是什么高不可攀的理想，是可以学得到的一种政治生活习惯。这种有共同遵守的政治生活就是实行宪法，其中并没有多大玄妙，就如同下象棋的人必须遵守"马走日字，象走田字"一样。第二，实行宪法可以随时随地开始，但必须从幼稚园下手，逐渐升学上去。这是一种政治生活习惯，唯一的方法就是参加这种生活。第三，现在需要的宪法

---

1　转引自侯宇："自治何以可能——以湖南省宪运动为视角"，载《中南大学学报（社会科学版）》2012年第4期。

是一种易知易行而且字字句句都可行的宪法。"[1] "民治制度的本身便是一种教育。" "人民参政并不须多大的专门知识，他们需要的是参政经验。民治主义的根本观念是承认普通民众的常识是根本可信任的。" "故民治政治制度本身便是最好的政治训练。这便是'行之则愈知之'；这便是'越行越知，越知越行之'。"[2] 的确，宪法倡导的是大众民主，是人们以宪法为准则和程式的一种稳定的、自觉的行为模式取向，它主张通过广泛的民主参与来践行这种全新的生活方式；强调学会尊重、倾听他人、与他人真诚合作，寻找解决冲突根源的法治方案，学习如何通过对权力关系的适当调适，来理性选择建立服务于他们共同利益的公共政府。

在当代中国实行依宪治国的历史进程中，观念的更新、思想的启蒙以及宪法意识的普及仍然是十分重要的。价值认同是迈向宪治的第一步，其次才是实现这种价值的制度构建，宪法意识和宪法文化的培育和提升将贯穿这一过程的始终。只有当宪法深入人心、走入民间，隐含于我们的日常生活和一言一行之中并成为一种全新的生活方式和习惯时，只有当充分领略宪法的价值内涵、强化宪法的观念基因，忠于、遵守、维护和运用宪法成为全社会的普遍意识和自觉行动时，才能为依宪治国、建设社会主义法治国家提供强大的精神动力和思想保证。在这方面我们已经采取了一些行之有效的措施。

（1）在全社会普遍、深入地开展宪法学习宣传教育。宪法要为人民所掌握、所理解、所遵守、所信仰，首先就必须在全社会普及宪法知识，传播宪法精神，弘扬宪法理念，形成浓厚的学习宪法、宣传宪法、运用宪法的社会氛围。"要在全党全社会深入开展尊崇宪法、学习宪法、遵守宪法、维护宪法、运用宪法的宣传教育活动，弘扬宪法精神，树立宪法权威，使全体人民都成为社会主义法治的忠实崇尚者、自觉遵守者、坚定捍卫者。"[3] 为此，就需要充分利用各种媒体突出和强化宪法教育，让宪法家喻户晓、耳熟能详，让广大人民深刻认识到宪法不仅是必须遵守的最高行为规范，也是捍卫自身权利的最有效手段和法律武器；要把宪法法律教育纳入国民教育体系，尤其要坚持从青少年抓起，引导青少年从小掌握宪法法律知识、树立宪法法律意识、养成遵法守

---

1　胡适："我们能行的宪政与宪法"，载欧阳哲生编：《胡适文集（第11卷·胡适时论集）》，北京大学出版社1998年版，第765、770—771页。

2　胡适："我们什么时候才可有宪法"，载欧阳哲生编：《胡适文集（第5卷·人权论集）》，北京大学出版社1998年版，第536—537页。

3　习近平："坚持依法治国首先要坚持依宪治国 坚持依法执政首先要坚持依宪执政"，载《论坚持全面依法治国》，中央文献出版社2020年版，第128页。

法习惯。我国连续开展的数个五年普法工作实际上就是用先进的法治理论和法律制度去教育人、改造人、培养人、塑造人的过程，也是把宪法理念和宪法规范内化于人的思想深处、从而确保宪法实施的过程。

十八届四中全会首次将我国现行宪法公布施行的12月4日确定为每年的"国家宪法日"，在全社会普遍开展宪法教育，弘扬宪法精神；并决定建立宪法宣誓制度，要求"凡经人大及其常委会选举或者决定任命的国家工作人员正式就职时公开向宪法宣誓"。接着，2014年11月1日，第十二届全国人大常委会第十一次会议通过了《关于设立国家宪法日的决定》；2015年7月1日，第十二届全国人大常委会第十五次会议通过了《关于实行宪法宣誓制度的决定》。这两项决定在法律层面上正式建立了我国的国家宪法日和宪法宣誓制度。这些举措不仅彰显了实行依宪治国、依宪执政的坚定决心与行动，而且为集中宣传宪法、普及宪法提供了法定的时机和场合，有助于强化宪法在人们心目中的尊严与权威，有助于激励和督促国家工作人员忠于宪法、遵守宪法、维护宪法，恪守宪法原则，树立宪法意识，履行宪法使命，使宪法精神和理念内化于公权力行使者的观念深处和履职过程之中。显然，这些庄严的仪式可以在潜移默化之中增强全社会的宪法意识，是保证宪法实施、弘扬宪法精神，建设社会主义宪法文化的重要制度平台和形式载体。

（2）强调党员干部和国家机关工作人员在遵守和维护宪法中的引领、带头和模范示范作用。党员领导干部带头学习宪法知识、培养宪法思维、推动宪法实施、维护宪法尊严，是在全社会树立宪法权威、提升宪法意识的关键。为此，"各级人大、政府、政协、审判机关、检察机关的党组织要领导和监督本单位模范遵守宪法法律"。[1] 同时，要建立健全各级党政领导干部学习宪法制度，把宪法作为党委（党组）理论学习中心组的学习内容和党员干部教育的重要方面，全面加强党员干部对宪法内容和基本精神的理解与掌握；党员干部和国家机关工作人员应当认真履行宪法赋予的职责，严格依宪法办事，增强宪法思维和宪法能力，坚决同一切违反宪法的行为作斗争，使宪法真正成为国家治理的最高规则和根本遵循。

增强党员干部的宪法意识，提升他们治国理政的宪法思维和宪法能力，促使他们养成根据宪法规定的原则和精神，理解、分析和解决各类问题的方法与

---

1　"中共中央关于全面推进依法治国若干重大问题的决定"，载《求是》2014年第21期。

习惯，对全社会宪法意识的培育具有重要的先导性和基础性作用。[1] 这不仅是因为在一般意义上，"政党在宪法和法律的范围内活动，是法治国家对政党行为的基本要求，也是建设社会主义政治文明的应有之义"[2]，更是因为，对于我国而言，中国共产党是我国执政党和领导党，党的领导是我国宪法实施最重要的主体和最重要的力量，是中国特色社会主义最本质的特征。党的领导是依宪治国的根本保证，同时党的领导的实现也要依靠依宪治国的深入推进。只有党员领导干部具有深厚的宪法素养、坚定的宪法意识，才能养成高度重视和自觉运用宪法的思维与能力，才能真正以捍卫宪法权威和促进宪法实施为行使权力的出发点和指南，也才能保证立法机关科学立法、民主立法、依法立法，行政机关依法行政、严格执法，司法机关公正司法，以及全体公民自觉尊法学法守法用法，从而在全社会形成理性而成熟的法治文化和法治信仰。

（3）宪法意识的养成既需要宪法自身具有基本的正当性和权威性，更有赖于真正实行"宪法之治"，只有宪法的规定得到切实的遵守和实施时，防止国家权力的滥用和肆意行使才能成为一种制度上的常态，人民的权利和利益才能得到真正的维护和实现，法治的本色和功能才能得以真正彰显，宪法的至上尊严与权威才能得以真正确立，宪法意识的养成才有坚实可靠的前提与基础。

"宪法是每个公民享有权利、履行义务的基本遵循。只有保证人民依法享有广泛的权利和自由，维护最广大人民根本利益，实现人民群众对美好生活的向往和追求，宪法才能深入人心，走入人民群众，宪法实施才能真正成为全体人民的自觉行动。"[3] 这就需要坚持以人民为中心，积极回应人民群众新要求新期待，健全社会公平正义法治保障制度，把体现人民利益、反映人民愿望、维护人民权益、增进人民福祉落实到依宪治国各领域全过程，不断增强人民群众获得感、幸福感、安全感，切实尊重和保障人权，用法治保障人民安居乐业。

同时，还需要加强和完善宪法实施监督制度，保障宪法的全面贯彻执行，真正把宪法实施提高到一个新的水平。如果缺乏一套行之有效的宪法实施监督机制，违宪行为得不到应有的追究和制裁，那么，宪法在人们心目中的崇高地

---

1　参见彭辉、史建三："领导干部宪法意识的理论与实证研究——基于上海市805个领导干部调查样本数据"，载《行政法学研究》2013年第4期。

2　石泰峰、张恒山："论中国共产党依法执政"，载《中国社会科学》2003年第1期。

3　习近平："切实尊崇宪法，严格实施宪法"，载《论坚持全面依法治国》，中央文献出版社2020年版，第204页。

位便无从谈起。党的十八大以来，宪法在我国治国理政中的重要地位和作用日益突显，加强宪法实施和监督的举措愈发有力。尤其是党的十九大明确要求推进合宪性审查工作，维护宪法权威。为此，全国人大及其常委会不断深化备案审查制度和能力建设，不断加强对违宪违法规范性文件的监督纠正力度；并将全国人大"法律委员会"更名为"宪法和法律委员会"，专门负责推进合宪性审查工作。这些制度的创新和完善，对于充分发挥宪法监督制度的作用、维护宪法尊严和权威、增强全社会的宪法意识具有重要的意义。

（4）宪法规定的是国家生活和社会生活中最根本、最重要的事项，"具有总括性、原则性、纲领性、方向性"[1]。这就需要依据宪法制定各种法律、行政法规和地方性法规等立法性文件，形成一套以宪法为核心的系统完备、内容科学、结构严谨的法律法规体系，把宪法确立的基本原则、重大制度、重大事项细化为具体的法律规则，进而通过一系列法治实施、法治监督、法治保障活动，使宪法的价值理念、精神原则和文本规定在现实生活中得以全面实施。由于立法是我国宪法实施的重要途径和方式，法律意识对于宪法意识又具有重大的支撑和影响作用，因此，要通过立法途径实施宪法，就必须在立法过程中自觉树立宪法意识，真正把宪法精神、原则、制度和规定落实到立法实践之中，加快完善以宪法为核心的中国特色社会主义法律体系。宪法是所有立法活动的根本依据，"依法立法"首先应当是"依宪立法"，无论是拟定立法规划，还是进行制度设计，无论是法律的制定和修改，还是解释与废止，都要始终坚持以宪法为依据，努力使每一项立法都符合宪法的原则精神和内容规定。

从一定意义上讲，宪法政治实际上就是一个社会反复出现的按照宪法条文与精神而展开的政治运作及习惯，是一个民族长久以来形成的文明传统和道德观念在政治层面的折射，是人类社会政治智慧和经验的累积与结晶。它所赖以建立的基础并不是一部完美无瑕的成文宪法典，而是一个民族、一个社会长期以来形成的对法治的崇拜与信仰、对权力的警惕与防范、对人权的尊重与珍视等政治经验和文化基因。"在任何给定的一代中所能发生的变化都是有限度的，而这种限度是任何人物——无论多么卓越——都无法超越的。这是历史变迁进程的否定方面。就正面来说，每一代人都为世界贡献了某些新东西，并就此为下一代人改变这种限制提供可能性。"[2]的确，任何具有生命力的制度只

---

1　李飞："坚决贯彻宪法精神　加强宪法实施监督"，载《中国人大》2018年4月5日。

2　［美］柯文：《在传统与现代性之间》，雷颐等译，江苏人民出版社1998年版，第8页。

能形成于传统与创新的对话过程之中，如果企图对传统"彻底砸碎"或与传统"完全割裂"之后去创造一种新的文明，那是在过于夸大人的理性；如果缺乏世代相传的民族法律文化心理的支持和认同，无论采取什么手段去培育和强化公民的宪法意识，都会因缺失历史根基而脆弱不堪。

当代中国依宪治国的伟大实践同样必须立足于我国悠久的历史文化传统，发掘、弘扬其合理资源和优秀遗产中的时代价值，积极主动地赋予其新的存在形式和历史生命，这是实现传统文化向现代文化转型的关键所在。[1] 但同时也应当看到，当具有特定价值内涵和文化底蕴的依宪治国理念，与具有几千年不间断历史的传统法律思想相碰撞时，必然在观念上会产生激烈而持久的深层次冲突与整合。传统文化中那些与现代法治精神难以相容的消极因素，并不会随着时代的变迁而得到有效的过滤与淘汰，仍然可能潜移默化地影响着人们的行为，从而成为推进依宪治国的思想障碍。因此，"要注意研究我国古代法制传统和成败得失，挖掘和传承中华法律文化精华，汲取营养、择善而用"。当然，"坚持从我国实践出发，不等于关起门来搞法治。法治是人类文明的重要成果之一，法治的精髓和要旨对于各国国家治理和社会治理具有普遍意义，我们要学习借鉴世界上优秀的法治文明成果。但是，学习借鉴不等于是简单的拿来主义，必须坚持以我为主、为我所用，认真鉴别、合理吸收，不能搞'全盘西化'，不能搞'全面移植'，不能照搬照抄"[2]。这就需要对不同法律文化中正反两方面的内容做细致地、剖根溯源地比较与思考，无论是传统的还是外来的，都要取其精华、去其糟粕，既秉持积极开放的态度，又保持定力、坚定自信，走适合中国国情和实际的法治道路。

我们欣喜地看到：我国社会主义市场经济的日趋成熟和理性开放包容文化的渐进发展，为公民宪法意识的生成提供了肥沃的社会土壤；全面依法治国的伟大实践和宪法制度的不断完善，为公民宪法意识的培育提供了难得的历史契机；全民性参与行宪护宪努力与行动，为公民宪法意识的提高提供了重要的现实条件。然而，宪法意识的形成与加强绝非一朝一夕的神来之笔，需要进行实实在在的制度建构和文化滋养，需要使宪法的精神与理念真正融入社会实践与政治运作之中。如果我们以七年之病、求三年之艾，通过一种渐进方式不断培育和壮大依宪治国的内生性能量，那么，在过滤了激情和浪漫之后，我们所

---

1　参见叶海波："论公民宪法意识的培养"，载《湖北社会科学》2008年第5期。

2　习近平："加快建设社会主义法治国家"，载《论坚持全面依法治国》，中央文献出版社2020年版，第111页。

得到的将是全社会宪法意识的整体提升以及依宪治国绽露的绚丽曙光。

## ▶ 第三节   统筹整合：依宪治国的动力模式

"全面依法治国是一个系统工程，要整体谋划，更加注重系统性、整体性、协同性。"[1] 而作为一种历时性的动态过程，[2] 作为全面依法治国的一项重点工作和重要任务，依宪治国必然受制于社会发展中各种内外因素的交互作用与影响。只有立足中国国情，面向中国问题，统筹协调、有机整合依宪治国的各种资源和能量，才能凝聚起推进依宪治国的磅礴之力。

### 一、  宪法秩序的两种生成模式

从认识论与方法论出发，西方哲学观一直围绕着理性主义和经验主义两条主线而展开，并支配着社会秩序的生成模式与演进路径。虽然理性主义和经验主义在古代和中世纪都能找到其理论渊源和实践表现，但只是在近代自然科学成就的推动下，才逐渐发展成为一种比较成熟的理论体系。

理性主义认为科学是发挥理性作用的工具和方法，是理性唯一完美的体现与验证，只有科学才能使人们在理性上找到真理，行动上获得自由，并掌握支配自然的武器。以笛卡尔为代表的大陆理性主义者坚信"我思，故我在"，认为理性具有至上的地位，只有理性才能提供科学知识的逻辑确定性、普遍必然性、科学有效性，因此，必须以"理性"作为判断真伪的唯一标准，只有把所有知识放在理性的尺度上重新校正才能形成真理的体系。理性主义者认为感觉经验只具有个别性和或然性，无法提供普遍的、确定的、逻辑性的必然知识，因此，只能在理性中寻觅具有普遍必然性和逻辑确定性的真正知识，运用演绎推理的方法可以回答包括形而上学在内的一切知识问题并获得唯一可靠的知识。欧陆理性主义经由笛卡尔揭开序幕，后经马勒伯朗士、斯宾诺莎、莱布尼茨等人的发展而成为一种相对完整系统的哲学体系，到了18世纪启蒙时代取得

---

1  习近平："坚定不移走中国特色社会主义法治道路，为全面建设社会主义现代化国家提供有力法治保障"，载《求是》2021年第5期。

2  把宪法理解为一种"历时性的动态过程"是受到了苏力教授的影响。他曾经提出，转型时期的中国宪法研究不应当以常规状态社会（或宪政社会）的社会根本架构和权力配置为起点，而应当将宪法看作是一个过程，重要的是将宪法理论看作是对现实的有力解说，而非对经典文本的诠释。参见苏力：《道路通向城市：转型中国的法治》，法律出版社2004年版，第78—80页。

了具有世界历史意义的胜利。"当十八世纪想用一词来表述这种力量的特征时就称之为'理性'。'理性'成了十八世纪的汇聚点和中心,它表达了该世纪所追求并为奋斗的一切,表达了该世纪所取得的一切成就。"[1] 这个时代的理性锋芒直指盲目崇拜权威的蒙昧主义,倡导科学,反对迷信,激励人们对宗教信仰和神学教条勇敢质疑,要求一切特权和信条都必须在理性的面前为自己辩护或者放弃自己存在的权利,由此成为继文艺复兴后欧洲近代又一次反封建、反教会的思想解放运动。

而在以洛克为代表的经验主义者看来,"我们的全部知识是建立在经验上面的;知识归根到底都是导源于经验的"。[2] 只有经验方能构成知识的唯一源泉,普遍必然的知识只有在经验的基础上才可能获得,一切观念都是从感官经验中归纳、概括出来的;只有通过归纳法,才能使人们循序渐进地从经验事实开始而总结出一般原理,而理性思维则是抽象的、间接的认识,是有限度的,并不具备什么绝对的能力与智慧,它本身也是一个不断生长着的体系,内涵于社会生活演进的过程之中,思想愈抽象就愈空虚、愈不可靠。"错误或虚假是在判断里,或是在心灵里。"[3] 因此,经验论者反对任何形式的对理性的滥用,提醒人们不要超越经验做虚幻的臆想,认为人心只是一块"白板",不存在所谓理性主义的天赋观念,一切知识和材料都来自经验,都可以追溯其经验性起源。

立基于不同的认识论和方法论,经验主义与理性主义必定在关于形成政治法律秩序的一些基本命题方面存在冲突。理性主义认为,人生而具有智识的和道德的禀赋,这种禀赋能够使人根据审慎思考而型构文明;仅凭借理性就足以知道并能根据社会成员的偏好而考虑到型构社会制度所必需的所有细节,并可以将一切不合理性的事务及弊端一举废除,并宣称"所有的社会制度都是,而且应当是,审慎思考之设计的产物"。[4] 而经验主义则认为,文明乃是经由不

---

1　[德]恩斯特·卡西尔:《启蒙哲学》,顾伟铭等译,山东人民出版社1988年版,第3—4页。韩秋红:"背反的自由和自由的背反",载《东北师大学报(哲学社会科学版)》2019年第2期。

2　[英]洛克:《人类理解论》,转引自《十六—十八世纪西欧各国哲学》,商务印书馆1975年版,第366页。

3　伽桑狄:《对笛卡儿〈沉思录〉的诘难》,庞景仁译,商务印书馆1963年版,第75页。"笛卡儿"与"笛卡尔"是同一人的不同译法。

4　转引自何邦武:"论罪刑法定原则两种解释范式的内在统一",载《政法学刊》2005年第3期。

断试错、日益积累而艰难获致的结果，或者说它是经验的总和。在型构社会秩序方面，进化论理性主义主张"有机的、缓进的和并不完全意识的发展，而建构论唯理主义则主张教条式的周全规划；前者主张试错程序，后者则主张一种只有经强制方能有效的模式，旨在建构一种乌托邦"。[1] 在政治生活领域，经验主义试图将政治现象的各种因果解释都建立在各种可观察的经验依据之上，倾向于程序性的判定和"就事论事的实践推理"，认为只要经过感觉经验所得出的结论都将具有"科学性"的资格；政治科学的目的是通过对各种政治现象、政治行为和政治关系进行经验性的分析，进而提供具有相对普适性的实证性知识和较理想的治理方式。而理性主义则力求经过严密的逻辑推理来对理论命题作一种真理性的判定，追求一种"完美的政治和一式的政治"以及结论的唯一性和必然性；[2] 政治科学的任务是设计一套严密的逻辑体系，通过对具体政治情境的分析来认识和阐释政治生活的基本规律。[3] 两种不同哲学思想造就了宪法秩序形成的两种不同模式，即社会演进型和政府主导型，前者的主导力量主要来自社会或民间，而后者则更看重来自国家或政府的力量。

经验主义的演进型模式在英美国家宪法秩序的形成过程中有着鲜明的体现。英国无论是从中世纪政治制度向近代君主立宪制的转变，还是从君主制政治转向现代政治的发展，都是在社会力量冲突与协调的动态平衡中，通过持续不断、渐进演化的方式而成功实现的。17世纪的"光荣革命"实现了君主制与民主制的调和，成为英国历史上的最后一次革命，奠定了英国式渐进演变道路的基础，也推动了英国从传统社会步入现代社会的历史进程。这种自然演化和渐进改革的发展正是哈耶克所谓的"自生自发的秩序"的典型。深受英国文化传统影响的美国人，走的同样是渐进成长、自然演进的道路，即便像独立战争和南北战争这样剧烈的社会革命，也是各种宪法和民主因素日积月累的集中爆发。在法律生活中，他们所看重的是司法实践中逐步形成的一套被反复适用的、行之有效的经验型规则而不是去追求建立一套逻辑严谨、层次清晰的规范体系。这就不难理解作为第一个实行违宪审查的国家，为什么却在其宪法文本

---

1　邓正来："哈耶克的社会理论——《自由秩序原理》代译序"，载《中国社会科学季刊》1997年第20期。刘小畅："论哈耶克自由思想的理论基础"，载《北京工业大学学报（社会科学版）》2014年第4期。

2　参见［英］迈克尔·欧克肖特：《政治中的理性主义》，张汝伦译，上海译文出版社2004年版。

3　参见孔祥利："政治科学发展历程中的经验主义与理性主义"，载《湘潭大学学报（哲学社会科学版）》2009年第2期。

中没有关于最高法院行使司法审查权的规定。在进化论理性主义看来，社会秩序生成的真谛在于，它是"人的行动的产物，而不是人之设计的结果"；法律制度的源始不在于纸面上的法律条文规定得如何周密完备，而在于经验的逐渐积淀，在于现实社会中既有规则的具体运用和实践。

与此相反，建构论理性主义者认为，借助人类理性的信仰与力量，通过设计一套完备无缺、运行良好的法律制度，就可以型构出一个崭新的社会秩序。17世纪欧洲蓬勃开展的启蒙运动就是旨在通过对传统的宗教、政治、法律和文化权威进行理性的批判检讨而使个人摆脱中世纪的束缚，并认为一种"理性的社会生活秩序的基础，或许可以通过一种全面的法律规则的新秩序予以有目的地奠定"。[1] 这种立基于启蒙运动之中的理性主义思潮，对法学和法律制度的形成与发展产生了巨大影响，直接促成了以1804年《法国民法典》和1900年《德国民法典》为代表的大陆法系的真正形成。在那里，法学家们"总是以严谨的、逻辑数学的演绎从最一般的、有牢固理性法基础的基本原理中获得最具体的个别法律规定，以致于其法律制度就象是完全艺术化分类的、系统而明确设计的建筑"[2]。建构论理性主义者正是希望凭借光彩夺目、雄辩有力的理性，通过发现正确的规范、编纂详尽无遗的法典，来铸就长久稳定的社会秩序和建构一个美好人道的新世界。

西方宪法思想在近代中国的渗透与拓展是随着清朝政治和军事上的土崩瓦解、中国传统文化的日渐式微和中华民族自强救亡的迫切需要而进行的。战争上的接连失败与逐渐加深的政治危机使富国强兵成为当时中华民族最明晰、最紧迫的奋斗目标。这样，法律救亡主义思潮在清末民初被张扬得淋漓尽致，甚至整个近代绝大部分立宪运动都是在保族保种、富国强兵的功利性目的之下所采取的一种救亡图存手段。由于没有顾及宪法赖以生长的政治经济文化条件，西方宪法和中国传统社会无法对症甚至存在对抗，致使西方的宪法观念虽然伴随着近代中国的自强救亡运动从启蒙、渗透到掀起轰轰烈烈的立宪运动，但在神州大地如雨打浮萍、命运多舛，始终未能在这块异地他乡安身立命。其结果是，虽然宪法的骨架搭建起来了，但由于缺少必要的社会基础和前提，因而表现出了严重的水土不服和变异反应。

庞朴先生认为，自鸦片战争以后的一个多世纪里，中国有好几次走向现代化

---

1　转引自李雨峰："论知识产权使用权的时效取得"，载《法学评论》2011年第5期。

2　［德］茨威格特、克茨：《比较法总论》，潘汉典等译，法律出版社2003年版，第133、208—209页。

的尝试，但都没有成功。因为这些尝试和纷争都是在民族生死存亡的危急关头，为了救亡图存被迫而为的，而不是文化积累、社会演进的自然结果。基于民族危机而引发的对富国强兵的深切关怀和强烈追求，使得各界精英们急切地去寻找一切能够用来实现这一目的的途径与方式。洋务运动的失败，意味着实业救国的梦想破灭，于是他们开始把西方的富强同其政治制度联系起来，认为西方的强大富足是以其宪法为基础的，这样，西方的宪法和民主被视为一剂救世良方而被引入古老的中华文明。在这一过程中，人们讨论和关注最多的是法国的启蒙运动。法国革命的激进色彩非常鲜明，它要重构和重组国家的政治、法律和社会结构，彻底推翻国家的原有制度，要与数千年的历史决裂。[1] 而当这种思想与当时中国特殊的历史境遇相碰撞时，先驱们很快就被这种酣畅淋漓的革命情怀所深深吸引。于是，从新文化运动到五四运动，知识分子更偏爱法国启蒙运动、卢梭、歌德等。这成为我们理解百年中国社会演化的线索。[2] 显然，把眼光过多地投向欧陆的启蒙思想，致使近代中国的"西学"运动具有浓厚的建构理性主义情结。

为近代中国社会构建一个新的政治法律秩序，思想的启蒙是十分重要的，但传统文化中根深蒂固的心理定式，加之迫在眉睫的救亡图存危机，使得近代的思想启蒙家对西方宪法采取了相当功利性的取舍和评判态度。致力于拯救家园的先驱们把引进宪法视为实现自己理想与抱负的最好出路，而无暇顾及观念基因的比较与栽培，因此，宪法意识的播撒和民主思想的启蒙是随着自强和救亡展开的，但往往因为自强和救亡的凸显而常常被搁置中断；追求"毕其功于一役"的激进心态使他们更容易接受建构论理性主义支配，而急功近利的工具主义逻辑使他们又往往事与愿违。"不积跬步，无以至千里"，在滋养宪法生长的社会土壤十分贫瘠的情况下，自然难以长出宪法的参天大树，一次次立宪运动留下的只能是一段灰暗的评语和不尽的遗憾，一部部宪法文件演绎的也只能是近代中国缥缈无助的坎坷命运。

中国近代的宪法历程让我们不得不对秩序生成的两种模式加以反思。其实，理性主义和经验主义并非势若冰炭、水火不容，作为两种相对的认识论和方法论，它们在漫长的哲学发展史上既有对立争执的一面，又有趋近和综合的趋势，各自都承认对方具有一定的合理性。事实上，理性主义者并不否认经验

---

1　参见朱学勤："近代革命与人性改造——《阳光与闪电——法国革命与美国革命启示录》（中译本）序"，载《万象》2002年12月。

2　参见刘庚子、杨百成："两种传统，一个故事"，载刘军宁等编：《自由与社群》，生活·读书·新知三联书店1998年版，第247页。

科学的重要性，也认为经验是知识的一个来源；经验主义者同样承认理性的作用，认同在一定范围内理性演绎的必然性。其区别主要在于侧重点不同，对普遍必然知识的根本起源认识不同。[1] 例如，培根依据实验科学，强调感性经验在认识中的作用，但他并没有把人的认识局限在感性经验上，而是承认理性认识的重要性和必要性，认为只有把感性和理性结合起来，运用科学实验和客观分析，才能推动知识的进步。[2] 而笛卡尔则认为只有一些永恒真理需要单纯依靠推理而获得，其他知识则需要借助必要的生活经验和科学手段来掌握。康德起初是一位理性主义者，但是经过休谟思想的熏陶而成为一位理性主义与经验主义的综合者。[3] 哈耶克关于进化论理性主义与建构论唯理主义的区分，实际上与经验主义和理性主义的划分是一致的，其突出"理性"目的同样是为了表明他并不简单地反对理性的建构。

　　当然，尽管经验主义与理性主义在论争过程中，已分别从各自的极端走向交叉与结合，二者之间的界限并不像后世学者的人为区分那么明显，并且都具有不可替代的独特作用与合理之处，但经验主义和理性主义都是在脱离社会实践的情况下讨论认识问题，都是偏执或纠缠于认识的不同方面、不同阶段，而不是把认识当作一个辩证发展的过程来进行思考，其各自的局限与不足是显而易见的。就政治科学而言，经验主义由于受人的非理性以及政府行为和政府权力的干预与影响，不可避免地存在归纳不全面，甚至结论未必真实和科学等问题。理性主义不追溯其初始前提的真实性或确切性，不认为前提的"真"需要经验的认可以及事实的支持，其推理和结论可能成为毫无经验根据的猜想或"独断"，甚至成为康德极力祛除的"噩梦"；其通过抽象能力而获取的"普遍原则"或"普遍价值"，也可能蜕变成一种空洞的逻辑推理或幻化为一种对绝对真理的宣示。[4]

　　马克思主义的唯物辩证法，在对经验主义和理性主义进行了全面反思和剖析的基础上，对二者中的片面真理与合理成分予以改造和吸收，使之成为自身的有机组成部分，并将经验主义与理性主义统一于实践，从而真正超越了经验

---

1　参见周晓亮："西方近代认识论论纲：理性主义与经验主义"，载《哲学研究》2003年第10期。

2　参见陈浩："课堂教学应挖掘'约定主义'对科学理论的影响"，载《生物学通报》2012年第2期。

3　参见彭立勋："论康德美学对经验主义和理性主义的调和"，载《外国美学》2014年第2辑。

4　参见姚定一："论西方哲学古典理性主义的历史流变"，载《四川师范大学学报（社会科学版）》1991年第4期。

论与唯理论的片面性，完成了经验主义与理性主义合理关系模式的建构。[1] 其实，在政治科学领域，问题的关键不在于对经验主义和理性主义进行非此即彼的决然划分，而在于用全面、发展和相互联系的方法实现二者在实践中的有机统一。的确，在追求新的政治法律秩序的进程中，我们既不能简单地为惯常的经验所局限，也不能盲目地为建构论的魅力所诱惑，而应该从全面、发展和相互联系的辩证唯物主义立场出发，既注重从大量可验证的现象中去分析事实之间的因果联系，又强调通过理性能力去探讨事物的本质和规律，应当同时从"激进变革"和"渐进改良"传统中获取启示和动力，实现传统与创新的对话、经验与理性的融合、实践活动及其理性能力的辩证统一。

## 二、经验与理性的交融、国家与社会的互动

法治是一套复杂系统的由各种社会条件支撑的制度实践，与特定社会的历史传统、政治结构、经济基础、文化观念有着密切的关联；尽管它们有着永恒的价值追求，但却没有、也不会有固定不变的实现模式。在当代中国的法治进程中，理性地思考和选择依宪治国的路径与模式，对于积极稳妥地推进社会转型和实现"两个一百年"奋斗目标具有重要的意义。

在经历了十年"文革"之后，中国社会的历史境况已经不允许改革决策者悠然地描绘一幅建构理性的"图纸"，然后按图索骥去"修路架桥"。于是乎，在"实践是检验真理的唯一标准"大讨论中，经验主义思路便悄然登场，并在政治、经济、社会、文化的各个领域形成一种明显的渐进改革模式，渐进式改革由此成为认识和界定我国社会转型或变革的基本分析框架。当然，任何策略都没有一套绝对的规则可循，所谓的"模式"或"规律"其实都隐喻着诸多变异与创新。在"渐进式"总体发展战略下，中国的法治建设基于特殊历史条件和社会背景同样有着明显的自身特点。就依宪治国而言，其实践模式同样不可能是纯粹单一的，其动力源也是来自多方面的，其中，既有理性主义的建构思路，也有经验主义的实证元素，既需要国家主导的有力推动，也需要社会参与的密切配合，从而在经验与理性的交融和国家与社会的互动中，为新时代依宪治国的深入推进注入源源不竭的动力源泉。

首先，全面依法治国是完善和发展中国特色社会主义制度、推进国家治理体系和治理能力现代化的重大举措，"是解放和增强社会活力、促进社会公平

---

[1] 参见孔祥利："政治科学发展历程中的经验主义与理性主义"，载《湘潭大学学报（哲学社会科学版）》2009年第2期。

正义、维护社会和谐稳定、确保党和国家长治久安的根本要求"[1]。而坚持依法治国首先要坚持依宪治国，坚持依法执政首先要坚持依宪执政。依宪治国和依宪执政的提出，不仅强调了宪法在"依法治国""依法执政"中的特殊重要性，而且标志着我们党法治理念的重大发展与执政方式的重大转变，是我们党对执政规律不断探索的经验总结和理性升华。作为执政党所确立的一项战略目标和重大举措，依宪治国有着非常明确的指导思想、基本原则、目标定位、推进方略、实施步骤，是从新时代坚持和发展中国特色社会主义全局和战略高度作出的重大决策，是推进全面依法治国、实现国家治理体系和治理能力现代化的重大战略安排。因此，依宪治国是新时代治国理政的一项重要的顶层设计和行动纲领，具有鲜明的引领性和指导性意义。

其次，依宪治国是通过一系列制度设计和法治实践渐次展开和深入推进的。这主要表现为：坚定不移走中国特色社会主义法治道路，建设中国特色社会主义法治体系，建设社会主义法治国家；坚持党的领导、人民当家作主、依法治国有机统一，坚持依法治国、依法执政、依法行政共同推进，坚持法治国家、法治政府、法治社会一体建设，坚持依法治国和以德治国相结合，依法治国和依规治党有机统一；维护国家法制统一、尊严、权威，完善以宪法为核心的中国特色社会主义法律体系；加强宪法实施和监督，推进合宪性审查工作，维护宪法权威；推进依法行政、建设法治政府，深化司法体制改革、全面落实司法责任制，建设社会主义法治文化、提高全民族法治素养和道德素质，加强人权法治保障、保证人民依法享有广泛权利和自由；等等。[2]这一系列重大战略安排和改革举措，体现了一种用尊重制度的态度来进行制度建设的做法，是从实践和行动上来实质性地推进中国的依宪治国进程。

最后，"我国现行宪法是在深刻总结我国社会主义革命、建设、改革的成功经验基础上制定和不断完善的，是我们党领导人民长期奋斗历史逻辑、理论逻辑、实践逻辑的必然结果"[3]。1954年宪法为巩固新生的社会主义政权和进行社会主义建设提供了重要保障，发挥了推动作用，也为改革开放新时期我国现行宪法的制定和发展奠定了历史基础。1982年公布施行并历经五次修改的现

---

1 莫纪宏："深入推进全面依法治国"，载《人民日报》2019年10月24日第9版。

2 参见郭文祥："习近平'以人民为中心'的思想内涵"，载《理论研究》2018年第5期；姜明安："中国依宪治国和法治政府建设的主要特色"，载《政治与法律》2019年第8期。

3 习近平："关于我国宪法和推进全面依法治国"，载《论坚持全面依法治国》，中央文献出版社2020年版，第213页。

行宪法，以其最高法制地位和国家根本法的形式，体现了各族人民共同意志和根本利益，浓缩了中国特色社会主义道路、理论、制度、文化的发展成果，反映了中国共产党领导人民进行改革开放和社会主义现代化建设所积累的宝贵经验和所取得的伟大成就，有力推动和保障了党和国家各项事业的顺利发展，有力加强和促进了中国特色社会主义法治建设。可以说，我国宪法同党团结带领人民开辟的前进道路、创造的辉煌成就、发生的历史性变革紧密相连，同党团结带领人民进行的伟大斗争、建设的伟大工程、推进的伟大事业、实现的伟大梦想紧密相连；新时代中国特色社会主义思想的精神实质和丰富内涵，以及坚持和发展中国特色社会主义的基本方略，更是闪耀与展现着宪法精神的光芒和力量。正是通过对70多年我国的宪法发展历程和治国理政经验的回顾与反思，我们深切地感受到，实行依宪治国、依宪执政，是宪法制度自身发展客观规律的内在要求，是党和国家战胜各种艰难险阻、砥砺奋进的根本法治保障，是实现国家富强、民族复兴、人民幸福的必由之路。

可见，我国依宪治国基本方略既不是纯粹自生自发的渐进发展，也不是完全来自主观能动的理性设计，而是在尊重并充分利用现有制度资源的基础上，通过不断的实践探索和理论创新来实现制度的发展完善与真正实施。它既具有浪漫主义的建构气息，也秉持着进化理性主义思路；既是决策者基于崭新的政治理念和远大的政治抱负而追求的一种现代化的国家治理图景，更是在以实践理性和切实可行的制度建设来回应时代的发展和人民的需求；既植根于中华民族悠久的文明传统和新时代治国理政的现实需要，因而具有强大生命力、优越性和显著的中国特色、中国气派，又以宽阔的胸怀、开放的视野，学习借鉴世界各个民族所创造的先进法治文化成果和有益经验，但决不照抄照搬别国的法治理念和模式，因而为人类社会探索建设更加完善美好的制度模式与治理体系贡献了独特的中国智慧和中国方案。

从早期西方国家的现代化进程看，其社会转型的动力最初主要来自市场，市场力量既是社会转型的初始动力，又是社会转型的主要动力。[1] 它们走向现代化的道路是基于社会自身的固有力量而在内部生发的一种自主内生性模式，并且这种自发性质的发展是在一个相对宽松的历史和国际环境中进行的，其秩序进化的动力是被各种社会内部因素规定了的。在近代立宪运动开始之前，西方社会的法治基因和文化基因已经相当深厚，市场经济和市民社会也已经基本

---

1　参见刘祖云："社会转型与社会分层——再论当代中国社会的阶层分化"，载《武汉大学学报（社会科学版）》2002年第2期。

发展成型，推动宪法生长和发展的主要力量来自市场和社会，宪法秩序和宪法体制主要是基于社会自身的内在需要而形成的一种自生自发秩序，是在各种社会条件具备的基础上自然而然、不期而至的进化结果，宪法不过是对既存社会政治法律秩序的确认，而不是来自政府事前的战略定位。可以说，西方社会宪法秩序的形成与演变是一个相对漫长的渐进性过程，大规模、持续性的民间社会和市场机制的创造既是其自然生成的初源性动力，又是其不断发展的重要推动力。

显然，我国的现代化模式与西方迥然不同，强韧的历史惯性、超稳定的社会结构、错综复杂的利益格局、变幻莫测且异常严峻的国际形势，决定了政府在其中的推动作用须臾不可或缺。可以说，我国社会转型是由政府和市场、国家与社会双重力量启动和推动的，是"自下而上"与"自上而下"两种力量互动的过程，并且社会转型初期的动力主要来自政府，它以对民众强有力的政治和社会动员为特征，是一种强制动员型的现代化模式。可以说，政府力量与市场力量、国家力量与社会力量的巧妙结合，是我国改革发展的成功之处和特色所在。回顾我国过去四十多年改革开放的历史进程，正确处理好政府与市场的关系，坚持"有效市场"与"有为政府"相结合，充分发挥市场"无形之手"和政府"有形之手"的"双手"协同作用，可以说始终居于核心位置，从计划经济到市场经济，从"基础性"作用到"决定性"作用，从政府放开市场到市场影响政府、从政府矫正市场到政府调节市场，正是在对政府和市场关系的认识不断深化的基础上，我们才在正确处理两者关系上实现了历史性跨越、形成了历史性经验。同样，法治前行的动力也并非主要来自社会内部的自发性力量，政府不仅是法治建设的启动者、主要推动者，而且是主导性力量。在国家与社会的互动关系中，四十多年的改革开放和社会转型的成就可以说是市场化与法治化"双轮驱动"的产物，其中，市场化是基础，法治化是保障，改革开放需要市场化导航，更要靠法治化护航。在政府的主导下，市场化和法治化相辅相成、相得益彰。正是在市场化改革的驱动下，我国法治建设稳步推进，实现了从"加强社会主义法制"到"建设社会主义法治国家"再到"全面推进依法治国"的历史性飞跃，为社会主义市场经济建设提供了重要的法治保障。

从依宪治国的推进路径来看，不论是其战略定位、指导思想、基本原则，还是方法步骤、时机选择、重大举措，整个过程都是在决策层主导下进行的。这种自上而下的推动型模式有其历史必然性和合理性，是与我国的现代化进程相吻合的，是我国现阶段法治建设的现实选择和路径依赖，吻合了社会主义基本制度自我发展和完善的改革思路。实践充分证明，这样一种治理模式和制度

体系立足中国经验、符合中国实际，科学有效、真实管用，对于保障我国经济
快速发展、社会长期稳定发挥了重要作用，是人类制度文明史上的伟大创造。
当然，过分强调政府在社会转型中的主导性作用，有可能带来选择性建设、阶
段论思维、单向度动力源不足，以及回应社会信号迟钝与被动等负面效应，还
有可能使得政府力量在改革过程中非但没有受到限缩和弱化，甚至可能依然对
整个社会持有强大的操控能力并隐含着一定的潜在风险。这就需要认真把脉和
借力民间社会正在积聚的内生性能量，改变其长期处于被动员的状态，努力使
其成为推动依宪治国的积极参与者和践行者，[1] 从而为依宪治国提供源源不竭
的强大内生性动力。

　　总之，当代中国依宪治国的推进路径是复合型的，发展动力是多维度的。
其中，既有经验的因素，也有理性的成分；既有来自民间社会的内部需求，也
有来自国家意志的强力推进。我们不能因为政府力量的必不可少而轻视市场和
社会力量的特殊意义，也不能因为市场机制和社会力量的不可或缺而降格政府
作用的重要价值，更不能把二者隔离甚至对立起来。理想的状态应当是二者互
相配合、各得其所，寻求一种开放反思的政府能动与尊重、吸纳社会首创相结
合的统合模式。而经验与理性的交互作用、内生性动力与外发性因素的有机结
合、社会内在诉求与政府自觉选择的良性互动，正是新时代依宪治国实施路径
的基本特点和显著优势。的确，作为一种制度实践，依宪治国的源始与推进，
不仅需要理性光芒的照耀，还需要经验的不断累积，如果说理性主义铸就了依
宪治国基本方略的基本框架和目标定位的话，那么经验主义则为其输入着绵延
不绝的生机与活力。这就需要在不断的行动过程中逐渐积累经验，尊重并充分
利用现有的制度资源，以扎实的经验累积推进依宪治国的进程，要进行积极审
慎的理性建构，使各种制度在宪法实践中不断受到检验与调适，尽量避免或减
少因经验性"试错"而可能出现的偏颇与失误；既注重社会内生性能量的培育
和聚集，又强调理性建构的积极推进，把经验与理性、内因与外因、顶层设计
与实践探索有机统合起来，从而在依宪治国的征程上乘风破浪、行稳致远。

---

1　参见苗连营、郑磊："宪法建设的统合模式——超越'上/下'之争的第三条道路"，载《法学评论》2011年第3期。

宪法从来就不仅仅是一个有关合理化统治的纯粹技术性问题，更不仅仅是一个法学研究中的空泛学术性问题，而总是与特定时期的社会变革、社会实践相互交织、紧密联系。一般而言，社会大变革时期往往就是宪法发展最活跃的时期，人类宪法史上许多光芒四射、影响深远的宪法思想和宪法制度都是在这种特定时期孕育、诞生并显示出其长久的历史性意义的。当社会关系的量变积聚到一定程度而达到质变的关键点时，必须进行宪法层面的观念变革与制度创新；任何社会变革的终极形式都必然表现为宪法的变革，最终的宪法变革不仅弥合着宪法理想与社会现实之间的背离与抵牾，也是社会转型有序推进的法治保障。

依宪治国的不平凡历程和伟大实践浓缩着我国社会风起云涌、波澜壮阔的时代变迁与发展，并从改革开放和社会主义现代化建设中汲取着生生不息的本土资源和发展动力；深化依宪治国实践，提高宪法实施水平，是党领导人民长期奋斗历史逻辑、理论逻辑、实践逻辑的必然结果，是保障和推动着党领导人民不断创造新的伟大成就的必然要求。依宪治国所提供的并不是一种高亢的激情诉求或"毕其功于一役"的目标引导，而是力图从理论到实践、从思想到行动，通过一系列的观念更新、制度建构及其实际运作，来确立宪法的最高权威和尊严，充分发挥宪法在治国理政中的重要作用，从而为党和国家事业的健康发展、社会的全面进步提供坚实的宪法基础和有力的宪法保障。

历史是最好的教科书。1840年鸦片战争之后，中国开始沦为半殖民地半封建社会，人民深陷苦难，民族蒙受屈辱，国家积贫积弱。自戊戌变法和清末修律起，一些仁人志士试图效仿西方政治制度，通过变法立宪来实现自强救亡、民富国强，但是，国人强调学以致用，对宪法更是采取了"拿来为用"的工具主义心态而没有顾及中国的社会现实和宪法的生存条件。在这种形似而神离的表皮嫁接模式里，西方的宪法观念在近代中国从启蒙、渗透、传播到掀起轰轰烈烈的立宪运动，始终如雨打浮萍、命运多舛，不仅未能改变旧中国的社会性质和落后状况，反而沦为装潢反动统治的政治道具，上演了一幕又一幕立宪骗局和闹剧。百年沧桑毕竟只是历史长河中的过眼云烟，当我们以超然的姿态回眸近代中国的寻梦宪法之旅，得失成败尽收眼底。

直到中国共产党登上历史舞台后，这种局面才发生了根本改变。在我们党的领导下，中国人民经过艰苦卓绝的革命斗争，实现了国家独立、民族解放和人民当家作主，建立了新中国，从而为制定一部真正体现人民意志、维护人民利益的宪法提供了必不可少的政治前提。当年在起草"五四宪法"时，毛泽东主席说："治国，须有一部大法。"如今这句话被镌刻在杭州市北山路84号宪法陈列馆展厅的墙壁上。话虽简单和朴素，却反映了党的领导人在新中国成立初期就已经开始深刻思考宪法与治国之间的关系。新中国于1954年制定的第一部宪法，正式开启了中国宪法史的新纪元。然而，由于众所周知的原因，自20世纪50年代后期开始，这部宪法逐渐失去了应有的权威，在"文革"期间甚至被彻底束之高阁、形同虚设。"五四宪法"的惨淡命运在中国历史上留下的教训发人深省、令人深思。

改革开放初期恢复重建社会主义法制的巨大努力，就是要实现从"和尚打伞，无法无天"到"有法可依，有法必依，执法必严，违法必究"的根本转变。1982年现行宪法的公布实施，拉开了新时期法治建设的大幕。现如今，历经七十余载立宪与行宪的曲折艰辛与雄浑豪迈，在一系列跌宕起伏的试错纠错之后，"依法治国"被确立为"党领导人民治理国家的基本方略"；现行宪法及其五次修改凝练了立足中国经验的宪法原则、宪法理论和宪法制度，奠定了我国依宪治国的规范基础和基本框架，以宪法为统领的中国特色社会主义法律体系逐步健全和完善；依宪治国、依宪执政的深入推进，为党和人民事业的不断进步，为中华民族的伟大复兴，铸就了坚强的宪法保障，走出了一条中国特色社会主义宪法道路，宪法在治国理政中的重要价值和意义日益凸显并已经深深镶嵌在了中国社会的发展进程之中。历史和现实都已充分证明："只有中国共产党才能坚持立党为公、执政为民，充分发扬民主，领导人民制定出体现人民意志的宪法，领导人民实施宪法。"[1]

当前，中国特色社会主义进入新时代，历史正处于"两个一百年"的交汇期；新时代治国理政的基本遵循之一，就是要更加注重发挥宪法在治国理政中的重要作用。治国凭圭臬，安邦靠准绳。我国宪法是党和人民统一意志和共同愿望

---

[1] 习近平："关于我国宪法和推进全面依法治国"，载《论坚持全面依法治国》，中央文献出版社2020年版，第213页。

的集中体现，是党和国家的指导思想、根本任务、基本原则、发展道路、奋斗目标、中心工作和大政方针在国家法制上的最高载体。从本质属性看，我国宪法是党和人民意志的集中体现，反映了各族人民的共同意志和根本利益。从指导思想看，我国宪法确立了习近平新时代中国特色社会主义思想在国家政治和社会生活中的指导地位。从领导力量看，我国宪法以根本法的形式反映了党带领人民进行革命、建设、改革取得的成果，确立了在历史和人民选择中形成的中国共产党的领导地位。从价值立场看，我国宪法确立了人民当家作主的制度体系，规定了公民各方面的基本权利，彰显了以人民为中心的理念，是一部真正的人民宪法。从基本原则看，我国宪法规定了国家一切权力属于人民原则、社会主义法治原则、民主集中制原则、尊重和保障人权原则。从重要内容看，我国宪法体现了新时代治国理政的一系列新理念新思想新战略，确认了一系列具有显著制度优势和治理效能的根本制度、基本制度、重要制度。这些规定和内容立足中国实际、回应时代需求，反映了依宪治国的理论创新、实践创新和制度创新，为坚持和完善中国特色社会主义制度、推进国家治理体系和治理能力现代化，为我国创造出世所罕见的经济快速发展奇迹、社会长期稳定奇迹，提供了根本法治保障，同时，也显示了中国特色社会主义宪法道路、宪法理论、宪法制度、宪法文化已日趋成型和完善，并具有显著优势、坚实基础和强大生命力。

　　我们回顾历史，不是为了从成功中寻求慰藉，而是为了总结历史经验、把握历史规律，增强开拓前进的勇气和力量。从中国宪法发展演变史可以发现，"依法治国，首先是依宪治国；依法执政，关键是依宪执政"，这一新时代铿锵有力的政治宣言和行动纲领，不是来自学理上抽象玄虚的逻辑论证，而是来自对历史经验的深刻反思和对治国理政实践的真切体悟，并立基于一套逻辑严谨、内涵丰富、体系完整的宪法理念之上，体现着对一种理性、真诚、文明的治理模式的追求与向往。作为一种制度实践，依宪治国同样需要理想信念灯塔的指引，才能信步于中华民族伟大复兴的坦途之上。习近平法治思想集中体现了我们党在法治领域的理论创新、制度创新、实践创新、文化创新，"是当代中国马克思主义法治理论、21世纪马克思主义法治理论，其缘于经验的升华、理性的凝结、历史的淬炼，具有鲜明的实践逻辑、科学的理论逻辑和深厚的历史逻辑"。[1] 同时，习近平法治思想蕴含着深厚的宪法文化底蕴与宪法哲学基础，为我们正确观察和思考宪法现象、宪法问题提供了科学的世界观和方法论，是新时代依宪治国的价

---

[1] 张文显："习近平法治思想的实践逻辑、理论逻辑和历史逻辑"，载《中国社会科学》2021年第3期。

值指引和理论基石。

需要注意的是，依宪治国基本方略的确立与推进，不是在西方宪法文明生机盎然之际开始的，而是在其已显露出诸多弊端而不再是备受推崇的价值坐标和理想方案时才展开的，其理论体系和实践模式早已失去了昔日的耀眼光环并不断受到诘难与反思。"在社会主义学说看来，西方资本主义制度并非最优，中国应该在现代化的同时去追求一种超越西方之制度。"[1]在中国土壤之上生长起来的宪法理论与实践，是当代中国社会主义制度体系的重要组成部分，体现了中国特色社会主义的特点和优势。它不是按照某种模式或样板塑造出来的，而是以中国社会作为立足点和归宿进行理性建构的产物，是我们党治国理政的经验总结和智慧结晶，具有中国特色社会主义制度的显著优势；它不否认，也没有彻底拒绝西方宪法的某些形式合理性，但是其精神底蕴、价值追求、理论基础却发生了根本性的变化与发展。这一系列的理念、制度和实践，既遵循了宪法发展的普遍性规律，又具有鲜明的中国特色和中国元素；既为我们继续创造更为伟大的奇迹、开启更为光辉的历程提供了坚实的宪法根基和宪法保障，也为全球治理贡献着中国的宪法经验、宪法方案和宪法智慧，并不断增强着中国宪法的解释力、传播力和影响力。

当然，人类社会的宪法历程从来都交织着山重水复的焦虑与柳暗花明的欣慰，作为一种正在成长的宪法理论与实践，依宪治国在其发展过程中必然会出现种种"成长的烦恼"；在这一时代进程中，书写宪法的笔墨依然厚重，宪法前行的道路依然坎坷。如何让依宪治国的美好愿景成为实实在在的法治作业，如何使理论上的"施工图""时间表"成为实践中切实可行的行动方案，如何把依宪治国的核心要义与精神实质转化为活生生的社会现实，将是法治中国建设中恒久而常新的话题。

---

1 金观涛、刘青峰：《开放中的变迁——再论中国社会超稳定结构》，法律出版社2011年版，第237页。